A GARDENER'S STORY

Seed to Dust

Marc Hamer

ÉDITIONS 1984BOOKS

SEED TO DUST
by Marc Hamer
Copyright © Marc Hamer, 2021

Korean translation rights © 1984Books, 2025 All rights reserved.
This Korean edition is published by arrangement with Rachel Mills Literary Ltd.
through Shinwon Agency.

이 책의 한국어판 저작권은 신원 에이전시를 통해 MOLECATCHER와 독점 계약한
1984Books가 소유합니다.
저작권법에 의하여 한국 내에서 보호를 받는 저작물이므로 무단 전재 및 복제를 금합니다.

SEED TO DUST : A GARDENER'S STORY

씨앗에서 먼지로

어느 정원사의 이야기

마크 헤이머 지음

정연희 옮김

『씨앗에서 먼지로』는 헤이머의 삶의 여정을, 식물과 흙과 깊이 나눈 연결감을 그려낸다. 이 책은 아름다운 관찰과 고요한 성찰로 우리에게 몰입과 삶에 대한 긍정의 기회를 선사할 것이다.

— 수 스튜어트 스미스 (『정원의 쓸모』 저자)

당신은 어느새 바닥에 새로 돌이 깔린 정원 길을 걸으며 크기가 점점 줄어드는 연못에 손가락을 담그고, 달리아에 감탄하고, 들꽃이 흐드러진 풀밭에 낫을 휘두르고 있을 것이다…… 이 책은 정원사와 정원을 사랑하는 이들 모두를 위한 것이며, 당신은 정원의 문 하나하나 뒤에 감춰진 이야기가 궁금해질 것이다.

— 컨트리라이프

헤이머는 자신이 정원을 가꾸던 시절로 독자를 데려간다…… 연상인 고용인에 대한 애정이 투명하게 드러나고, 우리 역시 그것에 전염된다.

— 데일리 텔레그래프

이야기 하나하나가 슬라이드 필름처럼 반짝거리며 빛을 발하는 이미지 같다. 『씨앗에서 먼지로』는 세상을 읽는 시간으로의 초대이며, 헤이머는 주의 깊은 시선으로 무엇이 변하고 무엇이 변하지 않는지를 살핀다.

— 월스트리트 저널

헤이머는 울새, 까마귀, 너도밤나무, 벚나무, 재스민, 수선화, 흙과 같은 주변 어디에서나 볼 수 있는 소재를 영적으로 깨어난 삶을 살아가는 방법에 대한 성찰의 발판으로 사용한다…… 그는 우리에게 자연 안에서 우리의 장소를 찾아내라고, 자연과의 접촉을 탐미하라고 말한다.

— 헤럴드

	13	프롤로그
1월	16	하얗다
	19	시작
	21	회색가지나방
2월	26	돌아오다
	29	얼음
	31	재스민
	35	다른 정원사
	39	넌출수국
	42	이야기
	45	키클롭스
	48	암호 해독가
	50	산비둘기
	54	올드 노스
	62	나는 여기 있어, 너는 거기 있니?
	67	그녀에게는 지팡이가 필요해
3월	70	새싹이 움트고, 새순이 돋는다
	74	코스모스
	79	3월 서리
	84	장미 가지치기
	87	눈
	89	작약
	91	감자가 냄비 안에서 달그락거린다
	94	벚꽃의 새순이 돋는다
	97	중도中道
	103	참새가 둥지를 치기 시작했다
	107	벌
	108	수선화

나르키소스, 거기 있나요?	109	
미노타우로스	112	
먼 천둥소리	122	**4월**
벚꽃이 담긴 화병	125	
달리아	128	
소녀 같다	130	
사랑이란……	133	
창문 청소부	136	
툴펀	140	
칼새가 날아온다	143	
노래	145	
세상이 노래하고	149	
갈라진 심장	152	
쥐	155	
빗속에서 잔디 깎기	156	
떠 있는 섬들	160	
작약이 핀다	164	**5월**
갈매기들이 풀을 뜯는다	167	
성스러운 가시나무	170	
메르세데스	173	
끝없이 이어지는 나날	177	
화석	181	
밤의 향기	184	
책 태우기	187	
태양!	191	
심장	195	
왕풍뎅이	197	
비가 오거나, 오지 않거나	198	

6월	204	바보 노동자가 또 나타났다
	211	새로운 길
	217	다시 추워졌다
	219	하지
	221	당신의 정원에서
	223	박수갈채
	228	진딧물
7월	232	스토아학파의 학자들
	235	와비사비
	237	펠라고늄
	241	날개 달린 개미들의 날
	244	칼새가 떠난다
	247	솔방울
	248	잉어
	251	녹색 불꽃
8월	256	코피우흐 드리웨린
	259	산형과 식물들
	263	분수
	265	고양이와 개
	267	먼 데서 소리가 들려와
	269	연못의 녹색 부유물
	272	월계수
	274	휴식
	276	씨앗 모으기
9월	280	황무지
	283	가, 가, 가, 새가 말했다
	287	여러 갈림길
	292	콜키쿰

풀밭에 낫질하기	296	
추분	300	
이제 가렴, 귀여운 소년아	304	**10월**
10월 안개	306	
생일	309	
위스키	312	
두더지잡이	315	
꽃피는 노트르담	320	
사과	322	
첫눈	323	
홉투나	328	**11월**
서리	331	
아네모네에서 칼라까지	339	
자아라는 커다란 수수께끼	342	
하이쿠	346	
집시	349	
백합 정원	351	
달리아 캐기	356	
떠나다	358	
우리는 거의 이야기를 나누지도 않았어, 혼잣말을 해봐도……	366	**12월**
다시 일터로	370	
떠도는 세상	375	
집	377	
꽃	380	
감사의 말	389	
우리는 비슷한 주파수로 진동했고 – 정연희 번역가	392	

이 책을, 내 삶과 마찬가지로, 폐기에게 바친다

- 본문에 실린 각주는 모두 옮긴이 주이다.
- 단행본 및 잡지는 『 』로, 단편 및 작품명은 「 」로, 노래 및 영화 제목은 〈 〉로 표기하였다.
- 국내에 소개된 언론 매체, 번역 출간된 도서는 기존에 번역된 제호를 따랐다.

칼새는 종탑을 떠나 아프리카로 가는 길이다.

한 가지에 계속 집중하는 훈련으로, 내 마음의 눈은 칼새 한 마리가 하늘을 가로지르는 구불구불한 연필 선이 되어 만들어 낸 패턴을 포착한다. 다른 한 마리가 그 선을 넘었고, 곧 다른 한 마리가, 그리고 더 많은 칼새가 그 선을 넘어, 모든 것이 그렇듯, 그들의 기원인 창조의 혼돈으로 돌아간다. 새들이 그린 씨실과 날실의 패턴에서 나는 이 책의 구성을 보았다. 순환을 둘러싼 순환, 살아낸 삶, 맺거나 잃는 관계, 씨앗에서 먼지로.

이 책은 스토리텔링만큼 오래된 전통에 따라 쓰였고, 여기 담긴 내용은 본질적으로 진실이지만, 그렇지 않은 경우도 종종 있다. 앞으로 나올 내용은 기억에서 끌어낸 것이며, 여느 다른 그림이나 기억과 마찬가지로 관점은 왜곡되고 시간은 압축되었으며, 실제로는 그늘진 곳이라도 상상 속에서는 태양이 빛난다.

— 프랑스 북부, 빌디유 레 포엘에서

1月

나는 기다리는 듯 기다리지 않고
창문으로 지켜본다.

하얗다

낙엽은 손을 덥히려 손가락을 오므리는 것처럼 끝이 말린다. 집 외벽에 부착된 거칠게 잘린 파이프 끝에서는 뜨거운 숨이 뿜어져 나오고, 집 안에서는 이글이글 타오르는 굶주린 불꽃이나, 보일러 깊숙이 자리를 잡은 코일 형태의 전기적 요소가 사람들을 얼음 같은 자연의 이빨에서 멀찍이 떼어놓아 안전하게 지켜준다. 바깥 공기는 결정체로 가득 찬 농밀한 안개로 변했고, 그 때문에 잎을 다 벗은 나무 사이로 가까운 교회의 첨탑조차 보이지 않는다. 모든 것이 고요하다. 고요하고도 적막하다. 크리스마스와 새해를 축하하던 것이 오래전 일 같다. 직장이 있는 사람들은 직장으로 돌아갔지만, 나는 아직 그러지 않았다. 정원사들이 종종 그러듯 내게도 이번 달은 나만의 시간이다. 1월은 씨앗 카탈로그를 훑어보며 이걸 옮기고 저걸 파내고 그걸 저쪽에 심으면 어떤 모습이 될지 꿈꾸는 시간이다. 색깔 한 덩어리를 여기 끼워 넣고, 두 덩어리를 저기서 합치고, 구역을 나누는 길을 내고, 발걸음을 끌어당기는 구석자리를 만들려고 휘갈긴 글씨 같은 산울타리를 만드는 동안, 내 머릿속 정원은 마크 로스코의 그림처럼 떠다닌다. 모든 정원사에게는 판타지 정원이 있고, 그들 다수는 화가다. 나는 더 이상 그림을 그리지 않는다. 그림을 그리려면 많은 도구가 필요하고, 그 전부를 보관하려면 영구적인 작업장이 있어야 한다. 나는 그 대신 글을 쓴다. 그건 어디서나 할 수 있다.

집의 바깥과 안 모두에서 세상은 평화로워 보인다. 인간 세상은 평화와는 거리가 멀지만, 나만의 경계가 지어진 이 작은 세상은 느긋하다. 내가 사는 루크우드는 모든 것이 검거나 하얗다. 갈까마귀들은 느리고 조용한 모습으로 굴뚝 옆에 옹기종기 모여 있거나 꽁꽁 언 땅을 시큰둥하게 쪼고 있다. 운 좋은 놈들은 땅에서 무기력해진 차가운 벌레나 지네 같은 꿈틀거리는 곤충을 잡아 올린다. 나무는 흔들리지 않지만, 팔을 위로, 사방으로 뻗은 채 기다린다. 참새 역시 이리저리 관목 사이를 휙휙 날아다니지만, 많은 말을 하지는 않고 조용하다. 나는 기다리는 듯 기다리지 않고 창문으로 지켜본다.

    추위는 생명과 관련된 일을 하느라 바쁘다. 추위가 땅의 알갱이들 사이로 잠입하여 물 분자의 온도를 낮추면 분자들의 움직임이 느려지다 멈추고, 곧 팽창되어 땅의 알갱이들을 밀어낸다. 그래서 얼음이 녹는 때가 오면 뭉쳤던 표면의 흙이 바스러진다. 추위는 동물의 세포 안으로 기어들어 그 존재와 뒤섞이고, 동물이 그것을 숨으로 내뿜으면 그 더운 공기가 수증기로 응축된다. 추위는 가난한 집으로 스며들어 학교에 가려고 따뜻하게 입은 아이들의 발과 옷을 차갑게 만들고, 밤 동안 현관 앞을 피신처로 삼은 노숙자들에게 들러붙는다. 또한 황갈색으로 시든 수국꽃의 꽃잎 가장자리에 결정체를 만들고, 케일과 브뤼셀 스프라우트, 겨울 배추에 키스하여 그 맛을 달콤하고 맛깔나게 만든다. 그리고 사과나무를 두껍게 감싸 깊은 잠에 빠지게 하여, 나무가 깨어날 때 생명력으로 가득한 열매를 맺게 한다.

    나는 실내에서 내 고양이처럼 쉬고 있고, 고양이는 내가 앉자마자 내 무릎 위로 뛰어오른다. 미미라는 이름의 이 얼룩 고양이는 내가 자기를 사랑하는 것처럼 나를 사랑하고, 내가 자신에게 흠모와 호사를 바라듯, 이기적이고 탐욕스럽게 내 체온을 바란다. 이 암컷 고양이가 내 얼굴을 빤히 쳐다본다. 눈에 얼룩점이 있고, 눈동자는 호박색 바탕에 갈색이 주근깨처럼 흩뿌려져 있다. 나는 주근깨만 보면 늘 좋아서 어쩔 줄 모른다. 읽던 책에서 시선을 떼고 흘러가는 바깥 풍경을 바라본다. W.G. 제발트의 『토성의 고리』를 다시 읽기 시작했다. 정처 없는 그의 여정을 따라가며 내 마음은 아늑하고 포근해진다. 내게는 그 여정이 시작도 끝도 없는 듯 느껴진다. 나는 그처럼 현실감 있는 이야기가 좋다.

시작

새해, 새 달력, 새 일기장. 실내의 세상은 그다지 새롭게 느껴지지 않는다. 책상 아래 뒹구는 먼지도 같은 먼지, 왼쪽 무릎에 느껴지는 통증도 같은 통증이다. 새로운 것은 오로지 내 일기장뿐이다. 낡은 일기장 옆에 기대 세워진 새 일기장. 아직 옮겨 적어야 할 몇 가지 기록이 남아있다. 낡은 일기장에 페이지가 남아 있었다면, 계속해서 제 역할을 해냈을 것이다. 일기장이 끝나는 곳에서 끝날 필요는 없다.

먼 옛날, 우리 조상은 수확제가 끝난 지 오래고 들판에 농작물이 더는 남지 않은 겨울의 한복판에서 새해를 시작하기로 했다. 다가올 봄이 자비를 베풀기를 기다리면서. 아마도 더 원시시대의 사람들은 겨울을 영원한 추위와 어둠 속으로 사라지는 세상의 끝이라고 여겨 두려워했을지 모른다. 동물의 가죽으로 몸을 따뜻이 감쌌던 누군가는 아래로 떨어지던 태양이 방향을 바꾸어 매일 조금씩 높이 떠오르고 있다는 걸 알아차렸을지 모른다. "자, 여러분, 괜찮아질 겁니다!" 그들은 모든 것이 지나가는 것을 보며 세상이 끊임없이 변하고 있다는 것을, 그 변화는 각기 다른 속도로 일어난다는 것을 깨달았다. 늘 무언가 새로운 것이 모퉁이를 돌아 무대에 등장한다. 아주 가까이 들여다보면 사물은 순간적으로 존재했다가 순간적으로 사라지는 것 같다. 뒤로 물러서면 그 전부가 빙글빙글 돌고 모든 것이 그저 배경의 소용돌이라는 것을 알 수 있다. 나는 무슨 이유로든 슬픔을 느끼면 한 걸음 뒤로 물러서면 된다는 것을 배웠다. 하지만 우리의 감각이 지각할 수 있는 것은 한정적이므로,

우리는 인식할 수 없는 것이 훨씬 더 많고, 우리의 좁은 틀 밖에 무엇이 존재하는지 결코 알지 못한다.

연중 가장 밤이 긴 12월 22일경을 지나면 태양이 귀환하는데, 그때가 새로운 순환을 시작하기에 가장 좋은 시점인 듯하다. 그래서 우리는 무한히 돌아가는 바퀴의 가장자리에 표식을 남긴다. 빛 속으로 사라져가는 어둠을 중간쯤 지나면 우리는 이렇게 말한다. "지금이 순환의 시작점이야." 그날이 달력의 맨 처음 달의 맨 첫날이자 우리 문화의 시작이었다. 우리가 어둠을 두려워하지 않고, 날짜와 계절을 헤아릴 필요를 느끼지 못했다면, 그리고 사탕 세 개와 네 개의 차이를 모르는 어떤 아마존 부족이나 아이들처럼 숫자 체계를 발달시키지 않았다면, 이 행성에서 인간의 삶이 어떠했을지 궁금하다.

우리의 문화는 밤과 낮을, 점심 식사와 아침 식사를, 우리와 그들을, 좋은 것과 나쁜 것을 구분하는 데 뿌리를 두고 있다. 하나의 균형을 다른 하나로 잡는다. 우리는 사물을 연속적으로 연결된 성질에서 분리하여 분명한 시작과 끝을 만드는 법을 배운다. 자기 꼬리를 무는 뱀, 고대의 원형 상징인 우로보로스는 머리와 꼬리가 한자리에 있고 영원히 그 상태일 것 같지만 시작과 끝이 분명히 있다. 선불교의 엔소*에서 비슷한 이미지를 찾아볼 수 있는데, 작건 크건 단순한 원이 그것이다. 이는 서예의 대가가 한 획이나 두 획만에 그린다. 붓으로 종이 어딘가를 찍는 것으로 시작해 한 바퀴 돌린 다음 같은 자리에서 끝난다. 그것은 삶의 순환을 상징하고 종종 흔들려 있으며 불완전하다. 원 밖에는 아무것도 없고, 안에도 아무것도 없다. 이 원을 그리는 방식에서 그린 이의 성격이 드러난다.

---

* 일본 선불교에서 유래한 상징이며, 완전함과 무한, 순수, 공(空)을 의미한다.

회색가지나방

흔히 보이는 회색가지나방은 5월과 6월에 핀의 머리만 한 작고 부드러운 하얀 알 2천 개 정도를 낳는다. 이 알들은 나무껍질의 깊은 틈이나, 울창한 위쪽 나뭇가지에 숨겨진다. 2주 정도 지나면 살아남은 알 각각은 그 안의 것이 자라면서 껍데기가 쪼개지고, 곧 애벌레가 기어 나온다. 애벌레는 가죽 같은 질감의 자기 알을 먹어 치운 뒤, 가장 가까이 있는 잎의 부드러운 부분을 먹는다. 몸집이 처음의 천 배로 커질 때까지 먹는다. 그것을 높이 달린 잎이나 나뭇가지에서 새나 박쥐가 찾아 먹는다. 이 애벌레가 '인스타' 단계에 해당한다. 작은 생물의 발달 과정에서 마지막 허물을 벗고 성체가 되기 전의 단계다. 완전변태나 불완전변태를 하는 곤충의 애벌레 혹은 올챙이가 인스타 단계에 해당된다. 회색가지나방의 애벌레는 과학자들이 자연 위장을 한다고 규정한 최초의 야생 생물 중 하나다. 그 애벌레는 자신이 태어난 작은 나뭇가지처럼 보인다. 녹갈색에 뻣뻣하고 곧으며 움직이지 않는다. 이후 나방이 되면 날개의 비늘 색깔이 자신이 살고, 번식하고, 알을 낳고, 죽는 나무에서 자라는 이끼 색으로 변해 눈에 띄지 않는다. 회색가지나방의 모든 삶의 단계가 그 나무와 맞아떨어진다.

애벌레가 먹이를 먹어 통통하고 단단해지면, 표피가 쪼개져 벌어지면서 아치형으로 굽은 새로운 애벌레의 등이 먼저 쑥 나온다. 이어 머리를 빼내며 안간힘을 써서 껍질에서 빠져나오면, 속이 빈 꽃눈 같은 다리가 나뭇가지에 붙은 채 허물이 남겨진다. 그저 나뭇가지의 작은 일부 같다. 애벌레는 일생에 두세 번 허물을 벗는다. 그리고 한 해의 후반기인 10월경, 살을 찌울 만큼 찌운 애벌레는 자기가 태어난 나뭇잎을 떠나 갈팡질팡 땅으로 내려가 흙 속에 굴을 판다. 그리고 그곳에서 겨울 동안 가만히 머물면서 번데기가 된다. 거기서 단단한 갈색 껍질이 만들어지고, 그 작은 집 안에서 애벌레의 몸은 갈색 곤죽처럼 뒤죽박죽 해체된다. 만약 누군가가 만진다면 불쾌한 듯 꿈틀거릴 것이다. 마치 봄이 오기 전에 스스로 휘돌며 자신을 재창조하는, 자연의 시험관 속 세포 수프같다.

4월이나 5월이 되면 번데기는 크기가 커지면서 꿈틀꿈틀 지면 위로 올라온다. 고치의 수분이 마르면 껍질이 벌어지면서, 새 생명이 기이한 잠에서 깨어나 밖으로 쑥 나온다. 그리고 마디가 있는 긴 다리로 나뭇잎이나 작은 가지에 매달린다. 더는 기어 다니거나 땅을 파는 존재가 아니다. 피를 펌프질해 날개를 들어 올리고 햇볕과 바람에 몸을 말린 뒤 날아오른다. 암컷 나방은 일생에 단 한 번 날아오른다. 그리고 자신이 이전 생에서 떨어졌던 나무 위에서 기다리다가 페로몬을 내뿜어 수컷을 유인한다. 수컷은 짝을 찾을 때까지 매일 밤 날아다니고 낮에는 나무에서 쉰다. 짝짓기를 마친 수컷은 암컷이 나무껍질의 깊은 틈새에 많은 알을 낳을 때까지 다른 수컷들로부터 암컷을 보호하고 지킨다. 그러는 동안 새와 박쥐는 알을 호시탐탐 노린다. 여름이 끝날 때쯤 나방은 죽을 것이다. 나방은 평생 결정을 내린 적이 없다. 그저 해야 하니 하는 것이다. 늘 흐름이 이끄는 대로 따라갈 뿐이다.

나는 동틀 녘에 하루를 시작하고, 종종 그것에 대해 쓴다. 불완전한 원을 그리고 다시 그린다. 어제는 먼 과거이고, 나는 내가 있었던 곳이 아닌, 지금 있는 이곳에서 하루를 시작한다. 나는 밤을 뒤로하고 낮을 앞에 둔 채, 여기서 아침을 먹으며 글을 쓴다. 나는 동틀 녘이 가장 아름다운 시간이라고 생각한다. 그때 나는 페기와 함께 따뜻하고 친밀하게 깨어나, 오늘과 우리의 모든 날이 그려내는 원형의 시詩에서 수정하지 않은 첫 행을 맞이한다. 나는 이 순간에 집중하고, 모든 깨어남은 기쁘고 새로운 탄생을 의미하는 생일이다. 나는 그녀의 차를 만들고, 우리는 가벼운 대화를 나눈다.

내 옆에 앉은 페기가 모락모락 김이 나는 컵을 손에 든 채 말한다. "당신 턱수염이 이제 완전히 하얗네."

내가 말한다. "우리가 잘 헤쳐 왔어, 그렇지?"

"너무 하얘서 반짝거려." 그녀가 말한다.

언제나 그렇게 쉽지는 않았다.

2月

내 삶은 단순하다.
빛과 어둠으로 되어 있다.
빛은 아름답고,
어둠은 더욱 아름답다.

돌아오다

미스 캐시미어는 점점 더 늙어 보인다. 아주 조금 더 종이 같아졌다. 섬세한 일본 제품처럼. 밝고 예쁜 랜턴. 공간을 차지하지만, 너무 연약해서 조금만 바람이 불어도 다시 일본으로 날려갈 것 같고, 작은 소나기만 내려도 펄프로 변할 것 같고, 새의 호기심에 툭 바닥으로 쓰러질 것 같다. 푸른박새. 그녀의 밝음을 향해 팔락팔락 날아오는 나방. 실크로 만들어진 붉은 작약이 그녀의 틀어 올린 하얀 머리칼을 고정하고 있다. 머리칼이 여기저기 삐져나왔고, 뒤쪽 머리칼은 곱슬곱슬 내려와 목의 작은 반점 주변에 흩어졌다.

2월이다. 12월 초부터 그녀를 보지 못했다. 그녀는 혼자 겨울을 보냈다. 그러고는 흙 속의 번데기처럼, 어둠 속에서 달라진 모습으로 나타났다. 허리가 더 굽었고, 녹슨 나사못처럼 비틀렸다. 거의 여든 살이다.

나는 겨우내 들판에 나가 두더지를 잡으며 봄을 기다렸고, 늙은 척하지 않고 계속 움직여 따뜻이 지내려고 했다. 하지만 나는 늙었다. 삐걱거리는 문짝처럼 낡은 기분이다. 경첩이 열리듯, 나는 나무가 진흙에 맞닿고 세상이 흘러가는 편안한 곳에 쓰러지고 싶다. 미스 캐시미어의 경첩과 근육은 아픈가? 호흡이 얕고, 심장 박동은 불규칙적인가? 텅 빈 어둠 속에서 끽끽거리거나 윙윙거리는 이명을 듣는가? 스스로 발톱을 깎을 수는 있는가, 아니면 하얀 가운을 입고 명찰을 목에 건 누군가가 그녀의 발치에 놓인 방석 위에 무릎을 꿇고 앉아 수술용 장갑을 낀 채 대신 깎아주는가?

오늘은 긴 겨울의 휴식이 끝나고 정원에 돌아와 일을 시작하는 첫날이다. 잔디밭에 두더지 언덕이 있다. 간밤에 두더지가 새로 판 흙 위를 서리가 한 꺼풀 하얗게 덮어 눈 내린 작은 산 풍경이 만들어졌다. 눈이 녹으면 언덕을 갈퀴로 긁어내 잔디밭을 덮는 상토로 쓸 것이다. 더는 두더지 덫을 놓아 그 보드라운 몸을 까마귀에게 던져주지 않을 것이다. 무언가를 죽이는 잔인한 일, 내 안이 막힌 느낌이 들 정도로 조금씩 나를 갉아먹는 그 일은 이제 하지 않는다.

그녀가 부엌 식탁에 앉아 신문을 읽으면서 담배를 피우고 있다. 창문으로 흰머리가 희끗 보인다. 담배 연기가 남긴 흔적, 그녀의 머리칼, 창문이 모두 유령처럼 어른거리는 천으로 만들어진 것 같다. 이곳에 존재하면서, 이곳에 존재하지 않는 듯하다. 안개처럼 은은하고 발갛게 빛나는 붉은 작약만이 유일한 진짜 색깔이다. 나는 노란색과 갈색이 섞인 창백하고 가장자리가 말린 납매꽃 사이로, 안개처럼 떠가듯 집 앞을 지나간다. 연기구름과 머리카락이 섞인 부드러운 느낌 사이로 그녀의 연약한 분홍색 두피가 보인다. 납매꽃 몇 송이는 이미 풀밭에 떨어졌다. 우리 모두는 그저 스쳐 지나가는 연기일 뿐이다.

가장자리가 갈색으로 시들어 가는 이 연약한 꽃들은 아주 사랑스럽고, 내 안을 욕망 없는 사랑으로 채운다. 적어도 내가 알고 있거나 이름 붙일 수 있는 욕망은 아니다. 내게는 항상 떨어지고 있는 꽃이었다. 12월에 가느다랗고 잎이 없으며 울퉁불퉁한 작은 가지에 돌멩이처럼 단단하고 강한 파리한 꽃눈이 작은 털실 방울처럼 돋은 것을 보았다. 하지만 꽃봉오리가 벌어진 모습은, 그 부드러운 꽃은 본 적이 없다. 그 봉오리도, 그 꽃도 보지 못했었다. 꽃은 1월에 피는데, 나는 1월에는 정원에 가지 않는다. 그곳에는 누구도 가지 않는다. 그녀도 나도 꽃망울이 터지고 꽃이 활짝 피어난 것은 보지 못했다. 나만이 그것들이 죽는 것을 보았을 뿐이다. 그것들이 그 자리에 있는 것은 우리를 위해서가 아니다. 납매의 향기는 식물 중에서 가장 달콤하다는데, 나는 그 싱그러운 향을 한 번도 맡아보지 못했고, 오로지 달콤하게 썩어가는 냄새만 맡을 뿐이다. 활짝 피었을 때는 색깔이 옅은데, 지금은 갈색이 되어 나뭇가지에서 비틀리며 떨어진다. 마르고 시든 채로. 빈 조개껍데기. 죽은 곤충. 갑각류 외피. 껍질. 날개. 고치. 가냘프고 보드랍고 사각거리던 종이가 비에 젖어 점액처럼 되고, 이어 흙이 된다.

책에서는 납매는 꽃이 지고 나면 보여줄 것이 없다고 말하지만, 잎이 나기 전 불그스름한 나무껍질과 가는 막대 같고 매듭이 지어진 듯한 줄기가 내게는 미래의 가능성으로 가득해 보인다. 초록이 돋는 때가 되면 그 작은 관목은 소박하고 창백한 모습으로 다음 겨울까지 배경으로 사라졌다가, 다시 겨울이 오면 아무도 지켜보지 않을 때 자기만의 선율에 맞추어 다시 홀로 춤을 출 것이다. 납매는 여름에 피는 크고 소란스러운 꽃과 경쟁하려 하지 않고, 겨울에 저만의 달콤하고 섬세한 향으로 정원을 채운다. 그때가 지나면, 나는 톱과 전지가위로 오래된 가지들을 잘라 바닥에 떨어뜨릴 것이고, 그러면 새로 어린줄기가 자라 다시 꽃을 피울 것이다.

추운 겨울에는 모든 것이 연약하여 금방이라도 부러지거나 떨어지거나 썩을 것 같지만, 계절은 변한다. 그리고 우리는 태양을 향해 서서히 굴러간다. 마치 생명을 잉태한 그 별의 빛과 온기를 향해 서서히 열리는 눈처럼. 살아 있는 것들은, 먹고 살이 찌고 활동하기 시작한다. 그렇게 자신을 복제하고 통통하게 살을 찌워, 또 한 번의 피할 수 없는 어둠 속으로 들어가는 과정을 버틸 에너지를 만든다. 모든 것은 변하고, 변한다는 사실만은 변하지 않는다.

얼음

무겁고 축 처지는 기분이다. 지난해 떨어진 잎의 눅눅하고 생기를 잃은 냄새가 땅에서 슬며시 올라온다. 미끄러운 풀밭을 걸어가는데, 플라타너스 나무에서 내 부츠의 색과 질감을 닮은 잎이 떨어져 신발 끈 위를 얇은 가죽처럼 덮는다. 멜빵으로 고정하고 아랫단을 접은, 두꺼운 갈색 코듀로이 바지 아래만 보면, 나는 잎사귀 발을 가진 나뭇잎 야수 같다. 축축해진 낡은 캔버스 가방이 골반에 묵직하게 부딪혀 내가 더 무거워진 느낌이다. 가방에는 모종삽, 작은 쇠스랑, 곡선 형태의 날이 달린 접이식 전지용 칼, 숫돌, 원예용 녹색 철사, 노끈 뭉치가 들어 있다. 도구 모양으로 만들어져 내 손에 맞게 마모된 갈라진 나무, 녹슨 금속, 꼬아서 타르칠을 한 마끈도 있다.

찬 공기가 들어왔다가 증기가 되어 콧구멍으로 빠져나가면서 따뜻한 덩굴손과 촉촉한 구름이 되어 내 얼굴에 닿고, 또 내 턱수염을 적신다. 나는 조금 절뚝거린다. 왼쪽 무릎이 뻣뻣하다. 겨울의 성찬과 휴식이 내 살을 찌워놓았지만, 힘든 노동이 다시 적당한 몸집으로 돌려놓을 것이다. 추위와 통증에도, 나는 이곳에 돌아와 수정 같은 서리가 내린 풀밭을 거니는 것이 행복하다. 내 발걸음이 박엽지 구겨지는 소리를 만든다. 바스락 바스락 바스락.

창가에 앉아 담배를 피우면서 신문을 읽고 있던 그녀가 나를 보고 손을 흔든다. 못생긴 갈색 머그잔에 차를 마시고 담뱃재를 잔받침에 톡톡 턴다. 올해 우리는 아직 대화를 나누지 못했다. 손을 흔든 것이 '이리 와서 이야기 좀 나눠요'의 의미는 아니다. '안녕하세요, 반가워요, 이리 와서 이야기를 나누는 건 하지 말죠'의 의미다. 나는 집 앞을 지나면서 미소를 짓고 손을 흔들어 답한다. 그 집은 탁자 위에 올려놓은 새장인 양 드넓은 정원 위에 놓은 석조 기단에 지어졌다. 나는 정원을 둘러보며 근무를 시작한다. 8시 30분에 내가 처음으로 하는 일은 정원을 점검하고 오늘 해야 할 일을 확인하는 것이다. 그녀의 늙은 얼룩 고양이가 무언가의 흔적을 쫓아 잔디밭을 달려가 산울타리의 낮은 관목 속으로 들어가 버린다. 나는 이 늙은 고양이가 슬슬 새 하루의 모험을 준비하는 모습을 다시 보게 되어 기쁘다.

올라앉을 수 있을 만한 높이의 낮은 벽이 집을 빙 두르고 있다. 접이식 금속 테이블과 의자들이 놓인 돌로 포장된 공간이 있다. 등수국이 집의 남쪽 벽을 타고 자라고 있어 가지치기가 필요하다. 지난여름에 핀 꽃이 아직 그대로 매달려 있다. 녹슨 빛깔로 뭉그러진 채.

지붕 가장자리에 맺힌 고드름에서 돌로 된 파티오 위로 똑똑 느리게 물방울이 떨어진다. 푸른색이 도는 검은색의 오래된 슬레이트 기와가 그것에 반사된 햇빛에 반짝거린다. 창문에서 튕겨 나온 환한 빛을 쳐다보니 눈이 찡그려진다. 까치들이 경사진 기와의 이랑에서 깍깍거리며 잡담을 나누고, 굴뚝 기둥*에서는 갈까마귀들이 티격태격 다툰다. 나는 걸음을 멈추고 그 모습을 쳐다보면서 크고 깊은 호흡으로 내 안에 — 시원하고 적당히 습하며, 초록 향과 찬 공기 냄새와 내 따뜻한 체취, 재스민 향이 뒤섞인 향기로 가득한 — 새 하루를 채운다. 기분이 정말로 좋다.

---

* 굴뚝 끝부분에 연기 배출과 장식의 목적으로 설치한 기둥.

재스민

계단은, 구멍이 뚫린 사암 벽으로 둘러싸이고 판석이 깔린 파티오에서 시작해, 층마다 화단이 만들어진 경사진 테라스형 잔디밭을 내려가, 담장이 있는 연못으로 향한다. 연못에는 녹색 돌고래 세 마리가 잎사귀 모양 분수를 향해 코를 쳐들고 있다. 분수가 가동되면 우산 모양으로 물줄기가 솟구칠 텐데, 바람이 심하게 불면 그 앞을 지나가는 사람은 소나기를 맞을 것이다. 돌고래에 고드름이 맺혔고, 움직임이 없는 회녹색 덩어리가 된 물 속에 들어앉은, 녹청이 낀 청동의 몸은 얼어붙은 듯 반짝반짝 광채가 흐른다. 잔디밭 왼쪽, 키 큰 주목이 심긴 산울타리 뒤로는 사과나무와 배나무 몇 그루, 그리고 여기저기 흩어진 벤치가 있는 과수원이 숨겨져 있다.

연못 저만치, 너도밤나무 산울타리 뒤로 펼쳐진 정원은 목줄이 풀려 제멋대로 날뛰는 개의 모습 같다. 여름 별채는 서리를 맞은 평평하고 황량하며 광대한 풀밭을 마주하고 있다. 강인한 엉겅퀴 몇 그루가 하얗게 시든 채 꼿꼿이 서서 긴 그림자를 드리우고, 풀밭이 쑥 꺼지는 곳에는 두더지 언덕과 더부룩하게 자란 사초가 있다. 얼어붙은 샘에서 작은 물줄기가 졸졸 흘러내리다 한곳에서 얼어붙어 질척한 땅을 만든다. 풀밭 뒤로는 앙상한 나무들이 서 있는 삼림지가 있어, 마치 정원이 먼 산속으로 들어가려는 듯한 풍경을 자아낸다. 여름 별채 오른쪽으로 또 하나의 산울타리가 있는데, 그 뒤로 눈에 잘 띄지 않는 곳에 마구간과 퇴비 더미, 부서진 작은 온실 세 개, 내 밴을 세워두는 자갈길이 있다. 다른 집들은 보이지 않고, 능선 위, 대기가 푸른색으로 변하기 직전의 정체된 공기 속에는 멀찍이 풍차만 서 있을 뿐이다. 집 앞을 빙 둘러 더 작은 잔디밭이 있고, 영국 전통 시골집 풍으로 관리된 화단이 그 잔디밭을 감쌌다. 장미 덩굴이 타고 오르는 오래된 돌담이 이 정원과 도로를 구분 짓는다. 길 아래로 내려가면 오른쪽으로 더 큰 집이 한 채 있다. 그 집은 들판에서 말을 키우고, 마구간이 있다. 예전에는 여기서도 말을 키웠지만, 지금 마구간은 비어 있다. 한 마구간에는 용구들이 있고, 다른 마구간에는 잔디 깎는 기계가 있다. 정원의 면적은 12에이커다. 여기가 햇빛이 비치는 내 낮의 세계다. 집 안에는 한 번도 들어가 본 적이 없다.

하루 일이 끝나면, 나는 대문을 닫은 뒤 한때는 검게 칠해져 있었던 녹슨 빗장에 무거운 회색 체인을 걸고 맹꽁이자물쇠로 잠근다. 그런 다음 돌아서서, 날마다 이 사적인 세상을 떠나 또 다른 우주로 돌아간다. 창밖을 내다보거나 머릿속으로 구상한 이야기를 쓰는 페기와 함께 주말과 저녁과 밤을 보내는 내 그림자 세상으로, 시인과 사색가의 생각들로 채워진 내 책장이 있는 집으로 돌아간다. 내 삶은 단순하다. 빛과 어둠으로 되어 있다. 빛은 아름답고, 어둠은 더욱 아름답다.

여섯 장의 꽃잎이 달린 작은 꽃인 윈터재스민이 구멍 뚫린 벽에서 뒤엉켜 자라는 모습이 행복해 보인다. 눈송이, 별, 멀리서 희미한 향기를 내뿜는 태양, 흩어진 은하수가 쇠못들에 이어놓은 아연 도금된 철사의 중력으로 우주 공간에 정박해 있다. 식물의 무게가 페인트칠이 되어 있던 썩은 목조 트렐리스를 끌어내린 바람에, 금이 가고 있던 회반죽에 내가 쇠못을 박아 넣었다. 붉거나 각질처럼 갈색으로 산화된 철의 결정이 칙칙한 회색의 아연 도금된 철사 사이로 반짝거린다. 이 화사한 식물이 바람에 몸을 흔들며 달아나 땅으로 떨어지려고 애쓰는 사이, 끊임없는 마모가 일어나 갈라지고 닳은 자리다. 구조물은 아마도 4, 5년 더 버틸 테지만, 금속이 공기에 굴복하여 녹슬 테고, 점점 얇아지다 끝내 부러지면 결국 교체해야 할 것이다. 나는 2년 전처럼 봄에 가지치기를 마친 뒤 이 식물을 풀밭에 조심히 내려놓을 것이다. 질병과 부패로부터 식물을 보호하는 얇고 밀랍 같은 단일 세포층(표피)이 뒤엉키는 줄기들로 마모되지 않도록, 오래된 철사를 제거하고 반짝거리는 새 철사를 감고, 줄기를 하나씩 들어 올려 가지런히 배치할 것이다. 이 별들의 우주를 내가 아주 좋아하는 퀴퀴하고 건조한 냄새가 나는 원예용 녹색 끈으로 격자망에 묶을 것이다. 나는 냄새가 있는 것들을 좋아한다. 그 작은 꽃들에서도 냄새가 난다. 유연한 녹색 줄기에 떨어질 듯 매달린 수백 송이의 꽃이 은은한 향을 풍긴다. 느린 불꽃놀이, 1년이 걸려 폭발하고 한순간에 끝나버리는 우주 같다. 우주는 어떤 냄새가 나는가? 내 우주에서는 녹색과 기름, 오래된 책, 찬 공기, 따뜻한 체온 냄새가 난다. 나는 이곳에서 행복하고, 내가 살아가는 하루하루는 만족스럽다.

땅에서 사는 것은 무엇이건 아직 잠들어 있지만, 세상이 따뜻해지고 '그녀'가 깨어나면 만물이 자라기 시작할 것이다. 어떤 거대한 짐승이 이 살아 있는 것들을 밖으로 밀어내고 세상을 노래하게 한다. 내게는 그 짐승이 여성 같은데, 내 본성이 그렇다고 말해주기 때문이다. 하지만 물론 그 짐승은 동시에 모든 성이 될 수 있다. 오로지 인간만이 무언가에 정의를 내리고 이름을 붙인다. 자연은 그런 일에 시간을 낭비하지 않는다. 나는 큰 마로니에 나무 아래를 지나간다. 반짝거리는 갈색의 꽃봉오리가 끈적거리고 뾰족한 모습으로 꽃잎이 펼쳐지기를 기다리고 있다. 방어하듯 주먹을 꼭 쥔 잎들은 곧 주먹을 풀고 다섯 손가락 모양의 태양 전지판 백만 개가 될 것이다. 그리고 편 손으로 햇살을 붙잡아 집으로 데려간 다음 설탕으로 전환시킬 것이다. 그렇게 자라 어린아이들이 사랑하는 크고 반짝거리는 씨앗이 될 것이다.

    밭을 갈면서 만들어진 작고 도도록한 흙봉우리에 생긴 얼음 결정 사이로, 작은 섬광 같은 파릇한 초록이 고개를 내밀었다. 가장자리가 말려 올라간 양치식물의 새싹, 피들헤드*가 벗들과 함께 아늑한 곳에 자리를 잡고 보송보송 털을 돋운 채 기다린다. 양의 뿔 같고, 땅에 묻힌 새끼 염소의 털이 난 등에서 자라는 반짝거리는 얼음 같다. 노란색과 파란색의 크로커스는 앞으로 몇 주 동안 깎지 않을 잔디밭을 뚫고 오므린 꽃봉오리를 밀어낼 참이다. 어떻게 그토록 종이 같고 부드러운 것이 상처 하나 입지 않고 단단하게 얼어붙은 땅을 뚫고 나올 수 있을까?

    살아 있는 것이 저마다 서서히 변모해 새로운 상태의 존재가 될 때, 그것은 새로운 어떤 형태로 나타나고, 다음에는 확장되어 또 다른 무언가가 되며, 다시 또 다른 무언가가 된다. 가끔은 내 눈앞에서 드러나게 변한다. 데이지는 해가 뜰 때 꽃잎을 열고, 질 때 다시 닫는다. 생명이 오고, 생명이 가고, 생명이 다시 온다. 짐승이 숨을 쉰다. 다년생 식물들은 퍼져 나가 저들의 자리를 찾고, 이어 몇 달 동안 사라졌다가 예측 가능한 리듬으로, 순환적인 방식으로 되돌아온다. 매번 조금 더 많은 자리를 요구하면서.

    꽃과 멀리 떨어지면 공기 중에 추위 말고 다른 냄새는 없고, 추위 말고 피부에 닿는 감각도 없다. 빛은 회색이고 나지막하고 평평하며 차갑다. 그림자는 없다. 나무는 앙상하고 고요하고 차가우며, 내 팔의 털은 곤두선다.

---

* 바이올린을 다른 말로 피들이라고 하며, 새싹의 모습이 바이올린의 헤드 부분을 연상시킨다.

다른 정원사

내가 사다리를 가지러 가는데 문이 쾅 닫히는 소리가 난다. 곧 미스 캐시미어가 크고 낡은 녹색 재규어를 몰고 진입로로 내려가는 모습이 보인다. 그녀는 오랫동안 그 차를 몰았다. 나는 그것이 새 차였을 때를 기억한다. 우리는 이곳에서 각기 다른 삶을 산다. 나는 모습을 감춘 채 그녀의 집에서 반 마일 떨어진 나무들의 벽 사이에 자리한 육중하고 낡은 연철 대문을 통해 이곳에 왔다가 역시 그렇게 떠난다. 그리고 좁은 길로 차를 몰아 온실과 퇴비 더미 쪽으로 내려간다. 당신은 아마 길가에서 그런 대문을 본 적이 있으며, 그 뒤에 뭐가 있는지 궁금했을 것이다. 그 문은 정말로 당신이 상상하는 경이로운 세상으로 들어가는 입구다. 그녀는 집 현관으로 이어지는 자갈 진입로의 가장 끝 쪽에 니스칠이 된 다섯 장의 가로대가 있는 대문으로 드나든다. 그 문이 닫히는 건 그녀가 휴가를 떠날 때뿐이다.

나는 지금 혼자다. 여기서 일을 시작하기 전부터 무리 지어 자라던, 겨울에 꽃을 피우는 붓꽃의 한 종種이 자주색 꽃을 몇 송이 피웠는데, 종의 이름은 기억을 떠난 지 오래다. 이 붓꽃은 남향의 벽 아래쪽, 건조하고 햇볕이 잘 드는 곳에서 자라고, 일제히 꽃망울을 터뜨리는 3월과 4월까지는 몇 송이만 듬성듬성 피어 우리를 감질나게 할 것이다. 달팽이들은 길쭉하고 얇은 그 잎을 사랑한다. 지금은 돌담 틈에 도토리처럼 비밀스럽게 모여 자신들의 분비물로 단단히 붙어 있지만, 그들이 잎의 아래쪽 끝에서 위쪽 끝까지 기어올라가면서 잎맥 사이 부드러운 녹색 살을 먹어 치우고 그

보드라운 자주색 꽃을 탐식하면 그 잎은 갈색 실처럼 변할 것이다. 해마다 이런 일이 일어나지만, 우리는 계속 붓꽃을 고집하고, 나는 달팽이들을 그대로 둔다.

'우리'라고 말하지만, 사실 정원 일은 나 혼자만 한다. 내가 계획하고 식물을 사고 정원에 심는다. 모든 결정을 내가 내리고, 그녀에게 묻지 않는다. 그녀는 결코 알려고 하지 않는다. 그녀는 지시하지 않고, 가끔 요구만 한다. 우리는 협업하는 척한다. 식물들이 오케스트라이고, 내가 지휘자이며, 그녀가 청중인 것처럼. 이런 이유로 우리가 '우리'라는 단어를 쓰는 것 같다. 우리는 우리가 꽃을 이끌어 가고 꽃으로 공연을 한다고 상상한다. 더 우울한 생각이 떠오른다. 어쩌면 우리 두 사람 다 '우리'라고 말하는 것은 그녀에 대한 존중의 의미일 거라는 생각이. 여기는 그녀의 정원이지 내 정원이 아니기 때문이다. '내'가 모든 일을 한다고 말하는 것은 어쨌거나 무례하게 들린다. 아주 가끔 그녀가 텔레비전이나 잡지에서 무언가를 보고 "올해는 분홍색 튤립을 심을까요?"라고 말할 때가 있다. 물론 나는 그것을 분홍색 튤립을 심으라는 지시로 받아들인다. 하지만 그런 일이 있은 지도 오래다.

예전에 알던 어느 정원사는 고용인의 정원을 자기 정원인 양 말했다. 그의 예술성, 기술, 지식, 기량과 비전, 노동과 인내심, 그리고 그가 살아온 세월과 계절에 존재하는 날과 달과 사랑이 모두 식물을 심고 다채로운 풍경을 만드는 데 사용되었다. 그가 무심결에 '내가 가꾼 정원'이라는 의미로 '내 정원'이라고 말했을 때, 젊은 새 주인이 당신은 그저 거기서 일하는 것뿐이라며 힘주어 말했다. 나는 그런 실수를 하지 않을 것이다. 이곳은 내 정원이 아니고, 그녀의 정원 역시 아니다. 무언가에 대해 돈을 내는 것만으로 그것이 자기 것이 되지는 않는다. 어떤 것도 결코 당신의 것이 아니다. 땅에서 일하는 사람들과, 땅의 한 귀퉁이를 소유했다고 생각하는 사람들이 세상을 보는 방식은 완전히 다르다.

주인의 말에 자기 분수를 깨달은 정원사는 수치심을 느끼고 일을 그만두었다. 주인은 대체할 사람을 찾아야 했고, 아마도 시간이 지나면서 자기가 아닌 다른 사람도 자부심이 있으며, 그걸 느낄 자격이 있다는 것을 깨달았을 것이다. 그 정원사는 며칠 안에 새 일자리를 구했다. 그는 다시 시작해야 했고, 다른 누가 하던 일을 맡아 자기 일로 만들어야 했다. 내가 죽은 전임자의 일을 맡은 것처럼, 훗날 누군가가 내가 하던 일을 맡게 될 것처럼.

정원사와 주인 모두 입을 연 데 대한 대가를 치렀다. 침묵은 늘 바람직하고, 부적절한 경우는 드물다. 말은 너무 쉽다. 오해도 너무 쉽다. 언어는 섬세한 생각을 표현하는 데 실패하는 투박한 도구다. 말은 이따금 우리 입에서 진정한 의미나 본질 없이 제멋대로 튀어나와 우리를 곤란한 상황으로 몰아넣는다. 혼자 일하면서 나는 다른 무엇보다 침묵에 대해 더 많이 알게 되었다. 어린아이였을 때 나는 침묵하는 법을 배웠다. 하지만 완벽한 침묵이란 결코 존재하지 않는다. 무덤조차 바스락거린다.

식물에 박식하면서, 사람들이 주려고 하는 액수만큼의 돈을 받고 일할 사람을 찾기란 쉽지 않다. 창의적이면서 섬세한 사람을 찾기는 더욱 힘들다. 그 정원을 누가 — 누구라도 맡았다면 — 맡게 됐는지에 대한 말은 내 귀에까지 이르지 않았다. 정원사들은 대개 과묵하고 혼자 있기 좋아하며 말하는 데 익숙하지 않다. 지나가면서 서로 고개인사를 나누며 다른 정원사들을 태도나 차, 옷, 냄새로 알아본다. 하지만 서로 대화는 피하는데, 종종 정원사들은 아주 퉁명스럽고 고집스러우며 쉽게 논쟁을 벌이기 때문이다. 장미의 가지치기는 어떻게 하는지, 최고의 작약은 무엇인지 같은 하잘것없는 문제에서 서로 의견이 달라 몇 년 동안 말을 나누지 않기도 한다.

어느 정원이든 보는 사람 모두의 것이다. 정원은 책과 같아서 그곳을 찾는 사람들은 저마다 다른 것을 발견할 것이다. 지금은 이곳을 찾는 사람이 많지 않다. 창문 청소부, 나, 미스 캐시미어, 가끔 오는 방문 판매원, 현관문을 찾지 못해 뒤로 돌아오는 배달원뿐이다. 대부분의 다른 정원도 마찬가지지만, 이 정원도 조금 자연처럼 보이도록 수를 쓴 것이지, 사실 자연이 아니다. 이곳은 관람자들을 색깔과 형태, 빛과 어둠을 이용한 이야기들로 데려간다. 개인적인 감정을 끌어내고, 상상의 씨앗을 심고, 잊고 있던 것을 추억하게 하고, 어린 시절의 놀이나 젊은 날의 사랑, 사람들, 부모, 지나간 삶을 회상하게 하고, 밝고 개방된 공간에서 판타지에 빠지거나 어두운 곳에서 사적인 사색에 젖어들게 만든다. 이곳은 당신을 안내하여 자신을 발견하거나 자신을 잊고 무언가에 몰입할 수 있도록 설계되고 관리된 장소다. 이런저런 공간의 형태를 잡기 위해 나는 야생적이거나, 빽빽하거나 정돈되어 보이거나, 닫혀 있거나 열려 있는 방식을 선택한다. 모퉁이를 돌자, 자줏빛 향기가 훅 끼치고 자주색 물방울이 튕기는 듯한 빽빽한 산울타리가 있는 그늘진 곳이 나타난다. 나무 아래로 푸른색과 분홍색 꽃이 피었고, 노란색과 주황색, 붉은색 꽃이 멀리까지 흐드러졌다. 우연처럼 벤치가 놓여 있는데, 머리 위로 백만 마리 벌들이 꽃 차양에서 먹이를 찾아 붕붕거리는 소리가 그 공간 — 오로지 그 한 장소만 — 을 채운다. 모두 인위적인 것이다. 몇 달 동안 방치하면, 자연이라는 번식력 좋은 짐승이 그곳을 완전히 다른 무언가로 바꾸어 놓을 것이다. 내 집에는 보이지 않는 몇 곳을 그렇게 두었는데, 야생지로 변하고 자연이 번성했다. 습한 곳은 양치류와 썩어가는 나무, 곰팡이와 딱정벌레의 것이 되었고, 숨을 수 있는 곳은 고슴도치의 것이 되었다.

넌출수국

집 앞쪽의 벽을 타고 오르는 수국의 가지치기를 시작하려고 헛간 뒤에 세워둔 큰 세 발 사다리를 가지러 그리로 돌아가고 있다. 그러다 잠시 고민한다. 미스 캐시미어는 외출 중이고, 만약 추락하면 나는 그녀가 돌아오거나 어둠이 내리고 페기가 걱정하기 시작할 때까지 땅에 쓰러져 있어야 할 것이다. 페기는 집에서, 창가 자리에 앉아 이야기를 쓰면서 이웃들이 지나가는 모습을 지켜볼 것이다. 먼저 내 휴대전화에 전화를 걸겠지만 받는 사람이 없을 것이다. 그녀는 내가 있는 여기 시골과는 수십 마일 떨어져 있고, 이 근처로 오는 버스 노선은 없으며, 그녀는 운전도 하지 않는다. 심지어 이곳의 주소를 알기나 하는지 모르겠다. 내가 그 세월 동안, 매일 이 행성의 표면에서 어디로 가는지 그녀가 정확히 말할 수 있을까? 아마 그러지 못할 것이다. 세 발 사다리는 삼각대처럼 땅에서 안정적이며 흔들리지 않는다. 주의를 기울이며 단을 제대로 밟고, 잡을 곳을 단단히 잡고 위험한 짓을 하지 않으면 나는 명상하듯 사다리를 다룰 수 있다.

이것은 길지만 단순한 작업이다. 사다리를 타고 올라가면서, 오래된 꽃송이를 모조리 잘라내고 튼튼한 새순 한 쌍 바로 위에서 바짝 수국의 가지를 친다. 마르고 시든 채 겨울을 난 꽃들이 땅에서부터 위로, 침실 창문까지 매달려 있다. 부패는 종종 녹슨 색깔이다. 조심성 없는 아이의 그림물감 통처럼 모든 색깔이 뒤섞여 흙의 무질서한 갈색이 되고, 그것에서 생명과 우주와 색깔이 탄생한다. 반짝거리는 새순도 녹슨 빛깔이다. 말라비틀어진 꽃송이를 손잡이가 빨간색인 오래된 전지가위로 잘라내자 꽃은 느리게 땅에 떨어지고, 집게벌레와 거미가 내 손을 피해서 허둥지둥 달아난다. 사생활을 사랑하는 달팽이는 그저 날이 따뜻해지기를 기다리며 벽에 들러붙은 채 있던 자리에 그대로 있다.

최근 몇 년 사이 날씨가 더 따뜻해지고 비가 더 자주 내리면서 수국은 예전보다 더 빠르게 자라지만 더 야위었다. 새로 자란 연녹색 줄기에서 뻗어 나온 강인한 흰색 공기뿌리가 돌을 단단히 붙잡고 있고, 작은 흰색 잔뿌리는 수분과 안정감을 얻으려고 벽 속 깊이 구불구불 파고든다. 나는 그것을 떼어내고 자르기 위해 힘껏 당겨야 한다. 불안해진 나는 흔들리는 알루미늄 계단에 두 무릎을 멍이 들 정도로 단단히 붙인 채, 차가운 두 손으로 그것을 잡아당긴다. 그리고 다시 안정된 땅에 내려온 뒤 사다리를 몇 걸음 덜컹덜컹 옮긴 다음, 다시 덜커덕거리며 사다리를 타고 올라간다. 솜털 같은 시든 꽃송이가 점점 높이 쌓여가고, 햇살이 이울기 시작할 때, 갈퀴와 쇠스랑을 이용해 그 전부를 쓸어 한쪽 구석에 모으는 것으로 그 일을 끝낸다. 이제 수레에 담아 퇴비로 가져가기만 하면 된다. 피곤해진 나는 짐을 챙겨 밴으로 돌아가려고 사다리를 어깨에 짊어진다. 햇살이 희미해지고, 천천히 자그락거리는 소리를 내며 자갈 진입로로 들어오는 미스 캐시미어의 차와 함께 그녀가 집으로 돌아온다.

그녀의 옷차림은 온통 검은색이다. 짧은 재킷, 무릎길이 스커트, 타이츠, 굽이 작고 사각형 새틴 리본이 달린 에나멜 구두. 그리고 챙이 있는 검은 모자를 들고 있다. 평소처럼 하얗게 센 머리를 단정하게 틀어 올렸다. 장례식에 다녀온 것이 분명해 보여 나는 가벼운 인사를 나누는 게 적절한 일인지 고민한다. 하지만 그녀의 복장에도 불구하고 나는 평소대로 한다. 나는 큰 미소를, 그녀는 작은 미소를 짓는다. 그녀의 미소는 선이 분명하고 깔끔하게 그어진 것이고, 내 미소는 흐릿하다.

"도로시, 요즘 어떤가요?" 내가 유쾌하게 묻는다. "반가워요. 크리스마스는 즐겁게 보냈어요?"

"안녕하세요, 마크." 그녀가 미소를 지으며 행복한 모습으로 답한다. "나도 반가워요. 벌써 일을 시작했군요. 아주 훌륭해요." 그녀는 내 질문에는 답하지 않고 집으로 향한다. "다시 보니 좋네요. 딸이 나중에 올 거예요. 증손녀 세례식에 다녀오는 길이에요." 그녀가 현관문 열쇠를 만지작거리며 말한다. "언제 같이 이야기를 나눠요." 그러고는 안으로 들어간다.

"축하해요." 그녀가 문을 닫을 때 내가 말한다. 그녀의 또 다른 고양이인 적갈색 고양이가 집으로 걸어가다 내 다리에 몸을 비비고, 현관문 앞에 앉아 유리를 통해 그녀가 미끄러지듯 사라진 집 안을 물끄러미 응시한다.

이야기

어제부터 쌓아둔 마른 꽃을 치우고 있다. 미스 캐시미어의 차는 보이는데, 그녀가 보이지 않는다. 침실 커튼은 닫혀 있다. 어제 거기 올라가 가지치기를 한 것이 다행스럽다. 그녀가 커튼을 걷어 내 얼굴을 봤다면, 혹은 그녀가 아직 침대에 있는데 커튼 위를 지나가는 내 그림자를 봤다면 당혹스러웠을 것이다.

나는 미스 캐시미어가 런던에서 일하던 때부터 이 정원에서 일했다. 그녀는 남편과 함께 내려와 주말이나 여름휴가를 보내거나, 생일이나 다른 파티를 즐겼다. 나중에는 이 집에서 세 아이를, 그러니까 두 아들과 딸 하나를 키웠고, 나는 그들이 자라고 떠나는 것을 보았다. 그녀는 이곳에 머물렀다. 그녀의 남편은 계속 런던에 오가기를 반복했고, 그러다 대략 10년 전 2월에 돌아오지 않았다. 내가 이곳에서 지금과 같은 일을 하고 있었던 건 기억나지만, 어느 해였는지는 기억나지 않는다. 그는 일주일쯤 뒤에 돌아왔지만 몇 시간만 머물렀다. 그 흐름이 끊겼다.

차들이 도착했다. 친구들과 어른이 된 아이들, 그의 동료들과 지인들이 왔다. 일부는 전에도 왔던 사람들이었다. 나는 그들이 파티나 점심 식사 자리에 온 것을 기억하고 있었다. 세련된 사람들은 색깔이 은은한 큰 차에서 내렸고, 또 다른 사람들은 더 화사한 색깔의 작은 차에서 몸을 숙이고 내렸다. 사람들이 관 안에 놓인 그를 둘러섰고, 이어 묘지로 운반해 갔다. 그들은 그의 몸과 관을, 생명이 그런 것처럼 마르고 부서지기 쉬운 재로 만들었고, 그것을 흙과 함께 섞어 그가 왔던 곳으로 돌려보냈다. 그는 그렇게 끝났다.

그는 이제 한 편의 이야기다.

미스 캐시미어에게 내가 그날 일하러 오지 않는 게 더 낫겠는지 물었더니, 그녀는 "평소대로 해요. 당신을 보면 좋을 것 같아요" 하고 말했다. 아마 그녀는 내가 느긋이 돌아다니는 평소의 일상을 원했을 것이다. 그래서 김이 서린 온실 창문 반대쪽에서, 검은 옷을 입은 사람들이 유리 상자 속 수입 백합들 주변에 서서 짙은 액체 — 아마도 셰리주 — 를 작은 잔에 따라 마실 때, 나와 식물들, 곤충들의 삶은 계속되었다. 나는 거리를 두고 바깥에서, 따뜻한 곳을 찾아 마구간과 퇴비 근처에서 일했다. 나는 그의 정원에서 그가 보낸 것보다 더 많은 시간을 보냈다. 그는 좋은 남자였다. 우리는 이따금 대화를 나누었고, 그는 친근했다. 우리는 달랐지만, 즐겨 마시는 위스키는 같았다. 그는 깨끗하고 단정하고 세련된 사람이었다. 나는 그런 것과는 거리가 멀다. 우리는 서로 다른 세상에서 온 사람들이었다. 우리는 다른 것을 믿었다.

이제 그는 자연 속으로 흩어졌다. 그는 육신은 죄스러운 것이라고 믿었고, 그것 때문에 우리는 목적과 의미에 대해 대화하면서 애를 먹었다. 하지만 사랑은 좋은 것, 아름다움은 좋은 것, 일은 힘든 것, 위스키는 좋은 것, 이런 식의 단순한 주제는 수월했다. 그와 나와 흙의 진실 사이에는 백만 개의 규칙과 신념과 체계와 의식으로 된 벽이 세워져 있었다. 그는 더 높은 이상을 추구하며 살았고, 그 위대한 생각이 그에게는 삶에 의미를 부여하는 것이었다. 그는 특별한 사람으로 키워졌다. 나는 아무것도 아닌 사람으로 키워졌지만, 아무것도 아닌 것을 좋은 것으로 만들려고 아주 열심히 노력했다.

그녀는 그를 사랑했고, 오랫동안 슬퍼했으며, 내가 아는 한에서는 결코 다른 남자를 만나지 않았다. 미스 캐시미어는 혼자다.

가끔 아이들이 오지만, 대체로 오지 않는다. 나는 매일 이곳에 온다. 여기 와서 내 일을 하고, 다시 차를 몰아 사랑하는 페기가 있는 집으로 돌아간다. 사랑은 단순하다. 그저 관심을 기울이고, 노력을 쏟아붓고, 자아를 죽이면 된다. 페기도 똑같이 하고, 사랑은 그렇게 움직인다.

키클롭스

분홍색과 노란색 프림로즈꽃이 피고 있다. 헬레보레 — 크리스마스 장미 — 몇 송이는 하얀 꽃을 피웠다. 라틴어로 크리스마스 장미를 헬레보루스 니게루(검은 헬레보레)라고 하는데, 꽃은 하얗고 뿌리는 검다. 그것들은 서늘하고 그늘진 곳이나 관목 아래 시들어가는 잎들 사이에 얼굴을 아래로 하고 매달려 있는데, 거기가 그것들이 좋아하는 곳이다. 꽃이 시들면 씨앗이 든 꼬투리가 부풀고 갈색이 된다. 그리고 친척인 렌텐로즈는 레드와인 색깔의 꽃을 피울 것이다. 헬레보레는 평범한 정원 식물이며, 정원에 있는 다른 많은 식물처럼 독성이 강하다. 이런 식물로 디기탈리스, 바꽃, 철쭉이 있고, 이것 말고도 더 있다. 친척이 아니면서 '가짜 헬레보레'로 알려진 식물은 사이클로파민*이라는 독을 함유하고 있다. 이 식물을 먹은 임신한 여자, 고양이, 염소, 닭에게서 태어난 새끼는 눈이 이마 한복판에 하나만 달렸고, 뇌는 뱀이나 두더지의 그것처럼 원시적이고 물렁하다. 그리고 이 생명은 곧 죽는다. 키클롭스가 성인이 될 때까지 살았던 경우에 대한 기록은 하나도 없다.

헬레보루스는 꽃이 피면 잎이 검어지는 경향이 있다. 나는 무릎을 꿇고 벨트에 찬, 가죽이 갈라지고 있는 연장집에서 전지가위를 빼내 꽃이 더 잘 보이게 잎을 자른다. 그렇게 하는 것이 전통이다. 이 식물은 잎이 더 이상 필요하지 않고 곧 잠을 자야 할 때가 되었다. 수액 역시 독성이 있지만 내게 작용한 적은 한 번도 없었다. 하지만 종일 생각과 감정에 빠져 지내고, 아픔과 통증을 느끼

---

* 영어로는 cyclopamine, 키클롭스를 연상시킨다. 키클롭스는 그리스 신화에 나오는 외눈박이 거인이다.

고, 이명과 이상한 심장 박동에 시달리는데 뭐가 원인이고 뭐가 결과인지 누가 알겠는가? 미스 캐시미어는 꽃이 핀 것을 알아차리지도 못했을 것이다. 이제 나는 그녀의 기쁨만큼이나 나 자신의 기쁨을 위해 이 작은 일을 완수한다.

시인 캐롤 앤 더피는 「그녀의 진주 목걸이를 데우며」에서 여자 주인이 저녁에 외출을 하기 전에, 하인이 그녀의 진주 목걸이를 미리 데워놓는 전통적인 관습에 대해 쓰고 있다. 하인에게는 개인적인 가치가 있지만, 주인에게는 기능적인 가치만 있을 뿐인 관계에 대한 관능적인 시다. 나는 내가 미스 캐시미어의 진주를 데우는 일을 하는 게 아닌지 궁금하다. 나는 유독한 헬레보레와 시들어가는 납매를 사랑하는 것만큼이나 그녀를 사랑한다. 그녀는 내 정원의 꽃이고, 나는 그녀가 나에 대해 어떻게 느끼는지 줄곧 궁금했다. 우리는 함께한 지 아주 오래되었고, 어쩌면 내가 주변에 있다는 게 그녀에게 즐거움을 줄지도 모른다. 그보다는 내가 여기서 일하는 게, 그녀에게 걱정할 일을 한 가지 덜어주는 것일 가능성이 더 크다. 나는 지난날의 내가 하나의 즐길 거리였다고 생각한다. 온실이나 햇볕 좋은 파티오에서 그녀와 그녀의 여자 친구들이 술을 마시며 웃고 있을 때, 나는 반바지를 입고 잔디를 깎거나 장미의 가지를 다듬고 있었다. 그때 나는 젊었고, 그녀가 나를 초대할지도 모른다는, 그리고 그곳에서 어떤 일이 일어날 수도 있다는 환상을 품고 있었다. 물론 그렇게 된 적은 한 번도 없었다.

결국에 그녀는 그저 내가 일하는 모습을 보고 있었던 것뿐이라는 생각이 들었다. 그녀는 내게 어떤 다른 마음도 없었던 것이다. 나는 어쩌면 그녀가 내가 하는 일을 이해하려 할지도 모른다고 생각했다. 내가 어떤 사과나무의 가지는 자르고, 어떤 것은 자르지 않는지, 왜 특정한 자리를 파고 있는지, 그녀에게 놀라움과 즐거움을 선사하기 위해 어떤 식물을 심는지를 알고 싶어 한다고 여겼다. 하지만 시간이 꽤 지났는데도 아무 질문이 없는 것을 보고, 나는 그녀가 나를 쳐다보고 미소를 짓는 방식이 정확히 꽃이나 그녀의 아름다운 집이나 새 재규어 스포츠카나 탁자에 올려놓은 값비싼 꽃병을 쳐다보는 것과 같다는 것을 깨달았다. 그것은 소유에 대한 자부심이었다. 나에 대한 그녀의 생각이나 감정은 정원에 있는 다른 어떤 것 — 꽃과 새와 곤충 — 에 대한 것과 같았고, 내가 속한 자리는 거기였다. 나는 무대에 배치된, 고용된 인물이었다.

어느 정원이건 관리할 정원사가 필요하다. 거기다 정원사처럼 보이면서 동시에 그림의 장식적인 부분이 될 수 있다면 더욱 좋을 것이다. 18세기에는 장식 목적으로 정원에 은둔자를 두는 것이 유행이었다. 그는 영국 귀족과 손님들의 즐거움을 위해 조언을 해주는 용도로, 혹은 구경거리로 지주의 땅에 의도적으로 지어진 은둔처에서 영원히 살았다. 그녀는 나를 구경하지만, 그녀 또한 내게 즐길 거리다. 우리는 서로를 위해 정원을 완성한다.

암호 해독가

날씨가 추워지면 그녀는 바깥에 잘 나오지 않는다. 그녀는 예전에 아주 아름다웠다. 이제는 발목이 점점 가늘어지면서 발이 길쭉해 보인다. 그녀의 두꺼운 갈색 타이츠는 카페라떼 색깔이다. 허리가 굽었고 말을 많이 하지 않는다. 시력은 약해졌고, 몸집도 더 작아 보인다.

나는 다른 사람들에게 미스 캐시미어에 대한 이야기를 거의 하지 않지만, 굳이 말해야 하면 그녀를 그렇게 부른다. 사람들도 그녀를 캐시미어로 알지만, 그녀의 이름은 도로시다. 나는 그녀와 이야기할 때는 그녀를 도로시라고 부른다. 페기에게 그녀의 이야기를 할 때는 도티*라고 부르지만. 그녀는 모자란 것과는 거리가 멀다. 나이 든 사람들은 젊은 사람들에게는 없는 강함과 여림이 있다. 그 강함은 다른 종류의 것이고, 여림도 젊은이들의 그것과 다르다. 그녀는 육체적으로는 약하지만, 정신과 영혼, 그리고 자기 이해는 강하다. 젊은이들은 그 반대다. 그들의 육체는 강하지만, 자기 이해와 침착함은 약하다. 이것이 세상의 이치다. 내 침착함은 강하다. 내가 가진 것 중 가장 강한 것이다. 나는 오랫동안 그것을 소중하게 길러왔다.

그녀는 하루에 대략 40개비의 담배를 피운다. 한번은 내가 그렇게 많은 담배를 피우는데 어떻게 그토록 건강하냐고 묻자, 그녀는 "그게, 마크. 나는 평생 하루도 일을 하지 않았잖아요. 나는 쓸모가 없어요. 쓸모 있는 것들은 쓰이고 닳죠" 하고 대답했다. "쓸모

* dotty는 '모자라다', '부족하다'는 의미다.

없는 것들은 선반 위에 완전히 혼자 방치되어 있어요. 왕족이나 금 간 찻주전자처럼 말이죠. 나는 전적으로 쓸모가 없고, 그래서 그런 것들처럼 평생 이렇게 살아갈 거예요. 나는 순전히 장식용이죠."

그녀는 사랑스러운 노부인의 미소를 지었고, 나 역시 미소가 지어졌다. 그러고는 여전히 미소를 띤 채 구부정한 자세로 손에 담배를 들고 가던 길을 걸어갔다. 하지만 나는 그 말이 사실이 아니란 걸 알았다. 나는 그녀가 어딘가에서 일한 것을 알고 있었다. 정부 기관에서 일했다고 들었다. 무언가 그녀가 밝히고 싶어 하지 않는 일이었다. 그만큼은 모두가 알았다. 하지만 누구도 그녀가 무슨 일을 했는지는 몰랐고, 추측하기 좋아하는 사람들은 무언가를 생각해 내고 기꺼이 공유하려고 했다. "암호 해독가였대요." …… "냉전 시대에 러시아나 노르웨이 스파이였대요." …… "60년대, 텔레비전 화면이 체제를 전복하려는 노동자 계급이나 극작가, 좌파 영화제작자들로 도배되어 그들을 감시할 눈이 필요했을 때, BBC에서 정부를 위해 일하던 스파이였대요." …… "무선 통신 청취소에서 일했대요." 그녀는 사람들의 상상 속에서 대개 모종의 스파이였지만, 진실은 누구도 모른다. 아예 모르는 것보다는 이야기가 있는 편이 더 받아들이기 쉬우므로, 사람들은 이야기를 좋아한다.

그녀는 무슨 일을 했는지 내게 결코 말해주지 않았다. 그녀의 남편은 법정 변호사였다. 그것은 내가 물어봐서 그가 알려준 것이다. 그녀에게는 무슨 일을 했는지 물어본 적이 없었던 것 같다. 우리 관계가 시작된 지 얼마 안 돼서, 그녀에게서 내가 원하는 명확한 대답을 들을 수 없을 거라는 사실을 분명하게 느꼈었다. 그녀는 화제를 돌리는 데 능숙했고, 그 때문에 나는 소문들이 사실일지도 모른다고 생각하게 되었다.

산비둘기

아침으로 먹을 포리지를 만들고 있다. 산비둘기는 어둠이 끝날 즈음이면 부드러운 다섯 음절의 울음을 반복한다. 시골 사람은 누구나 그 울음을 알고 있고, 누군가는 그 소리를 '마이 토 허츠 베티…… 마이 토 허츠 베티'*라고 묘사한다. 하이쿠의 첫 행만 들리고 또 들린다. 나는 2행과 3행을 완성하고 싶지만, 생각이 흐려져 차를 만들러 간다. 부엌에서 집 뒤쪽, 텔레비전 안테나 위에 홀로 앉은 그 혹은 그녀 비둘기를 본다. 비둘기는 겨우내 침묵했지만, 봄이 오자 다시 울기 시작했다. 지난봄에는 두 마리가 있었다. 하이쿠는 저절로 내게 찾아온다. 종종 어떤 생각을 심어놓고 외면하면, 그렇게 찾아오곤 한다.

내 발가락이 아파, 베티
어디로 간 거지, 내 사랑?
당신을 기다리고 있어.

나는 페기에게 내가 지은 산비둘기 하이쿠를 들려주고, 페기는 첫 행이 '내 영혼이 아파, 베티'가 되거나 '오 - 이를 - 어쩌나, 페기'가 되어야 한다고 말한다. 나는 '오 이를 어쩌나, 페기'라고 말한 뒤, 그녀를 쫓아가 겨드랑이를 간질이려고 하고, 그녀는 비명을 지르고 웃으면서 도망친다. 그러다가 짐짓 진지한 표정으로 말한다. "그러기만 해봐!" 그녀는 싱크대 위에 놓인 주걱을 집어 들고 나를

---

* My — toe — hurts — Betty : 내 발가락이 아파 베티.

위협하는 시늉을 한다. 페기는 대체로 기분이 좋지만, 가끔 어두운 면을 보인다. 내가 붙잡고 꼭 끌어안자 그녀는 버둥거린다. 의자 위에 몸을 웅크리고 있던 고양이가 우리를 지켜본다. 암컷인 그 고양이가 가끔 질투심을 보이는 듯해, 나는 고양이를 들어 올려 꼭 안아준다. 고양이는 완전히 몸을 내게 맡긴 채, 네 다리를 공중으로 뻗고 내 품에 누워 내 눈을 바라본다. 페기는 그 모습을 보고 웃음을 터뜨린다.

"고양이가 당신을 너무 좋아하는데." 페기가 말한다.

"당연한 거지." 내가 말한다.

바깥은 춥고 서리가 내렸다. 맑은 하늘에 커다란 하현달이 나지막이 걸려 있다. 부엌 창문으로 달을 배경 삼은 소나무의 실루엣이 보인다. 가까운 곳에는 수컷 검은지빠귀가 앙상한 라일락 나무의 가장 높은 곳에 조용히 앉아 있다. 나는 그것의 부리가 열리고, 그 울음소리가 우리 사이의 간극을 헤치고 여기까지 들려오기를 기다린다. 다른 새들은 침묵하며, 선사시대부터 차가웠던 자신들의 피를 데워줄 낮을 기다린다. 나는 아침을 먹고, 달이 집 뒤로 넘어가고 낮의 햇살이 이곳에 가득해지는 것을 볼 수 있을 만큼 천천히, 하지만 충분히 빠르게 차를 몰고 일하러 간다.

큰 꽃을 피우는 목련, 태산목에 맺힌 봉오리가 단단하다. 벨벳 같은 카키색 초 백만 개가 꽃망울을 틔우고 분홍색과 흰색의 꽃으로 피어나 나무를 빛으로 채울 준비를 마쳤다. 작은 무리를 이루어 자라는 스노드롭이 풀밭을 뚫고 싹을 틔운다. 스타키우루스의 단정한 아치 모양 청동색 나뭇가지에는 연노란색 꽃이 줄줄이 대롱대롱 매달렸다. 헐벗은 나뭇가지에는 겨울에 꽃을 피우는 벚꽃과 분홍색 가막살나무꽃이 피었다. 동백나무는 강하고 반짝거리는 잎을 배경으로 붉고 하얀 밀랍 같은 꽃을 내밀었다.

할 일은 늘 있다. 이곳에는 정말로 정원사가 한 명 더 필요하지만, 아마 돈이 충분치 않을 것이다. 내 일은 대체로 정해진 일과를 따르고, 그런 반복으로 삶은 평온해진다. 2월은 봄을 대비해 식물을 정리하기 시작하는 시기다. 오늘은 땅이 얼어 있다. 여기저기 생긴 물웅덩이가 두껍게 얼었다. 나는 집 앞쪽 벽을 타고 요리조리 뻗어 오르는 덩굴장미를 손질한다. 가지치기는 흙이 따뜻해지고 새순이 돋기 전에 모두 끝내야 한다. 참새는 잔가지를 모으고, 푸른박새나 무리를 짓는 다른 작은 새들은 이끼를 모아 가지치기가 되지 않은 덩굴장미와 담쟁이덩굴 속에 둥지를 친다. 어떤 장미는 담벼락을 타고 길까지 넘어가기도 해서 안쪽으로 조금 들여 잘라야 한다. 겨울바람에 끌려 내려온 덩굴장미도 있다. 이 오래된 식물 앞에 화단이 있어, 그 앞까지 가려면 화단을 밟고 지나가야 한다. 그곳을 더 좋게 만들려고 공을 아주 많이 들였기 때문에 맨흙에 올라서서 땅을 다지는 것은 대체로 피한다. 장미 앞의 이 흙 속에는 다년생 식물 — 루핀, 글라디올러스, 튤립 구근 — 이 기다리고 있지만, 흙이 얼어붙어 단단하니 밟아도 괜찮다. 겨울 날씨가 다시 온화해지자, 장미에 금세 초록의 작은 새순이 돋았다.

내 손은 차가운데, 나뭇가지를 묶는 노끈에서는 따뜻한 냄새가 나서 편안하다. 마치 까끌까끌한 양모 담요의 올이 풀릴 때의 향기 같다. 덩굴장미는 가지치기를 그리 많이 할 필요가 없고, 그저 정리만 좀 하면 된다. 그런데 가시 한 개가 깊이 박혀 내 살에서 피가 난다. 곳곳에 내 핏자국이 남는다. 용구와 침대 시트와 사람과 꽃에. 내 DNA는 이제 우리가 숨 쉬는 공기의 일부다. 폭력은 나 같은 노동자에게는 결코 먼 이야기가 아니다. 우리의 피는 피부 가까이 흐르고, 쉽게 빠져나온다. 이건 그냥 넘겨야 한다. 이따금 어떤 사람들은 몸에서 피가 나는 것을 남성성의 표시로 여겨 칭송하기도 한다.

올드 노스

올드 노스*에서 내 또래 남자들은 모두 거의 같은 방식으로 키워졌다. 전쟁에 나가도록 교육받고, 필요할 때 외국군과 싸울 준비를 했다. 전쟁에 나갈 필요가 없을 때는 풋볼과 럭비와 힘든 육체노동으로 체력을 유지하며 대비했다. 그러다 기력이 쇠하면 우리의 더 젊은 버전으로 교체된다. 우리는 쓸모가 있었고, 따라서 오래가지 않았다. 우리는 전체로서 가치가 있지, 개인으로서의 가치는 없다. 자연은 개개인을 필요로 하지 않는다. 개인은 충분한 개체수가 있는 한 폐기될 수 있는 것이다. 학교에서는 학대와 지루함과 고통을 견디라고 가르쳤고, 우리는 삶이란 오로지 위계와 힘에 관한 것임을 배웠다.

당시에 그 지역에서는 모두가 일했다. 사람들은 각자의 공동체에서 다른 사람들과 비슷한 일을 했다. 나는 아버지의 술집을 드나들던 남자들처럼 탄광에서 일할 수도 있었다. 군에 입대하거나 강철을 다루는 일을 할 수도 있었다. 여자들은 표백하는 일을 할 수 있었다. 아니면 미용사나 요리사가 되거나 방적 공장에서 일할 수 있었다. 내 어머니는 요리사였다. 어머니의 어머니는 방적 공장에서 일했다. 방적 공장에서 일하는 여자들은 소란스럽고, 어머니가 말하기론 '저속한' 사람들이었다. 나는 견습 노동자였을 때, 그들을 피해 숨으려고 달아났는데, 그들이 남자아이들의 옷을 벗기고 공장 안에서 알몸으로 뛰게 했기 때문이다. 그러고는 아이를 뒤쫓으며 깔깔거렸다. 그들은 음란한 행동을 해서 젊은 남자를 혼란

---
* 고대 영국의 북부 지역이나 노섬브리아 왕국을 말한다.

스럽게 하고, 찰싹 때리거나 꼬집어 달아나게 했다. 그들은 그런 걸로 유명했다.

처음 북부의 추운 탄광 타운에 도착했을 때, 나는 표백 공장에서 일하는 여자들과 사랑에 빠졌다. 그들은 친구들과 수다를 떨며 걸어갔고, 대략 스무 명이었다. 그들은 자신들이 사는 근처 오두막에서 나와서 나무 굽 신발을 신고 판석이 깔린 거리를 콩콩거리며 걸었고, 금속 바퀴가 끼익 소리를 내며 홈을 따라 굴러가는 큰 녹색 문을 통해 공장 안으로 들어갔다. 그리고 럭비 경기장 크기의 어두운 붉은 벽돌 작업장으로 들어갔다. 표백 공장은 운하를 지나 계곡에 자리 잡고 있었고, 반 마일 떨어진 하류에서도 코를 찌르는 냄새가 났다. 공장은 냄새를 문 안쪽에만 담아두려 했지만, 냄새는 기어코 새어 나왔다. 여자들이 함께 걸어가면서 조용히 이야기를 주고받는 모습은 진지하면서도 가깝고 편안해 보였다. 이따금 웃음소리가 들렸지만, 대체로 방적 공장 여자들과는 달리 조용했다. 박박 문질러 씻은 듯 새하얀 피부, 새하얀 머리칼, 하얀 눈썹과 속눈썹, 흰색 코트, 흰색 원피스, 바지, 타이츠, 머리 스카프, 신발까지. 내 상상으로는 뜨거운 표백제를 푼 큰 통에서 피어오르는 연기 때문에 온통 새하얘진 것 같았다. 그런 창백함 속에서 눈만 반짝반짝 빛났다. 홍채도 낡은 데님 바지처럼 희끄무레해진 듯 보였다. 그들이 타운 가장자리 운하 옆에 있는 공장으로 당당하고 우아하게 걸어가는 모습을 볼 때마다 나는 매번 사랑에 빠졌다.

그들 모두 한집안 사람들로 보였다. 자매, 이모, 어머니, 딸, 시어머니. 아마 그런 경우가 많았을 것이다. 나는 그들이 알비노 대가족이라고 생각했다. 그들은 마치 분홍색 요정 같았고, 한때 나는 그저 그들을 보기만이라도 하려고 찾아다녔다. 나는 그들의 벗은 모습을 보고 싶었다. 나 스스로도 이해되지 않는 성적 충동이 일어나고 있었다. 그들의 작업복 아래는 어떤 모습일까? 그 아래에도 색깔이 있을까, 아니면 그들의 모든 옷이 피부처럼 하얗게 표백된 것일까? 그들의 속옷은 무슨 색깔일까? 처음에 이런 생각은 성적인 것이 아니라, 유령 같고 유혹적인 하얀 색깔에 대한 호기심이었다. 하지만 그 생각에 더 빠져들면서, 그들의 몸과 이미지는 내 상상 속에서 성적인 것으로 변했다. 나중에 월경에 대해 알게 되자, 나는 그것만이 그들에게 존재하는 유일한 색깔이라고 생각했다. 텅 비고 창백한 유령들의 중심부에서 나오는 붉은 피와 응혈. 심령체. 진하고 붉으며, 그들이 떠가지 못하게 땅에 묶어두는 것.

　나는 그들을 물끄러미 바라보며 사랑에 빠지고 또 빠졌다. 가끔은 이 젊은 여자, 또 가끔은 저 나이 든 여자와. 아마 비둘기 같은 걸음걸이나 우아한 목선 때문에, 곱슬거리는 머리칼 때문에. 가끔은 추위나 연기로 킁킁거리는 빨간 코 때문이었을 것이다. 나는 가장 최근에 바라봤던 여자를 찾아보려 했지만 결코 알아내지 못했다. 다들 너무 똑같았다. 그들은 나를 어린애라며 무시했다. 나보다 나이가 많지 않은 몇몇 젊은 여자들(아마도 열다섯 살 정도)은 막 학교를 마친 나이였다. 표백제는 빠르게 작용해서, 그들조차 머리부터 발끝까지 하얬다. 이제는 일하지 않는 늙은 여자들 — 엄마들이 점심시간에 아기를 볼 수 있게 유아차를 밀고 온 은퇴한 할머니들 — 은 청신한 얼굴과 매끄러운 피부를 하고 나타났는데, 딸들보다 더 발그레하고 자신들의 나이보다 십수 년은 젊어 보였으며 종종 머리를 푸른색이나 자주색으로 염색한 채였다. 하지만 당시에 근방에서 정말로 늙은 여자들은 볼 수 없었고, 정말로 늙은 남자들도 마찬가지였다. 그들은 이른 나이에 죽었다. 광부들은 폐가 터져 나올 것처럼 심한 기침을 했고, 하얀 손수건에 분홍색 피를 부글부글 쏟아냈다. 그리고 유아차를 탄 아기들은 자기들이 자라서 일하러 오게 될 곳을 보러 오는 셈이었다.

일을 마치고 술집을 찾은 광부들은 맥주를 마시면서 다트와 도미노 게임을 했다. 그들의 눈가 주름에는 내 어머니가 화장했을 때처럼 검은 아이라인이 그려져 있었다. 나는 그들을 쳐다보지 않을 수 없었다. 물끄러미 바라보았다. 그들은 언짢아하면서 아버지에게 나한테 문제가 있느냐고 물어보았다. 이미 팀 플레이어가 아니라 아웃사이더로 여겨졌던 나는, 이 일로 그들에게 완전히 괴짜라고 각인되었다. 나는 그림 그리는 걸 좋아해서 그들 중 몇 명을 그렸고, 그 그림들은 술집 벽에 걸렸다. 그들은 아버지에게 내가 동성애자인지 물었다. 나는 글을 쓰고 책을 읽으면서 혼자 시간을 보냈고, 다른 아이들과 풋볼을 하거나 소리를 지르는 대신 그들의 눈을 응시했다. 나는 그들이 멋지다고 생각했다. 그들은 나를 흥분시켰지만, 나는 이유를 몰랐다. 지금 생각하면 일탈 자체에서 흥분을 느꼈던 것 같다. 나중에 그들 중 한 명이 나를 벽에 밀어붙이고, 어떤 남자가 상대의 눈을 빤히 쳐다본다면 그건 그놈하고 그 짓을 하고 싶다는 뜻이거나, 그게 아니면 죽이고 싶다는 뜻이라고 말해주었다. "어느 쪽이지, 애송이?"

세상에 대한 그의 흑백 논리에 나는 소름이 끼쳤다. 승자와 패자, 우리와 그들. 색조나 색깔이 없는 세계. 그 단순한 이분법의 세상에서 벗어난 곳은 어디도 안전하지 않았다. 나는 자라면서 이 분법을 싫어하게 되었다. 나는 늘 모든 게임이 무승부로 끝나기를 바란다. 나는 무엇에 대해서건 어떤 종류의 확신이라도 내비치는 사람이라면 누구든 두려워하고 불신한다. 시간이 한참 흐른 뒤, 나는 예쁜 것을 좋아해도 괜찮다는 것을 알게 되었지만, 그 특정한 세상에서 수컷으로서 즐겨도 되는 것의 목록은 아주 제한적이었다. 오로지 감상적이거나 힘과 경쟁에 관련된 것만 가능했다. 그런 단어들에 대해 말하면서 '예쁘다'라는 단어를 써서는 안 되었다. 예컨대 나는 달리아나 장미를 좋아할 수는 있었지만, 경쟁적으로 재배할 때만 가능했다. 꽃은 모종의 위원회가 고안한 표준에 맞춰 길러야 했고, 그것들을 품평회에 출품해 메달을 따야 했다. 순응이 핵심이었다. 책에 정의된 — 무엇이 이기는 것이고 무엇이 아닌지에 대해 — 그 확실성에 대한 순응. 예쁘다는 것이나 '그냥' 모호하게 좋아한다는 것은 그 과정에서 허용되지 않았다. 명확성이 모든 것이었다. 중요한 것은 오로지 이기느냐 지느냐 뿐이었다. 나는 모든 것을 경멸하게 되었다.

아버지는 내게, 하루 일을 마치고 탄광에서 나온 남자들은 머리끝에서 발끝까지 석탄 먼지를 뒤집어쓰고 있어, 떠나기 전에 탄광 입구 부스에서 샤워를 한다고 말해주었다. 그들은 샤워를 한 뒤에도 눈가 주름에 석탄 먼지가 여전히 남아 있었다. 검은 석탄 아이라이너가 그들의 연푸른색 눈 가장자리를 액자처럼 두르고 있었다. 근방 사람들 모두 눈이 연푸른색이었다. 내 눈도 연푸른색이다.

광산 타운으로 가기 전에, 나는 블랙풀이라는 바닷가 마을에서 살았다. 우리는 이사를 자주 다녔다. 우리 가족은 늘 떠돌아다녔다. 집이 없었고, 지속되는 우정도 없었다. 우리가 어디에 있든 그곳이 우리가 사는 곳이었고, 우리가 있는 곳은 일자리가 있는 곳이었다. 내가 여덟 살쯤이었을 때, 나와 다른 학교에 다닌 또래의 남자애가 있었다. 그의 집 뒷마당은 우리 집 뒷마당과 서로 마주 보고 있었다. 화창한 날이면 그는 집으로 돌아와 안으로 들어갔다가 원피스를 입고 나와서 우리와 함께 놀았다. 아마 누나에게서 빌렸을 것이다. 나는 그를 기다리곤 했다. 벽에 기대서서 여자 친구를 기다리는 블랙풀 갱스터처럼 기다렸다. 나는 옷을 갈아입지 않았다. 내게는 교복뿐이었다. 그는 자전거를 타고 뒷골목을 달려서 길 끝에 있는 록캔디 공장으로 갔다. 거리는 설탕이 끓는 냄새와 페퍼민트 냄새로 가득했다. 나는 나란히 달리면서 그와 경주했다. 그는 페달 위에 올라서서 스커트 자락을 휘날리며 맨다리를 번개처럼 움직여 미친 듯이 페달을 밟았다. 그는 흰색 샌들을 신고 있었다. 나는 달리기를 잘했다. 그는 그 거리에서 유일하게 자전거를 갖고 있었고, 그의 엄마는 나에게 그것을 타면 안 된다고 말했다. 그 말고는 아무도 탈 수 없었다. 나는 그의 자전거와 예쁜 원피스가 부러웠다. 내가 그렇게 입었다면 아버지는 나를 두들겨 팼을 터였다. 아버지는 내게 '그 동성애자 아이'와 놀지 말라고 몇 번이나 당부했다. "내가 무슨 말을 하는지 알 거다." 내가 이유를 묻자 아버지는 그렇게 대답했다. 나는 몰랐지만, 한편으로는 알았다. 그렇다고 내가 그와 노는 걸 그만둔 건 아니었다. 나는 그를 사랑했고, 그를 보면 흥분했고, 그를 내 여자 친구로 생각했다. 일탈. 우리는 여덟 살이었다. 나중에 더 북쪽으로 이사한 뒤에는 한 번도 그런 유의 사람을 보지 못했다. 그는 누군가의 꽃이었다. 나도 누군가의 꽃이 되고 싶었다.

 나는 열다섯 살에 그 북부 타운에서 학교를 그만두고, 공장에서 견습 노동자로 일하면서 커다란 보일러를 만들었다. 거기서는 난방 시스템이나 대형 엔진에 동력을 공급하는 고압 증기를 만들기 위해 석탄이나 석유를 태웠다. 나는 크레인을 운전하는 법을 배웠고, 호이스트로 거대한 강철판을 옮겼으며, 그것을 뚫고, 연마하고, 용접했다. 우리는 경쟁적으로 술을 마셨고 버킷 게임을 했다. 한 명이 머리에 강철 버킷을 쓰고, 나머지가 쇠막대나 망치 같은 것으로 열심히 두들겨 사방에 흠집을 내는 동안, 버킷을 쓴 사람이 얼마나 오래 버틸 수 있는지 보는 게임이었다. 또 우리는 지나가는 작업 동료들에게 불을 붙일 것처럼 용접 토치를 갖다 댔다. 사람들의 도구를 작업대에 용접했고, 작업자가 화장실에 가기를 기다렸다가 아크 용접기를 이용해 덫을 놓았다. 전기 회로의 한쪽 끝을 물이 고인 곳에 담그고, 다른 쪽 끝을 작업대 위의 스패너 같은 금속 도구에 연결했다. 그리고 작업자가 그것을 집어 들기를 기다렸다. 우리는 용접 막대를 바깥 수로에서 들어오는 쥐들에게 던지기도 했다. 우리는 전쟁에 대비했고, 그것은 결국 이명이나 외상 후 스트레스 장애만 남겼다.

 차를 마시거나 점심을 먹는 시간이면, 일부 남자들은 다트 던지기를 하거나 『더 선』 신문을 읽거나 포르노 잡지를 보았다. 나는 무리에서 빠져나와 외톨이로 지냈고, 주말에는 시내 서점에 어슬렁어슬렁 걸어가 누군가의 도움 없이, 내 생각에 중요할 것 같은 책을 샀다. 스스로 돈을 벌기 전에는 서점에 가본 적이 한 번도 없었다. 어떤 걸 읽으면 될지 몰라서 진지해 보이는 책이나 손에 잡히는 시집을 읽었다. 대체로 미국 시인의 것을 읽었는데, 학교에서 배운 옛 영국 시인들은 고전 교육을 받은 사람 말고는 누구도 시를 즐길 자격이 없는 것처럼 시를 썼기 때문이었다. 내가 골라 읽은 첫 번째 시인은 로드 맥컨*으로, 그는 『스태니언 스트리트』로 내게 말을 걸었다. 그를 통해 자크 브렐과 그의 노래 <암스테르담>도 알게 되었고, 그 곡을 처음 들은 순간에 내가 유럽인이라는 사실을 대번에 깨달았다.

 나는 아무것도 몰라서, 중요해 보이는 것은 뭐든 읽었다. 표지에 카우보이나 갱스터, 우주선, 반나체의 여자가 없는 책을 골랐다. 그렇게 닥치는 대로 이것저것 찔러보는 동안 세상은 흑백이기를

---

* 1933~2015. 미국의 시인이자 싱어송라이터다.

멈추었고, 나는 코를 쳐들고 더 달콤한 삶의 향기를 맡았다. 주변 남자들은 내가 삶을 깔본다고 생각해 나를 더 멀리 밀어냈다. 나는 내게 기대되는 것들이나 내가 훈련받은 생각에는 관심이 없었다. 팝 음악, 유명인, 축구팀, 정치인, 가톨릭이나 개신교 신자, 외국인, 왕족 같은 것 말이다. 나는 여자들에게 끌렸지만, 그들은 내게 관심이 없었다. 나는 이상한 외국 서적을 읽고 남자애들과는 놀지 않는 괴짜였다. 내가 아는 한 남자애들은 그다지 착하게 놀지 않았고, 헛소리나 증오를 쏟아냈으며, 누군가를 죽이고 싶은 마음이 들게 만들었다. 그게 내가 마땅히 느꼈어야 할 감정이었을 것이다.

내가 열여섯 살이던 1974년, 폐 손상으로 긴 투병을 하던 어머니가 밤중에 숨이 막혀 돌아가셨다. 장례식이 끝나고 얼마 되지 않아 아버지가 내게 집을 떠나라고 했다. 나는 아버지에게 너무 이상한 아들이었다. 그래서 어머니를 잃고 몇 주가 지나지 않아 나는 가족과 집도 잃었다. 험한 생활을 시작하면서 일도 그만두게 되었고, 수입도 잃어 떠돌이, 길 위의 신사 신세가 되었다. 나는 타로 카드의 '바보'로 다시 태어났다. 야단스러운 옷을 입고 발꿈치를 물어대는 개를 데리고 다니면서, 손에 든 꽃의 향기를 맡거나 하늘을 올려다보고, 계획이나 걱정 없이 바로 앞에 절벽이 나타나도 알아차리지 못한 채 걸음을 옮기는 바보. 나는 여전히 야단스러운 옷을 좋아한다. 페도라 모자를 내려놓는 순간 나비넥타이를 맬 것이다. 나는 날이면 날마다, 기분이 몹시 나쁘거나 좋거나, 덥거나 춥거나, 비가 내리거나 화창하거나 수백 마일을 걸었다. 그 여정에서 남아 있던 자아의 마지막 실타래가 바람에 날려갔다. 모든 순간이 기적이었고, 카뮈처럼 의식한다는 사실만으로 행복했다.

나는 여기 있어, 너는 거기 있니?

 미스 캐시미어가 부엌문을 잠그고 자신의 차가 있는 곳으로 비틀거리며 걸어간다. 참새들이 노래하며 장미 덤불 속에서 서로를 부른다. "나는 여기 있어, 너는 거기 있니? 그래, 나는 여기 있어, 너도 여기 있니?" 비가 조금 내려서인지 참새들의 소리가 기쁨에 차 있다. 미스 캐시미어가 외출할 때의 모습은 흠잡을 데 없이 완벽하여 나는 일손을 멈추고 그녀를 바라본다. 나는 사람들이 입은 옷차림에서 고민한 흔적을 보는 게 좋다. 한때는 길고 붉었으며, 종종 땋기도 했던 머리카락을 틀어 올렸는데, 여전히 생강 색깔이 언뜻언뜻 보이지만 이제는 희미하고 숱도 많지 않다. 녹색 스커트와 재킷, 세련된 진녹색 코트를 입었고, 놀랄 만큼 선명한 번트오렌지색* 타이츠를 신었다. 갈색 플랫슈즈를 신었고, 장미꽃이 그려진 듯한 스카프를 했는데, 그것의 바탕색은 타이츠 색깔과 잘 어울리는 오렌지색이다. 거리가 멀어 잘 알아볼 수 없어서, 어쩌면 작약꽃인지도 모르겠다. 나는 지난 세월 동안 그녀의 다양한 스타일을 보아왔다. 나는 그녀를 때때로 단조로운 세상에 밝은 색채를 더해주는 너그러운 사람으로 생각한다. 그녀는 돌아서서 몸을 굽히고 차에 올라탄다.
 젊었을 때 나는 늘 타이를 맨, 신사답고 정중한 나이 많은 남자를 존경했다. 그들은 '부탁해요, 고마워요' 하고 말하거나, 다른 사람들을 위해 문을 열어주거나, 가게 주인과 지나가는 사람들에게 미소를 지어 보였다. 그들은 사려 깊었으며, 세상에 색채와 사

---

* 어둡고 묵직하고 따뜻한 느낌을 주는 오렌지색.

랑스러움을 더해주었기에 나는 그들과 같은 사람이 되려고 노력했다. 나 역시 꽃이 될 수 있을 것 같았다. 나는 좋은 신발을 사려고 돈을 모으기 시작했고, 트위드 작업복 재킷 아래에 니트 타이를 매고 다녔다. 너무 덥지 않으면 지금도 그러고 다닌다. 하지만 나는 추위에 익숙해서 더위를 쉽게 느낀다.

꿩 한 마리가 느닷없이 튀어나온다. 곤경에 빠졌던 듯 꽥꽥거리고 돌풍에 휘날리는 비닐봉지처럼 날개를 퍼덕거린다. 꿩은 정원 아래쪽을 향해 힘차고 빠르게 날아가, 키 작은 너도밤나무와 개암나무와 오리나무를 넘어 들판으로 이동한 뒤 안전한 곳으로 숨는다. 꿩은 늘 나를 놀라게 한다. 덤불 그늘에 숨어 위장하고 있다가, 내가 거의 그 앞에 갈 때까지 기다렸다가 푸드덕 날아오른다. 반면, 여우는 저녁에는 숨지 않는다. 여우가 나를 지켜보고, 나도 여우를 지켜본다. 여우는 포식자라 두려움이 없지만, 우리가 서로 너무 가까워지면 땅에 바짝 붙어 슬그머니 사라진다.

그녀는 오래된 오일그린색 재규어를 타고 땅에 바짝 붙어 슬그머니 사라진다. 얼어붙을 듯 차가운 공기 속에 배기가스가 뭉게뭉게 피어오른다. 그녀는 갈색 코듀로이 바지에 녹색 몰스킨 셔츠를 입고 낡은 트위드 재킷 아래 갈색 타이를 맨 나를 보지 못했다. 나 역시 먹이나 포식자처럼 눈에 띄지 않게 위장된 모습인지도 모르겠다. 나는 여기서 일한 지 오래라 배경의 일부가 되었다. 지금은 맑고, 하늘은 슈퍼블루, 울트라마린 색깔이다. 매의 한 종류가 하늘을 건너가는데, 어쩌면 꿩을 보고 그 뒤를 따라붙은 것일 테다. 나는 매의 이름이나 그 형태는 모른다. 배운 적도 없고, 어떤 이름인지 알 필요도 없다. 그것들은 너무 멀리 있고, 내 시력은 좋지 않다.

이 행성에 떨어진 지 예순세 번째 해. 나는 전지용 톱과 긴 전지가위를 들고 정원 아래쪽 야생 산울타리를 지나 나무들 너머 야생의 장소로 일하러 간다. 검은딸기나무를 좀 잘라내고, 경계를 만드는 관목과 야생자두나무, 가시나무, 발육이 부실해 왜소한 물푸레나무의 가지를 정리한다. 이만큼 세월이 지났는데도, 나는 그늘진 곳에서, 서리를 맞은 잎이 말라 폭신해진 괜찮은 장소를 발견한다. 그런 곳은 나 같은 떠돌이에게는 쉼터이자, 하룻밤 잠을 청할 수 있는 좋은 장소다. 부서진 목조 울타리를 넘어 정원까지 침범한 산사나무의 길고 갈라진 나뭇가지를 자르니 향이 훅 뿜어져 나온다. 구운 밤처럼 강렬한 향이 곧 희미한 니스 냄새로 바뀌고, 보이지 않는 향기 구름이 바람을 타고 서서히 사라진다. 트위드 코트를 입고 머리를 스카프로 감싸고 손에는 장갑을 끼고 하이힐을 신은 어머니를 따라 가게들 안으로 들어가던 기억이 떠오른다. 어머니가 좋아하던 향수의 이름도 '트위드'였는데, 어머니의 뒤를 따르는 나처럼 그 희미한 흔적도 어머니를 뒤따랐다. 어머니는 고리버들 장바구니를 가져가, 당근과 콜리플라워 냄새가 나는 청과상에게 흙내가 나는 채소를 샀다. 나는 파란색 반바지와 샌들 차림이었다. 그 기억은 불완전하고, 향으로 시작해 샌들로 끝나는 단편적인 것이라 더더욱 즐겁다. 이 기억에 그 이상은 없다.

  목련꽃 봉오리가 벌어지기 시작한다. 백만, 아니 십억 개의 꽃봉오리가. 장미도 새 줄기를 내보내고 있다. 벽 옆으로 뿔남천이 꽃을 피우고 있다. 작고 길쭉한 꽃대에 달콤한 흰 발삼나무 향기가 나는 앙증맞은 노란 꽃들이 오종종하게 달렸다. 가을부터 꽃을 피웠는데, 조금 더 피어 있을 것이다. 나무들이 있는 곳을 지나 햇볕이 잘 드는 언덕에는 수선화가 한가득 무리 지어 피어있다. 이 추운 겨울날에도 완벽하게 꽃망울을 열고 일찍부터 꽃을 피웠다. 섬개야광나무는 지난 11월부터, 매달려 있던 작은 열매를 떨어뜨려 길을 붉게 물들였다. 군용기 두 대가 하늘 높이 날아가면서 완벽한 평행선을 긋는다. 그들은 광대한 하늘의 한쪽 저편에서 수평으로 날아와, 반대쪽 저편으로 수평으로 날아간다. 고도의 훈련을 받은, 헬멧을 쓰고 조이스틱을 능숙하게 다루는 조종사들이 그 안에 앉아 학살에 가담한다. 그들은 이만큼 떨어진 거리에서는 거의 움직이지 않는 것처럼 보인다. 그들은 빠르지만, 세상은 광대하다. 내 발치에, 끈이 나달나달해진 오른쪽 부츠 옆으로 노랑너도바람꽃이 완벽한 자태로 피어 있다. 파리목에 속하는 듯한, 날개 달린 작은 생물이 그 단순하고 밀랍 같은 노란 꽃잎 위로 기어간다.

노랑너도바람꽃은 버터컵과는 친척이라 조금 닮아 보인다. 버터컵과 역시 친척이면서 너도바람꽃으로 알려진 식물로 투구꽃이 있다. 치명적인 독이 있어서, 피부에 닿기만 해도 감각이 마비되고 따끔거리며 어떤 사람들에게는 심장 문제를 일으키기도 한다. 투구꽃은 아름다운 자주색 꽃을 피우고, 버터컵과는 전혀 닮지 않았으며, 오히려 델피니움이나 까치풀과 닮았다. 그리고 야생 정원에서 자란다. 모양 때문에 수도승의 망토라고도 불리는 투구꽃은, 동화에서는 늑대인간을 파멸시키는 데 쓰인다.* 그 꽃으로 건드리기만 해도 늑대인간은 당신의 발치에 쓰러져 죽고 한때 자신들의 모습이었던 인간의 형태로 되돌아갈 것이다. 또 투구꽃은 골칫거리인 늑대를 죽이는 데도 쓰였다고 한다. 그것을 묻힌 날고기를 놓아두고 늑대들이 먹게 했다. 나치 독일의 정부 스파이들도 총알에 독을 묻힐 때 그것을 사용했다.

버터컵은 독성이 있는 미나리아재비과고, 가지과도 마찬가지로 독성이 있다. 감자, 토마토, 가지뿐 아니라 까마종이, 장식적이지만 독성이 있는 칠레감자덩굴도 가지과에 포함되며, 이 덩굴은

---

* 투구꽃은 영어로 wolfsbane이며, wolf는 늑대, bane은 파멸의 원인 또는 독이라는 뜻이다.

정원의 더 아래쪽에 있는 목조 울타리를 타고 자란다. 이곳의 나는 독과 신화에 둘러싸여 있고, 투구꽃의 독을 묻힌 화살을 군용기에 쏘아 헬멧 쓴 늑대들을 죽이고, 그들이 땅으로 추락하며 인간의 모습으로 변하는 상상에 빠져든다.

    늦은 오후 이곳을 떠날 때쯤, 하늘은 얼음처럼 투명한 밀짚 색깔로 물들어 간다. 서리가 내릴 모양이다. 차가운 해가 지면서, 작고 날카로운 얼음 결정이 내 얼굴에 떨어지는 것이 느껴진다. 그것이 거칠게 직조된 내 양모 재킷에서 반짝거린다. 잎이 없는 줄기에 매달린 서향나무꽃은 낮의 마지막 햇살 속에서 여전히 분홍빛이다. 늦은 겨울에 피는 많은 꽃의 이름은 개나리, 스키미아 자포니카, 풍년화, 산수유처럼 시적이다.

그녀에게는 지팡이가 필요해

해마다 누군가가 미스 캐시미어에게 화분에 심긴 스키미아를 선물한다. 스키미아 자포니카는 전통적인 크리스마스 식물이 되었다. 진홍색 꽃봉오리와 반짝거리는 녹색 잎이 계절에 알맞은 색깔을 낸다. 휴일이 끝나면 미스 캐시미어가 그 식물이 정말로 있어야 할 바깥으로 화분을 내놓는다. 지난 세월 동안 나는 그것을 여러 곳에 심었다. 모두 상태가 좋아 보인다. 키와 폭이 3피트를 넘는 일은 드물고, 너무 많이 번식하지도 않는다. 문제를 일으키지도 않고, 다른 꽃들이 거의 자라지 않는 그늘에서도 잘 자란다. 단단한 선홍색 꽃봉오리는 이제 곧 벌어져 하얀 꽃이 흐드러질 것이다. 지금 이곳에는 스키미아가 너무 많지만, 그녀는 또 하나를 손에 들고 미소를 띤 채 걸어오며 묻는다. "이건 어디 두죠?"

그녀의 피부는 창백하게 빛나고, 입술도 눈도 파리하다. 그녀는 장미 무늬 스카프를 맸고, 녹색 코트를 입었다. 그녀를 이룬 것은 색깔, 밝음, 파리함이다. 처음 떠오른 생각은 '퇴비 더미 위에요'지만, 당연히 그렇게 대답하지는 않는다. 대신 이렇게 말한다. "창가에서도 볼 수 있게, 여름 별채 뒤편의 적당한 데를 찾아볼게요. 화분 채로 뒀다가, 옮겨 심는 건 흙이 따뜻해지면 하고요." 내가 말한다.

그녀가 미소를 지으며 "완벽해요" 하고 말한다. 오늘 무언가 좋은 계획이 있느냐고 물으려는데, 그녀는 이미 돌아서서 숙여진 자세로 천천히 절뚝거리며 멀어지고 있다. 그녀에게 지팡이가 필요해 보인다.

3月

일상적인 것들이 우리 삶에서 최고의 부분이다.
이런 평범한 날들이 즐겁다.
다리에 늘어선 아치처럼,
우리의 삶은 그런 것들로 이루어져 있다.

새싹이 움트고, 새순이 돋는다

비바람이 몰아치며 내 피부에 나선을 새기고, 새들이 부리에 잔가지를 잔뜩 문 채 날아가는 모습을 보니 봄이 왔나 보다. 모든 것이 되돌아오고 있다. 점점 따뜻해지는 해는 드넓은 땅을 생명으로 되돌려 놓고, 내 팔과 등은 땅을 파고 퇴비를 옮기는 고된 노동으로 점점 강해진다. 노동은 근육을 튼튼하게 하고, 이 단순한 작업에 집중하다 보면 마음은 몸이 해야 하는 일을 받아들인다.

온실 옆에 쌓아두었던 퇴비를 다시 실어 나르고 있다. 지난해에 쌓고 뒤집어서 산처럼 만들어 둔, 신선한 냄새가 나는 빛깔 고운 흙을 파 올린다. 쇠스랑으로 아홉 번을 무겁게 들어 올려 수레 안에 던져 넣고, 수레가 봉긋하게 차오르면 1에이커가 넘는 잔디밭을 가로질러 가서 수레를 기울여 쏟아낸다. 장미 주변에 흩뿌리고, 다시 돌아가 더 가져온 다음 루핀과 글라디올러스가 녹색 신호를 보내는 곳에 흩뿌린다. 그리고 붉은 튤립 구근이 묻혀 있는 둑으로 여섯 수레를 더 실어 나르고, 달리아를 심을 화단에 다섯 수레를 더 실어 나른다. 그렇게 횟수를 세다가 문득 이 생각이 떠오른다. 내가 이걸 왜 세고 있지? 두 가지 이유가 가능하다. 내 삶에 대해 불평하려는 것이거나, 내가 얼마나 열심히 일했는지 떠벌리려는 것일 테다. 하지만 이곳에는 떠벌리거나 불평해도 들어줄 사람은 아무도 없다. 나는 세는 것을 그만둔다. 몇 번인지 알아봤자 아무짝에도 쓸모가 없다.

왼쪽 무릎이 아프다. 고통은 깊고 날카롭고 달콤하다. 무릎을 꿇고, 무언가를 들고, 비틀고, 자르고, 찢은 결과다. 고된 노동을 하고 나면 몸이 아프지만, 고통은 그저 또 하나의 감각, 많은 감각 중 하나일 뿐이다. 굶주림, 사랑, 섹스처럼. 나는 들숨과 날숨에 집중하여 평화에, 침묵에, 호흡과 발걸음에 흘러가는 리듬에 깊이 젖어 들기로 한다. 새 소리와 무거운 퇴비를 싣고 가는 수레의 삐걱거리는 바퀴 소리, 맑은 하늘, 시원한 공기, 발에 밟히는 수백만 가지 향기와 질감, 그리고 내가 걷는 한 걸음 한 걸음에 대한 인식 말고는 아무것도 남지 않을 때까지. 돌덩이를 굴리는 시시포스처럼.

작년에는 이 일을 하는 데 꼬박 하루가 걸렸고, 끝낸 뒤에는 완전히 녹초가 되었다. 저만치 동쪽을 쳐다보니 나중에 비를 내릴 구름이 몰려오고 있다. 이 일을 오늘 안으로 끝내지 못할 것 같으니 점심을 먹을 때까지 쉬엄쉬엄하면 될 것이다. 내가 계속 횟수를 세고 똑같은 불평을 반복했다면, 내 머리는 쓰레기로 가득 차서 비가 오려는 것도 알아차리지 못했을 테고, 오늘 하루는 실제보다 훨씬 더 힘들고 어둡고 길게 느껴졌을 것이다.

내가 또 한 차례 퇴비를 가득 실은 수레를 삐걱거리며 집에 가까워지는데, 미스 캐시미어가 2층 창문에서 몸을 내밀며 '날씨가 추워요? 코트를 입어야 할까요?' 하고 묻는다. 내 몸은 뜨겁고, 내 셔츠는 땀으로 젖었다. 서리가 내리거나, 비가 오거나, 바람이 불거나, 햇볕이 뜨겁거나, 나는 밖에서 살고 일한다. 내가 피부와 몸으로 느끼는 감각은 그녀가 느끼는 것과는 아주 많이 다르다. 나는 오랫동안 집 없이 낮과 밤, 여름과 겨울을 바깥에서 살았다. 우리가 각자 다르게 경험한 세상의 방대한 간극에 대한 인식이 물밀듯이 밀려온다. 나는 추위와 동상과 극한 굶주림의 쓰라림을 알지만, 그녀는 아마 모를 것이다. 나는 작은 석탄불을 피우며 — 석탄이 있으면 — 자랐고, 옷은 단벌이었다. 그녀가 춥다고 느낄 때 나는 심지어 추위를 알아차리지도 못한다. 뭐라고 답해야 할지 모르겠다. 춥냐고? 코트가 필요할 것 같냐고? 전혀 모르겠다. 너무 큰 책임이 느껴진다. 그녀는 아기처럼 내 곤경에는 귀를 막았고, 자기 질문에 대한 답만을 바랄 뿐이다. 나는 우산이 필요할 거라는 말만 해준다. 그 답이면 될 것이다. 우리는 서부에 산다. 우산을 챙기라는 조언은 언제든 가능하다.

잠시 뒤에 비가 내리기 시작하고, 나는 열기를 식히려고 빈 수레를 일부러 천천히 밀면서 소나기를 통과한다. 젖지 않는 따뜻한 온실에서 비를 피한다. 겁 없는 꿩이 문까지 나를 따라와 내 점심 도시락을 쳐다보더니, 내 낡은 캔버스 가방 주위를 기웃거린다. 거의 길이 든 걸 보면 누군가가 먹이를 주고 있나 본데, 10월에 사냥꾼들이 오면 살아남지 못할 것이다. 얼룩 고양이가 감탄스러울 만큼 침착하게 집중하여 꿩을 쳐다본다. 자신의 복잡한 신체 구조를 오롯이 자각한 채로, 그 순간에 완전히 몰입하여 물 흐르듯 움직인다. 그럼에도 고양이의 움직임을 알아차린 꿩은 푸드덕 그 자리를 떠나고, 남겨진 고양이는 휘둥그런 눈으로 사라지는 새의 뒷모습을 쳐다본다.

커다란 검은 우산이 거의 무게감 없는 캐시미어를 아래에 매달고 천천히 다가온다. 약한 바람에 이끌려, 느리게 움직이는 공기보다 더 느리게, 땅 바로 위에서 둥실 떠가는 모습이 — 한쪽 팔, 가녀린 몸, 가느다란 두 다리가 대롱대롱 매달려 있다 — 젖은 풀밭 위에 떠다니는 검은 민들레 씨앗 같다. 땅에 발을 디디면 언제라도 뿌리를 내리고 꽃을 피울 것처럼. 그녀는 담배를 피우면서 둥실둥실 여름 별채로 떠간다. 거리가 좁혀지자 그녀는 더 무겁고 더 단단해진다. 우산 아래 비를 피한 채, 신문과 담뱃갑과 라이터와 불을 붙인 담배를 들고 고투를 벌인다. 그녀에게는 그 모든 것이 똑같이 중요하다. 그녀는 모든 것을 꼭 붙들고 있다.

그녀는 온실로 들어오지 않는다. 머리는 여전히 묶었지만, 오늘은 꽃을 꽂지 않았다. 너무 커 보이는 녹색 물방울무늬 점퍼(옷이 늘어났나, 아니면 그녀가 줄어들었나?), 빨간색 꽃무늬 스카프, 점퍼와 어울리는 직조된 천으로 만든 녹색 롱스커트, 녹색 웰링턴 부츠, 그 위로 살짝 드러난 갈색 모직 양말. 그녀를 내 마음에 담는다. 나는 그녀를 지켜보지만, 내가 지켜보고 있단 걸 그녀에게 들키고 싶지 않다. 그녀는 땅에서 난 것으로 만든 옷을 입어 약간 구식으로 보인다. 양모나 실크나 면은 30년 전에는 값나가는 직물이었겠지만, 최초의 값어치를 뛰어넘었다. 그녀는 자신이 들고 다니는 것들, 오래되고 검어진 것들에 짓눌려 보인다. 마치 그것들이 그녀를 땅으로 끌어내리는 것처럼, 그것들이 없다면 그녀는 둥실 떠올라 영원히 날아가 버릴 것만 같다. 내 쪽에 이르렀을 때 그녀는 착륙하고, 여름 별채를 향해 천천히 끈기 있게 걸어간다.

코스모스

온실에 코스모스 씨앗을 심고 있다. 해마다 씨앗을 한가득 뿌린다. 퇴비와 모래를 대충 섞어 한 움큼 쥐고 2인치 깊이 화분에 넣은 다음, 손가락을 구멍 파는 연장처럼 사용해 화분마다 흙에 작은 구멍을 낸다. 그 자리에 아기의 더러워진 손톱 같은 은색 초승달 모양 씨앗을 하나씩 집어넣고, 퇴비를 두 손가락으로 흩뿌려 얇게 한 층 덮는다. 씨앗 세 봉지를 심고, 영원히 플라스틱으로 남을 검은색 사각 플라스틱 화분 450개를 오래된 나무 벤치 위에 가지런히 놓는다. 오래되어 은회색이나 갈색으로 변한 벤치는 갈라졌고, 그 틈에는 에메랄드색 이끼가 보석처럼 박혀 있고, 습기, 흙, 비료, 오랜 세월 정원을 가꾸면서 누적된 냄새가 배어 있다. 나는 온실 구석에서만 사는 아연 도금된 물뿌리개로 화분에 물을 준다. 물뿌리개는 너무 낡고 녹슬어 멀리까지 들고 갈 수 없고, 몇 년 안에 폐기될 것이다. 반짝거리는 맑은 물이 녹슨 주둥이에서 화분으로 졸졸 흘러내리고, 나를 중재자로 삼은, 시간을 초월한 그 의식이 거행될 때 옛것과 새것이 뒤섞인다.

내 손은 더럽다. 손톱 밑이 까매졌고, 갈라진 피부의 틈새와 주름에, 그리고 단단하고 반들반들한 굳은살에도 때가 끼었다. 내 손가락은 서서히 동물의 발처럼 변해간다. 나는 더러워지는 법을 배웠다. 흙에는 깨끗한 흙과 더러운 흙이 있다. 더러운 흙은 똥과 질병과 부패의 악취가 나고, 야외 수돗물이 아무리 차가워도 씻겨 나간다. 깨끗한 흙은 부패의 과정을 마친 경이로운 흙, 야생의 살아 있는 흙이다. 그 흙은 손에 남는다. 그 흙은 바글거리는 곰팡이와 박테리아와 함께 살아 있다. 생명의 냄새가 난다. 이것이 내 생물 군계다.

몇 주에 걸쳐 작은 초승달 모양의 씨앗이 거의 다 앙증맞고 깃털 같은 떡잎 한 쌍을 밀어낼 것이다. 그 잎들 사이에서 줄기 하나가 몸을 곧추세우고 자랄 것이며, 곧 양치식물처럼 생긴 잎이 더 많이 돋아날 것이다. 모든 살아 있는 것처럼, 그것들 역시 무無에서 흘러나와 존재하고, 다시 무로 돌아갈 것이다. 그것들은 저들의 의사에 따라 저들의 방식대로 나타날 뿐, 내가 그것들의 형태를 잡거나 본래의 모습이 아니게 만들 수는 없다. 그렇게 하다간 그것들이 부서질 테고, 아니면 억지로 시도하다가 내가 부서질 것이다. 나는 아이를 키우듯, 그것들을 흘러가게 두어 가장 강한 존재가 되게 한다. 그것들에게는 시간이 많지 않으니, 내가 할 수 있는 건 그저 행복한 시작을 주는 것이다. 이 단순한 식물들이 나 자신, 그리고 타인과 함께 존재하는 방법에 대한 기본적인 진실을 가르쳐 주었다.

바깥 흙이 파기 좋을 만큼 충분히 따뜻해지고, 마지막 서리가 지나간 뒤 식물이 9, 10인치 높이로 자랐을 즈음에는, 화분 안에 돌돌 말린 하얀 뿌리가 가득할 것이다. 나는 무릎을 꿇고 코스모스를 정원에 옮겨 심을 것이다. 이렇게 하지 않고 몇 주 기다렸다가 얼어붙은 땅에 곧바로 씨앗을 뿌릴 수도 있다. 흙이 마침내 따뜻해지고 한동안 날씨가 좋으면 씨앗이 발아하겠지만, 민달팽이나 달팽이가 처음 돋은 보드라운 작은 싹을 먹어 치울 테고 많은 것이 남지 않을 것이다. 그것들은 내 자식과 같으니, 나는 그것들이 스스로 잘 자랄 수 있을 만큼 충분히 강해지기를 바란다. 나는 민달팽이나 달팽이는 신경 쓰지 않아서 독성 물질을 뿌리지 않는다. 정원에 화학 물질은 삼가려 한다. 무척추동물은 흙이 만들어지고 폐기물이 재활용되는 과정의 일부다. 흙의 입장에서는 무척추동물이 자기 일을 해야 하지만, 내가 원하는 것은 식물이다. 흙이 필요로 하는 것이 내가 원하는 것보다 훨씬 더 중요하고, 나는 자연에 맞서 싸우려는 시도는 하지 않는다. 나는 화분에 코스모스 씨앗을 심고 그것이 튼튼해지면 바깥에 옮겨 심는다. 민달팽이가 아래쪽 잎을 몇 장 갉아먹겠지만, 식물은 활기가 넘칠 것이고, 꽃은 자랄 것이다. 욕구와 필요가 조화를 이루게 될 것이다.

고대 그리스에서 '코스모스'라는 단어는 질서가 잡힌 조화로운 우주를 묘사하는 데 사용되었다. 그것은 그 이전의 원시적 공허를 뜻하는 '카오스'의 반대말이다. 카오스는 네 가지 원소 — 흙, 공기, 불, 물 — 로 구성되어 있었고, 고체성固體性도, 위와 아래도, 땅과 하늘도 없는, 모든 것이 모든 방향에서 끝없이 떨어지는 생명력 넘치는 에너지의 장소, 신들을 탄생시킨 창조의 가마솥이었다. 그 네 가지 원소가 함께 작용하여 내가 씨앗을 뿌린 코스모스꽃을 탄생시켰다. 나는 카오스와 함께 논다. 우리는 함께 춤춘다.

씨앗을 뿌리다 보면 남은 하루가 다 갈 것이다. 그 순간 온실에 의자가 있으면 이 일을 하는 동안 앉아 있을 수 있겠다는 생각이 든다. 작년에도 같은 생각을 했던 게 기억난다. 나는 벤치 쪽에서 있다가 배가 고파져 내 낡은 밴으로 간다. 그 안에 앉아, 흩뿌리는 집요한 비를 피하면서 휴대용 술통에 담아온 차를 마시고 페기가 나를 위해 구워준 크리스마스 케이크의 마지막 조각을 먹는다. 페기의 크리스마스 케이크는 브랜디를 잔뜩 넣은 것이라, 내가 없었다면 수년은 갔을 것이다.

나는 코스모스를 잔뜩 심을 것이다. 그리고 꽃들이 살랑살랑 한들거리면, 그 모습이 내게 기쁨을 안겨줄 것이다. 그녀도 그렇게 느끼면 좋겠다. 꽃 한 송이로도, 그것이 자라면서 만들어 내는 색깔과 패턴으로도 마음을 — 그러니까, 내 마음을 — 몇 시간이고 빼앗을 수 있다(나는 예쁜 것에 쉽게 매료된다). 하지만 코스모스는 결코 혼자 있으면 안 된다. 질서가 있고 평화로운 식물이라 무리 지어 존재할 자격이 있다. 5백 그루를 심으면 2천 송이의 꽃을 피울 것이고, 하나의 종족, 무리, 떼가 되어 조화롭게 움직일 것이다. 흐드러지게 핀 분홍색과 자주색의 데이지 모양 꽃송이가 3피트 높이에서, 기압이 안정을 되찾으려고 할 때 발생하는 보이지 않는 바람에 흔들리며 지도를 그린다.

코스모스는 척박한 토양에서도 잘 자란다. 간간이 비를 맞고 햇볕을 받는 한은 그냥 두어도 괜찮다. 꽃이 시들면, 식물의 아름다운 상태를 유지하고 더 많은 꽃을 피우기 위해 꽃송이를 좀 잘라내야 할 것이다. 코스모스는 일년생 식물이라 여름이 끝날 무렵에는 시들어 죽는다. 나는 가을이나 봄이 되면 생명을 잃은 줄기를 잘라낼 것이다.

집 앞의 오두막 정원이 루핀, 델피니움, 장미, 사과나무, 디기탈리스, 벌이 있는 모네의 정원이라면, 뒤쪽의 넓은 정원은 한여름에 거대한 색 덩어리가 선으로 구획되는 로스코나 미로의 그림이다. 여기에는 곡선을 이루는 분홍색과 보라색 땅이 있고, 이어 선홍색 장미가 피는 원형의 화단이 있으며, 각각의 화단은 아주 밝은 녹색 들판에 둘러싸여 있다. 나는 꽃으로 그림을 그리는 화가다. 물론 풍경은 늘 변하게 마련이지만, 정원의 이 부분은 미스 캐시미어가 젊었고 파티가 열리던 시절, 한여름에 절정을 이루도록 설계되었다. 여전히 한여름에 절정을 이루지만 이제는 오래되어 그 풍경이 고착되었다.

잔디밭에 새로 섬 같은 화단을 하나 만들고, 색깔을 쏟아부어야 할 것 같다. 아마도 하얀 색깔을. 슬픔을 조금 파괴하는 것이다. 나는 잔디밭을 사랑하지 않는다. 통제받고, 자라지 못하게 깎이고 또 깎이고, 스스로 씨를 뿌리는 것조차 결코 허락되지 않는 잔디가 가엾다. 삶도 없고, 성장도 없고, 쇄신과 카오스도 없다. 불모의 녹색 들판은 변화하는 색깔들 사이 비워진 공간으로 사용되도록 설계되었을 뿐이다. 계절이 오가도 잔디는 상대적으로 변하지 않는다. 그 높이는 조금씩 달라지는데, 자랄 때는 천천히, 깎으면 빠르게 달라진다. 이따금 가뭄이 들면 잠시 노랗게 변하기도 한다. 내가 하루나 이틀 정도 자리를 비우거나 비 때문에 깎지 못하면 끈질긴 민들레(내가 좋아하는 식물)가 잔디밭 위로 나타난다. 그들은 꽃을 피우기까지 하루면 된다. 생명은 변하는 것이다. 잔디의 일은 결코 변하지 않는 것이고, 영원히 녹색으로 납작하게 지내는 것이다.

다른 종들이 잔디밭으로 슬그머니 침입한다. 살갈퀴, 데이지, 민들레, 쐐기풀, 엉겅퀴, 클로버 등 여러 종류의 풀이다. 잔디밭이 한 달 혹은 1년 동안 아무도 돌보지 않은 채로 방치된 모습을 상상한다. 이 정원을 자물쇠로 잠그고 큰 의자에 드러누워, 밀려오는 녹색 파도에 몸을 맡기는 크누트 왕*처럼, 머그잔에 차를 담아 영원히 마시는 꿈을 꾼다. 잔디밭에 꽃이 피고 풀이 무성해질 때, 나의 생은 그 가장자리에서 끝날 것이다. 내 몸은 실크 같은 거미줄에 칭칭 감길 테고, 온몸에 낙엽과 풀이 들러붙을 테고, 검은딸기나무가 자라 나를 휘감을 테다. 그 안에 검은지빠귀와 지빠귀가 둥지를 틀 테고, 내 의자 아래로 고슴도치는 나뭇잎 속에서 몸을 공처럼 둥글게 말 테고, 쥐는 내 부츠 안 내 발의 작은 뼈 주변을 돌아다닐 테다. 내 벌어진 입 안에는 울새가 둥지를 틀 테다.

밤은 이르게 내리고, 나는 피곤하다. 온종일 고된 노동을 한 끝에 찾아오는 이 피로는, 깊고 평화로운 수면과 즐거운 꿈을 선사하고, 만족스러운 상태로 새날에 도달하게 하는 좋은 피로다.

* 10세기 초반에서 중반까지 잉글랜드, 덴마크, 노르웨이를 통치한 강력하고 지혜로운 왕으로 알려져 있으나, 바다가 자신에게 복종할 것이라고 믿고 바다에게 명령을 내렸다는 일화가 있다.

3월 서리

날마다 가장 먼저 노래하는 검은지빠귀는, 평소 즐겨 앉는 소나무 꼭대기에서 노래하다가 내가 나오자 조용해진다. 밤중에 서리가 내려, 나는 밴에 시동을 걸고 앞 유리의 성에를 긁어낸다. 정원에 이르자 새들의 노랫소리가 더 소란스럽다. 검은지빠귀, 울새.

나지막이 드리운 햇살에 집 그림자가 땅에 떨어졌고, 그 모습은 어둡기보다는 서리로 하얗다. 네거티브 사진처럼. 태양이 하루를 통과하면서 그림자가 건물 뒤로 돌아가 숨는다. 크기가 줄면서 점점 더 왜곡되어 보이는 집의 모노크롬 이미지가 땅에 드리우고, 더 많은 서리가 햇빛을 받고 녹아, 마침내 풀잎에 반짝거리는 영롱한 물방울이 맺힌다. 따뜻함 속에서 반짝이는 물방울들은 타서 없어지고, 새로 녹색 풀이 자라난다. 접시 안에서 서서히 현상되는 사진처럼. 그녀의 새장, 그녀의 아늑한 둥지, 그녀의 감옥. 직사광선을 벗어난 그늘진 벽과 산울타리 아래로는 하얀 얼음 결정이 종일 머물러 있다. 내 검은 발자국, 짐승의 발굽이 그 자리를 지나간다. 켈틱 소용돌이 문양과 사슴 머리 모양을 문신한 — 내 살아 있는 피부에 변함없이 새겨져 내 여정을 일깨워 주는 푸른 잉크의 노래다 — 노동자의 맨팔에는 소름이 돋아, 그 주변 털이 바람 속의 풀처럼 곤두선다. 내 코는 차갑고 콧물이 흐르며, 손끝과 뺨은 공기가 깨문 것처럼 얼얼하다. 연인이 깨문 듯하다. 내가 자그락거리며 자갈길을 내려가고, 연인이 나를 감싸 안을 때 나는 그녀에게 하얀 구름을 내뿜는다.

이제 추위는 멀게 느껴지고, 나는 나보다 더 복잡한 삶을 살기로 한 내 아이들을 생각한다. 나는 잠시 아이들을 걱정한다. 이 세상은 변하고 있고, 다시 이런 식은 아닐 것이다. 단순하게 사는 사람으로는 내가 마지막인가? 나는 아이들을 미움이나 공포, 탐욕이나 질투에서 자유로울 수 있게 키우려고 애썼지만, 아이들은 그런 것들이 일반적인 것으로 받아들여지는 세상을 선택했다. 나는 아이들이 그들의 길을 헤쳐 나갈 도구를 가졌기를 바란다. 아마 아이들은 나를 그런 세상을 피해 은둔한 사람으로 보겠지만, 내 삶이 끝날 때 나는 지금처럼 행복하고 만족스러울 것이다. 나는 아이들을 자주 보지 못한다. 아이들은 자라서 떠났고, 만족스럽게 지낸다. 만족스럽지 않을 때는 돌아오고, 격려를 받았다고 느끼면 다시 떠난다. 그게 당연한 것이다. 나는 리어왕이 아니다. 아이들이 배우자와 맺은 관계가 나와 맺은 관계보다 훨씬 더 중요하고, 그래야만 한다. 내 일은, 그것이 지속되는 한, 아이들이 실의에 빠졌을 때 다시 힘을 북돋아 주고 칼새처럼 그들의 삶으로 돌려보내는 것이다.

나는 내 아이가 생긴다는 사실이 두려웠다. 아버지가 어떤 모습이어야 하는지 몰랐고, 어떻게 남자가 되는지 몰랐다. 내 유일한 역할 모델은 영화 속 인물들과 내가 좋아하지 않는 사람들뿐이었다. 나는 아이들을 훈육하는 것이 두려웠다. 너무 많은 자유를 주거나 충분한 자유를 주지 않음으로써 여린 새 인생을 망쳐놓을까 봐 두려웠다. 심지어 내가 아버지처럼 폭력적이고 공격적이고, 권위적이며, 이기적일까 봐 두려웠다. 아이들을 키울 집을 장만할 책임조차 지고 싶지 않았다. 하지만 내가 어떻게 느끼는지는 중요하지 않았고, 어쨌거나 아이들은 태어났다. 나는 그 모든 모습을 다 보여주었고, 이따금 너무 엄격하거나 너무 온화했다. 하지만 상황을 수습하는 데 너무 늦은 때는 결코 없다는 것을 깨달았다. 나는 수십 년 동안, 아버지가 돌아가시는 그날까지, 내게 소원했던 아버지가 나를 대하는 태도를 바꿀 것인지 궁금했다. 그렇게 궁금해하고 용서하려고 애쓰면서 깨달은 것은, 내가 아이들에게 아무리 잘못했더라도, 너무 엄격하거나 너무 차갑게 대했더라도 우리 사이에 다리를 놓을 시간이 — 수십 년은 — 있다는 것이었다. 내가 노력만 한다면.

날씨는 여전히 겨울 같다. 사위는 고요하고, 회색 하늘에서 반짝 햇살이 비친다. 나는 서리가 내리는 기간이 지나가기를 기다린다. 그래야 봄이 본격적으로 찾아오기 전에, 수액이 올라오고 새들이 둥지를 치기 전에 가지치기를 시작할 수 있을 것이다. 너무 일찍 가지치기를 하면 보드라운 새순이 돋자마자 서리가 내려 그것을 죽여버릴 것이다. 가지치기를 너무 늦게 하면 산울타리에 둥지를 치는 새들을 방해하게 되고, 새끼가 태어나지 못하면 새들의 수가 줄어 진딧물이 더 많아질 것이다. 그래서 매일 서리가 다시 내릴지 추측해야 한다. 나는 16세기 방식으로 살고 있지만, 일하러 가기 전에 휴대전화로 세 개의 다른 앱을 확인하고, 일요일에는 텔레비전으로 날씨가 어떨지 말해주는 농부를 위한 일기예보를 본다. 각각의 말이 종종 달라서 가능성이 가장 커 보이는 것을 믿기로 한다. 지금은 서리가 내리는 것이 여전히 가능해 보인다. 내 피부와 코가 그렇다고 말해준다. 올해 서리가 내리는 시점과 새가 둥지를 치는 시점 사이에는 절호의 순간은 거의 없거나 존재하지 않는 것 같다. 나는 새들과 어린 새들이 날아갈 때까지 산울타리는 자르지 않기로 하고, 그 대신 꽃과 과일나무의 가지를 친다.

다음 몇 주의 대부분은 가지치기에 바쳐야 할 것이다. 사과나무, 배나무, 라즈베리, 까막까치밥나무, 장미, 덤불수국의 가지치기를 한다. 사다리를 타고 올라가, 크고 오래된 브램리 사과나무의 앙상한 나뭇가지들 사이에 몸을 넣는다. 축축한 이끼가 두껍게 늘어져 있다. 나는 웃자란 가지를 잘라내고 잠시 쉰다. 한 가지를 잡고서 다른 가지 위에 올라선 채, 나는 먼 소나무 사이로 햇빛이 반짝거리는 것을 본다. 나지막이 걸린 금빛 태양이 내 손 옆의 밝은 이끼 쿠션에 햇살을 비추자 수증기가 피어오른다. 이곳의 사과나무는 건강하지 않다. 아주 늙었고 동고병에 걸렸으며 심부가 썩어 갈라지는데도 달콤하고 새콤한 사과를 넉넉히 생산한다. 너무 많아 다 먹을 수 없을 정도다. 오래된 과일은 쓴맛이 있는 만큼이나 강인함과 달콤함도 있으며, 오래된 장미처럼 생산성이 아주 좋다. 나는 숲에서 불법 증류기로 오드비를 제조하는 꿈을 꾼다. 겨울 동안 내 몸을 따뜻이 덥혀줄 칼바도스를. 나는 독한 증류주를 좋아한다. 아침으로 먹는 포리지에 위스키를 살짝 뿌리는 것은 여러모로 나를 따뜻하게 해준다.

　나는 나무를 보기 좋게 관리하고 2, 3년에 한 번 정도 가지치기를 한다. 대체로 나무가 부러지는 것을 막기 위해, 갈라진 가지나 속이 빈 가지를 잘라내 나무의 무게를 덜어준다. 예전에 나는, 가지치기가 잘 된 사과나무는 한가운데로 모자를 던져 통과할 정도여야 한다는 것을 배웠다. 나무의 중심 부분이 컵처럼, 트로피처럼, 튤립 꽃잎처럼 태양과 공기에 열려 있어야 한다. 나는 오래전에 배운 것을 활용한다. 정원 관리에서 계절 말고는 어떤 것도 바뀌지 않는다고 생각하겠지만, 지식이 변하고 그에 따라 실행법도 변한다. 지난 몇 년 사이, 우리는 나무들이 뿌리에서 자라는 균사체로 서로 연결된다는 것을 알게 되었다. 나무는 이 지하 네트워크를 이용해 서로 영양소와 정보를 공유한다. 정원사와 농부는 모든 것이 연결되어 있음을 늘 알고 있었다. 하지만 사람들은 땅에서 멀어지면서 그 사실을 잊었다. 지금은 과학이 우리를 따라잡아 그 메

커니즘을 알려준다. 하지만 나는 여전히 과학보다 더 나은 일기예보가다.

장미 가지치기

　미스 캐시미어가 테라스에 서서 바깥을 내다보고 있다. 우리는 손을 흔들고 멀어진다. 지평선에 구름이 걸려 있다. 아래쪽이 평평한 크고 하얀 구름이 푸른 하늘에 떠 있다. 날씨는 알아차릴 정도로 점점 따뜻해진다.
　장미의 가지치기를 할 때는, 오로지 장미만을 다듬는다. 침묵이 요구되는 일이다. 적절한 방향을 바라보는 건강한 새순을 찾고 그 바로 위에서 비스듬히 자른다. 그러면 빗물이 잘린 면을 따라 잘 흘러내린다. 지금은 성장할 모습을 그려보면서 가장 좋은 모양을 만들면 된다. 새순이 자라면서 그렇게 형태를 갖출 것이다. 시간이 지나고 모든 가지가 드러나면, 그 식물은 가장 완벽한 자신이 될 수 있는 모든 기회를 얻은 셈이다. 물론 식물이 주어진 모든 기회를 다 쓸 수 있는 것은 아니다. 예기치 못한 서리가 내리면 새순이 죽을 텐데, 신중한 정원사는 그 아래에 또 다른 눈을 남겨두어 그것에 대비한다. 나는 장미가 되어, 내가 어디서 자랄지 느껴본다.
　어떤 정원사들은 책에서 일러준 대로만 작업한다. 나는 해마다 같은 시기에 장미의 가지치기를 하는 정원사들을 알고 있다. 그들은 특정한 날짜에 하겠다고 일정에 기록해 놓고 날씨 때문에 계획이 어긋나면 심리적 압박을 느낀다. 나는 책대로 하는 사람이 아니다. 본능대로 한다. 내가 만약 공원 관리부에서 일했다면 절대 버티지 못했을 것이다. 거기서는 모든 일이 달력에 따라 진행되기 때문이다. 나는 삶을 살아가듯, 정원을 거닌다. 무언가 할 일이 보이고 내가 할 수 있는 일이면, 나는 한다. 할 필요가 없는 일이면 내버려둔다. 오늘은 장미 가지치기가 필요해서 하고 있다. 날씨가 적당해져서 장미는 이제 성장할 준비가 되었다. 작은 분홍색 새순이 통통해지는 것이 보인다. 내일 해도 충분히 좋겠지만, 오늘 하고 싶다.

장미꽃을 피우기 위해 내가 자연을 다루는 방법은 가지치기다. 처음에는 가볍게 연필보다 더 가는 가지는 모조리 쳐내고, 그다음에는 안쪽을 향해 자라는 가지를 쳐낸다. 그리고 뿌리에서 돋아난 흡지를 뽑고, 마지막으로 전체적인 형태를 살피면서 식물의 위쪽에서 바깥을 향한 새순 윗부분을 쳐낸다. 나는 공원이나 정원 중심부에서 볼 수 있는 왜소하고 빈약한 작은 가지가 아니라, 꽃으로 뒤덮인 크고 풍성한 관목을 원한다. 나는 보여주기식의 완벽한 꽃 두어 송이를 위해 가지치기를 하지 않는다. 상은 받지 못하겠지만, 가득 핀 꽃을 얻기 위해 가지치기를 한다. 우리 중에 누가 상을 받을 자격이 있겠는가? 응석받이로 애지중지 키워진 몇 송이의 표본들, 아니면 알맞은 시기에 알맞은 장소에서 시련을 이겨내며 피어난 많은 꽃송이? 나는 가볍게 접근하지만, 찬란한 풍요의 기쁨을 목표로 한다. 내버려둔 장미는, 비타 색빌웨스트*가 말했듯 '운명이 예정된 대로 머리를 흔든다'. 높이를 3, 4피트로 유지하고, 본래대로 자라게 하면 나이를 먹을수록 더 훌륭해질 것이다.

장미 화단에는 내가 직접 삽목해 키운 분홍색과 빨간색 관목이 대략 스무 그루 있다. 새 줄기의 껍질은 굶주린 듯 자라는 새순과 세포로 가득하다. 많은 장미가 아주 원기 왕성한 줄기를 만들고, 그것이 땅에 닿으면 뿌리를 내리기 시작한다. 정원사는 이것을 이용한다. 12년보다 더 전의 어느 여름, 나는 저 아래 지금의 여름 별채가 있는 자리에서 1피트 정도 길이의 밝고 건강한 장미 줄기 수십 개를 잘라냈다. 그런 다음 잎이 줄기로 가야 할 물을 뺏어가

---

* 1892~1962. 영국의 작가이자 시인, 정원사로, 버지니아 울프의 동성 연인으로 유명하다.

지 못하게 잎을 다 떼어냈고, 모래가 섞인 흙이 담긴 화분에 세 줄기씩 심은 다음 온실 벤치에 두고 겨울을 나게 했다. 봄이 되자 줄기 대부분이 뿌리를 내렸고, 나는 온실 옆 묘판에 그것을 옮겨 심고 새로운 장미 관목으로 키웠다. 그것들이 튼튼해지자 나는 새로 장미 화단을 만들고 다시 옮겨 심었다. 그 이후로 그것들은 계속 그 자리를 지키면서 나이를 먹고 더 강인해진다.

나는 해마다 흙 위에 살아 있는 퇴비를 덮어준다. 가을이 끝날 무렵이면, 장미 가지는 굵어지고 뒤엉키며 주렁주렁 열매가 달린다. 다른 정원사들과 달리, 나는 10월에 그것들을 그대로 두어 겨울 동안 새나 다람쥐가 그 열매를 따 먹게 하는데, 그렇게 하면 눈을 배경으로 작은 선홍색 열매를 바라보는 기쁨도 누릴 수 있다.

장미 가지치기를 하며 아침을 보내고 나니 손이 아프다. 오른손은 나무 같은 굵은 줄기를 전지가위로 자른 탓에 아픈 데다, 상처와 긁힌 흔적과 핏자국으로 가득하다. 이 가시 많은 줄기에서 처음 나타난 섬광 같은 붉은빛이다. 장갑 낀 왼손으로 치워야 할 가지들을 잡고 있다. 오른손은 장갑을 끼지 않아 내가 하는 일의 감각을 느낄 수 있다. 장갑은 섬세한 촉감을 뺏어간다.

손, 감각, 전지가위, 관목이 느리게 협업하여 행복한 형태를 찾아나간다. 나는 서리 속에 혼자 있다. 나와 이 고요한 세상은 그저 느리게 서로를 쳐다보고, 나는 중간중간 일손을 멈추었다가 다시 자르기를 반복한다. 나는 아이가 되어 자연 속에서, 태양 아래 놀고, 서리 내린 풀밭에 검은지빠귀와 함께 서 있으며, 텅 빈 차가운 들판에 울려 퍼지는 딱따구리와 떼까마귀의 메아리를 듣는다. 이 고요한 늦겨울의 하루, 소리는 묘한 방식으로 이동한다. 멀리서 덜컹거리는 기차 소리가 들린다. 가장 가까운 선로가 4마일 넘게 떨어져 있지만, 추운 공기가 그 소리를 지면 가까이 붙잡고 있다.

눈

납작하고 하얀 달이 창문으로 나를 응시한다. 내가 물끄러미 바라보자 달이 움직이는 것이 보이고, 나는 내가 웅덩이에 떠 있는 모습을 상상한다. 날숨과 함께 내가 가라앉는 것이 느껴진다. 숨을 들이쉬자 나는 위로 떠올라 밤 속을 항해한다. 내 옆에서 부드럽게 숨을 쉬는 페기가 있어 외롭지 않다. 피할 수 없는 아침의 해안에 다다를 때, 첫 새들이 울기 시작하고 하늘에 오묘한 빛이 나타난다. 블라인드 사이로 갈라져 들어오는 빛이 하얀 침실 벽과 이불에 줄무늬를 그린다. 색깔은 평소의 노란빛이 도는 흰색이나 회색이 아니라, 더 차가운 청백색이다. 아침은 고요하고, 소리는 어렴풋하다. 나는 침대에서 빠져나와 블라인드의 살을 벌려, 눈으로 두껍게 뒤덮인 세상을 바라본다. 눈은 여전히 내리고, 여러 날 녹지 않을 만큼 깊이 쌓였다. 하늘은 밝고 길은 조용하다. 나는 나지막한 새소리와 페기의 부드러운 숨소리를 들으며, 페기가 잠에서 밀려 나와 하루 속으로 들어오기를 기다린다.

오늘은 정원 일을 하는 게 불가능하다. 나중에 우리는 벽에 페인트칠을 할 테고, 지난 주말에 내가 그녀를 위해 만들어 준 책장에 책을 꽂을 것이다. 나는 그녀가 어떤 책을 고르고 어디에 꽂을지 계획을 세우면서 부산을 떠는 모습을 즐겁게 구경한다. 나는 그녀가 왜 책을 특정한 순서로 정돈하는지 잘 모르겠지만, 그녀는 그 일이 행복한 모양이다. 소설은 여기(작가의 성姓이 우선이다), 참고 도서는 여기, 읽을 책은 여기, 사랑하는 책은 여기. 그녀가 간직하되 사랑하지 않으며, 참고용으로도 쓰지 않는 소설들은 무엇을 의

미할까? 나는 내 책을 혼돈 상태로 두는 게 더 좋다. 우리는 책장이 따로 있고, 나는 사랑하지 않는 책은 버린다. 나는 무언가를 찾던 중에 생각지도 못한 다른 무언가에 마음이 흘러가기를 바란다. 나는 정돈되고 계절을 따르는 삶에서 의도치 않게 일어나는 만남을 갈망하지만, 책과 자연에 한해서만이다. 사람들과의 의도치 않은 우연한 만남은 내가 피하고 싶은 것이다. 나는 그런 것에 서툴고, 종종 대화의 목적을 오해한다.

    방에 페인트칠을 하고 있으니 봄이 온 느낌이다. 우리는 자유를 즐기고 있고, 행복하다. 남은 하루를 책을 읽고 글을 쓰며 보내고, 눈길을 헤쳐 마을에 있는 술집으로 간다. 일상적인 것들 — 가벼운 대화, 산책하기, 설거지하기, 밤이 내릴 때 일몰 바라보기 — 이 우리 삶에서 최고의 부분이다. 이런 평범한 날들이 즐겁다. 다리에 늘어선 아치처럼, 우리의 삶은 그런 것들로 이루어져 있다.

작약

　화창한 날씨의 연속이었다. 바람이 눈의 표면을 말려 얼게 했고, 그 아래 흙은 건조한 공기로부터 보호되었다. 햇살이 눈을 뚫고 지면 아래서부터 눈을 녹여, 위에 단열층이 형성되었다. 풀밭과 화단에 딱지처럼 얼어붙은 자리는 그 아래 흙을 데우는 작은 온실이 되었고, 녹아서 방울져 흐르는 눈 아래로 생명이 자라기 시작한다. 아직 조금 남은 언 땅 위에 올라서니 그 자리가 그 아래 비워진 공기 속으로 붕괴하고, 파릇파릇한 풀이 보인다. 화단에는 작약이 핏빛으로 붉은 새순을 돋우고 있는데, 태양을 잡으려고 오므려 뻗은 힘센 아기 손 같다. 델피니움의 새순도 쪼글쪼글하고 털이 난 잎과 함께, 겨우내 남아 있던 왕관 모양에서 부엽토를 밀며 올라온다. 수선화가 한가득 피어 행복해 보이고, 스노드롭과 프리틸라리아는 잔디밭의 마로니에 나무 아래서 꽃을 피우고 있다.
　수국 덤불의 꽃눈들이 점점 살이 오르고 있다. 지난겨울 방치한 시든 꽃을 제거할 때가 되었다. 정원사들은 전통적으로 시든 꽃송이는 그냥 두는데, 서리로부터 성장하는 식물이 다치지 않게 하기 위해서다. 내가 내버려두는 이유는 꽃을 잘라내고 줄기만 남은 모습보다 초라한 풍요로움을 더 좋아해서다. 그게 내가 다른 사람들보다 장미의 가지치기를 더 늦게 하는 이유이기도 하다. 나는 끝이 잘린 형태를 좋아하지 않아서, 새순이 돋기 직전에 줄기를 자른다. 그렇게 하면 그걸 보지 않아도 되고, 이게 아주 자연스러운 모습이라는 환상을 유지할 수 있다. 수국의 마른 꽃과 그 아래 흙에서 자라는 양귀비꽃은 천천히 부스러져 집게벌레의 집이 되어준다. 집게벌레는 새로 자란 부드러운 식물을 먹거나 달리아를 먹어 치우는 것을 너무 좋아하지만, 진딧물 또한 먹는다. 나는 진딧물을 허물어지는 양귀비 집에 그대로 둔다. 양귀비꽃은 떨어져 곧 먼지가 될 테고, 새로 양귀비가 자라면 줄기를 잘라줄 것이다. 하지만 지금은 새순이 공기와 빛을 잘 받을 수 있게, 수국의 시든 꽃을 자를 것이다.

공기가 고요하고 차가워, 나는 모직 옷으로 몸을 겹겹이 감싼다. 내 숨이 구름을 만든다. 나는 장갑을 끼고 있고, 크고 마른 수국을 내 녹색 수레에 던져 넣는다. 윌리엄 카를로스 윌리엄스의 완벽한 시 「빨간 손수레」가 떠오른다. 그것에는 아주 많은 것이 달려 있다.* 레버와 바퀴로 된 이 단순한 기계 덕에 나는 무거운 짐을 싣고 다닐 수 있다. 수레를 밀고 퇴비 두는 곳으로 가서 새 더미를 쌓기 시작하고, 돌아가 다시 수선화의 시든 꽃을 잘라낸다. 나는 그것들을 퇴비 더미로 가져간다. 송이송이 달린 버드나무의 작은 금색 꽃차례와, 길게 늘어진 개암나무 꽃차례, 흥분한 새 떼와 앙상한 나뭇가지에 뭉텅이로 핀 서향나무의 분홍색 꽃을 지나서. 집 옆으로 명자나무의 진홍색 꽃이 시선을 끌고, 개나리가 잎이 없는 줄기에서 노란 꽃을 피운다. 이곳에 봄이 정말로 바짝 다가왔다.

다음 주에는 바깥에 스위트피 씨앗을 뿌릴 것이다. 개암나무와 버드나무에서 떨어진 나뭇가지와 녹색 덩굴로 지은 피라미드형 지지대 아래에 두 알씩 심을 것이다. 씨앗을 물에 하룻밤 불린 후, 자랄 때 약한 것은 뽑아내 강한 것이 살아남게 할 것이다.

* 「빨간 손수레」의 한 부분을 인용한 것으로, 여기서 그것은 손수레를 가리킨다.

감자가 냄비 안에서 달그락거린다

비가 내리고, 바람에 휘날려 햇빛이 닿지 않는 어두운 곳에 내려앉아 녹지 않고 있던 몇 군데의 눈이 녹아서 다시 땅속으로 씻겨 들어간다. 비의 압박감에 나는 짐을 챙겨 떠난다. 찬비가 밴의 앞 유리와 지붕에 퍼붓는다. 시골길을 달려 집으로 돌아갈 때 하늘은 검다. 도로는 오래되었고, 배수 시설은 아스팔트 도로나 포장된 진입로가 있는 집들을 위해서가 아니라, 흙길과 농지를 위해 만들어진 것이다. 홍수로 갈색이 된 흙이 도로를 따라 깊이 흐르고, 내 차가 지나간 진흙에는 바큇자국이 남았다. 집에 거의 다다라 신호등에 걸려 기다리는데, 쏟아지는 비가 차 지붕을 세차게 두들기고, 유리에 번진 신호등 — 어두운 하늘을 배경으로 빨간색이었다가, 녹색으로 바뀐다 — 불빛이 흘러내리는 물줄기 사이로 번쩍인다.

나는 손톱이 부러지고 손가락 피부가 갈라진 노동자다. 집에 돌아와 의자에 앉아 진흙을 긁어내고 부츠에 구두약을 문지른다. 새살은 자라게 할 수 있지만, 새 부츠는 자라게 할 수 없다. 나는 토요일 밤에 술집에 갈 때 신는 신발에 광을 내듯, 부츠에 광을 낸다. 한때 군인이었던 아버지가 가르쳐 준 대로, 그리고 역시 군인이었던 아버지의 아버지가 자신의 아들에게 가르쳐 준 대로 광을 낸다. 모두 돌아가셨다. 모두 역사가 되었다. 반짝거리는 부츠를 들여다보자 희미하게 내 모습이 비친다. 구두 앞쪽의 둥그스름한 부분과 갈색 왁스 때문에 번지고 휘어 보이는 그 모습은 내 아버지의 것이라고 해도, 내 할아버지의 것이라고 해도 무방하다.

빗방울이 젖은 판석 위로 타자기 자판을 두드리듯 투둑투둑 떨어지고 1인치 너비로 작은 물결을 일으키는 이런 고요한 날을 나는 사랑한다. 이런 날에 문을 활짝 열어젖히면 찬 공기가 들어오는 것을 보고 느낄 수 있고, 아무것도 신지 않은 발을 식힐 수 있다. 페기가 위층에서 돌아다니고 있는데, 나는 그녀가 곁에 없어도 함께 있다는 것이, 그러면서도 나를 내버려두는 것이 좋다. 그저 존재하면서 지켜보는 것이다. 우리가 만났을 때 나는 거의 사회화되지 않은 야생의 존재였고, 그녀 역시 웨일스의 산을 벗어나는 꿈을 안고 자란 길들지 않은 존재였다. 그녀는 등대 근처 들판에 있는 외로운 오두막에 살면서 놀거나 혼자 동화책을 읽었다. 우리는 비슷한 주파수로 진동했고, 그래서 자석처럼 가까워졌고, 아이들을 낳았다. 세상에 나온 아이들은 우리 둘과 비슷했지만, 우리 중 누구와도 같지 않은 새로운 존재였다. 그 낯선 아이들을 우리는 점차 알아가고 사랑하게 되었다.

하루가 저무는 동안, 하늘색이 옅어지더니 구름이 몰려오고, 거센 바람이 불어와 비를 거의 수평으로 날린다. 바람은 밤새 쉬지 않고 휘몰아치고, 바깥에서는 물건들이 달그락거리다 바닥에 떨어진다. 쓰레기통, 정원 의자, 쓰레기 봉지 같은 플라스틱으로 만들어진 것들이 거리에 나뒹군다. 살아 있는 것은 그 자리에 그대로 있다. 어디선가 탕탕, 리드미컬한 소리가 들린다. 아마도 헛간 문일 것이다. 페기는 잠들지 못한다. 비가 계속 내린다. 아침이 되자 길 양옆으로 새로운 강이 만들어졌다. 배수구의 격자 모양 뚜껑에서 빗물이 콸콸 넘쳐흐르고, 바람은 끊임없이 울부짖는다. 전등은 종일 켜져 있고, 난방기가 작동되는 소리는 요란하다. 구슬만 한 빗방울이 반짝거리는 검은 도로에 부딪혀 튕겨 나올 때, 나는 페기와 함께 실내에서 책을 읽고 비를 즐긴다. 그리고 요리를 하면서 유리창을 김으로 뿌옇게 채운다.

고양이 미미가 내 옆에 웅크린 채 누워 있다. 고양이는 우아하게 자기 몸을 핥은 뒤, 내 손을 두 번 핥는다. 세상 편한 모습이다. 나는 비를 바라보며 멀리 차들이 지나가는 소리를 듣는다. 아무것도 하지 않은 채 만족스럽게, 천천히 소파에 앉는다. 갈색과 녹색의 웨일스 타탄 무늬 담요에 맨발을 내려놓는다. 어느 씨족도 입지 않았던 무늬다. 노동과 부족한 밤잠으로 몸이 아프다. 푹 꺼지는 쿠션에 모래처럼 스르르 잠긴다. 살이 천에 닿는 느낌. 머그잔 — 딸이 사준 빨간색 머그잔 — 에 손을 뻗지만 잡히지 않아 커피가 천천히 식어간다. 고양이가 조금 움직이더니, 골골거리기 시작하고, 움찔거린다. 멀리 차들도 목적지에 도착했는지 이제 조용하다. 차들은 사람들이 흘렸거나 놓고 간 것들 — 코트, 가방, 빈 과자 봉지, 부스러기 — 만 남고 비워진 채, 집 주차장에서 서서히 열기를 식히고 있다. 커피가 차갑게 식었지만, 나는 아직 움직이지 못했다. 고양이가 무릎 위에 앉아 있어 움직일 수가 없다. 페기가 새 커피를 가져온다. 감자가 냄비 안에서 달그락거린다. 페기는 다른 방에서 전화로 이야기를 나누면서 쿡쿡 웃는다.

벚꽃의 새순이 돋는다

날씨가 조금 풀리면서 아침에 이슬이 맺히고 안개가 끼었다. 땅은 비와 얼음이 녹은 물로 여전히 젖어 있다. 벚나무 봉오리에 언뜻 색깔이 비치기 시작했지만, 한동안은 꽃이 피지 않을 것이다. 검은딸기나무와 장미에서는 새순이 돋고 있다. 튤립이 화단에 무리 지어 자라며 끝이 붉은 잎을 내미는데, 길이는 4인치 정도고 그중 두 개를 들여다보니 잎사귀 안에 작은 꽃눈과 줄기가 자리를 잡았다. 수선화는 여전히 강인한데, 사흘 동안 지속된 비바람을 맞고도 그렇게 꼿꼿한 자세를 유지할 수 있다는 게 놀랍다. 나는 수선화의 시든 꽃송이를 잘라내면서 오전을 보낸다.

젖은 식물, 젖은 풀, 젖은 부츠. 까마귀들이 나무 꼭대기에서 깍깍거린다. 고요한 공기 속에서 산비둘기와 참새가 젖은 몸으로 흔들리지 않는 나뭇가지에 조용히 앉아 있다. 회색 공기가 두꺼운 펠트처럼 느껴지는 이 고요한 아침. 세상의 소리는 덫에 걸려 한층 작아진 듯하다. 들리는 소리는 저벅거리는 내 발소리, 씨앗이 담긴 부분을 떼어낼 때 수선화 줄기가 툭 꺾이는 경쾌한 소리, 내 숨소리. 언덕 너머, 구름이 높이 걸린 하늘에 희미한 분홍색이 감돈다. 그런 빛깔의 분홍색은 이따금 서리를 의미하지만, 서리는 내리지 않았다. 두꺼운 구름 담요가 지면 가까이 조금 남은 온기를 유지해준다. 얼음이 어는 것을 막을 만큼만이다. 나는 그 부드러움 속에서 하루의 평온한 일에 아늑하게 파묻힌다.

구름이 걷히자 등에서 햇볕이 느껴진다. 검은지빠귀가 노래한다. 자두꽃이 분홍색과 흰색으로 피어, 울퉁불퉁한 가지 끝에 무거운 구름처럼 매달려 있다. 시간을 초월한 듯, 수백 년의 모습이 담긴 나무는 껍질이 갈라지고 나뭇가지에 균열이 생겨 부서진 채로 고정되어 완벽하다. 야생능금이 잎을 펼치려 한다. 접힌 잎의 끝이 선홍색을 띠며, 회색 하늘과 거무스름한 나무껍질과 대비된다. 나는 이렇게 나이 먹어가거나 새로 피어나는 것들 속을 항해하며, 매일 매시간 매분 회오리치는 자연의 이 소용돌이 중심에서 균열이 일어나고 이끼가 끼고 차분해지고 단단해지는 이 감각이 좋다. 정말로 좋다. 지금은 그것을 지켜볼 시간이 있다. 청춘은 그럴 시간이 없다. 청춘은 미래를 향해 무모하게 돌진하지만, 나는 제동을 걸고 세상이 흘러가는 것을 지켜볼 수 있다. 잘 지켜볼수록 세상은 더 느리게 흐른다. 나는 걸으면서, 공기와 태양과 서리가 내 피부를 타고 흘러 내 안으로 들어오고 나가는 것을 느끼고, 냄새 맡고, 맛본다.

나는 나방을 잡으려는 아이 같다. 하나의 순간이 날아와 내 손바닥에 내려앉았다가 곧바로 날아가 다른 순간에 자리를 내준다. 각각의 순간이 방금 지나간 순간만큼 너그럽고 친절하다. 내가 쳐다보자마자 번번이 떠나는 수백만, 수십억 마리의 나방.

하루이틀 뒤면 밤낮의 길이가 같은 춘분이 돌아온다. 햇빛이 희미해지기 시작할 때, 나는 대문을 잠그고 집으로 향한다. 문을 열고 들어간다. 날은 여전히 책을 읽을 만큼 밝다. 집은 그녀로 가득하다. 통로에 그녀의 우산이 있다. 그녀가 사놓은 사이드보드 위에는 그녀로부터 선물 받은 오래된 중고 나무 그릇이 놓여 있고, 나는 그 안에 열쇠를 둔다. 부엌에는 그녀가 미술 학교에 다닐 때 누군가가 그려준 그녀의 그림이 있다. 그녀의 온기와 향기, 레인지 위로 솟아오르는 김, 탁자 위에 켜둔 촛불, 의자에 걸쳐놓은 코트. 그리고 그녀는 상기된 모습으로 스푼을 휘젓고 있다.

"어디 갔었어? 시간이 이렇게 늦었는데."

"시간 가는 줄 몰랐어." 내가 말한다. "낮이 길어지니 할 일이 많네."

"아들을 생각하고 있었어. 좀 걱정되네. 한동안 소식을 못 들었잖아."

"당연히 잘 지내고 있을 거야. 바쁜 모양이지. 그뿐이야."

"그래. 그렇겠지. 전화 좀 해보는 게 어때?"

"피곤해." 나는 그렇게 말하고, 무슨 요리를 하고 있는지 알아내려고 코를 킁킁거린다. "걱정되면 당신이 해봐."

"그래." 그녀가 말한다. "요리하는 것 좀 봐줄래?"

"물론이지." 그래서 나는 레인지로 걸어가고, 냄비에서는 수프가 부글부글 끓고 있다. 우리는 수프를 자주 먹는다.

나는 그 아이, 내 벚꽃이 태어난 날을 기억한다. 번질거리고 피가 묻은 아이는 세상으로 끌려 나오자마자 빛을 쳐다보았다. 내 사랑스러운 아내는 찢기고, 눈물로 얼룩지고, 지친 모습이었다. 내 기억에, 나는 그 모든 과정의 고통과 그녀의 고통 때문에 울음이 터졌고, 그 모습을 그녀에게 들키지 않으려고 밖으로 나갔다. 아이는 이제 남자가 되었지만 여전히 빛을 쳐다보고, 그녀는 여전히 이따금 아프다. 아이들은 당신을 아프게 할 것이다. 아이들은 당신의 사랑을 모두 가져가고, 돈도 가져갈 것이다. 당신의 시간과 관심과 일을 가져가고, 당신의 많은 것을 망칠 것이다. 그러고는 당신을 떠나 당신의 마음을 찢어놓을 것이다. 하지만 당신은 아이들에 대한 걱정을, 사랑을 멈출 수 없다. 아이들이 미워지고 낯설어질 때조차.

그녀는 다른 방에서 아들에게 전화를 걸고, 대번에 웃으면서 행복해한다. 그리고 돌아와, 아들의 사업이 잘되고 있고 여자 친구와 함께 주말에 햇볕을 찾아 남쪽으로 갈 거라고, 이탈리아로 가서 살고 싶어 하더라는 소식을 전해준다.

중도 中道

　춘분이다. 봄의 첫날. 정원의 모든 것이 변하지만, 변한 것은 아무것도 없다. 검은지빠귀와 참새가 야단스러워지고, 가벼운 소나기가 내린다. 나는 소나기가 지나갈 때까지 한동안 침대에서 뭉그적거리며 책을 읽는다. 분노하는 시인들의 시를 읽고 있다. 찰스 부코스키, 딜런 토머스. 내게는 분노가 없다. 나는 사랑을 잃지 않을 것이다. 그들에게는 내게 없는 확신이 있는 듯하다. 그들에게는 옳고 그름에 대한 분명한 생각이 있다. 나는 그런 경직성은 신뢰하지 않는다. 진실은 늘 중간에 깊이 파묻혀 있다. 거기서 진실은 그 자체로 모호하고 불확실하게 떠돈다. 시인의 분노가 한동안 나 자신의 분노에 불꽃을 일으킨다. 나는 분노가 일어나고 내가 그쪽으로 기우는 것을 보지만, 나는 그런 불만의 씨앗에 물을 주지 않는다. 나는 그 씨앗이 시들어 죽게 하고, 그러는 사이 오전이 지나간다. 나는 거친 열정으로 분노를 쏟아내는 시인들, 감정의 파도를 타고 스스로 취해 죽는 시인들을 좋아하지만, 그들과 거리를 유지하기로 한다. 내가 알기로 아주 많은 남자가 분노하다가 술에 취해 죽었다. 자신의 고통을 아낌없이 나누는 불행한 영혼들.
　우리 각각은 강함과 약함, 좋음과 나쁨, 어둠과 밝음의 혼합체이며, 그것이 균형을 잃으면 그 사람 전체의 균형이 무너져 쉽게 쓰러진다. 이런 시인들을 읽고 나면 균형을 잃은 느낌이지만, 어쨌거나 읽는다. 나는 줄을 타고 있고, 이따금 재미로 흔들리는 것을 즐긴다. 그들의 감정을 흡수하고, 충분히 흡수한 것 같으면 기울어진 몸을 일으키고 마음을 가라앉힌 뒤, 내면에 공간을 더 만든다.

유리병에서 고여 있던 물을 따라내는 것과 비슷한데, 그렇게 하면 다시 신선한 물을 채울 수 있다. 식사를 마친 뒤 설거지를 하고 주변을 정돈하는 것처럼.

나는 내가 가치 없는 사람이고 무엇을 해도 아무 가치가 없다고 믿도록 키워졌다. 그것이 매일의 교훈이었다. 자라면서 그런 믿음 — 어리석다, 못생겼다, 약하다, 뚱뚱하다, 혹은 심지어 영리하다, 강하다, 잘생겼다, 운동을 잘한다, 열심히 한다 — 이 심어진 사람은 가르침을 받은 쪽으로 기운다. 그 기울어짐은 섬세하고 중독적인 것이다. 그것이 가슴 아프고, 어둡고, 느린 추락으로 이어져, 자기 파괴로 끝나는 상황을 막을 것은 아무것도 없다.

자신에 대해 고정관념을 형성하는 것은 위험하다. 자신을 작가라고 말하면서 글로 성공하지 못한다면, 자신을 철강 노동자라고 부르다가 일자리를 잃는다면, 자신을 종업원이라고 말하면서 종업원의 일을 하지 않는다면, 당신은 누군가? 차라리 철강 노동자로서 놀고, 소방관으로서 놀고, 예술가로서 논다고 말하는 편이 더 낫다. 역할을 맡고, 당신이 원할 때 벗어던져라. 나는 정원에 있을 때는 정원사다. 정원사의 일을 하고, 정원사가 해야 하는 모든 일을 한다. 하지만 정말로 나는 정원사로서 놀고 있다. 작가로서, 연인으로서, 시인으로서 놀지만, 본질적으로 내가 세상에 존재하는 다른 무엇과 조금이라도 다르다고 느끼지는 않는다. 그저 발산하며 논다. 인간이란 존재는 놀 때 최상의 상태이고, 여기 이 정원에서 내 일은 노는 것이다. 그게 내 선택이다. 나는 진짜이거나 고정된 것은 아무것도 없다는 사실을 안다. 무언가 다른 것, 흐름에서 분리된 것이 되는 '척하는' 놀이. 나는 흙과 씨앗과 꽃과 놀고, 모종삽과 쇠스랑과 삽과 잔디 깎는 기계와 논다. 어린아이가 경쟁을 배우기 전에 놀기부터 하듯, 나도 놀이의 즐거움을 위해 논다. 이번에는 이런 것을 발산하며 놀고, 다음에는 저런 것을 발산하며 논다. 그리고 놀지 않을 때의 나는 그저 놀 준비가 된 잠재적인 존재다. 어린아이, 바람, 채워질 준비가 된 빈 항아리. 결국 우리라는 존재는 오로지 우리의 관심사로 구성되어 있을 뿐이며 다른 것은 더 없다.

이 놀이에서 경쟁은 없다. 내가 힘겨운 투쟁을 하고 있거나, 세상이 흘러가는 방식과 갈등하고 있다면, 나는 잘못하고 있는 것이므로, 방향을 바꿔 더 바람직한 방향으로 가는 흐름을 발견할 필요가 있다. 좋건 싫건 나는 산토끼나 부엉이, 잉어나 독수리와 다를 바 없다. 창조적인 우주는 우주의 노래를 부르고, 그게 전부다. 삶을 다른 것으로 채워도 삶 자체가 바뀌지는 않는다. 그저 진실을 가릴 뿐이다. 삶은 이미 충만하다. 내게는 구름이 커지거나 지나가는 것을, 제비 떼가 빠르게 날아가는 것을, 찌르레기가 무리 지어 회오리치는 것을, 해변에 파도가 치는 것을, 검은지빠귀가 노래하는 것을, 사람들이 지나가는 것을 쳐다보는 것만으로도 충분하다.

식물과 나무, 벌과 태양과 비. 그 전부가 나를 도와준다. 11시쯤 비가 그치고, 나는 일하러 간다. 차를 몰고 미스 캐시미어의 집으로 가는 동안, 나는 죽을 만큼 술을 마셔 이미 죽었거나, 인생을 망친 남자들을 생각한다. 남자가 죽는 방법은 다양하다. 희망과 가난에 고갈된 노동자들, 교육의 기회가 주어지지 않아 술과 마약과 자살에서 자유를 찾은 지적인 남자들. 스물네 살이던 데이비드는 공유 주택 난간에 구리선을 묶고 목을 매서 죽었다. 같은 집에 살던 미술 학교 학생이 몸을 늘어뜨린 채 매달려 있는 그를 발견했다. 그 학생은 내가 아는 한 그 장면을 반복해서 그렸다. 술이나 마약에 의지한 남자들은 그러기로 한 그날, 인간으로서의 성장이 멈추었고, 일부에게 그것은 종말의 시작이었다. 그들은 놀이를 하지 않았다.

    질문은 학교와 집에서 위계질서에 대한 불응의 표시로 간주되었다. 질문은 어린아이만 하는 것이다. 학교와 가정과 직장은 연장자나 상급자에게 질문하는 것이 무례하고 불손하며 벌을 받을 수 있는 일이라고 가르친다. 나이를 먹어가면서 많은 청년이 질문하기를 포기하지만, 내가 아는 몇 명은 정말로 많은 생각을 한다. 어떤 사람들은 철강 노조에 가입하는 것으로 스스로 교육의 기회를 찾고, 카를 마르크스를 읽거나 조지 오웰의 『위건 부두로 가는 길』, 『파리와 런던의 밑바닥 생활』, 『동물 농장』을 읽는다. 그들은 자신들이 피지배 상태임을 깨닫고 정치적이 되지만, 위계질서에서 벗어나지 못한 채 싸우려 든다. 다만 이번에는 계급제도에 맞서 투쟁한다. 반면 그런 책을 읽지 않은 사람들은 자신과 다르거나 자신을 이상하게 보는 사람이 있으면 누구에게든 하얗게 불타는 증오심을 잔뜩 드러낸다. 모든 투사가 삶에서 맡는 역할, 전쟁이 일어날 때까지 바퀴를 굴러가게 하고, 전쟁이 일어나면 전쟁터에 나가 싸우는 것이다. 정부는 교육과 양육으로 그들을 쉽게 조종하고, 자신들이 소유한 미디어로 그들의 감정 스위치를 작동시켜, 어디든 데려가고 싶은 곳으로 그들을 데려간다. 남자는 무리로부터의 자유를 원하는 경우가 드물다. 무리를 따라가지 않으려면 무리가 상상할 수 있는 것보다 더 많은 용기가 필요하다. 남자에게 싸우라고 말할 수는 없지만, 싸우고 싶은 마음을 일으킬 수는 있다.

    나는 싸우고 싶었던 적이 결코 없었다. 아버지가 텔레비전에서 권투 시합을 보던 것을 기억한다. 관중석에서 나비넥타이를 하고 시가를 피우는 남자들을 보면서, 이득을 보는 쪽은 싸우는 남자들이 아니라, 싸우지 않는 남자들이라는 사실을 알게 되었다. 나는 깜짝 놀랐다. 내가 자라면서 본 일부 남자들은 계속 화난 상태로 머물면서 끝내 죽거나 수감되거나 다른 사람들을 해쳤고, 결코 평화를 찾지 못했다. 우리 모두의 내면에 의도적으로 공포와 증오의 씨앗이 뿌려졌지만, 나는 내 안의 그것에 물을 주지 않기로 한다. 그 씨앗을 메마른 땅에 그대로 둘 것이다. 인종주의, 외국인 혐오, 성차별, 동성애 혐오, 자라날 때 나를 둘러싸고 있던 그 신념들. 나는 그런 것들에 관심을 주지 않을 것이고, 그것들이 내 안에 뿌리를 내리게 하지 않을 것이다. 그것들이 이따금 나타나지만, 나는 그럴 때마다 알아차리고 다시 깊숙한 곳으로 돌려보내는 법을 계속 배우는 중이다.

나는 폭력과 증오를 선택하는 사람들이 몹시 안타깝고 두렵다. 그들은 어디에나 있기에 나는 밤마다 잠자리에 들기 전, 문이 잠겼는지 확인한다.

오늘은 낮과 밤의 길이가 똑같다. 내일은 어둠보다 빛이 더 많을 것이고, 정원과 공기와 흙에 있는 것들은 더 빨리 자랄 것이다. 우리는 위스키와 와인과 음식과 불로 오늘 밤을 축하할 것이다. 미스 캐시미어 역시 이날을 축하할 모양이다. 창턱에 놓인 꽃병에 수선화 다발을 꽂아두었고, 미소를 지은 채 창가에서 내게 손을 흔들더니 힘겹게 일어서서 담소를 나누러 부엌문으로 걸어온다.

주름이 자글거리는 스키 슬로프 같은 그녀의 피부에 인형의 피부 같은 광채가 흐른다. 나는 이번에도 차라리 대화를 나누지 않기를 바란다. 대화는 내가 선택하고 싶은 매체가 아니다. 나는 대화에 서툴다. 하지만 선택의 여지가 없어 보여, 나는 걱정 스위치를 끄고 내 본능이 적절한 말을 하기를 믿어 본다.

우리가 나누는 대화라고는 "어떻게 지내요?", "아름답지 않아요?" 정도가 전부고, 나는 그녀에게 오늘 무엇을 할 것인지 물어본다. 그녀는 시내에서 친구와 점심 약속이 있다. 택시가 곧 올 테고,

무릎길이 진청색 원피스와 녹색 코트 차림에 머리를 틀어 올린 그녀는 외출할 채비를 마친 멋진 모습이다. 그러고는 서로 아무 말이 없는데, 그것이 기분 좋게 느껴지고, 나는 그것을 즐긴다. 그리고 나는 우리 사이에 오간 것이 말이 아니라 사랑임을 깨닫는다.

참새가 둥지를 치기 시작했다

    산비둘기가 짝을 찾았다. 이제 두 마리의 노랫소리가 들린다. 한 마리는 1년 내내 여기 있었고, 오늘 훨씬 더 그윽하고 느린 목소리로 노래하는 다른 한 마리가 합류했다. 검은지빠귀들은 그제부터 종일 노래한다. 지난밤 늦게까지 노래하더니 오늘 아침에는 동이 트기도 전에 벌써 노래를 시작했다. 나는 반대편 나무에 사는 떼까마귀에게 땅콩을 던져주는데, 그것들이 점점 더 나를 알아보는 것 같다. 한 마리는 곧장 하강하고, 또 한 마리는 더 멀찍이 땅에 머물러 있다. 벚나무 새순은 날마다 통통해진다.

    이삼백 송이의 수선화가 아직 피어 있고, 미스 캐시미어는 신문을 들고 나왔다가 수선화를 바라보며 서 있는 나를 본다. 그중 몇 개는 눈먼 꽃이 되었다. 그러니까 꽃대도, 꽃봉오리도 없이 그저 길쭉하고 잎만 무성한 것들이다. 내년을 위해 비료를 주어 구근에 영양분을 줘야겠다고 마음속에 기록해 둔다. 피와 생선과 뼈에는 정원사들만 알고 사랑하는 냄새가 있다. 몇 년 전에 — 얼마나 됐는지 잘 모르겠지만, 아마 5, 6년 전일 텐데 — 웨일스 수선화 다섯 포대를 사서 한꺼번에 무더기로 심었다. 한 포대에 구근 450개씩 들어 있었다. 그걸 손으로 쓸어 쥐고 던진 뒤, 땅에 무릎을 꿇고 구근이 떨어진 자리마다 구멍을 팠다. 모두 같은 깊이로 파서 한꺼번에 싹이 돋게 했고, 구근마다 따로 둥지를 만들어 준 다음, 그 주변을 흙과 풀로 둥글게 덮어주었다.

    우리는 서서 노란 꽃이 핀 들판을 바라본다.

    내가 방랑자였을 때, 수도사처럼 꾸러미 하나만 짊어지고 떠돌던 그 시절에는 읽을 것이라고는 날씨와 풍경뿐이었다. 그때 나는 이 땅이 도서관이라는 것을 깨달았다. 돌, 나무, 동물, 향기, 물, 바람, 그 전부가 책이었다. 각각의 소리, 각각의 온도, 피부나 맨발에 닿는 각각의 감각이 그 이야기의 일부였다. 눈을 감은 채 타임머신에서 이곳으로 던져졌더라도, 나는 지금이 이른 봄이라는 것을 알아차릴 수 있을 것이다. 공기는 차갑고, 햇빛이 들지 않는 가장 어두운 땅에는 아직 눈이 남아 있지만, 무언가가 더 있다. 아마 향기일 것이다. 빛이 달라지고, 새들은 소란스럽고, 해는 더 높이 기어오르고, 낮은 더 길어지고, 공기는 더 향긋하다. 작은 감각들. 나는 내면의 대화를 침묵시키고 세상은 계속 지껄거린다. 나는 방랑자가 되어 그 이야기들을 세상이 불러주는 자장가처럼 듣는다.

호수의 냄새, 빠르거나 느리게 흐르는 강의 냄새, 바다의 냄새를 구분하기는 쉽다. 물이 어느 방향으로 흘러가는지, 얼마나 큰지 알아내는 것도 마찬가지다. 그것에 마음을 조응시키기만 하면 된다. 당신이 해야 할 일은 침묵하는 것이다. 노력해서 배울 필요는 없다. 그것이 가르쳐 준다. 귀를 기울이고 알아차리기만 하면 앎이 서서히 찾아온다. 수역水域은 하늘빛의 색깔에 변화를 일으킨다. 타운 위의 공기 색깔은 수십 마일 떨어진 곳에서도, 심지어 한낮의 햇살 속에서도 볼 수 있다. 새들은 근처에 고양이나 사람이 있다고 알려준다. 사람의 존재를 알려주는 경고음은 짧고, 근처에 고양이가 있을 때는 소리가 더 크고 긴 듯하다. 내가 이런 것을 알 필요는 없지만, 그것은 그저 풍경이 말해주는 이야기, 세상의 끊임없는 재잘거림의 일부다. 땅은 끊임없이 움직인다. 사람의 얼굴에 생긴 주름살이 그 사람의 인생을 말해주듯, 땅도 자기 과거를 말해준다. 소몰이꾼이 지나다니는 길은 물이 많아져, 개구리와 도롱뇽, 벌레들이 사는 작은 연못이 된다. 이 생물들이 이곳을 어떻게 찾아냈는지 알 길은 없지만, 결국은 찾는다. 버려진 철로가 띠 모양의 삼림지를 이루었고, 박쥐나 오소리는 그곳을 안전하게 느낀다. 한두 시간 쉬면서 주변의 것들을 바라보면, 결코 움직임을 멈추지 않고 태곳적부터 살아 있는 한 장소의 이야기를 들을 수 있다. 우리가 관심을 기울이든 그렇지 않든, 우리가 이곳에 있든 없든. 자연은 자신이 만든 것을 바꾸고, 그것에서 새로운 것을 만들며, 세상의 모든 것을 다시 만드는 것을, 그것을 회전시켜 다른 무언가를 만들어 내는 것을 좋아한다.

그 후에 나는 마을로 흘러 들어갔고, 사람들 역시 책인 것을 알게 되었다. 그들은 장미, 작약, 엉겅퀴, 바위, 색깔, 그리고 바람이었다. 봄바람에 흩날리는 꽃잎처럼 여기저기 흩어져 있었다. 그들이 말을 할 필요는 없었다. 얼굴에, 자세와 동작에, 옷과 신발에, 피부와 주름살에 다 드러났다. 오늘 우리가 수선화를 함께 보았을 때, 나는 미스 캐시미어의 틀어 올린 머리칼이 평소보다 느슨하다는 것을 알아차렸다. 피부는 파리하고 심지어 잿빛이다. 담배를 피우지 않고 있다. 냄새가 다르다. 평소에는 말린 담뱃잎과 비누, 그리고 나로서는 알 수 없는 화장품 파우더 향이 났다. 아마 은방울꽃 향이었을 것이다.

나는 냄새를 좋아한다. 썩어가는 식물, 신선하거나 해묵은 퇴비, 거름, 묽은 프랑스 치즈의 오줌내, 다양한 위스키에 밴 나무와 연기와 요오드와 과일 향. 오늘은 그녀에게서 곰팡내가 난다. 한동안 바깥바람을 쐬지 않은 사람처럼. 그녀에게 환기가 필요하다. 그녀의 주위로 어둠 또한 느껴진다. 그녀가 평소의 재잘거리는 느낌은 전혀 없이 가라앉은 목소리로 "안녕하세요, 마크" 하고 말한다.

"안녕하세요, 도로시." 내가 그녀의 기분에 맞추어 말한다.

반응은 거의 없고, 짧고 창백한 미소, 하얀 입술, 푸석해진 피부뿐이다.

"수선화가 정말 아름답지 않나요?" 내가 말한다.

그녀는 평소보다 더 늙어 보이는 모습으로 내 옆에 서서 수선화를 바라본다. "정말로 아름답게 가꾸었군요, 마크." 그렇게 말하고, 그녀는 신문을 들고 여름 별채로 느리게 걸어간다.

벌

약한 바람에 흔들리는 까치밥나무에 분홍색 꽃이 매달렸고, 그 주변에서 작은 벌들이 무더기로 빙빙 돌며 멀어진다. 퇴비 주변의 파리들은 뒤집힌 수레 위에서 햇볕을 쬔다. 복잡하게 뒤엉킨 덩굴장미 속에서 푸른박새와 박새, 참새가 자리를 잡고 지저귀고 있다. 고양이(눈 사이가 바짝 좁혀진)의 위협을 피해. 고양이는 여우처럼 슬그머니 헛간 지붕 위를 가로지른다. 봄이 찾아왔고, 날은 따뜻하다.

해가 떨어지고, 좌절한 고양이는, 황혼 무렵 피어오르는 뜨거운 공기 속에서 선회하며 곤충을 쫓는 박쥐를 향해 길게 — 야아옹, 야아옹, 야아옹 — 운다. 황혼은 그림자를 드러내고, 재미없는 일상에 마법을 건다. 평범한 일상은 미지의 것과 균형을 이루고, 신성함은 진부함 속에서 더욱 선명하게 부각된다. 사실과 환상 사이의 장벽이 희미해지고 흐릿해진다. 이것이 내 자연 서식지로, 그것이 없을 때는 자판을 두드려 만들어 낸다. 두 세상이 합쳐질 때, 두 사람이 연결될 때, 두 언어가 소통하려 할 때, 씨앗이 흙과 만나고 생명이 시작될 때, 나는 그런 순간들의 흐릿함을 사랑한다.

수선화

당신이 맞아요
올해 수선화는 아름답고, 그는 그 모습을 사랑했을 거예요
하지만 그는 돌아오지 않네요
그럴 수 없으니까요

말은 당신을 도울 수 없어요
나는 당신을 도울 수 없어요
그건 새로운 시작이 아니에요
그리고 삶은 계속되지 않아요

풀 한 포기가 남아 있네요
잔디 깎는 기계가 놓쳤나 봐요
내가 지나가며 싹둑 잘라버려요.

나르키소스, 거기 있나요?

우리는 사랑하는 사람을 잃을 것이고, 마음이 아플 것이다. 우리는 죽을 것이고, 많은 이에게 죽음은 신체적으로 고통스러운 일이다. 이 모든 것이 끝나겠지만, 우리는 다르게 되기를 바란다. 하지만 그것이 마땅한 일이다. 이 완벽한 순간은 시간의 모든 역사에서 되풀이되지 않을 것이다. 이 순간도 마찬가지다.

날은 화창하고 따스하며, 그녀는 정원의 위쪽 벤치에 앉아 있다. 평소대로라면 담배를 피우면서 신문을 읽을 시간이지만, 그녀가 곁눈으로 지켜보고 있다는 것을 나는 안다. 결함이 있는 아름다움, 무상함, 불완전, 고통. 그녀는 혼자고, 지금은 봄이다. 그녀는 따뜻한 롱 원피스를 입고 모직 카디건을 걸쳤다. 그녀는 담배를 쥔 채, 저기 아래 넓은 들판을 바라본다. 그 모습은 무언가 아련하고 꿈같은 느낌을 준다. 나는 잠시 호기심이 생겨, 내가 나르키소스고, 그녀의 고립에서 내 모습을 보는 것인지도 모르겠다고 생각한다. 그녀를 바라보면서 잠시 충만함과 부드러움을 느끼고, 그녀가 없는 정원을 상상하며 상실감에 빠져든다. 나는 그녀가 잔디밭을 걸어가는 모습을 계속 보고 싶다. 그녀가 자기 삶을 살아가는 모습을 보고 싶다. 내게는 그녀가 이 장소를 완성해 주는 존재다.

나는 수선화 사이로 몸을 굽혀 시든 꽃을 잘라낸다. 그리고 씨방을 떼어내는데, 그렇게 하면 씨를 만들지 못해, 그 에너지를 내년에 더 크고 굵은 구근을 만드는 데 쓸 수 있다. 나는 갈색으로 변해가는 노란 꽃을 큰 녹색 플라스틱 통에 던져 넣고, 늘 그러듯 얼마나 많이 모았는지에 놀란다. 더 큰 통이 필요하다. 퇴비를 쌓아둔 곳까지 너무 많이 오가야 한다. 손가락과 엄지손톱으로 꽃을 떼어내니, 그 일을 마친 뒤에는 엄지가 녹색이 되고, 수액이 껍질처럼 말라붙어 손에서는 말라가는 수선화 향이 난다. 수선화는 가장 아름다운 시기를 지났다. 대개의 꽃송이가 갈색으로 변하고 있다. 이제 튤립과 무스카리의 꽃이 뭉텅이로 피기 시작한다.

수선화는 일반적으로 나르키소스로 알려져 있는데, 그리스 신화에서 육체의 아름다움과 그에 대한 집착으로 잘 알려진 사냥꾼 나르키소스에서 이름을 딴 것이다. 그를 흠모하는 이들이 많았지만, 그는 그들이 충분히 아름답지 않다며 모두 거절했다. 산의 림프 에코도 그중 하나로, 그가 가는 곳마다 따라다녔다. 누군가가 따라온다고 느낀 나르키소스는 "거기 누구 있어요? 거기 누구 있어요?" 하고 외쳤고, 그녀는 관심을 끌려는 듯 장난스럽게 그가 외치는 소리를 따라했다. "거기 누구 있어요, 거기 누구 있어요, 거기 누구 있어요?" 나르키소스는 그녀가 충분히 아름답지 않다고 여겨 퇴짜를 놓았다. 비참해진 그녀는 슬그머니 사라져 산골짜기에서 다른 소리를 반복하는 한낱 메아리가 되었다. 이 이야기의 다른 버전에서는, 아메이니아스라는 청년이 나르키소스를 보고 사랑에 빠졌는데, 그 또한 충분히 잘생기지 않았다는 이유로 거절당하자 스스로 목숨을 끊어버렸다. 두 가지 이야기 모두에서, 복수의 여신 네메시스는 나르키소스가 구애자들을 아주 잔인하게 대하는 것을 보고, 그를 목마르게 하여 산의 개울로 이끌었다. 그곳에서 나르키소스는 물을 마시려고 허리를 숙였다가 물에 비친 자기 모습을 보고 사랑에 빠져, 잘생긴 자기 얼굴을 쳐다보느라 그곳을 떠나지 않았고, 결국에는 살아가는 것도, 숨 쉬는 것도 그만두고 그 자리에 뿌리를 내려 꽃이 되었다. 영원히 아래를 내려다보는 수선화가.

'나르키소스'는 '마비' 혹은 '혼수상태'를 뜻하는 그리스어에서 유래했다. 수선화는 독성이 있고, 가장 독성이 강한 부분은 구근이다. 리코린이라는 독인데, 몇 시간 동안 메스꺼움, 구토, 설사, 복통을 유발한다. 나르키소스 구근은 양파와 조금 비슷하게 생겼는데, 기근이 들면 굶주린 사람들이 그 사실을 모르고 먹거나, 알면서도 먹었다. 그리고 옥살산이라는 화학 물질도 있는데, 바늘처럼 생긴 미세한 결정으로 입술과 목 안에 불타는 듯한 감각을 일으킨다. 많은 음식에 옥살산이 함유되어 있어 신장 결석을 유발할 수 있다. 예컨대 시금치와 대황이 그렇다. 하지만 유제품과 함께 먹으면 전혀 해롭지 않다. 대황은 커스터드로 상쇄되고, 시금치는 페타치즈로 상쇄된다.

 그녀는 여전히 그 자리에 있다. 무언가 지켜보거나 생각에 잠긴 채. 수선화 작업을 끝낸 나는 잔디 깎는 기계를 보관하는 헛간으로 간다. 나르키소스의 이야기가 마음속에서 계속 맴돌고, 나는 그 이야기를 이해하려고 애쓴다. 그것이 주는 분명한 의미를 생각한다. 자기애가 어떻게 파괴적으로 작용하고 다른 사람들에게 마비된 감정을 일으키는지에 대해, 그리고 마비를 일으키는 독을 품은 수선화 구근에 대해 생각한다. 또한 우리가 가진 감정의 미묘함에 대해서도 생각한다. 사랑의 감정이 어떻게 우리를 부드럽게 하고, 접촉을 통해 가장 기분 좋은 방식으로 소통하게 하는지, 그리고 그 감정이 어떻게 우리의 삶뿐 아니라 타인의 삶까지 통제하고 철저히 파괴할 수 있는지도. 어두운 면과 빛. 우리 모두에게는 어두운 면과 빛이 있고, 전체를 느낄 수 있는 유일한 방법은 그 두 가지를 모두 사랑하는 것이다. 나는 자신의 어두운 면을 전혀 보지 못해, 자기애의 부식적인 힘에 구제할 길 없이 망가진 사람들을 보았다. 또한 빛을 보지 못해 망가진 사람들도 보았다. 균형과 조화가 전부다.

미노타우로스

　나는 헛간에서 겨울 동안 넣어두었던 오래된 녹색 잔디 깎는 기계를 꺼낸다. 크고 무겁고 휘발유로 구동하는 기계로, 롤러가 달려 잔디에 '줄무늬를 만든다. 늘 하는 일이지만, 정비를 마친 뒤에 거기 넣어두었다. 휘발유 탱크를 비우고, 엔진오일을 교체하고, 날을 바꿔 끼운 뒤 윤활유를 발랐다. 하부에 고정된 날이 있고, 회전하며 풀을 베는 날카로운 날 여섯 개가 실린더에 감겨 있는 구조다. 나는 잔디를 자를 높이를 설정하고 연료 탱크를 채운 뒤, 등 근육을 이용해 마모된 줄을 당겨 엔진을 구동한다. 무거운 플라이휠이 돌아가고 피스톤이 오르내리면서 배기구에서 연기가 나온다. 샤프트와 기어가 멈춘다. 다시 한번 당기자 장치가 돌면서 연료가 실린더로 보내지고, 오일은 베어링 주변을 돈다. 한두 번 연기가 나다가 기계가 또다시 멈춘다. 세 번째로 당기자, 우리가 대략 15년 전에 새것으로 구입한 뒤로 — 내가 고르고 그녀가 돈을 냈다 — 늘 그랬듯, 점화되면서 불꽃이 일고 모터가 스스로 돌기 시작한다. 성능보다는 신뢰를 기반으로 만든 단순한 싱글 실린더, 사이드 밸브 엔진이 익숙한 박자로 행복하게 칙칙 소리내며 돌아간다. 나는 기어를 넣고 원하는 위치에 가서 선다. 그런 다음 레버를 움직여 칼날을 작동시키고, 우리는 정기적으로 춰온 길고 느린 왈츠를 함께 추기 시작한다. 나는 15년 동안 잔디가 자라는 계절에는 매주 이 길을 오가며 이 기계를 밀었다. 그러기 전에는 아주 오래된 녹색 잔디깎이가 있었는데, 내가 그 기계를 만났을 때는 지난날 정원사들의 삶이 남긴 흔적과 상처가 남겨져 있었다. 그 기계는 내 손에서 죽었다.

눈이 늦게까지 내려 잔디 깎는 시기가 두 주 뒤로 밀렸지만, 이제 잔디는 파릇파릇 강해져 처음으로 가볍게 깎을 정도가 되었다. 평균 기온이 8도까지 올라가면 잔디가 자라기 시작한다. 한파가 들이닥치면 얼마 동안 성장이 다시 멈출 것이다. 처음에는 2주에 한 번, 그 후에는 매주 정기적으로 깎아야 한다. 만약 햇빛이 좋고 비가 내려 잔디가 더 빨리 자라면 주 2회 깎아야 할 수도 있다.

잔디 깎는 소음이 방해가 되는지, 그녀는 몽상에서 빠져나와 몸을 풀고 힘겹게 일어나 천천히 안으로 들어간다. 그녀는 큰 창문을 마주한 식탁 앞에 앉아 정원을 내다보며, 이 익숙한 남자가 이 밝고 시끄러운 기계를 밀며 앞뒤로 움직이는 모습을 흥미롭게 구경한다. 나는 그녀가 나를 지켜보고 있다는 것을 알고, 그녀는 내가 안다는 것을 알지만 계속 나를 지켜본다. 나는 노출된 느낌이 들어 다른 곳을 쳐다본다. 벌거벗은 기분이다. 동물 가죽을 덮어쓰고 그녀의 응시로부터 숨고 싶다. 돌담 위에 앉아 있던 그녀의 고양이 역시 무의식적으로 한동안 나를 쳐다보다가, 그녀의 다른 고양이를 발견하자 그쪽으로 시선을 고정한다. 두 고양이가 서로 뚫어지게 응시한다.

밝은 잔디를 깎자 향기 폭탄이 터지고, 그 냄새는 한동안 녹색 담요처럼 나를 감싸다가 코가 익숙해질 때쯤 희미해진다. 기름내가 스민, 녹색 향이 나는 잔디와 잔디깎이가 배경의 일부가 된다. 내 옷과 피부에 그 냄새가 밸 텐데, 그 상태로 집에 돌아가면 페기가 그 냄새를 알아차리고 좋아할 것이다. 칼날 뒤에서 무거운 롤러가 드넓은 잔디밭 위에 줄무늬를 그린다. 올라갈 때는 이쪽으로 풀을 구부리고, 내려올 때는 저쪽으로 구부린다. 평행선을 그리며 올라가고 내려오고, 연못을 빙 두른 돌담에 다다르면 돌아온다.

벨벳이나 두더지 등을 솔로 빗어주는 것과 비슷하다. 이 잔디를 깎을 때마다 우리는 함께 8마일을 이동한다. 기계는 느리게 움직이고, 나는 뒤에서 천천히 따라간다. 넓은 띠 네 개가 만들어질 때마다, 깎인 잔디가 모인 수거통을 트레일러에 비운다. 트레일러는 근처 잔디밭 위에 세워둔 작은 트랙터에 고리로 연결해 두었다. 트레일러가 가득 차면 퇴비 더미로 몰고 가, 그것을 기울여 수선화와 수국의 시든 꽃송이 위에 비운다.

처음 몇 마일을 이동한 뒤에 나는 내가 미궁에 들어간 미노타우로스가 되어 길을 찾는 중이라고 상상한다. 신들이 미로 안에 가둬버렸다는 미노타우로스는 여왕과 잘생긴 흰 황소의 자식이다. 반인반수인 그는 생명을 유지하기 위해 젊은 남녀를 잡아먹는다. 그는 우리 모두의 중심에 자리한 교화되지 않은 존재로, 그를 발견하는 여정은 영적인 것이다. 인간이 미로를 따라가는 것을 명상, 인간 존재에 대한 탐구, 혹은 순례라고 한다. 나는 잠시 순례자가 괴물인지 희생양인지 생각하지만, 곧 이 이야기 전체의 요점은 둘 다라는 것을 깨닫는다. 선택지 없이 같은 경로를 돌고 또 도는 일상적인 노동의 길을 걸어가려면, 자신을 희생해야 할 뿐 아니라 짐승이 되어야 한다. 몇 마일을 더 이동하며, 나는 나 자신을 잃을 만큼 생각에 잠긴다. 그녀는 더 높은 위치에서 짐승이 되어가는 내 모습을 지켜보지만, 나는 그녀가 거기 있다는 사실조차 오래전에 잊었다. 모든 것을 잊었다. 허기를 채우려고 걸음을 멈추고서야 나는 그녀가 나를 쳐다보고 있었다는 것을 깨닫는다.

잔디깎이는 녹색의 자태로 서 있고, 엔진은 식어가면서 틱틱 소리를 낸다. 내가 사과를 먹는 동안 휘발유와 잔디의 뜨거운 증기가 뿜어져 나온다. 쏟아지는 햇빛에 줄무늬를 이룬 잔디밭 위에는 단풍나무의 삐쭉삐쭉한 가장자리가 그려진다. 햇빛 웅덩이는 한자리에 있지 않고 다른 데로 옮겨갔다가 곧 사라진다. 다람쥐 한 마리가 길 위로 달려가고, 나는 다시 일로 돌아간다.

이따금 벌이 클로버를 찾아 기웃거린다. 벌에게는 길이 없다. 인간이 1년에 몇 번씩 와서 잔디를 녹색으로 유지하려고 화학 물질을 뿌려 이끼와 민들레, 쐐기풀과 삼엽형 식물, 버터컵, 별꽃, 갈퀴덩굴, 클로버, 도크, 데이지, 그리고 잔디밭에서 자라는 무수한 야생 식물을 죽인다. 처음 여기서 일을 시작했을 때, 나는 캐시미어 씨에게 화학 물질은 쓰지 않겠다고, 땅을 독살하고 싶지 않다고 말했다. 그는 내가 남자가 아닌 것처럼 "좋아요. 그 일은 다른 남자에게 맡기죠" 하고 말했다. 그곳은 그의 정원이었다. 그의 자연이었다. 그의 독이었다.

잔디밭에 어떤 화학 물질을 뿌리면 잔디가 빨리 자라지 않는다. 또 다른 화학 물질은 지렁이 같은 벌레나 딱정벌레를 죽여, 결국 지렁이 배설물과 그걸 먹고 사는 두더지도 없앤다. 여름에 다른 집 잔디가 전부 갈색으로 변해갈 때 집을 방문해, 그 집 잔디만 녹색으로 보이게 해주는 색소를 뿌려주는 회사도 있다. 또 어떤 사람들은 잔디를 모두 파내고 인조 잔디로 교체하는데, 그 잔디는 결코 색깔이 변하지 않고 더운 여름에는 비닐 냄새가 나며 영원히 똑같은 녹색으로 반짝인다. 이런 독을 소개하는 화려한 컬러 책자가, 요청하지 않았는데도 해마다 봄이 되면 내 우편함에 도착한다. 이런 책자는 정원사가 아닌 사람들, 자연을 통제하고 싶어 하는 사람들을 위한 것이다.

자연을 통제한다고 말하는 것은 파도가 바다를 통제하고 싶어 한다고, 노래가 지빠귀를 노래하게 한다고, 꽃이 흙을 창조한다고 말하는 것과 같다. 우리는 바다가 아니고, 우리는 지빠귀가 아니고, 우리는 흙이 아니다. 우리는 파도이고, 노래이며, 꽃이다.

영국의 잔디밭에 뿌려지는 잔디 씨앗은 대략 100종이고, 전 세계에 거의 12,000종이 있다. 녹색이기만 하면 종이 뭔지 신경 쓰는 사람들은 거의 없다.

이른 봄의 해는 잔디를 깎는 내 목덜미를 갈색으로 태우고, 나는 무거운 트위드 재킷을 벗어 잔디밭 가장자리에 있는 야생능금에 걸어놓은 다음, 푸른 작업복 셔츠의 소매를 걷어 올리고 일한다. 어느 날 미스 캐시미어가 휴가를 떠났을 때, 나는 잔디밭을 돌고 또 돌면서 잔디를 깎았다. 그 여정은 연못에서 시작해 나선형을 그리며 바깥으로 이동했고, 형태가 일정하지 않은 정원의 가장자리에는 물결 모양이 만들어졌다. 그녀가 돌아왔을 무렵 그 무늬는 새로 자란 잔디와 바람에 지워져 있었다. 잔디에 만든 줄무늬는 며칠만 갈 뿐이고, 곧 다시 새로 만들어야 한다. 시간만 있다면, 다시 십자를 그리며 잔디를 깎고 체스판 무늬, 녹색 타탄 무늬를 만들 수도 있겠지만, 내게는 그럴 에너지가 없고 그것 말고도 할 일이 아주 많다. 그래서 위아래로만 깎는다. 이 여정에서는 길을 잃을 것도 없고 선택할 것도 없으며, 그저 입구에서 출구로 이어지는 길뿐이다. 계절은 동지와 하지, 춘분과 추분에 모퉁이를 돌아 회귀한다. 모든 것이 돌아온다. 몇 주마다 무정한 기계의 회전하는 날이 잔디 위쪽을 깎아낸다. 잔디는 절대 포기하지 않고, 그저 계속 나온다. 잔디는 요점이 무엇인지 결코 묻지 않는다. 나도 잔디와 같아졌다. 나도 계속 나온다. 나도 요점이 무엇인지 묻지 않는다.

잔디의 길이에 따라 달라지기는 하지만, 잔디를 깎고, 깎인 풀을 퇴비 더미로 가져가 치우는 데 대여섯 시간이 걸린다. 그 더미는 햇볕이 좋은 날이면 반나절 안에 썩기 시작해 노래진다. 잔디는 썩으면서 열을 내고, 퇴비 더미 한복판은 뜨거워진다. 층층이 쌓인 퇴비 더미에서 썩어가는 잔디의 열기가 잡초 씨앗을 죽이고, 겹겹이 포개진 시든 꽃송이와 깎인 잔디를 분해한다. 나는 그 열을 가능한 한 오래 보존하여, 여름 내내 서서히 멋지게 익게 하려고 그 위에 판지와 방수포를 덮는다. 느린 지렁이와 풀뱀이 이따금 그곳에 둥지를 틀었다가 내가 덮개를 들면 스르르 빠져나와 풀밭 속으로 기억처럼 사라진다.

잔디를 깎고 나서 기계를 식히려고 헛간 옆에 세워둔 다음, 가장자리를 손질하는 가위를 들고 섬 모양 화단을 옆으로 비켜가며 잔디와 흙 사이 날카로운 가장자리에 걸쳐 있는 긴 풀을 다듬는다. 풀은 화단에 떨어진 채로 두면 그 자리에서 노랗게 변할 것이다. 풀의 일부는 지렁이들의 벗은 몸이 흙을 통과할 때 그 안으로 끌려 들어갈 테고, 한편으로 흙은 지렁이 안을 통과하며 변화될 것이다. 나머지 깎인 풀은 내가 괭이로 밀어 넣을 것이다.

하루가 끝나갈 때, 나는 화단 한 곳에 스스로 씨를 뿌린 작은 월계수 한 그루를 발견하고, 그것을 파내려고 삽을 가지러 간다. 하지만 가는 길에 마음이 바뀌어, 그 작고 어린나무를 그 자리에 두고 막대사탕 모양으로 키우리라 마음을 먹는다. 그래서 그것이 가능할지 살펴보려고 나무가 있는 자리로 되돌아간다. 나무는 적당한 곳에 자리를 잡았고 모양새도 괜찮다. 나는 그 나무를 보기 좋게 조금 손보고, 늘 벨트에 걸어 두는 전지가위로 낮게 드리운 가지를 잘라내고, 더 굵게 자랄 수 있도록 다른 가지들도 잘라준다.

맑고 아주 푸른 하늘에, 거장의 손이 서예 붓으로 그어놓은 것처럼 얇고 하얀 구름이 무심한 듯 완벽하게 흩어져 있다. 깊은 고요 속에서 까마귀가 깍깍거린다. 나는 도구를 들고 황혼 속에서 창고로 돌아간다. 내가 지나가는 길에 꽃등에나 벌 같은 곤충이 소리 내지 않고 날아다니거나 꼼짝 않고 가만히 있다. 들리는 소리는 내 발걸음 소리가 유일하고, 그것 말고는 가방 안에 작은 쇠스랑과 모종삽을 넣을 때, 그것들이 부딪히면서 만들어진 딱 한 번의 소리뿐이다. 새장 같은 집에 불이 켜져 있다. 나는 열쇠를 돌려 모터를 작동시킨 뒤, 시끄러운 소리를 내며 잔디깎이와 트랙터를 헛간으로 몰고 간다. 그리고 다시 침묵이 몇 마일 이어진다. 전지가위를 챙기고 낡은 트위드 재킷을 입은 다음, 캔버스 도시락 가방을 어깨에 둘러멘다. 이제 당신은 마음의 눈으로 나를 볼 수 있다. 내 모습이 어떻게 보이는지 정확히 알 것이다. 턱수염, 트위드 재킷, 땅, 푸른 하늘.

4月

봄이 왔다.
창조적인 세계가 깨어나 자신을 드러내자,
세상은 새롭게 태어난 것들로 가득하다.

먼 천둥소리

홍차에 잼을 한 스푼 넣어 마시고 있다. 내가 만났던 러시아인들에게서 배운 습관이다. 지난밤에는 보드카를 마셨다. 거나하게 마셨다. 페기가 며칠 집을 비워서 나는 늦잠을 잤고, 수분을 보충한 뒤 등산을 할까 생각 중이다. 열린 뒷문 쪽에 앉아 책을 읽으면서, 페기가 오늘 밤 돌아오면 저녁으로 무엇을 해 먹을지 계획을 세운다. 전화기로 문자를 보내 그녀에게 뜨겁고 양념 맛이 강한 음식이 먹고 싶은지, 아니면 샐러드와 치즈, 피클이 먹고 싶은지 물어본다. 그러고는 내가 끊임없이 기술에 의존하는 것이 지긋지긋하게 느껴진다. 이 모든 물건과 잡동사니들에서 벗어나고 싶다. 여기저기 언덕을 돌아다니면서 야외에서 텐트를 치고 한두 밤을 보내고 싶다. 거기에는 공포와 좌절감이 존재한다. 정원 일도 많고 이미 나는 피곤하지만, 날씨가 좋아지면 혼자 제대로 된 하이킹을 떠나고 싶다는 생각이 들기 시작한다. 하룻밤만이라도. 과연 그럴 수 있을지 모르겠고, 그러지 않으리란 걸 이미 안다. 전에는 이렇게 느낀 적이 한 번도 없었다.

나는 대체로 크게 신경 쓸 문제가 없다. 내 삶은 단순하고 돈이 얼마 들지 않기 때문이다. 그런데 점점 나이가 들면서 열쇠나 안경을 잃어버리지 않도록 정돈하는 일에 시간을 쓰게 된다. 또 살면서 계획을 세워본 적이 거의 없는데, 계획을 세우고 있는 나를 발견한다. 예전의 나는, 누군가는 무언가를 하려고 계획을 세우지만 누군가는 그냥 해버린다고 생각했다. 계획을 세우는 것은 하지 않으면서 하는 척하는 한 가지 방법이라고 여겼다. 예전의 나는 내가 있는 곳을 바꿔 여기서 저기로 이동했고, 돌아다니면서 세상을 보았다. 하지만 내가 있는 곳은 변하지 않고, 나는 가만히 세상이 지나가는 것을 볼 뿐이라는 사실을 점점 깨닫는다. 나는 더 이상 떠돌지 않는다. 이렇게 말하고는 소스라치게 놀란다. '나는 더 이상 떠돌지 않는다.' 지난 시절에 나는 재킷만 집어 들고 나가, 사흘 동안 집에 돌아오지 않았다. 이제 나는 하지 않을 것들을 계획하고 있다.

저 아래 계곡에서 교회 종이 울리고, 잎을 내지 않은 나무들 사이로 삐죽 내민 첨탑의 모습이 여전히 보인다. 종은 세 번 울리고 잠시 멈추었다가 다시 세 번 울린다. 세 번 더 울렸을지도 모르지만, 그 소리는 바람에 날아가 버렸다. 바람이 앙상한 나무들을 휘어 돌고, 굴뚝 꼭대기에서 울부짖으며, 식은 난로 속에서 재를 흩뜨린다. 집 밖 거리에서 차들이 오간다. 일요일 점심을 가족이나 친구들과 함께 먹으려고 왔거나, 혹은 떠나는 사람들의 목소리다. 적어도 나는 혼자다. 바람이 불고, 갈매기들은 특유의 자유분방한 비명을 지르며 짝을 찾고, 잠재적인 짝에게 풀더미를 선물로 준다. 그것들은 나에게 산에 가는 대신 바다로 가서 바위에 앉아 공허를 바라보는 것도 괜찮을 거라고 말해준다. 나는 연결되는 느낌을 갈망하는 것 같다. 그래서 비트 뿌리 수프와 사워크림을 만든다. 그러자 요리가 명상이 되어 그 순간에 대한 연결감이 찾아온다.

음식을 만들어 놓고, 그날 나머지 시간을 불교 승려가 침묵에 대해 쓴 책을 읽으면서 보낸다. 초심자용이지만 내용이 괜찮고, 내가 잃었다고 생각했던 리듬을 되찾는 데 도움이 되었다. 나는 이제 평화롭다. 페기에게 전화가 온다. 기차가 8시에 도착할 거라고 한다. 나는 부츠를 신고 재킷을 입은 뒤, 밴에 몸을 싣고 기차역에 가서 페기를 데려온다.

현관문 바깥의 벚나무는 붉게 물들고 있고, 곧 수천 개의 작은 봉오리가 꽃을 피울 것이다. 그러면 거리를 지나가던 사람들이 이쪽으로 와서 사진을 찍을 것이다. 그중 하나는 20년 전 할머니가 돌아가셨을 때 심은 나무다. 다른 한 그루는 아마 100살은 됐을 텐데, 껍질이 갈라졌고, 속이 비었으며, 해마다 겨울이면 가지를 떨어뜨린다.

벚꽃이 담긴 화병

비가 내리고, 찬 공기 속에 해가 나더니 벚꽃에 단단한 분홍색 봉오리가 맺힌다. 슬리퍼를 신고 나가, 비틀리고 마디가 진 작은 가지 몇 개를 잘라, 꽃봉오리가 달린 채로 꽃병에 담아 책상 위에 둔다. 그렇게 하면 다음 며칠 사이 꽃봉오리가 펼쳐지는 것을 볼 수 있다. 허리를 숙여 부츠를 신으려는데, 하늘이 어두컴컴해지며 다시 비가 내린다. 반쯤 허리를 숙이고 신발 끈을 묶다가 어떻게 할지 고민한다. 부츠 한쪽의 끈을 묶지 않은 채 뒷문으로 천천히 걸어간다. 고양이가 따라와 내 발 옆에 앉고, 우리는 유리창 너머를 보며 기다린다. 대략 20분 혹은 한 시간 정도 지나자 다시 해가 나고, 나는 밴으로 간다. 고양이가 현관문으로 따라 나와 젖은 풀밭 위를 뛰어가고, 나는 차를 몰고 나를 기다리는 정원으로 간다.

잔디밭은 며칠 동안 깎지 않아도 될 테고, 모든 것은 조용히 준비를 마친 채, 해가 나서 세상을 덥혀주기를 기다리는 듯 보인다. 어디에나 — 나무에도, 튤립에도 — 꽃봉오리가 보인다. 비에 활기를 되찾은 참새들은 노래를 부르고 운동장에서 뛰노는 아이들처럼 소리를 지른다. 산비둘기는 슬프고 깊숙한 소리로 운다. 그리고 온실에서는 묘목들이 밝고 새로운 빛을 띠며 잘 자라고 있다. 나는 묘목에 물을 주고 할 일이 없는지 주위를 돌아본다. 미스 캐시미어의 얼룩 고양이가 따뜻한 온실에 있는 내게 다가온다. 나는 허리를 숙여 목을 쓰다듬어 주고, 고양이는 등을 올려 세우고 가르랑거리다 벤치 위로 뛰어올라 묘목들 사이에서 잠자리를 찾는다. 나는 고양이를 들어 올리고 빈 모종 상자 안에 넣는다. 그러자 고양이는 그 안에서 빙글빙글 돌다가 웅크린 채로 잠이 든다. 고양이는 이따금 눈을 떠 크고 짙은 눈동자로 나를 쳐다보다가 다시 스르르 눈을 감는다. 오늘 나는 벗이 있어 행복하다. 나와 가장 친밀했던 관계는 종종 고양이와 맺은 것이었다. 고양이들은 모두 스승이었고, 그들과 보낸 시간은 결코 낭비가 아니었다. 고양이들이 호사스럽게 아무것도 하지 않고 기지개나 켜는 걸 지켜보면서, 나는 생각을 내려놓고 에너지는 필요할 때만 쓰기로 한 것을, 특별히 해야 할 일이 없을 때는 차분하게 가만히 있기로 한 것을 다시금 떠올린다.

바깥 화단의 흙이 괭이질을 할 수 없을 만큼 흠뻑 젖었고, 가지치기도 끝나서, 나는 저 아래 다른 할 일이 있는지 보려고 숲으로 간다. 가는 길에 반짝거리는 넓은 하늘과 나뭇가지에 핀 작고 반짝거리는 하얀 꽃들, 그리고 비를 피하던 장소에서 느닷없이 나타나 꽃향기를 맡으며 꽃 주변을 돌아다니는 벌 몇 마리를 즐겁게 구경한다. 오늘 나는 걸어 다니기만 하고 진짜 일은 아무것도 하지 않은 것 같은데, 보수를 받는다고 생각하니 약간 죄의식이 느껴진다. 마치 시인이 되어 영감이 떠오르기를 마냥 기다리는 기분이다.

페기는 내가 너무 열심히 일한다고, 속도를 조금 늦추라고 말한다. 고양이도 그러라고 상기시켜 주었으니, 나는 영감이 이끄는 대로 숲의 먼 가장자리에 있는 그루터기에 앉아, 들판과 언덕을 바라본다. 내가 예전에 떠돌던 곳과 비슷한 장소들을. 나의 가난한 할아버지 또한 이곳에서 저곳으로 떠돌아다녔다. 그는 바람에 흩날리는 씨앗처럼 표류하다가, 마침내 맨섬에서 태어난 그의 아내, 내 나나*를 찾아냈다. 그녀는 그를 정착하게 하고, 비옥한 땅에서 일하게 했으며, 그곳에서 어린 자식들을 키워 그들을 또 다른 비옥한 땅으로 보낼 수 있게 했다. 그렇게 이어지다 마침내 나까지 이

---

* 영어권에서 할머니를 부르는 애칭이다.

르렀고, 나는 지금으로서는 내게 잘 맞는 곳인, 비가 자주 내리고 날이 따뜻한 이 비옥한 땅에 정착했다. 그리고 여기서 자식들을 낳았고, 아이들은 자신들이 자라기에 알맞은 다른 땅으로 흘러갔다. 우리의 방랑자 기질은 특정한 장소가 아니라 따뜻하고 습한 기후, 우리를 머무르게 해주는 너그러운 사람들과 연관성이 있다. 나는 아무것도 소유한 것이 없고, 아무것도 가지고 다닐 것이 없었기에 떠돌아다닐 수 있었다. 하지만 지금은 집과 고양이와 다른 물건이 있고, 그래서 조금 붙들려 있는 느낌이다.

올해는 겨우내 페기와 함께 집에서 보냈기에 정원에 혼자 있는 데 익숙해지기까지 시간이 좀 걸렸다. 하지만 자유라는 오래되고 기분 좋은 느낌이 돌아오고 있어 그것만으로도 좋다. 나는 까마귀들이 구름에서 내려와 들판에 내려앉는 것을, 이리저리 돌아다니다 다시 날아오르는 것을 바라보면서 스스로에게 너그러워지고 있다. 나는 긴 풀이 작은 바람에 서로 몸을 비비는 소리를 듣고, 초록의 새잎과 갈색 흙냄새를 맡고, 머리칼이 없는 내 머리와 귀 끝에 스치는 시원하고 축축한 공기를 느낀다. 갑자기 한기가 느껴진다. 내 주의가 그것에 쏠렸기 때문일 터다. 나는 햇볕이 닿는 내 어깨의 따스함에 집중한다. 주의를 기울이는 것들은 점점 커지고, 무시하는 것들은 점점 희미해져, 내가 이 썩어가는 그루터기에 앉아 있는 동안 추위에 대한 느낌은 지나간다. 겨울 동안 사라졌던 작은 날벌레들이 되돌아오고 있고, 까마귀들이 땅을 쪼는 걸 보니, 분명 흙 속에 유충과 딱정벌레가 돌아다니고 있을 것이다. 내게 까마귀는 '영원한 새들'로 여겨진다. 항상 같은 까마귀들이 하늘을 빙빙 돌고 있는 것처럼, 살아 있는 유한한 존재가 아닌, 전혀 다른 어떤 것처럼 여겨진다. 그게 말도 안 되는 소리라는 걸 알지만, 그 생각이 마음에 든다. 나는 죽은 까마귀를 평생 본 적이 없다.

달리아

　작년에 그녀가 달리아를 아주 좋아해서, 올해는 화단 하나를 통째로 달리아를 심는 데 쓴다. 나는 겨울에 덩이뿌리를 샀고, 그것들은 가늘게 찢긴 종이에 쌓인 채, 종이 상자에 담겨 우리 집으로 배달되었다. 나는 그것을 그녀의 헛간으로 가져갔고, 그렇게 지금까지 시원하고 건조한 그늘에 보관되어 있었다. 달리아는 아주 비옥한 토양을 좋아해서, 나는 휴대전화로 전화를 건 다음, 트레일러가 달린 작은 트랙터를 몰고 반 마일 떨어져 있는 이웃 마구간에 가기 위해 울퉁불퉁한 시골길을 달렸다. 그리고 그날 하루를 겨우내 자체적인 내부 발열 과정을 거쳐 분해된 묵은 거름을 삽으로 퍼 담는 데 쓴다. 소변의 요소는 질소로 분해되고, 균류와 미생물과 함께 식물에 영양분을 공급하고 흙을 부서지게 해, 모든 것이 계속 돌아갈 수 있게 한다. 정원사들이 퇴비에다 오줌을 누는 이유다.

　나는 농장이나 낙농장의 거름은 더 이상 쓰지 않는데, 잡초가 자라지 않게 뿌리는 제초제가 이제 먹이 사슬의 일부가 되었기 때문이다. 몇 년 전부터 채소 재배자들이나 텃밭 경작자들은 작물 피해를 입고 실패를 거듭하고 있다. 발암 물질인 글리포세이트 제초제가 소의 몸을 거쳐 배설물 속에 남아 있기 때문이다. 이 사실 때문에 글리포세이트는 대부분의 유럽과 중동지역에서 사용이 금지되었지만, 여기 영국에서는 여전히 허용된다.

　써도 괜찮은 거름은 검고 달콤한 냄새가 나는 썩은 것이고, 그 덩어리는 얼고 녹는 과정을 거치면서 푸슬푸슬해진다. 그녀는 내가 트레일러를 단 작은 트랙터를 모는 것을 창문으로 지켜본다.

밤이 내릴 무렵, 달콤한 냄새가 나는 비옥한 거름이 퇴비 더미 옆에 내 키만 한 높이로 쌓였다.

    오늘은 땅을 파느라 어깨와 허리가 아프지만, 이제 진짜 봄이라 허비할 시간이 없다. 나는 삽으로 거름을 수레에 퍼 담아 잔디밭을 가로지르며 수레를 밀고 간다. 그리고 그것을 흙에 쏟아붓는다. 이제 낮이 더 길어져 여전히 날이 밝지만, 신의 손톱 조각처럼 맑은 초승달이 하늘을 뚫고 나왔다. 나는 고단하고 아파서, 장작 난로나 텔레비전 앞 소파 위에서 허기를 채우고 페기와 바싹 붙어 있을 필요가 있다. 너도밤나무 앞을 지나가는데, 작고 눈에 띄지 않는 술 장식 같은 꽃에서 벌(이런 벌은 늘 암벌이다) 한 마리가, 벌집으로 가져가 여왕벌, 즉 어머니를 먹일 꿀을 찾고 있다. 땅에 서서 붕붕거리는 시끄러운 소리를 들으니 이 나무에 천 마리가 넘는 벌이 있는 것을 알겠다. 아래 풀밭에서는 콩팥 모양을 한 어린나무가 싹을 틔우기 시작했고, 내 머리 위로 벌들은 이미 내년의 씨앗을 만들 꽃들을 수정하기 시작했다.

소녀 같다

달리아에는 수백 종이 있는데, 모두 밝은 색깔에 블라우스 같고 즐거워 보인다. 나는 그것들을 보면, 소년이었던 나를 흥분시킨 1960년대 영화 속 '세상의 소금 같은' 글래머 바텐더가 떠오른다. 결국 바텐더는 여성혐오적인 갱스터, 아마 <브라이튼 록>에 나오는 핑키 같은 인물에게 죽임을 당했을 것이다. 아니면 아동용 파티드레스나 네글리제를 겹겹이 입고 소파에 누워 로맨스 이야기를 받아 적게 하는 바버라 카틀랜드*가 떠오른다. 푸른색 아이섀도를 두껍게 펴 바르고 얼굴 전체에 진한 화장을 했으며, 백발을 풍성하게 부풀린 모습이다. 내가 참조한 시각 자료에서 대충 내 나이를 짐작할 것이다. 달리아는 즐거워 보인다. 화려하고 더없이 즐거워 보인다.

나는 달리아 뿌리를 미리 준비해 둔 화단으로 가져간다. 뿌리는 신선한 감자처럼 잘 말랐고 단단하다. 달리아는 조금 남은 루핀꽃이나 이미 새 초록 잎을 보이는 루핀과 뒤섞여 색깔 덩어리가 될 것이다. 내 얼굴에 미소가 떠오른다. 이것은 정원을 혼란스럽고, 비공식적이고, 무질서하게 가꾸는 것이며, 바로 내가 좋아하는 방식이다. 뿌리를 심을 구멍을 파고 있는데, 미스 캐시미어가 신문을 들고 여름 별채로 가려고 느릿느릿 정원을 내려온다. 저번에 봤을 때 얼굴에 드리웠던 구름이 낮처럼 환하게 걷혔다. 아마도 꽃이 피고 있기 때문일 것이다. 그녀가 내게 아주 이상한 말을 한다. 그녀가 소리친다. "제비가 돌아와요, 마크!" 주위를 둘러보지만, 내 눈

---

* 1901~2000. 영국의 로맨스 소설가.

에 제비는 한 마리도 보이지 않는다. 그러자 그녀가 나를 쳐다보며 미소를 짓더니 이내 말한다. "음, 아마 아직은 아닐 거예요. 어쨌거나 여기는요." 그녀가 말한다. "일본에는 72개의 계절이 있는데, 이 계절을 '제비가 돌아오는 계절'이라고 한대요."

내가 그녀에게 말한다. "그건 몰랐어요. 꽤 아름답게 들리는데요." 그리고 덧붙인다. "더 알 수 있다면 좋겠어요."

그녀가 말한다. "잠깐 기다려요." 그러고는 신문을 들고 뛰다시피 집으로 들어간다. 흥분한 여든 살 여인이 보여줄 수 있는 가장 소녀다운 방식으로. 그녀의 녹색 니트 드레스는 다리를 감싸며 늘어나고, 머리카락은 나풀거린다. 음, 그녀는 휘청거린다. 몸을 앞으로 약간 숙이고, 빠르게 비틀거린다.

나는 미소를 짓는다. 도대체 그녀에게 무슨 일이 일어난 건지 궁금하다. 나는 기다리다 그녀가 이 모든 걸 잊었다고 생각해 다시 달리아를 심으러 가는데, 잠시 뒤에 그녀가 다시 나온다. 앞서보다 느린 걸음으로. 손에는 색이 바랜 판지 표지로 된, 얇은 노란색 책을 들고 있다. 오래되고 손을 많이 탄 듯 보이며 아주 많은 사랑을 받아서 생명과 박테리아로 뒤덮인 것 같다.

"여기." 그녀가 숨찬 목소리로 말하고, 내 쪽으로 그 책을 기쁜 듯이 흔든다.

그래서 나는 무릎을 꿇고 있던 자세 그대로, 아주 얇고 거칠고 지푸라기 조각이 끼어 있는 거의 투명한 종이로 된 책을 펼쳐본다. 그리고 새 달리아 화단 옆에 무릎을 꿇은 채 읽기 시작한다. 책에는 고대 일본에 24개의 계절이 있었고, 각 계절의 이름은 '맑고 깨끗하다', '곡식의 비', '곤충이 깨어나다'* 같은 이름이 붙어 있었으며, 각 절기는 다시 5일 정도 길이의 72가지 미세한 계절로 나뉘

---

* 순서대로 '청명', '곡우', '경칩'을 뜻한다.

어 있었다고 적혀 있다. 나는 그녀에게 오늘 날짜를 묻는데, 정말로 '제비가 돌아온다'*는 절기다.

내 눈에 제비는 보이지 않아, 그 설명이 이곳에도 적용되는지 묻는다. 그녀가 말한다. "기후는 여기랑 거의 똑같을 텐데요." 그러고는 말한다. "나는 모르겠어요. 원하면 가져도 돼요."

나는 이 작은 책에 쓰인 내용에 푹 빠져 "정말 고마워요" 하고 말하고, 제비가 나타나는지 유심히 지켜보기로 한다.

지난 세월 동안 그녀가 내게 무언가 준 적이 있었는지 기억나지 않는다. 나는 거기 무릎을 꿇은 채 바보처럼 웃고, 그녀도 내게 웃음으로 답한다. 이어 마법이 풀린 듯 그녀는 두리번거리면서 여름 별채로 가져갈 신문을 찾지만, 책을 찾느라 신문을 집 어딘가에 둔 것을 깨닫는다. "자, 그럼 이만." 그녀가 간결하게 말하고, 아주 천천히 집으로 돌아가 다시 나오지 않는다. 그녀는 내게 뭘 심고 있는지 묻지 않았다.

나는 그 작은 책을 수레에 걸쳐둔 낡은 트위드 재킷의 주머니에 넣고, 다시 달리아를 심기 시작한다.

---

* '초제비'라고 하며, 경칩 이후 세 번째 절기로 3월 21일에서 4월 5일 사이에 해당된다.

사랑이란……

 봄이 왔다. 창조적인 세계가 깨어나 자신을 드러내자, 세상은 새롭게 태어난 것들로 가득하다. 지빠귀가 잔가지와 풀을 모으고 있다. 나는 수염을 다듬고 깎아낸 것을 그들이 가져가게 내 작은 정원에 던져준다. 지붕 위에서는 도시 갈매기들이 짝을 지어 복종하는 자세로 고개를 숙이고 걸어간다. 저녁이 되자 까마귀들이 짝을 이루어 둥지로 날아간다. 씨앗이 싹을 틔우고, 잎이 돋는다. 들판에서 양들이 태어나고, 낮이 밤보다 길어진다. 동면하던 곤충이 지면 위로 올라오고, 미스 캐시미어는 봄의 기쁨으로 가득 차 있다. 모든 것이 밖으로 나와 탄생하거나 재탄생한다. 그녀는 흰 머리를 틀어 올려 귀여워 보인다. 검은 원피스를 입고 검은 타이츠에 납작한 신발을 신었다. 여든이 넘은 나이에도 봄의 호르몬이 왕성하다.

 시인 라이너 마리아 릴케는 모든 것을 소모하는 젊은 날의 사랑에 대해 말한다. 그는 우리가 젊은 날에 사랑에 빠질 때는 개별성을 잃고 즉시 상대와 하나가 된다고 말한다. 우리의 필요, 욕망, 희망, 소망, 꿈, 모든 것이 사랑하는 사람과 얽힌다. 우리는 사랑이 우리를 완전하다고 느낄 수 있게 해주길 바란다. 우리가 분리된 정체성을 발달시키기 전, 우리를 먹이고 목욕시키고 길러준 어머니의 그저 한 부분이었을 때, 작고 어린 아이였을 때처럼 말이다. 하지만 다른 사람들의 마음은 우리에게 닫혀 있고, 곧 그런 소모적인 사랑은 그 고립감을 인식하게 된다. 우리는 상대가 우리와 같은 사람이 아니라는 걸 깨닫는다. 우리는 손끝의 피부에서 끝나는 듯한,

우리의 고립된 몸 안에 갇혀 있다. 분리의 고통이 또다시 시작되고, 마음속에서 그것이 정말로 사랑인지에 대한 의심이 생겨난다. 정말로 사랑이었다면, 우리는 왜 그토록 외로움을 느끼는가? 사랑이 다시 찾아오기를 바라면서, 우리는 결혼하고 집을 마련하고 아이를 낳아 다시 한번 사랑에 연료를 공급하고, 그 모든 혼란에 맥락을 부여해 우리의 사랑을 증명하려고 한다. 하지만 불꽃은 잦아들고 뜨거운 열기는 미지근해지며 우리의 고독한 본성에 대한 자각이 돌아온다. 우리는 다시 한번 자신이 누군지 알아내야 한다.

이 모든 유아적인 욕망과 공상은 기대에 부푼 황홀경일 뿐이다. 사랑의 모든 순간에 우리는 현실과 서서히 멀어지고 안개에 가로막혀, 우리를 길러준 땅에서 살고, 소용돌이치고, 움직이는 모든 것의 일부로서, 우리가 이미 온전하고 연결되어 있으며 완전하다는 사실을 볼 수 없다.

나는 그 모든 덥거나 추운 계절을 폐기와 꼭 붙어 있을 만큼 고집스럽고 비겁했다. 그녀는 내 곁을 지켜주었다. 그녀는 나를 떠날 이유가, 혹은 돌아온 나를 받아주지 않을 이유가 차고 넘쳤다. 내가 늘 좋은 남자는 아니었고 처신을 잘하지도 못했다. 나는 이미 온전했기에 그녀는 나를 고치거나 온전하게 만들어 줄 수 없었다. 그녀는 내가 온전하다는 사실을 기억해 낼 때까지 기다려 주었다. 나는 그녀가 나를 즐겁게 해줄 어떤 필요도 없이, 스스로 존재하고, 자기 일을 계속하고, 창조적인 땅의 표정처럼 달라지는 것을 지켜보면서, 그녀가 누구인지, 날마다 어떤 존재가 되어가는지 즐겁게 바라본다. 나는 이미 완전하므로 그녀에게서 아무것도 받을 필요가 없다.

그녀가 곁에 없을 때는 슬픔을 느끼곤 했다. 이제 나는 경험하고 싶지 않은 감정은 어떤 것이든 흘러가게 둔다. 나는 그런 감정의 투정을 받아주지 않고, 내가 원하는 감정은 유지한다. 내 황홀경은 내가 선택한다. 사람들을 갈라놓는 것은 오로지 생각이다. 우리는 이야기를 할 때만 의견이 갈린다. 우리가 말하지 않고 침묵 속에서 세상을 공유하고 즐긴다면 — 우리가 계획하지 않고 경험한다면 — 우리는 합쳐진다. 나도, 너도, 우리도, 그들도 없다. 매일 나는 새로 태어날 수 있고, 신생아처럼 주위 모든 것에 연결되었다고 느낄 수 있다. 당신은 혼자가 아니고, 한 번도 혼자였던 적이 없으며, 결코 혼자가 되지 않을 것이다.

창문 청소부

　이 정원은 내 신전이다. 나는 이곳에 와서 세상을 느끼고 맛보기를 기대한다. 나는 이곳을 아름답게 가꾼다. 아름다움 그 자체의 기쁨을 위해, 내 몸과 마음에 좋은 노동을 위해. 이곳에 내가 존재하고, 이곳에 미스 캐시미어가 존재한다. 아마 그녀에게도 이곳은 신전일 것이다. 잡담 같은 것은 없고, 우리는 대체로 침묵한다. 여기서는 삶에 불만을 느낄 일도 없다.
　앙상한 가지에 하얗게 핀 목련꽃이, 이 나무를 또 다른 차원으로 데려가는 새순의 환한 빛 뒤에서, 이제 시들어 가는 컵 모양이 되어 분홍색과 갈색을 드러낸다. 오므린 작은 손 같은 물푸레나무의 보드라운 애잎은, 느린 펌프질로 엽록소를 흡수하고 분해하여 녹색으로 바꾼다. 어둠과 추위가 돌아오면 반대의 과정이 일어나, 그때는 나무가 엽록소 생산을 중단하고 그것을 더 작은 분자로 해체할 텐데, 그러면 다른 색깔들이 나타날 것이다. 우리가 겨울의 색깔인 빨간색과 녹색으로 축제를 시작할 때, 나무는 쓸모없어진 잎을 떨군다. 세상에 얼마나 많은 엽록소가 있는가. 우리는 햇빛을 탄수화물로 전환하는 그 단순한 화학 물질에 얼마나 의존하는가. 탄수화물은 살아 있는 모든 생물을 먹이고, 우리 모두를 숨 쉬게 하는 산소를 생성한다.
　비바람을 피할 수 있는 햇볕 좋은 쪽에, 산사나무가 이미 앙증맞은 하얀 꽃들로 뒤덮여 있고, 꿀의 향기와 완두콩 맛이 나는 가시금작화가 노랗고 밝게 반짝거린다.
　울새 한 마리가, 땅에 앉아 튤립 사이에서 잡초를 뽑고 있는 내 모습을 지켜본다. 하늘은 회색이고 비가 살짝 흩뿌리지만, 나는 개의치 않는다. 나는 이곳에서 편안하다. 내게는 발포 고무 방석이 있고, 이 정도의 가랑비는 막아줄 수 있는 따듯한 트위드 모자와 재킷도 있다. 참새들은 제멋대로 자란 가시 많은 줄기 속에서 노래를 부르고, 작은 빗방울들을 맞으면서 깃털을 부풀린다. 그것들 뒤로 멀리서, 사람들도 저들의 일을 하러 가는지 사이렌 소리가 길게 울린다. 아픈 손으로 앉은 자리 옆의 땅속에 작은 세 갈래 쇠스랑을 찔러 넣고, 화단에 침입한 민들레와 산마늘을 뽑아낸 다음, 그것을 통 안에 던져 넣는데, 내 마모된 관절이 삐걱거린다. 산마늘은 집으로 가져가 수프를 끓여 먹을 것이다.

그녀를 보기도 전에, 그녀가 느리게 다가오는 소리를 듣는다. 왁스를 칠한 면으로 만든 스톡맨 코트*를 입었는데, 그녀만큼 나이 들고 뻣뻣해 보인다. 그녀가 움직일 때마다 삐걱거리는 소리가 나고 밑단이 거의 바닥에 스친다. 코트는 단추를 목까지 잠가 입었고, 그 아래로 오래된 녹색 장화가 보인다. 장화에는 먼지가 묻어 있지만, 빗물에 가는 줄무늬를 그리며 씻겨 군데군데 반짝인다. 그녀가 침실 창문을 가리는 집 앞 칠레소나무에 대해 이야기한다. "그이한테 정원에 심지 말자고 했는데 말이죠." 그녀가 말한다. "나는 이게 싫은데, 그이가 결국 심어버렸네요. 그런데 보라고요! 이제는 없앨 수도 없어요. 그이는 장난으로 이런 것 같아요."

나는 오래전에 죽은 남편이 그녀가 불행해하는 것은 원치 않을 거라고 말할 수도 있었을 것이다. 나무가 그녀의 침실을 들여다보게 되는 것은 그의 취향이 아니었을 것 같다. 그렇다고 나는 이 나무를 베어버리고 싶지는 않다. 나는 그저 침묵한다. 베어버리느니 여길 그만두고 굶주린 채 살아갈 것이다. 칠레소나무는 천 년을

---

* 농업이나 목축업에 종사하는 사람들이 입는 튼튼하고 실용적인 코트.

살고 아주 느리게 자란다. 나는 그 나무에 비하면 한낱 파리에 불과하고, 그 나무는 세상을 파괴하는 수많은 인간보다도 이 행성에 훨씬 더 큰 가치가 있다. 허연 유충 같은 우리보다 훨씬 희귀하다. 그것은 벌써 이층집 지붕만큼 높다. 나무가 성숙하면, 커다란 솔방울이 고대의 가시 같은 잎 사이로 아몬드 크기의 잣 맛이 나는 씨앗을 떨어뜨릴 것이다.

잠깐의 시간이 지나가고, 나는 그녀가 그저 불평하고 싶은 기분이어서 불평한 것임을 깨닫는다. 그녀는 날씨가 내내 흐리고 어둡다고(지난 사흘간 오후에는 날이 따뜻하고 햇볕이 좋아서 재킷을 입지 않고도 일할 만했다) 말한다. 그리고 차를 정비해야 한다고 말하고, 잔디밭에 자란 이끼와 어제 방문하기로 했는데 나타나지 않은 창문 청소부에 대해 불평한다. 그래서 나는 지금까지는 날씨가 아주 좋았다고, 차는 괜찮겠지만 문제가 있으면 정비소에서 고쳐줄 거라고, 창문 청소부는 아마 내일 올 거라고 말한다. 하지만 그녀의 의미 없고 사소한 불평이 만들어 낸 압력은 범람한 강물 같아, 나는 강둑에 자리를 잡고 강물이 흘러가게 둔다. 그리고 이렇게 말한다. "아, 네. 분명 전부 잘 해결될 거예요."

최근에 그녀의 기분이 오르락내리락했다. 지난주에는 소녀 같았고, 지금은 툴툴거린다. 그녀는 매일 신문을 읽으면서 바깥세상에 초점이 맞춰진 듯 보였지만, 지금은 자기 안으로 들어가 버린 것 같고, 그 안에서 행복하지 않다. 나는 어떤 일이 그녀를 그 공간으로 보내버렸는지 궁금하다. 아마 수선화가 시들면서 먼저 떠난 배우자를 떠올렸거나, 새로운 질병이나 통증이 어떤 식으로든 작용해, 그녀에게 통제력이 사라진 느낌을 들게 했을 것이다. 그것이 — 내가 생각하기로는 자기 주변을 통제하며 살았을 — 그녀에게 두려움을 일으켰을 것이다. 타인의 내면적인 삶은 그 문이 닫혀 있어, 내가 할 수 있는 거라고는 그녀의 말과 행동에 반응하는 것뿐이다. 나는 바닥에 앉아 고개를 들고, 그녀의 눈을 똑바로 보며 말한다. "창문 청소부는 올 거예요." 우리 사이에 무언가 따스함이 오가는 것 같고, 내 가슴속에서 무언가가 느껴진다. 멀리서 그녀의 얼굴이나 형체를 볼 때마다 느끼는 바로 그것이.

그 순간 그녀가 말한다. "네, 올 거예요. 오겠죠?" 그러고는 잠시 가만히 있다가 여름 별채로 느리게 걸어간다. 거기서 그녀가 고리버들 나무 의자에 앉는 것이 보인다. 빗물이 지붕에서 똑똑 떨어져 문 옆에 작은 웅덩이를 만들 때, 그녀의 지혜로운 고양이는 깊은 생각에 잠겨, 그녀의 무릎 위에서 웅크린 채 잠든다.

창문 청소부가 도착하고, 나는 긴 솔과 호스 파이프를 들고 대문을 통과하는 그에게 "좋은 아침이에요" 하고 외친다. 그가 투덜투덜 무언가 말한다. 집으로 돌아가는데 길가에 가시금작화와 산사나무의 꽃이 피었고, 들판에는 새끼 양들이 뛰어논다. 봄과 부활절이 서서히 다가오고 있다.

툴편

나는 공책을 들고 뒷문 쪽에 앉아 있다. 고양이가 내 발목에 머리를 기대고 웅크린 채 내 옆에 누웠다. 페기가 들어와 나를 사랑스러운 히피 영감이라고 부르고, 나는 미소만 짓고 아무 말도 하지 않는다. 일하러 가기 전에 이곳에서 쉬면서 크고 깊은 느낌이 되었기 때문이다. 그녀는 다시 계단을 올라가 자기 책상으로 간다. 그녀는 머릿속에서 구상하는 두꺼운 이야기책을 쓰고 있다. 나는 그저 보이는 대로 쓴다. 그녀는 나를 이상하고 마법에 걸린 소년이라고 부른다.

내 작은 정원에 핀 벚꽃이 정확히 얼마나 됐는지는 몰라도, 몇 주째 봉오리만 맺고 있다가 마침내 꽃잎을 펼쳤다. 몇 송이 피지 않아, 세어보려고 했다면 그럴 수도 있었겠지만, 며칠 안에 수십, 수백 송이가 피어날 것이다. 오늘 나는 잔디를 깎고 가장자리를 가다듬고 화단의 흙을 괭이로 고를 생각이다. 날씨는 점점 더워질 테고, 그늘 없는 열기 속에서의 야외 노동은 하나도 재미가 없으니 가능한 한 빠르게 끝낼 것이다. 그래서 소처럼 쟁기질을 하고 아무 생각 없이 잔디깎이를 미는데, 다섯 시간이 지나자 불만스러운 배가 꼬르륵거린다. 나는 일손을 멈추고 밴으로 돌아가 주머니칼을 이용해 치즈 한 덩이와 사과를 잘라 먹고, 잃어버린 수분을 보충하기 위해 물 1리터를 마신다.

미스 캐시미어가 지나간다. 밴에서 음식을 먹고 있던 나는, 일하지 않는 모습을 또 들켰다는 죄의식에서 나도 모르게 "잔디는 거의 다 깎았고 다음에는 화단 가장자리를 손질할 거예요" 하고 변명한다. "아무렴요." 그녀가 변명은 필요 없다는 듯 말하고, 나는 그녀를 즐겁게 해주려고 애쓰는 어린아이인 양 그녀에게 미소를 지어 보인다. 그 바람에 내 기분은 더욱 나빠진다. 점심값은 벌었어, 그 생각과 함께 섬광처럼 어떤 감정이 일어나는데, 그냥 두면 분노가 될 것이다. 빌어먹을 노동자 계급의 가치관이 마음 깊은 곳에서 슬그머니 기어 나온다. 다시 잔디 깎는 일로 돌아가, 기계와 벌과 노래하는 참새들과의 춤을 마무리할 때, 그 감정은 부서진다.

새로 심은 튤립 화단을 괭이로 갈다가 갓 피어난 꽃 한 송이를 잘라버렸다. 그토록 붉은데, 정말로 우연히 무심결에 그런 것이었을까? 꽃은 그 자리에 떨어져 바람에 꽃잎을 팔랑거린다. 그걸 쳐다보다가 정신이 번쩍 들며 깜짝 놀란다. 주위를 둘러본 다음 그녀가 알아차리지 않은 것을 확인하고, 허리를 굽혀 꽃을 집어 올려 주머니에 쑤셔 넣고 창피한 마음을 감춘다.

이 정원에 무리 지어 핀 분홍색과 붉은색의 튤립이 머리에 터번을 두른 듯한 꽃송이를 끄덕인다. "금세라도 흥분할 것 같아." 실비아 플라스는 그녀의 멋진 시 「튤립」에서 그렇게 표현했다. 그녀가 맹장 수술 후, 병원 침대에 붕대를 감은 '돌멩이'처럼 누워 있는 동안 쓴 시다. 그녀가 원하는 것은 고요에 잠기는 것과 자신이 비워지는 느낌이지만, 붉은 튤립은 하얀 벽과 시트를 배경으로 색을 폭발시켜 그녀의 평화를 방해한다. 그녀는 튤립들이 보는 자신에 대해 쓴다. 그동안 간호사들은 갈매기처럼 미끄러지듯 지나간다. 나도 그녀 옆에 누워 시끄러운 튤립을 보며, 나 자신의 붕대에 감긴 또 하나의 돌멩이가 되어 잠들고 싶다.

튤립은 16세기에 튀르키예에서 건너와 네덜란드로 건너갔다. 튤립의 모양이 터번을 닮아, 터번을 뜻하는 페르시아어 둘반드를 따서 이름을 붙인 것이다. 튤립은 여름이 되기 전에 터번을 벗고 꽃잎을 바닥에 떨어뜨린다. 그러면 꽃이 떨어진 녹색 줄기와 촉촉한 수술, 그리고 잎만 남은 모습이 모두에게 드러난다. 그렇게 몇 주가 지나면 서서히 갈색으로 시들어 간다. 모구 옆으로 자구들이 돋아난다. 그것을 쪼개면 새 식물들이 탄생할 것이다. 많은 정원사가 구근을 파서 겨울 동안 저장고에 보관하지만, 나는 그러지 않는다. 그러기에는 너무 많다. 오래전 내가 떠돌이로 지내던 시절에, 영어를 거의 못하는 '툴펀'이라는 이름의 네덜란드 여자를 만난 적이 있었다. 나는 네덜란드어를 전혀 할 줄 몰랐다. 말을 많이 하지 않아도 된다는 것이 좋았다. 우리는 그저 손을 잡고 미소를 지으며 우리의 꽃잎을 바닥에 떨어뜨렸다.

칼새가 날아온다

나는 벚꽃 아래에서 햇살을 즐기며 위스키를 마시고, 바람이 불어와 무게 없는 수천 톤의 분홍색을 날려버리는 5월이 올 때까지 그 꽃을 끌어안고 있고 싶다. 게으름을 피우면서 며칠, 몇 주 동안 발로 땅을 디디며 떠돌아다니고 싶은 마음이 간절하다.

나는 땅이 없다. 1제곱 마일도 없다. 내게는 장소에 대한 역사도 없고, 그저 몇 개의 타운과 마을, 잊힌 채 기차처럼 끝없이 지나가는 작고 추운 집들에 대한 희미한 기억뿐이다. 내가 태어난 곳으로 나는 한 번도 돌아간 적이 없었다. 나는 떠돌이고, 내 문화는 궁핍에서 나온 것이다. 내게 한 나라의 여권이 있지만, 내가 그곳의 일부로 느껴지지는 않는다. 내게는 주인이 없고, 누군가의 주인이 되고 싶은 마음도 없다. 나는 무정부주의자다. 내 핏줄 이야기는 굶주린 입들의 노래다. 그 입들은 내 입처럼 판지와 가죽을 먹었고, 바위로 가려진 곳이나 가난해서 난방이 안 되는 집에서 잠잘 곳을 찾았다. 공장 보일러와 기관차와 제분소 엔진에 석탄을 퍼 넣었고, 산을 부수어 돌을 만들고 철로를 깔았다. 일자리가 있는 곳이면 그곳으로 옮겼고, 철로가 가는 곳이면 어디든 그 길을 따라갔다.

나 같은 남자들은 나무 바닥이 끈적거리는 술집에서 싸우고, 얻어맞고, 술에 취해 시를 읊고 노래를 불렀으며, 울다가 돌아서서는, 다 봤으면서도 관대하게 보지 않은 척하는 남자들에게 웃음을 지어 보였다. 여자들은 면화를 뽑았고, 구타와 학대를 당했고, 배고픈 아기와 밀린 집세, 술에 취하거나 변덕스럽거나 병든 남편들 때문에 눈물을 흘렸다. 그리고 새벽 네 시에 다른 여자들과 팔짱을

끼고 노래를 부르며 텅 빈 거리를 걸었다. 내 떠돌이 삶은 나를 아주 깊은 감정으로 채워주었다. 진흙을 뚫고 내 뿌리를 지구의 뜨거운 핵까지 닿게 하는 진실은 이것이다. 나는 진흙이라는 것. 진흙처럼, 내 방황은 느려지고 멈추었다. 내게는 비를 맞지 않고 따뜻하게 살아갈 집이 있고, 나이를 먹어가니 오히려 그것을 붙잡게 된다. 편안한 의자를 찾게 된다.

나는 땅을 일군다. 내가 이전에 했던 많은 일은, 땅에서 하는 일을 대체한 것에 불과했다. 고용주들은 내게 그들이 원하는 것을 시키고, 그들이 믿는 것을 믿게 하려 했지만, 나는 엉겅퀴와 쐐기풀과 나비로 이루어진 야생의 일부였다. 나는 그 대신 내가 하고 싶은 것을 했다. 공장과 작업장과 양면적인 규칙과 교활하게 괴롭히는 자들을 떠나 내가 속한 곳, 내게 노래를 불러주는 땅으로 돌아온 것이다.

칼새가 풀밭을 가로질러 날아오고, 이어 또 한 마리가, 이어 여섯 마리가 더 날아온다. 벅찬 기쁨으로, 나는 칼새들이 원을 그리며 나는 것을 선 채로 지켜본다. 칼새들은 번식을 위해 몇 주 동안 날아온다. 파도처럼 밀려와 일부는 더 북쪽으로 가고, 일부는 마을에 남아 처마 밑과 오래된 종탑 안에서 알을 낳고 새끼를 키운다. 그리고 다시 떠나고, 결코 멈추지 않는다.

노래

　나는 열린 창문 밖에서 검은지빠귀가 노래하는 소리를 들으며 잠이 들었다가, 그 소리에 다시 깨어났다. 새벽을 알리는 첫 신호다. 5시 16분, 하늘에는 빛 한 점 없다. 고양이가 내 발 위에서 잠을 자고 있다. 늦게 깨어나는 도시 갈매기들이 지붕 위에서 시끄럽게 끼룩거리면서 산울타리에 앉은 새들의 노랫소리와 보조를 맞춘다. 산비둘기가 자기는 거기 있다고 내게 편안히 알려준다. 아직 날이 완전히 밝지 않았다.

　페기가 한동안 집을 비워서, 나는 줄이 풀린 풍선 같다. 나는 하루가 채워질 때까지 누워서 뒹굴고, 아침의 추위 속에서 옷을 입는다. 그녀는 작가고, 다른 작가들처럼 여기저기 돌아다닌다. 출판사 관계자를 만나고, 나라 전역에서 열리는 도서 축제 같은 행사에서 낭독한다. 그녀는 나처럼 집시가 되었다. 내가 깬 상태로 표류하면서 들었던, 이른 아침에 그녀가 집에서 나가는 일이 없었다면 조용했을 자물쇠 소리가 여전히 내 귓가에 머물러 있다. 그 황동 혀가 부드럽게 딸깍거린 소리가. 이틀 동안 내린 비로 강물이 범람하려 하여, 내가 마음으로 막고 있다. 지금은 부드러운 비가 내리고, 땅에서는 썩는 잎, 자라는 곰팡이, 무언가 달콤한 냄새가 난다. 많은 새의 흥분한 노래와 외침 뒤에서 빗소리가 경쾌한 배경음처럼 들린다. 나는 열린 뒷문 쪽에 서 있다. 고양이가 내 발치에 있고, 팔에 찬 공기가 느껴진다. 그리고 나는 깃털처럼 가벼운 수천 파운드의 꽃송이를 매단 채 축 늘어진 벚나무 가지를 바라본다. 잎이 없는 울퉁불퉁한 꽃가지가 땅을 스치는데, 그 그림자는 젖어서 반짝거리는 느낌을 더욱 밝게 만들 뿐이다. 그녀가 얼른 돌아오면 좋겠다. 그 욕구를 지나가게 두고, 나는 집에서 나와, 따뜻하고 흩뿌리며 간헐적으로 내리는 빗속으로 부유하듯 들어간다. 전에는 이런 일이 한 번도 일어나지 않았던 것처럼, 나는 피부에서 그것을 느낀다.

슈퍼마켓에 들러 점심으로 체더치즈를 산다. 거기서 잡지 옆에 있는 회전식 철제 진열대에서 상추 씨앗 한 봉지를 집어 든다. 나는 줄을 서고, 내 앞에 선 소년은 1파운드를 내고 축구 스티커를 산다. 바깥에서는 선글라스를 쓴 뚱뚱하고 작은 소녀가 버스 정류소에서 마카레나 춤을 추고 있다. 비가 그치고 해가 나자, 길에 증기가 슬며시 피어오른다.

미스 캐시미어의 차가 세워져 있지만, 며칠 동안 그녀를 보지 못했다. 온실 벤치 위에 메모가 남겨져 있는데, 얼마나 오래 거기 놓여 있었는지 전혀 모르겠다. 그녀는 이따금 메모를 남긴다. 봉하지 않은 봉투에 들어 있는데, 메모지와 짝이 맞는 편지지에 파란색 볼펜으로 쓴 것이다. 노부인들이 애용하는, 세월의 흐름에 노래진 작은 편지지이다. 길쭉하고 오른쪽으로 기운 그녀의 글씨에는 흔들리는 고리 모양이 가득하다.

마크 씨에게. 잠시 집을 비워요. 내가 없는 동안 집을 살펴주면 아주 고맙겠어요.

건승을 빌며
도로시 캐시미어

온실 앞에는 단을 높여 만든 빨간 벽돌 화단이 세 개 있다. 하나는 딸기 화단, 다른 하나는 라즈베리 화단이다. 세 번째 화단에는 간단하고 손이 많이 가지 않는 채소를 가끔 심는다. 상추, 무, 케일, 근대 따위다. 콩도 몇 종 심는다. 오늘은 갈아엎은 흙 표면에 손가락으로 얕은 고랑 두 줄을 파고, 상추 씨를 반 줄 심는다.

우리는 농작물 몇 가지를 공유하는 습관이 생겼다. 그녀는 딸기를 좋아하고, 나도 종종 한 움큼 따서 점심과 함께 먹는다. 한 해의 후반부로 접어들면 근대와 케일 대부분을 집으로 가져가는데, 그래도 그녀는 그다지 신경 쓰지 않는다. 내 정원은 너무 작고, 많은 것을 자라게 하기에는 그늘이 졌다. 그녀의 적갈색 고양이가 내 발 근처에서 야옹거린다. 고양이에게 먹이를 챙겨주는 사람이 있는지 궁금하다. 주변에 새와 쥐가 많지만, 이 고양이는 집고양이라서 사냥에는 서툴 것이다. 나는 손으로 치즈를 먹인다. 고양이는 배가 많이 고픈 것 같다. 자연 속에서 살아가는 방법을 모르는 것이다. 내가 이 고양이보다 더 야생 동물이다. "지금은 너하고 나밖에 없어, 야옹아." 내가 말한다. 그리고 높직한 화단 가장자리에 앉아 고양이의 등을 쓰다듬어 주고, 고양이는 딸기 화단에서 빙글빙글 돈다.

나는 한동안 날마다 먹을 것을 가져가고, 고양이는 내가 갈 때마다 달려온다. 페기의 참치 캔, 내 고양이가 먹는 부드러운 캔 음식이다. 먹이를 준 지 사흘째 되는 날, 나는 작은 밴 한 대가 들어와 그녀의 집 바깥에 차를 세우는 것을 본다. 오버올을 입은 젊은 여자가 내리더니, 열쇠로 잠긴 문을 열고 집 안으로 들어갔다가 곧 다시 나온다. "적갈색 고양이 봤어요?" 그녀가 묻는다. "먹이에 입을 안 댔네요."

"저 아래 온실 옆에 있어요." 내가 그녀에게 말한다. 그녀는 먹지 않은 고양이 먹이를 쓰레기통에 버리고 그릇을 씻은 뒤, 신선한 음식과 물 한 사발을 내려놓는다. 고양이는 오늘 이미 폐기의 참치 한 캔을 먹은 뒤다.

　나는 고양이를 맬컴이라고 부르기로 한다. 맬컴은 내 곁에 있어주고, 고양이를 돌봐주는 여자를 제외하고는, 내가 일주일 동안 말을 건네는 유일한 존재다. "이리 와, 맬컴." 내가 말한다. "점심에 곁들여 먹을 딸기를 몇 알 고르려고 하는데, 도와줄래?" 맬컴이 느긋이 풀밭을 향해 걸어간다. 맬컴은 이제 내 고양이다.

세상이 노래하고

　오래된 벚나무의 울퉁불퉁하고 가녀린 가지 끝에 뭉텅이로 매달린 벚꽃이 너무 무거워, 바깥 가지들은 휘어 바닥에 닿는다. 노부인이 무거운 다리를 가볍게 해보려고 발판에 발을 올려놓은 모양새다. 그 무르익은 모습 안에 끝이 존재하고, 어떤 꽃은 이미 떨어지기 시작했다. 벚나무 아래, 거친 검은색 아스팔트 도로에 흰색과 분홍색이 물방울무늬처럼 흩어져 갈색으로 변하고 있다.
　벚꽃처럼 우리도 외부에서 세상 안으로 들어오는 게 아니라, 세상 속에서 태어난다. 음악이 오케스트라의 표현이고, 노래가 검은지빠귀에게서 흘러나오듯, 우리는 세상의 표현이다. 존재의 안으로 흘러들었다 빠져나가는 파도와 같다. 내 세상에는 근원에서 연결되지 않은 자연의 존재란 없다. 어떤 종류의 신이든, 신이 있다면 머리 위 하늘에서 아래를 내려다보는 게 아니라, 우리의 아래에서 후 불어 우리를 밖으로 내보내고, 세상을 플루트처럼 연주할 것이다. 소나무, 적갈색 고양이, 축구 카드를 가진 소년, 선글라스를 쓰고 마카레나를 추는 소녀. 모두 존재의 발산이다.
　그녀가 집을 비운 사이, 일주일 동안 햇살 좋은 정원에서 여유를 부렸으니 다시 일을 해야 한다. 지금부터는 가을이 올 때까지 잔디를 일주일에 한 번씩 깎아야 한다. 나는 작년에 모아서 종이봉지에 넣은 다음, 겨울 동안 밴에 넣어두고 말린 금잔화 씨앗을 주머니에 가득 넣고 천천히 걸어간다. 해마다 가을에 금잔화 씨앗을 주머니에 가득 모으는데, '아트셰이드'라는 이름의 품종으로, 내가 오래전에 심었던 것이다. 복숭아, 밀짚, 오렌지 색깔로 된 이 행복하고, 예쁘고, 작은 일년생 마리골드는 살아 있는 동안 한 가지 일만 한다. 모든 한해살이 식물처럼, 그해가 끝나기 전에 가능한 한 많은 씨앗을 만들어 내는 것이다.

왼쪽 울타리 옆으로 햇볕이 잘 드는 작은 화단이 있는데, 거기서 금색 금잔화와 푸른색 수레국화가 섞여 자란다. 금잔화가 피면, 향기와 태양 같은 꽃잎에 이끌린 벌들이 날아와 꽃마다 옮겨 다니며 수분을 한다. 중심에서 바깥쪽으로 펼쳐진 꽃잎은 착륙 플랫폼이 되어주는데, 곤충만이 알아볼 수 있고 사람은 볼 수 없는 자외선 표시가 있는 경우도 있다. 꽃은 식물의 생식 기관이다. 학교 생물 시간에 그 모든 부분의 매혹적인 이름과 기능을 배웠던 게 기억난다. 색깔과 향유로 곤충을 유혹하는 꽃잎, 꽃가루로 뒤덮여 꽃실 끝에 정교하게 자리 잡은 꽃밥으로 이루어진 수술, 그것들이 함께 꽃 주위를 돌아다니는 벌의 체모에 꽃가루를 묻혀준다.

벌은 뒷다리에 장착된 큰 바구니 안에 꽃가루를 비우는데, 바구니가 가득 찼을 때의 무게는 몸무게의 절반쯤 된다. 꽃가루와 꿀은 벌집으로 가져가, 군집 전체의 식량으로 쓴다.

벌이 돌아다니면 체모에 붙은 꽃가루가 꽃 중앙에 있는 촉촉한 암술머리에 들러붙어 긴 암술대를 타고 내려가는데, 그것이 씨방으로 이어지고, 거기서 흰색의 작은 배아가 수정된다. 거기서 배아는 여름 내내, 그리고 더 이상 꽃가루 매개자를 끌어들일 필요가 없어진 꽃이 꽃잎을 잃는 가을까지 통통해지다가 말라갈 것이다. 그리고 한 해의 일을 마친 벌들은 동면에 들어간다. 나는 씨앗을 좀 모아 빈 땅을 채울 생각이다. 사랑받지 못한 정원과 맨흙만 있는 땅과 내가 갈 때마다 풀이 자라 있는 길가에 그것을 뿌리려고 한다. 나는 내 것이 아닌 땅 — 방탕하고, 음란하고, 난잡한 — 에 서명을 할 테고, 내 아기들은 어디에나 있다.

작년에 컬럼바인 사이에 뿌려놓은, 작고 검고 모서리가 거친 흑홍초 씨앗이 싹을 틔워, 높이 자란 컬럼바인 잎을 향해 자라고 있다. 컬럼바인은 '할머니의 보닛' 또는 '비둘기'라는 이름으로 알려져 있다. 이 예쁘고 흔한 코티지 식물*은 원래 야생지에서 자라고, 같은 식물의 다른 색깔, 다른 품종과 자유롭게 교배하며, 그 자식은 부모와 거의 닮지 않았다. 나는 그것의 난잡함을 사랑하고, 그것이 어디에 나타나든 그냥 자라게 둔다. 그 꽃은 원을 만들고 안을 바라보며 부리를 맞댄 채 앉아 있는 작은 비둘기들처럼 보인다. '컬럼바인'은 라틴어로 비둘기를 뜻하는 '콜룸바'에서 유래했다. 어떤 사람들은 그 꽃이 독수리 발톱처럼 보인다고 생각해서 라틴어로 독수리를 뜻하는 '아킬레기아'라고 부른다. 독수리인가, 비둘기인가? 그것은 그저 식물일 뿐이고, 우리가 사물에 결부시키는 모든 생각은 우리의 생각일 뿐이다.

---

* 영국에서 유래한 정원의 형태인 코티지 가든에서 자라는 식물을 말한다. 코티지 가든은 자연스럽고 다양하고 풍성한 정원을 추구한다.

갈라진 심장

관목 사이에서 해마다 꽃을 피우는 금낭화가 감상적인 분홍색 하트 모양 꽃을 뚝뚝 흘리고 있다. 꽃 한 송이마다 작은 '피' 한 방울이 매달려 있는데, 그 끔찍한 분홍색 심장의 질척질척한 모습에 몸서리가 쳐진다. 나는 금낭화 앞을 지나가며, 이 작고 바보 같은 심장 모양의 꽃을 싫어하는 터무니없는 나의 감정적 반응에 놀란다. 마음을 가라앉히고 그 판단을 놓아 보낸 뒤 계속 걸어가도 되겠지만, 나는 그렇게 판단한 이유가 궁금해져 그 생각을 돌아오게 한다. 그리고 내 반응이 이 작고 심장같이 생긴 조잡한 꽃을 좋아하는 '부류의 사람들'이 있다고 믿는 데 근거한 것이고, 내가 판단한 것은 그들의 감상벽적인 면임을 깨닫는다.

나는 늘 감상벽이 불편했다. 내 아버지는 그가 어울린 사람들처럼 감상벽이 심한 남자였다. 어머니는 사랑하지만 다른 여자들은 지배받아야 한다고 믿고, 남자아이들은 강하게 키워야 하고, 여자아이들은 사랑스럽고 보호가 필요하다고 믿는, 스스로 '사나이!'라고 자랑스럽게 생각하는 편파적인 남자들이었다. 자신들의 '팀'은 떠받들지만, 패배한 팀에는 박수를 보내지 않는 자들. 스스로 기독교인이고 신을 믿는다고 주장하면서도 오만하여 기도는 하지 않고, 약자들을 학대하고 조롱하는 것을 즐기고, 아내를 깔아뭉개면서 밸런타인데이에 분홍색 심장이 그려진 카드를 보내는 자들. 이런 남자들은 자신의 영웅들에게 아첨하고 그들처럼 되기를 열망한다. 위계 사슬 상위자들의 권위와 힘을 신봉하며, 상위자들이 사슬을 흔들면 그 명령에 따른다. 자신들의 자리를 알아서 군말

없이 따르고, 사슬의 하위에 있는 남자 어른이나 아이들에게는 군림하려 든다. "내가 '뛰어' 하고 말하면, 애송이, 넌 어떻게 해야 하지?" 아주 가난하고 직업이 없는 자들이 강하게 보이려고 무거운 것을 들어 올렸고, 공격적으로 보이는 개들을 제압했다. '그런 남자들 중 하나'로 여겨지지 않는, 여자 어른이나 아이들은 심지어 그 위계 사슬에 속하지도 못했다. 여자들은 팔찌에 달린 장식처럼 예쁘고 작은 은빛 궁전을 차지했다. 의존적이고 사랑스럽게, 그리고 감사하면서. '사슬 밖에 있는' 남자는 누구든 지옥 같은 혼란을 겪어야 했고, 은빛 궁전만 없을 뿐, 여자 같은 놈으로 여겨졌다. 그들은 나를 채식주의자라는 이유로, 축구를 하지 않는다는 이유로, 책을 읽는다는 이유로 '동성애자 새끼'나 '게이'로 불렀다.

    나는 이 남자들이 술에 흥건히 취했을 때나 응원하는 팀이 이겼을 때나 자식이 골을 넣어 득점했을 때 웃음을 터뜨리며 잠시 즐거워하는 모습을 보여도, 그들이 지거나 실패할 때 분노를 표출하고 종종 폭력성을 보여도, 그들의 내면에는 갈등이 존재한다는 것을 이해하게 되었다. 그 위계 안에서, 심지어 가장 가까운 친구들 사이에서도 기를 쓰고 자기 위치를 지키려 하는 그들의 자존심은 불안정하고 끊임없이 흔들린다. 나는 그들에게 깊은 슬픔을 느낀다. 그들의 갈등과 불안정함에 대해, 그들의 갈라진 심장에 대해, 그들이 사랑한다고 공언한 것들과의 거리감에 대해. 그들을 정의하는 것은 열정과 힘이지만, 그건 그들에게 그만큼 평화와 행복이 결여되어 있다는 뜻이다. 그들에게는 가진 힘을 밖으로 꺼내지 않을 힘이 없는 것이다. 그런 남자들은 세상의 종말을 초래하는 데서 기쁨을 느낄 것이다.

    이 작고 독성이 강한 식물, 금낭화는 시베리아와 중국이 원산지이다. 많은 영국 정원 식물들이 이곳에서 유래했다. 그 이름은

'두 개의 박차拍車'를 의미하는데, 작은 심장 모양의 꽃이 실제로 분리된 꽃잎 두 장으로 되어 있고, 그 각각의 끝에 작은 박차가 달려 있다. 이 열정적인 심장은 하나로 통합되어 있지 않다. 반으로 갈라져 있고, 각각에 작은 갈고리가 매달려 있다. 이 식물은 내게 감상벽이란 결국 분리에 대한 문제라고 말해준다.

나 역시 그 꽃을 '질척질척하다'고 판단하고 그 꽃을 좋아할 만한 사람들에 대한 가설을 세움으로써, 무의식적으로 나 자신을 분리된 존재로 여겼음을 깨닫는다. '세상에 좋고 나쁜 것은 없으며 그렇게 가르는 것은 생각이다.' 셰익스피어가 『햄릿』에서 말했다. 그보다 2천 년 전에 스토아학파의 에픽테토스는 '사람들은 어떤 일 때문에 괴로워하는 게 아니라, 그것을 바라보는 관점 때문에 괴로워한다'고 말했다.

나는 그 작은 식물을 사랑하고, 그 감상적인 모습에 교란되지 않겠다고 결심한다. 그러는 대신 열정적이고 단절된 사람들의 필연적인 슬픔을 이해하려고 노력할 것이다. 그리고 우리 모두가 각기 다른 방식으로 괴로워하고 사랑한다는 사실을 깊이 간직할 것이다.

쥐

 내 고양이가 쥐를 물어 왔다. 쥐는 부엌 바닥을 뛰어가 레인지 밑에 숨는다. 고양이는 어슬렁어슬렁 걸어가 소파 위에 웅크린다. 이따금 눈을 뜨고 지켜보면서 쥐가 다시 나왔는지 확인한다.

 "이런, 이 몹쓸 놈!" 페기가 말한다. "가서 집어내, 마크! 밖으로 집어내라고! 저 빌어먹을 것!" 그래서 나는 바닥을 이리저리 기면서 레인지 아래를 들여다보고, 구석에서 쥐를 발견한다. 쥐는 크고 둥글고 검은 눈으로 나를 빤히 본다. 안쪽 벽에 바짝 붙어 웅크린 채다. 나는 손을 뻗어 잡으려고 하지만, 쥐는 너무 멀리 있고, 내 팔은 너무 두꺼워서 어떻게 해도 원하는 곳에 닿지 않는다. 쥐에게 겁을 줘서 달아나게는 해도 다치게 하고 싶지는 않아서 빗자루를 가지러 가는데, 소파 위에 그 빌어먹을 고양이가 아주 편안하고 느긋하게 나를 지켜보고 있다. 그러는 동안 페기는 내 뒤에 서서 "잡았어? 아직 못 잡았어?" 하고 묻는다.

 나는 점점 이것이 고양이와 쥐 사이의 문제라는 생각이 들기 시작한다. 나하고는 아무 상관이 없는. 나는 그들의 관계를 방해하고 있을 뿐이다.

빗속에서 잔디 깎기

　새들이 노래하고, 일용직 정원사인 바이런이 근처 공유 정원에서 잔디를 깎는다. 그러다 기계에 무언가 이물질이 들어간 모양이다. 돈을 벌러 나와야 한다는 것에 대해 투덜투덜 욕하는 목소리가 들린다. 그는 무릎을 꿇고 기계에 끼인 잔디 뭉치를 손으로 끄집어 낸다. 비에 젖은 잔디는 잘 깎이지 않지만, 일당을 벌어야 하는 일용직 노동자들은 그 일을 맡을 만큼 절박하다. 나 역시 그런 시간을 보냈다. 잔디를 깎는 대신 잔디를 뜯어내고, 구슬만 한 크기로 쏟아지면서 지지직 소리와 함께 뜨거운 배기구를 식히는 폭우에 흠뻑 젖어 보낸 시간을. 하지만 지금 나는 정원을 아름답게 유지하는 일로 매달 보수를 주는 직장이 있어 편안하다. 심지어 할 일이 많지 않은 겨울에도 보수를 주어, 나는 다른 곳에 가서 다른 사람을 위해 일할 필요가 없다. 바이런이 이리저리 이동하는 소리가, 바퀴가 잔디밭에 질퍽거리는 자국을 남기며 굴러갈 때 기계가 씨름하는 소리가 들린다. 칼날의 역기류로 나오는 따뜻하고 강한 바람에, 젖어서 무거워진 풀 덩어리가 수거통으로 날아 들어가는 대신 활송 장치에서 걸려버린 것이다. 불쌍해라.

　근처에 나무가 있어, 저녁에는 박쥐가 보이고 부엉이 소리가 들린다. 나는 강에서 멀지 않은 삼림지의 잔재에서 살고, 산을 오르기에 너무 피곤하면 이곳을 즐겨 산책한다. 실내에서 건조하거나 눅눅한 공기를 느끼는 건 내게 어울리는 일이 아니지만, 오늘은 바깥에서 일하기엔 비가 너무 많이 내려, 나는 비옷을 입고 혼자 바람을 쐬러 나간다. "안녕하세요, 바이런." 내가 말한다.

"안녕하세요, 마크. 잔디를 깎기엔 날씨가 지랄 같네요." 그가 말한다. "하지만 지난주 폭풍이 몰아쳐서 일을 쉬었더니 일이 잔뜩 밀린 데다 풀은 겁나게 자라는군요."

"아무렴요." 내가 말하고, 집주인들의 머릿속에 박힌 듯한 잔디 깎기에 대한 지긋지긋한 강박에 대해 생각한다. "오늘 할 일이 많은가요?" 내가 묻는다.

"종일 해야 할 것 같네요, 친구. 온종일 말이죠." 그가 말한다. "지긋지긋해요. 오늘은 일하러 안 가요?" 그가 묻는다.

"네. 쉬는 날이에요." 내가 그에게 말한다. 비 오는 날에는 일하러 가지 않는다고 말하지 않는다. 그 말을 굳이 하지는 않을 것이다.

나무들 아래로, 강둑 옆으로, 그리고 오래된 뿌리들 사이 작은 웅덩이가 생겨 낙엽이 모이는 속이 빈 그루터기 옆으로, 양치류의 곱슬곱슬한 새싹이 그 잎을 펼쳐내고, 고사리와 다른 양치류가 습한 삼림지의 지배권을 놓고 다툰다. 각각의 줄기는 처음에는 털이 난 초록 나선형의 모습이다가, 나선형이 풀리면서 줄기 양옆에서 하나씩 잎을 — 줄기가 펴질 때 왼쪽에서 하나가, 이어 오른쪽에서 하나가 펴지는 식이다 — 펼친다. 작은 잎 하나하나가 더 큰 줄기의 복제본 같다. 자연은 리듬과 하모니로 연주하는 걸 좋아한다.

더 바깥으로 가면, 그늘이 그리 짙지 않은 곳에 창질경이가 길쭉한 잎 사이로 꽃송이를 밀어 올렸다. 털이 복슬복슬한 갈색의 양 꼬리가 가느다란 녹색 줄기 끝에 달렸는데, 부들같이 생긴 꽃송이 아래쪽으로 실처럼 가녀린 꽃자루가 빙 둘러 돌았고, 핀의 머리처럼 작은 연노란색 꽃들이 그것을 원형으로 감싸며 피었다. 그 위로 그런 게 좀 더 있다. 더 낮게 핀 꽃들은 활짝 피었다가 서서히 갈색으로 시들고, 원형으로 둘러 핀 꽃들은 꽃송이의 맨 위쪽에서 왕관 모양을 이룰 때까지 위로 올라가면서 핀다. 그 아래 꽃들은 활짝 피었다가 쥐꼬리 모양의 단단한 초록 씨앗이 되고, 바람에 갈색으로 변한다. 나는 날마다 그 꽃이 핀 곳에 가서 대략 두 주 동안 그것을 관찰했기 때문에, 그 꽃이 아래쪽에서 위로 올라가며 피는 것을 안다.

엄벨리퍼호그위드, 카우파슬리, 그리고 웨스턴워터헴록이 꽃을 피우려 한다. 웨스턴워터헴록을 먹고 스스로 목숨을 끊은 많은 사람들 가운데 소크라테스도 있다. 이곳에는 자이언트호그위드도 있는데, 스치기만 해서는 즉각적인 해가 없지만, 그 식물이 스친 맨팔이 햇볕에 노출되면 광독성 화학 물질 때문에, 끓는 물에 덴 듯한 물집이 피부에 생길 수 있다. 자이언트호그위드는 개나 여우, 오리, 왜가리 말고는 아무도 가지 않는 저 아래 물가에서 자란다.

쐐기풀이 무성하다. 맛은 시금치 맛이고, 어린잎으로 만든 수프는 맛이 꽤 괜찮다. 웨일스, 콘월, 프랑스 같은 켈트족 나라에서는 치즈를 응고시키는 데 종종 그것을 사용했다. 도시에서는 쐐기풀을 익히지 않고 먹는 세계 선수권 대회가 열리고, 농부들은 노른자를 더 노랗게 하려고 닭들에게 그것을 먹인다. 쐐기풀은 나비를 유혹하고, 쐐기풀이 자란다는 것은 토양이 아주 비옥하다는 표시가 되기도 한다. 쐐기풀 가시에 찔리면 류머티즘이 치료된다는 말도 있다. 세월이 흐르면서, 나는 히스타민과 세로토닌이 함유된 그 미세한 결정 같은 바늘이 예기치 못하게 내 피부를 찌르고 들어올 때의 화끈한 감각을 즐기게 되었다. 심지어 말벌과 꿀벌의 톡 쏘는 침도 몸에 이롭다는 말을 들은 뒤부터 더 이상 신경 쓰이지 않는다.

날이 저물고 소나기가 그치자 나는 대성당으로 향한다. 뾰족한 쇠막대들이 두 눈의 동공 간격으로 꽂힌 철책 뒤로 부유한 망자들의 들판이 있고, 무리 지어 핀 물망초의 푸른 별은 저들을 붙잡은 녹색 목줄을 끊어내려고 안간힘을 쓴다. 흰 초 같은 밤나무꽃 수백만 송이가 저무는 햇살 속에서 불을 켜고, 꽃송이 위로 떨어진 빗방울이 눈을 가려야 할 정도로 날카로운 햇살을 내려보낼 때, 부글거리는 거품 같은 들판에 피어난 카우파슬리가 그 빛을 붙잡는다. 마른 도랑 위를 가로지르며 돌밭으로 이어지는 홍예다리가 강의 안개 속에 씻긴다. 지난해 들판에서 축구를 하던 학생들의 외침이 들리는 듯하다. 돌 날개가 달린 죽은 병사가 고개를 숙이고 검에 기댄 채 성당 지붕에서 아래를 내려다본다. 강 위로 늘어져 있는 히말라야발삼의 붉은 줄기가 느리게 흐르는 갈색 강물에 어렸다. 나는 비와 강의 짙은 냄새 속에서 그 향기를 맡는다.

    장미가 창문 주변에서 자란다. 짙어가는 하늘을 배경으로 젖은 장미가 은은하게 반짝인다. 잎과 비. 32번지에 사는 노부인이 떨어진 꽃을 밟으며 비틀비틀 지나가는데, 지팡이를 들어야 할 손에 우산이 들려 있어 걸음걸이가 불안정하다. 울퉁불퉁한 나뭇가지 같은 팔에는 녹색 핸드백이 나무늘보처럼 걸려 있다. 내가 "안녕하세요" 하고 인사를 건네도 늘 나를 무시하는 길 아래 사는 남자가 와인병을 들고 왼쪽에서 오른쪽으로 서둘러 이동한다. 사람들이 지나가기 시작한다. 일을 마치고 집으로 돌아가는 것이다.

떠 있는 섬들

　해마다 벚꽃이 필 무렵이면 그렇듯 간밤에 바람이 불었다. 비에 젖은 도로는 아이가 붓에 분홍색 포스터용 물감을 묻혀 서툰 솜씨로 점을 찍어놓은 것처럼 보인다. 반짝거림이 거의 보이지 않을 만큼 아주 두껍게 칠해졌고, 점들 사이로는 거무스름한 아스팔트다. 배수로와 거리의 하수구에는 꽃잎이 동동 뜬 강물이 흐른다. 물은 비에 젖은 꽃잎이 만든 거대한 댐 뒤에서 더 큰 물에 다다르려 해보지만, 꽃잎이 펼친 보트 경주에 하수구 격자망이 막혀, 솟구치고 도로에 흘러넘친다. 바람은 오전 내내 불고, 거리는 바람의 길목에서 몸부림치는 나뭇가지들이 내던진 끈적거리고 녹지 않는 꽃잎 눈으로 가득하다. 따뜻한 곳에서 비바람을 피하면서 그것을 바라본다. 마치 눈이 내리는 것을 보며 어른들이 일어나기를 애타게 바라는 어린아이처럼. 해마다 5월이면 이런 일이 일어나는데, 이달의 끝자락에 부는 바람과 떨어지는 꽃송이는 진짜 눈雪보다 더 믿을 수 있고, 더 예측 가능하다.

　저녁에 페기와 나는 포리스터스암스에 가서 한잔하기로 한다. 그녀는 와인 한두 잔을, 나는 위스키 두 잔을 마신 뒤, 다시 집으로 돌아올 것이다. 우리는 창가 쪽 나무 벤치에 앉아 손님들이 드나드는 것을 지켜본다. 몇 사람은 우리가 인사를 건넬 만큼 충분히 잘 알지만, 이름을 알 만큼은 아니다. 그리고 또 어떤 사람들은 우리가 이름도 알고 "안녕하세요, 요즘 어때요?"라고 물어도 될 만큼 가깝지만, 한자리에 앉고 싶을 만큼은 아니다. 우리가 술을 다 마시고 막 떠나려는데, 한 남자가 검은 케이스 두 개를 들고 들어온다. 이어 나가서 몇 개 더 들고 들어오고, 다시 나가 스피커 스탠드도 가져온다. 내가 페기에게 "음악을 연주할 건가 본데" 하고 말하고, 우리는 메인룸으로 이동해 좀 더 머물기로 한다.

그곳에 짙은 색 슈트와 흰색 셔츠를 입고 짙은 색 타이를 맨 바이런이 있다. 우리는 음악 공연이 있을 모양이라는 이야기를 나누고, 그는 자기도 방금 떠나려던 참이었는데 "60년대 노래면 여기 계속 있을 텐데, 그런 일은 없을 거예요" 하고 말한다. 가수가 장비를 설치하고 자신이 노래할 곡의 반주를 튼다. 그는 60년대 노래를 부르고, 바이런은 가상의 마이크를 잡고 노래하는 시늉을 한다. 나는 그 역시 노래를 잘하는지 묻고, 그는 그렇다고 대답한다.

결국 나는 위스키를 과하게 마시고 페기와 춤을 추었고, 이어 간호사 몇 명, 그리고 술집 여주인과 춤을 추었다. 여주인은 내게, 기분이 좀 나아졌지만 여전히 가끔은 울고 싶다고 말한다. 우리는 한동안 그곳에 가지 않았기 때문에 나는 그게 무슨 말인지 모르겠고, 그녀가 약간 예민해 보이지만 이유를 묻지는 않는다. 나는 그녀를 울리고 싶지도 않고, 그녀에게 슬픔을 안긴 그 이야기를 그녀가 하는 것도 바라지 않는다. 그래서 우리는 춤을 추고, 나는 그녀를 빙글빙글 돌려준다. 그녀의 기분이 훨씬 나아진 것 같다. 나는 춤을 잘 추지 못하지만, 흥은 아주 많은 것 같다. 술집이 문을 닫을 때까지 우리는 거기 있고, 페기와 나는 알딸딸한 정도 이상으로 취한 뒤에야 서로 손을 잡으려고 애쓰며 비틀비틀 집으로 돌아간다. 하지만 너무 취해서 자꾸 멀어지고 손을 놓는다. 우리는 우리가 얼마나 취했는지, 얼마나 아름다운 밤을 보냈는지 말하며 웃고, 다음 토요일에 다시 그럴 수 있는지 보자고 말한다. 아침이 되자 다음 주에는 다시 그러지 못할 것 같다고 결론짓는다. 그러나 그다음 주에 여전히 그러고 싶은 기분이 들면 아마 가게 될지도 모른다.

5月

내게는 나를 감싸줄 어둠, 안을 들여다볼 수 있는 그림자, 선명함과 대조되는 신비함이 필요하다.

작약이 핀다

　이웃인 우아한 러시아 여인이 떨어진 꽃 위로 걸어간다. 보도에서 부리를 비비며 구애하거나, 이끼를 모으거나, 잔디밭에서 풀을 잡아 뜯던 갈매기들이 쫓겨난다. 갈매기들은 평평한 지붕에 둥지를 친다. 그들은 알을 낳으면 보행자들과 아이들과 길에 사는 개들에게 다이빙 공격을 할 것이다. 그 시기가 되면 그녀는 보호용 우산을 들고 다닐 것이다. 그녀는 갈매기를 싫어한다. 그녀의 양손에 낡은 비닐봉지가 들려 있는데, 너무 많이 사용해 인쇄된 부분이 지워졌다. 해변과 강 여기저기에 버려진 플라스틱으로 들끓는 이곳에서는 이렇게 하는 게 관행이다. 얇은 비닐 안이 들여다보이는데, 빵과 통조림 콩, 양배추, 베이컨, 보드카를 산 모양이다. 그녀는 강인하고 시원시원하게 생긴 얼굴에, 우아한 옷을 입었다. 이따금 블라우스나 코트에서 집시풍 장식이 엿보인다. 선홍색 작약이 인쇄된 갈색 스카프가 그녀의 어깨를 감싼 채 바람에 나풀거린다.
　햇볕 좋은 곳에서 자라는 작약은 이미 꽃을 피웠고, 일부 장미도 그렇다. 러시아 여인이 그날 아침 스카프를 고를 때 작약꽃이 피리란 걸 알았는지, 아니면 묘한 우연의 일치로 딱 맞는 것을 골랐는지 궁금해진다. 나는 작약이 피기를 기다리고 애지중지 돌보지만, 다음 폭우와 함께 꽃은 최후를 맞을 것이다. 커다랗고 종이 같은 꽃잎이 바람에 떨어져 — 누군가가 조심성 없이 작은 일본식 종이가 든 상자를 떨어뜨린 다음 귀찮아서 치우지 않은 것처럼 — 바닥에서 나뒹굴며 갈색으로 변해갈 것이다. 일본인은 이 꽃을 사랑해 문신으로 많이 새겼다. 작약 문신은 존재의 덧없음을 상징한다. 작약 뿌리는 아주 크고 두툼하며, 파내서 다른 곳에 옮겨 심으면 다시 꽃을 피우는 데 수년이 걸린다. 하지만 처음 심긴 자리에 그대로 두면 더욱 풍성한 꽃을 볼 수 있다. 화려한 모습과 달리 작약은 집을 사랑하는 식물로, 땅속에 강하게 뿌리를 내린 채, 살에 깊이 박힌 발톱처럼 굳건히 그 자리를 지키면서 수년 동안 뿌리를 내린 그 땅만 꽉 붙잡는다. 서서히 커지고 굵어지면서 더 단단히 붙잡고, 1년에 단 며칠만 꽃을 피워 자기 자리를 지킨다.

잔디를 깎고 있다. 잔디밭에는 데이지가 흐드러지게 피었다. '낮의 눈'이라고도 불리는 데이지는, 작약처럼 밤이 되면 꽃잎을 닫는다. 마치 분홍빛이 감도는 작고 흰 진주가 실에 매달려 공중에 떠 있는 모습이다. 이 단순하고 예쁜* 꽃은 꽃말이 '순수'이다. 작약처럼 꽃잎으로는 차를 만들었고, 그것의 지혈성 수액은 검이나 창에 찔린 상처를 치유하는 데 사용되었다. 그렇다면 그 이름은 라틴어로 전투를 뜻하는 벨룸 — 전쟁의 다이몬** — 에서 유래한 것일 수 있다.

오필리아가 데이지를 떨어뜨리는 장면, 그것은 잃어버린 순수의 상징이다. 어린 학생이었을 때, 나는 테이트 미술관에 걸린 밀레이의 멋진 그림에 등장하는 오필리아와 사랑에 빠졌다. 나는 그 그림의 엽서를 사서 내 침실 벽에 블루택으로 붙여놓았다. 물에 젖은 새틴 드레스를 입고, 흐트러진 붉은 머리칼에, 꽃다발 — 햄릿에게 건네고 남은 꽃 — 을 움켜쥔 모습으로 강물을 떠내려가는 오필리아. 그녀는 상실에, 그리고 사랑을 잃은 슬픔에, 자신의 순수함이 사라진 것에, 사랑하는 이의 순수함에 대한 믿음이 파괴된 것에 미쳐, 말 그대로 봉오리가 꺾여 자신을 파멸시킨다.

---

* belle은 프랑스어로 '예쁘다'는 뜻이다.
** 고대 그리스인들이 신과는 별도로, 산천초목을 지배하고 인간 생활에 영향을 미치는 초자연적인 힘에 붙인 이름.

내 잔디깎이가 데이지 위를 지나가지만, 땅 가까이에 붙어 자라는 것들은 그대로 남겨둔다. 잔디밭 전체에 그 예쁘고 하얀 꽃송이가 흐드러졌다. 기계의 날이, 자신을 묶어둔 줄기에서 벗어나려고 몸을 뻗어 올리며 안간힘을 쓰는 민들레 꽃송이는 잘라버리고, 스스로 씨를 뿌리려고 짧은 줄기에 안전하게, 땅에 더 바짝 붙어 자라는 민들레 꽃송이는 남겨둔다. 그러면 낮게 자라는 꽃만 번식할 것이고, 아마 그 종의 모습도 달라질 것이다.

경계에서 은방울꽃이 뭉텅이로 피기 시작했다. 지난해 노동절에 나는 북부 프랑스로 가족을 방문하러 갔다. 연인들이 시장에서 어린아이들에게서 산 뮤게*를 주고받는다. 아이들은 한 다발에 1유로를 받고 팔면서 시장을 돌아다니고, 멀리 가게 문 앞에서 아이들의 부모가 지켜본다. 독성이 매우 강한 은방울꽃은 심장 박동을 서서히 늦추고 부정맥을 유발하지만, 프로게스테론**처럼, 느린 정자를 자극해 헤엄치게 만든다고 알려져 있다. 살아 있는 것들에 관한 한, 모든 것은 섹스와 죽음의 문제다. 크기가 큰 옥스아이 데이지와 마거리트가 풀밭에서 막 꽃을 피우기 시작했는데, 그걸 보면 페기가 생각난다. 그 꽃은 예쁘고 강하며, 페기는 마거리트라는 이름의 별칭이다.

---

* muguet는 프랑스어로 '은방울꽃'이라는 뜻이다. 프랑스에서는 노동절에 이 꽃을 주고받는 전통이 있다.
** 황체에서 분비되는 호르몬의 하나. 주로 난소의 황체나 태반에서 분비되며, 임신을 유지하는 작용을 한다. 무월경, 절박 및 습관 유산의 치료에 쓰인다.

갈매기들이 풀을 뜯는다

5시 30분. 파도처럼 밀려오는 이 새벽의 합창은, 수많은 작은 새가 만들어 낸 메아리다. 그러고 나면 사람들이 일어나 몰려들면서 더 거센 새로운 파도가 밀려온다. 트럭 한 대가 덜컹덜컹 달려오는 소리가 들리고, 곧 멀어진다. 나는 그 흐름에 휩쓸려 그날 하루에서 떨어져 나와, 이슬비가 흩뿌리는 분홍색 하늘로 올라가 버리고 싶은 마음에 저항하며, 삿갓조개처럼 내 집에 꼭 붙어 있다. 나는 열린 뒷문 쪽에서 책을 읽고 있다. 독학한 프랑스어 실력이 보잘것없어서, 프랑스어로 쓰인 서정적인 단어들의 뜻을 알아내려면 노력을 기울여야 한다. 랭보의 『지옥에서 보낸 한 철』을 읽고 있다. 이곳에 비가 내리고, 나는 그것이 기쁘다. 내 등도, 말라 있던 흙도 기쁘다. 일은 충분히 해두었으니 집에 있기로 한다.

벚나무는 빗물의 무게로 휘고, 꽃은 떨어져 갈색으로 변해 길을 대번에 미끈거리게 만든다. 노부인들의 걸음이 불안해진다. 비가 후드득 무겁게 퍼붓고 지나가면서, 큰 빗방울들이 헛간 지붕에서 튕겨 나온다. 아스팔트를 튕긴 빗방울은 더 높은 음을 낸다. 구름이 서서히 소멸한다. 한층 약해진 태양이 무대를 차지하고, 시들어 가는 등나무꽃이 빗방울처럼 똑똑 떨어진다. 흙을, 냄새를, 습기를, 그리고 기압이 변하면서 따스해지거나 차가워지는 날씨를 내가 얼마나 떠나기 싫어하는지. 땅과 자연의 순환과 날씨에서 분리되어 공장이나 사무실에서 일하던 시절에, 나는 나 자신의 필멸성에 대한 인식과, 이 세상에서 인간으로서 경험하는 감각에서 멀어졌다. 나는 때때로 생산하고 소비하도록 설계된 기계와 같았고, 내 행동과 태도는 오염되어 내게도 낯설게 느껴졌다.

 어두컴컴한 하늘을 배경으로 여진히 벚나무가 서 있는 것이 보인다. 길 아래쪽에 사는 심술궂은 남자가 지나간다. 그의 그림자는 보이지 않는다. 그는 청바지를 입고 있다. 나는 젖은 풀밭 위로 아물아물 지나가는 밝은 색깔들을 보면서 밖으로 나가볼까 생각한다. 하지만 아마 그냥 여기 있으면서 크고 굵은 빗방울이 슬레이트 지붕을 튕기고 아스팔트에 떨어지는 것을 지켜볼 것이다. 기름처럼 미끈거리는 푸른 물질. 내 고양이 미미가 내 옆에서 웅크리고 있고, 우리는 내면의 침묵을 공유한다.

 장미 옆으로 멋쟁이새 한 쌍이 보인다. 나는 늙었고, 신발을 신으려면 앉아야 한다. 늙는다는 건 그런 것이다. 오늘 나는 들판에 나가지 않고, 숲은 까마귀에게 맡겼다. 그리고 집에서 그것에 대한 글을 쓴다. 내 기억 속에서는 상황이 다르다. 나는 내가 체력이 좋고, 건강하고, 아직 젊다고 생각한다. 내가 얼마나 피곤한지 잊고 있다가, 앉아서 쉬자 녹초가 된 기분이다. 다리가 아프고 가슴이 답답하다. 나이가 든다는 것에는 우울함과 슬픔이 존재한다. 삶은 변하고, 과거에 존재하지 않았던 것은 앞으로도 결코 존재하지 않으리라는 것은 분명한 사실이다. 하지만 동시에 자유가 찾아올 테고, 책임은 줄어들 것이며, 창의적일 여지는 더 커질 것이다. 줄어드는 게 있다면, 늘어나는 것도 있다. 나이를 먹는다는 건 양날의 검과 같다. 지금 나는 내 인생에서 가장 창조적인 시기에 와 있는 듯하고, 내가 좋아하는 것을 더 잘한다. 삶이 재미있어졌다. 우리는 이따금 거의 배가 아플 때까지 웃고, 물질에는 더 이상 신경 쓰지 않는다. 내 인생에서 물질적인 것은 줄었고, 그 하나하나를 전보다 더 많이 즐긴다. 우리는 행복하고 자신감이 있으며 역경에 대처할 능력이 있다. 나는 날마다, 가끔은 한두 시간 명상을 한다. 그러고 나면 행복하다.

　　몇 시간 동안 아무도 창문 앞을 지나가지 않는다. 갈매기들이 풀을 뜯어 지붕 위로 가져간다. 시간은 지나가고 어둠이 내려앉는다. 갈까마귀가 울타리에서 그 견고한 연푸른 눈동자로 나를 쳐다보고, 그 눈빛이 내 시선을 자석처럼 끌어당긴다. 갈매기들은 동요하지 않는다. 5월이면 늘 그렇듯 바람이 불고, 남아 있던 꽃이 가지에서 떨어져 나와 거리 아래로 날아가고, 큰비가 내린다. 억수 같은 비가 쏟아져 도랑을 채우고, 어둠이 슬며시 찾아와 합류할 때, 나는 비바람이 거리를 강타하는 것을 지켜보고 바람의 소리를 듣는다. 폭풍우는 내게 좋은 시간을 선사한다. 폭풍우는 사흘 동안 이어진다. 나는 집 안에서 차를 마시고, 책을 읽고, 그것이 지나가는 것을 흡족하게 바라본다. 그리고 나는 내가 꽃이라는 걸 안다.

성스러운 가시나무

무시무시한 폭풍이 지나갔다. 중앙난방식 보일러에서 뿜어져 나오는 증기구름이 창문 앞을 지나가고, 그 사이로 나지막이 날아가는 갈매기가 보인다. 나는 대기하고 있다. 오늘 해야 할 일이 있다. 하지만 하고 싶지 않다. 무언가를 한다는 것은 물건을 다루는 것을 의미하고, 나는 물건과 일을 하는 것에 대한 부담에는 신물이 난다. 그래서 사용하지 않는 물건을 정리해 내 삶을 더 단순하게, 더 쉽게 이동할 수 있도록 만드는 중이다. 땅은 여전히 젖어 있고, 나는 여유를 부리기로 한다. 나중에 옷을 갈아입는데 아이들이 운동장에서 지르는 소리가 들린다. 구름이 걷히고, 맑게 갠 하늘에 해가 나와 땅을 덥혀준다. 나는 일을 하러 나간다. 몇 시간만 하자고 생각한다. 사흘 연속 내리던 비가 그친 뒤, 11시쯤 집을 나선다. 나무에는 아직 작은 벚꽃이 피어 있지만, 이제 잎이 꽃보다 더 무성하다. 분홍색보다 녹색이 훨씬 더 많아졌다. 진주 같은 꽃잎 몇 장은 분홍색 차양이 녹색 차양이 되면 더는 버티지 못할 것이다.

그녀의 집 옆에 주차된 차는 없다. 허리를 굽혀 잡초를 뽑는데, 예상치 못했던 해가 내 등을 따뜻이 덥혀준다. 아주 조용하다. 더없이 조용하다. 새들조차 조용한 이상한 날이다. 떨어지는 눈이나 꽃잎의 소리 말고 다른 소리는 더 없다. 강렬한 라일락 향이 뜨겁고 고요한 풀밭에 맴돌고, 등꽃은 작은 라일락 포도의 풍성한 송이처럼 벽 위에 주렁주렁 늘어져 있다. 키 큰 붉은 줄기 위에 핀 컬럼바인은 처음으로 작은 꽃 몇 송이를 수줍게 피우기 시작했다. 아프리카데이지 역시 큰 꽃을 피워, 땅에서 쭉 뻗은 호리호리한 줄기 위에 자주색 얼굴을 완전히 드러내고 태양을 바라본다. 모든 꽃의 색깔이 라일락색이나 자주색과 비슷하고, 심지어 음지에서 무자비할 만큼 넓은 땅을 차지한 스페인블루벨도 그런 색깔을 띤다. 모든 것이 너무도 조화롭다. 모퉁이를 돌자, 새로 돋아난 붉은 잎들 사이로 노란 장미가 울타리 위에서 꽃을 피우기 시작했다. 하지만 노란색과 자주색은 서로 잘 어우러지지 않아 약간 떼어놓을 필요가 있다.

    산사나무꽃이 피었다. 달콤하고, 썩어가는 고기 냄새가 미세하게 나는 그 향은 수백만 마리의 곤충을 끌어들일 것이다. 곤충들이 꽃을 수분시켜 진홍색 열매로 바꾸어 줄 것이다. 새들은 산사나무에 둥지를 트는 것을 좋아하는데, 빽빽하게 뒤덮은 날카로운 가시가 그것들을 보호해 주기 때문이다. 근처에는 야생자두나무도 자라는데, 거의 똑같이 생겼다. 하지만 이미 꽃이 피고 졌다. 우리는 이 토종 식물을 수천 년 동안 산울타리를 만드는 데 이용해 왔고, 이에 얽힌 신화도 아주 많다. 이 식물은 요정들이 보호하고 드루이드가 숭배한다. 글래스턴베리의 성스러운 가시나무는 아리마대 요셉*이 땅에 찔러 넣은 지팡이에서 자란 것으로 추정된다. 글래스턴베리 토르를 바라보는 언덕에는 이 나무의 후손으로 추정되는 늙고 훼손된 작은 나무가 서 있다. 이 특별한 품종은 1년에 두 번 꽃을 피우는데, 한 번은 5월에, 또 한 번은 크리스마스에 피운다. 이것의 삽수는 영국 전역에 심어졌다. 그리고 이 나무의 후손에서 잘라낸 가지는 글래스턴베리 세인트존스 교회 밖에서 자라고 있으며, 전통적으로 크리스마스 아침에 여왕의 아침 식탁을 장식하는 데 사용된다. 하지만 이 식물은 불행을 가져온다고 여겨져, 켈트족 사람 중에서 그것을 집 안으로 가져오는 사람은 거의

---

* 성경에서 예수의 시신을 장사 지낸 사람으로 나온다.

없다.

　　이것은 내가 특히 좋아하는 나무다. 불규칙적으로 뛰는 심장을 안정시키고, 노인의 원기를 강화하는 약초로 사용되었다. 또한 잎은 많은 아이에게 '빵과 치즈'로 알려져 있고, 여러 세대에 걸쳐 아이들이 씹어 먹었다. 대체로 5월의 둘째 주에 꽃을 피운다. 과거에는 5월이 거의 시작되자마자 꽃을 피웠는데, 1752년에 부활절을 춘분에 맞추기 위해 그레고리력이 도입되면서 시기가 바뀌었다. 지금 5월은 그때보다 두 주 먼저 시작되지만, 최근에 지구가 더워지면서 산사나무가 꽃을 피우는 시기도 5월 초순에 점점 더 가까워진다. 옛 질서를 재건하는 것이다.

　　산사나무가 다시 일찍 꽃을 피우고 있다. 나는 오목눈이 한 무리가 빠르게 드나들며 외로운 나무를 괴롭히는 것을 지켜본다. 빳빳한 긴 꼬리가 튀어나와 있는, 북슬북슬한 회색 공처럼 생긴 작고 귀여운 새. 이따금 나는 그 작은 새들이 버리고 간 빈 둥지를 발견한다. 그 부드럽고 따뜻한 작은 침낭은, 거미줄과 이끼로 짓고 깃털로 안을 댄 것이다. 둥지 입구는 내 손가락 하나 들어갈 정도이고, 안을 더듬어 보면 얼마나 아늑한지 느껴진다. 하나를 발견할 때마다 나는 사람이 들어갈 만한 크기의 그런 집이 몹시 갖고 싶다. 나뭇가지에 지어진 그 집 안으로 쏙 들어가 잠들었다가, 눈을 뜨고 세상이 흘러가는 것을 지켜보는 것이다. 거대한 새끼 새처럼 얼굴을 둥지 입구로 내민 채. 인간 크기의 새가 다가와 내 입에 음식을 넣어주는 모습을 상상하자 얼굴에 미소가 떠오른다.

메르세데스

휘발유로 구동하는 예초기로 집 앞쪽 길의 경계에 자란 풀을 깎는다. 시끄러운 소리와 날아오는 돌로부터 나를 보호하기 위해, 모자와 보호안경을 썼고 귀마개를 했다. 이따금 차가 지나가지만, 물론 차가 오는 소리는 들리지 않는다. 그래서 계속 일손을 멈추고 고개를 좌우로 돌리며 커브길의 양방향을 확인해야 한다. 아주 멀리는 보이지 않는다. 깎인 풀이 수북해서 한 걸음 물러나서 바라보는데, 한 남자가 검은 메르세데스를 몰고 와 차를 세운다. 그는 잘 차려입었고, 조수석에도 마찬가지로 잘 차려입은 여인이 있다. 나는 챙이 넓은 모자를 썼고, 턱수염을 길렀으며, 짙은 안경을 썼다. 반짝거리는 차에 비친 내 모습을 볼 때까지 나는 내 복장이 위장한 차림새라는 사실을 깨닫지 못하고 있었다. 운전자가 낯익은데 어디서 봤는지 잘 기억나지 않는다. 텔레비전에서 봤을 수도 있지만, 즐겨 보지 않아서 확신은 없다. 어쩌면 술집에서 몇 번 봤을지 모른다. 그가 보조석에 앉은 여자의 무릎 위로 몸을 기울인다. 나는 귀마개를 빼고, 그는 내 쪽으로 몸을 기울여 어떤 여자의 이름을 외친다. 풀과 휘발유 연기 대신, 차량 방향제와 향수, 데오도란트의 화학적인 증기가 뒤섞인 미지근한 냄새가 난다. 그가 내게 그 이름의 여자를 아느냐고 묻고, 나는 모르는 사람이어서 길 아래 농장에 가서 물어보는 게 좋겠다고 말한다. 그가 차를 몰아 멀어질 때, 나는 그의 멋진 슈트와 반짝거리는 차, 피부가 곱고 뺨과 귀까지 얼굴 전체가 같은 색깔인 잘 차려입은 여인에 대해 생각한다. 하지만 생각은 자꾸 바뀐다.

나는 순간적으로 흙이 묻고 꾀죄죄한 내 노동자 차림새가 불편하게 느껴진다. 덩치 크고 볼품없는 내 모습에 자의식적이 된 나는, 내가 그의 부유하고 아마도 화려할 라이프스타일을 부러워하는 건 아닌지 궁금해진다. 하지만 내가 하는 일과, 그 일을 하는 방식에서 행복감을 느끼니 그렇지는 않은 것 같다. 내게 무엇을 하라고 지시를 내리는 사람도 없고, 내가 무엇을 하라고 지시를 내릴 사람도 없다. 그게 딱 내가 좋아하는 방식이다. 그럼에도 나는 내가 세련되지 못한 촌뜨기로 느껴져, 내가 그런 것에 부여하는 가치가 뭔지 궁금해지기 시작한다. 어쨌거나 내가 그보다 모자란 사람인 것처럼, 세련된 사람이 왜 촌놈보다 더 나은 사람으로 느껴지는지 생각한다. 나는 계속 예초기로 작업하면서 소음을 내고, 작은 돌을 튕기고, 잡초를 베어 내 주위에 젖은 녹색 향이 나는 구름을 만든다. 그 안에는 평화가 있다. 그러는 동안 나는 내가 '세련되었다'는 말을 무슨 의미로 썼는지 생각하고, 그것이 아마 화려함과 옷, 파티, 권력, 그리고 돈을 의미했을 거라고 짐작한다. 그리고 나는 그 모든 것이 어떤 특정한 사회에 끼어들려고 애쓰는 것, 가장 알맞은 물건을 사고 정상에 머무르려고 경쟁하는 것에 대한 문제라는 생각이 들었다. 그러자 촌뜨기가 되는 것이 당연히 훨씬 바람직하다고 느껴지기 시작한다. 나는 그가 사무실에서 회의를 주재하거나 촬영장에서 분장한 모습, 사람들이 그가 원하는 걸 다 들어주는 모습, 새 차를 사거나 새 정장을 맞추려고 치수를 재는 모습을 상상한다. 그리고 나는 '음, 그것 역시 그리 나쁘진 않겠지' 하고 생각한다. 그건 다 그네 타기나 회전목마 같은 문제다.

인생은 믿을 수 없을 만큼 순식간에 지나가고, 돈은 불멸의 것이다. 물건을 소유하고 모으면서 우리는 삶이 계속 흘러가는 척할 수 있다. 열심히 일하고 행운이 우리에게 미소를 지으면, 우리는 우리보다 더 오래 살아남을 무언가를 지을 수 있다. 하지만 그런 것은 우리가 떠나면 대체로 부서져 다른 누군가가 불멸을 느끼도록 돕는 데 재사용된다. 끊임없이 순환하는 세상은 영속성에 대한 생각을 비웃는다. 로마의 스토아학파 철학자인 세네카는 「인생의 짧음에 대하여」라는 수필에서, 인생은 짧지 않다고 주장한다. 우리가 인생을 경솔하게 사치에 탕진하고, '채워지지 않는 탐욕'에 사로잡히거나 '무익한 과업에 노력을 쏟아붓고', 평가하거나 평가받고, 여가와 재미를 꿈꾸느라 짧게 만든다는 것이다. 그는 삶의 많은 부분이 삶이 아니고 그저 시간이라고 주장한다. 영원히 살 것처럼 돈을 지독하게 지키면서 우리의 시간을 쓸모없는 활동과 강박적인 활동 — 논쟁과 전쟁, 전투, 정치, 슬픔, 부의 축적 — 에 탕진한다. 마치 미래가 보장된 것처럼, 죽음은 오지 않을 것처럼. 언젠가 은퇴하면 그때부터 즐겁게 제대로 삶을 살겠다고 계획을 세운다. 세네카는 이렇게 말했다. "그들은 시간이 한정적이라는 것을 알면서도 계속 불평하며 살아간다. 천 년을 살 것처럼, 달라지려 하지 않는다. 그들은 삶이 가치 없는 것인 양 흘려보낸다."

한 시간 뒤에 메르세데스가 반대 방향으로 미끄러져 가고, 운전자는 미소를 지으며 손을 흔든다. 그의 여인도 손을 흔든다. 찾던 사람을 농장에서 찾은 듯하다. 나도 미소를 지으며 손을 흔들어 준다. 우리가 서로에 대해 가진 감정은 호감이다. 나는 그들이 좋고, 그들도 나를 좋아한다고 느낀다.

날씨가 화창하고 따뜻하다가, 해가 구름 뒤로 숨자 갑자기 추워진다. 나는 산사나무에 지었던 상상의 인간 둥지를 떠올린다.

차를 몰고 집으로 가는데, 한 남자가 밴을 몰고 추월하면서 내게 경적을 울리고 소리를 지른다. 내 작은 밴이 너무 느리게 달려서다. 행복의 작은 거품이 터지며 끔찍한 현실이 돌아온 것처럼 나는 위협을 느낀다. 그가 내 앞에 차를 세우고 비상등을 켜더니, 밴에서 내려 길에서 내게 소리를 지르기 시작한다. 하지만 내 차창은 올려져 있고 문은 잠가놓은 터라 나는 그가 무슨 말을 하는지 모른다. 나는 손을 뻗어 좌석 뒤에 놓아둔, 장작 패는 도끼를 찾는다. 그는 조금 더 욕설을 퍼붓고는 다시 자기 밴에 올라탄 뒤 떠난다. 나는 오늘 내 삶에 너무 많은 사람이 등장했다고 느낀다.

끝없이 이어지는 나날

　북반구가 태양을 향해 기울고, 봄이 이 행성의 이 작은 땅에 찾아온다. 남반구 사람들에게는 가을이 시작되었다. 지난 며칠 동안 달라진 날씨 패턴은 혼란스러워 보이고, 아직 정착하지 못한 듯하다. 어제의 햇살이 간밤에 비로 변했고, 날은 환하지만 시베리아에서 불어오는 바람은 차갑다. 차가운 바람은 대체로 그곳에서 온다. 벚나무가 절반의 꽃을 꼭 붙잡고 있고, 나머지 절반은 길 위를 굴러가 바람 속에 떨고 있는 큰 벚꽃 덩어리에 합류한다. 고장난 세탁기에서 흘러나온 거품 덩어리 같다. 나는 돌아누워 폐기의 품에 안기고 이슬비가 지나가기를 기다린다. 구름이 얇고 높아, 비가 오래 내릴 것 같진 않지만, 종일 오락가락할 것 같다. 내가 침대에서 일어나려는 그녀를 끌어당기자 그녀가 깔깔거리며 말한다. "오늘 일하러 안 가?" 그녀가 내 가슴을 파고든다.
　"비가 오잖아." 내가 중얼거린다. "나중에 갈 거야."
　"아니, 안 오는데. 거의 그쳤어." 내가 몸을 돌려 창문으로 구름이 흩어지는 것을 보는데, 그녀가 깔깔거리며 움켜잡은 내 손에서 벗어나 욕실로 뛰어간다. 알몸인 채로.
　"오, 뭐야!" 나는 날이 밝는 것과 그녀가 달아난 것 모두에 대해 툴툴거린다. 게으름을 피우고 싶고, 일어나기 싫다. 최근에 점점 더 게으름을 피우고 싶은 기분이지만, 그녀가 일어난 데다 나 혼자 침대에 누워 있으면 외로워져서 간신히 일어난다. 그리고 양치하는 그녀의 뒤로 다가가 와락 끌어안는다. 샤워를 한 뒤에 수건으로 몸을 감싸고, 하루는 그렇게 시작된다. 새날, 끝없이 이어지는 나날

중 또 하루의 시작이다.

    늘 이렇지는 않았다. 나는 늘 좋은 남편은 아니었다. 더 젊었을 때 나는, 내 삶이 내 행복에 대한 것인 양 행동했고, 그것을 찾는 것이 내 투쟁이었다. 어린아이 같았다. 어렸을 때 어머니와 아버지를 잃었기에 그 이상은 몰랐다. 페기의 일은 내게 사랑과 안전하다는 느낌, 그리고 나를 원한다는 느낌을 주는 거라고 생각했고, 그런 것을 받지 못하자 나는 서서히 멀어졌다. 삶은 무미건조한 것이 되었으며, 우리는 다투었고 점점 더 멀어졌다. 그러다 더 이상 다투는 일도 없어졌고, 노골적으로 차갑게 서로를 지나쳤다. 스치면 쐐기풀이 따끔하게 몸을 찔렀다. 아이들은 자라나 각자 자신들의 집을 찾았고, 남겨진 우리 둘은 서로를 쳐다보며 이제 우리의 일이 무엇인지 생각했다.

    어느 날 나는 내가 떠나야 할지 고민했다. 산에 올라갔고, 별을 보며 몇 밤을 잠들었다. 명상하면서. 페기는 산을 좋아하지 않는다. 모퉁이를 돌 때 종종 느닷없이 나타나는 낭떠러지를 두려워했다. 높은 곳, 낭떠러지, 추락, 떨어짐, 미지의 것. 나는 미지의 것들을 받아들였다. 산을 오르면서 그녀가 없는 삶을 그려보았다. 구체적인 모든 부분을 상상했다. 산비탈이나 바위에 홀로 있으면서 다른 사람을 찾거나 혼자 살면서 새로운 삶을 만들어 가는 것은 어떨지 생각했다. 어떻게 상상해도 그림이 그려지지 않았고, 어떤 행복도 보이지 않았다. 내 불행은 나 자신의 책임이란 걸 깨달았다. 내 삶을 행복하게 할 수는 없어도, 적어도 그녀의 삶을 행복하게 해주려고 노력할 수는 있었고, 그러면 세상에서 약간의 쓸모가 있는 존재가 될지도 몰랐다. 돌아왔을 때 나는 그녀에게 내 생각을 말했고, 우리는 부둥켜안고 아기들처럼 울었다.

    나는 그녀를 다시 사랑한다. 지금 다시, 그리고 또다시. 매순간 나는 새로워지고, 매순간 그녀 역시 새롭다. 그래서 나는 하루하루를 용서하는 마음으로 새롭게 시작한다. 빚은 없다. 어제의 장부를 찢어 바람 속으로 날려 보낸다. 용서가 유일한 답이다. 나는 그녀가 완벽하지 않은 것을 용서하고, 그녀는 내가 완벽하지 않은 것을 용서한다. 그러고 나면 남은 모든 것이 사랑이다. 우리는 겁쟁이가 아니라 영웅이 되었다.

사랑의 영웅적인 특성은, 사랑의 대상이 사라지리란 걸 알면서도 어쨌거나 사랑을 약속하는 데 있다. 나는 세 자리 숫자까지는 살지 못할 것이다. 나는 노동자 계급의 남자고, 오래 산다는 것은 우리에게 거의 일어나지 않는 일이다. 그런 건 아무렇지 않다. 내 삶은 내 손으로 내가 직접 일군 내 것이고, 나는 어떤 다른 삶에 대한 욕망도 없다. 내게는 자유가 있다. 페기와 나는 우리가 얼마나 오래 살지, 몇 년이나 계속 건강하게 활동적으로 살 수 있을지에 대해 밤새도록 이야기를 나누었다. 함께 늙는다는 것이 어떤 것일지, 그것을 어떻게 아름답게 해낼 수 있을지에 대한 이야기를 나누었다. 페기는 우리가 미래를 함께 설계하고 있다는 사실이 행복하다고 말했다. 우리는 '10년 동안의 재미'라는 제목으로 계획을 세웠다. 나는 그것이 내 생각이었다고 주장하고, 그녀는 자기 생각이었다고 주장한다(정말로 내 생각이었다). 어떤 능력이 쇠퇴하고 어떤 능력이 증가하든, 그 안에서 재미있게 산다는 계획. 무언가 새로운 과제가 나타났을 때, 심지어 그것이 일상적이고 정기적인 일이라 해도 우리 중 하나가 물을 것이다. "재미있을까?" 그 대답이 '아니'라면 다른 쪽이 말할 것이다. "그럼 우리가 그걸 왜 하지?" 그 대답이 '돈'이면 이렇게 물을 것이다. "그건 몹쓸 돈일까, 행복한 돈일까?" 몹쓸 돈이라고 결론이 나면 우리 중 하나가 말할 것이다. "음, 그럼 그건 안 할래. 다시 그 빌어먹을 렌즈콩을 먹고 살아야 할지라도." 지금 내 삶의 목표는 그녀의 삶을 행복하게 해주는 것이다.

오늘, 하늘이 다시 검어지고 굵은 빗방울이 한 움큼씩 쏟아져 내릴 때, 나는 기쁨을 느낀다. 옷을 입었지만 침대로 돌아가 눕고, 페기가 돌아다니는 동안 세네카를 읽는다. 우리는 두어 시간 뒹굴며 게으름을 피운다. 이윽고 내가 말한다. "바다에 가자." 우리는 덜컹거리는 밴을 타고 바다로 떠나고, 비옷을 입은 채 손을 잡고 돌아다닌다. 우리는 피자를 먹고, 나는 새 찻주전자를 사고, 파도 사진을 찍는다. 돌아가는 길에 라디오로 일기예보를 듣는데 폭염이 올 거라고 한다. 일기예보는 요즘 내가 듣는 유일한 뉴스다. 나는 행복한 바보의 삶을 살고 있다.

화석

　햇살이 비친다. 나는 연못을 빙 둘러 만든 화단 옆에, 발포 고무 매트를 깔고 탄원자처럼 무릎을 꿇었다. 소금쟁이가 수면에 서 있는데, 네 개의 긴 다리가 물에 오목한 흠집을 내서, 그 자리가 렌즈처럼 빛을 굴절시켜 반짝거린다. 기도하듯 앞다리를 켜든 채, 아래에서 움직임이 느껴지면 다리로 붙잡고 부리로 찌를 준비를 하고서 깊은 물속을 들여다본다. 물 위로 티끌 같은 날벌레가 떼를 지어 휘돌며 따뜻한 공기를 즐긴다. 이곳은 형편없이 설계되어 일하기가 힘든 작은 화단이다. 연못 주위에 돌담이 원형으로 둘려 있어, 그 주변은 흘끔거리는 빛만 받는다. 뒤쪽은 달의 뒷면처럼 늘 그늘져 있고, 앞쪽에는 늘 직사광선이 비친다. 물이 새는 오래된 연못 바로 옆에 있는 땅은 늘 젖어 있다. 잡초가 아니면 이 썩은 땅에서 어떤 식물도 성공적으로 자라지 않아서, 나는 연못 주위로 키 큰 습지 식물 — 아이리스 같은 것 — 을 심으면 어떨지 생각한다. 그러면 그늘진 쪽의 식물이 돌담 위를 기웃거리며 햇빛을 좀 받을 수 있을 것이다. 민들레는 이 땅에서 아주 잘 자라서, 나는 모종삽을 들고, 특히 잘 뽑히지 않는 민들레 뿌리를 끝까지 파기 시작한다. 이 민들레를 아는데, 전에도 애를 먹었다. 그렇다, 그게 어떻게 들리는지 나도 안다.

　작년에 그것을 파내려고 하다가, 깊은 중심 뿌리가 중간에서 끊어졌다. 그냥 두고 왔더니, 그 일이 계속 마음에 걸려 있었다. 이제 그것은 중심 뿌리가 더 크게 자라 위쪽에서 갈라졌고, 두 개의 꽃으로 분리되어 피었다. 나는 그 주변을 빙 둘러 깊이 파기로 한다. 이 긴 뿌리는 아래쪽으로 가면서 머리털만큼 가늘어지고 무언가 단단한 것에 엉켜 있다. 나는 화단의 흙을 더 깊이 파내고, 화단 옆에 큰 흙더미를 만든다. 뿌리를 잡아당기는데 녹슬고 오래된 깡통이 딸려 나오면서 조각조각 부서진다. 그 안에는 흙덩이가 들어 있었고, 거기서 녹슨 자리에 페인트 흔적이 남아 있는 장난감 자동차 보닛이 나왔다. 흙을 조금씩 긁어내니 서서히 장난감 전체가 나타난다. 장난감의 화석이다. 여전히 단단하지만 쉽게 부스러지는, 한때는 흰색이었던 타이어가 그것을 관통하는 녹슨 강철 축이 있는 금속 허브에 끼워져 있다. 부식된 장난감이 또 하나 나타났다. 작고 구부러진 탭으로 눌러 서로 결합시킨 배달용 밴처럼 보인다. 다이 캐스트 방식으로 주조된 흰색 금속 비행기와 로켓, 그 잔해가 부식되고 산화되어 하얀 털이 난 것 같다. 비행기에는 날개와 프로펠러의 부러진 조각이 달려 있다. 만화책에서 본 듯한 로켓은 아몬드 모양으로, 원래 세 개였던 뒷날개가 두 개만 남아 있다. 두껍게 칠한 빨간색 앞부분은 여전히 선명하다.

    장난감들은 부식된 상태로도 아주 아름답다. 나는 대번에 7, 80년 전에 회색 반바지와 손뜨개 회색 점퍼를 입은 작은 아이가 여기 분수 옆에 앉아 노는 모습을 떠올린다. 돌담 위에 차들을 올려놓고 그 위로 비행기를 쌩 날리는 시늉을 하고, 폭발음 소리를 내며 로켓을 쏘아 올리거나, 달에 착륙하는 것처럼 내려놓는다. 다가올 일을 두려워할 것도, 갈망할 것도 없이 오늘이 마지막인 것처럼 그날을 사는 것, 그것이 놀이의 본질이다. 어머니가 들어와 저녁을 먹자고 부르고, 소년은 깡통 안에 장난감을 넣고 뛰어가면서 그것을 까맣게 잊어버렸거나, 혹은 보물인 양 땅속에 묻었을지도 모른다. 그것은 그렇게 긴 세월 동안 여기 있었다. 나는 대충 장난감의 흙을 털어 돌담 위에 가지런히 올려놓고 말린다. 혹 미스 캐시미어의 눈에 띄면 그녀가 알아볼지도 모른다. 그녀의 것일 수도 있고, 그녀에게 오빠나 남동생이 있었는지도 모르고, 아니면 그녀가 집을 사기 전부터 이미 여기 있었을지도 모른다.

나는 이곳이 그녀가 물려받은 집인지 궁금하다. 갑자기 이 집에 내가 그전에는 생각해 보지 못한 역사가 생긴다. 이곳은 늘 그냥 미스 캐시미어의 집이었다. 그녀에게 죽은 오빠가 있었는지 모르고, 그렇다면 이것이 그 기억을 일깨울지 모르니 묻힌 채로 있었어야 했을 것이다. 혹은 그녀가 직접 묻은 것일지도 모른다. 그리고 잠시 나는 그대로 묻혀 있었어야 했을 과거를 파낸 위험을 생각하며, 복잡한 감정을 느낀다. 하지만 나는 구멍을 채우고 화단의 잡초를 뽑는 일을 마친 뒤, 용구를 챙기고 장난감은 돌담 위에 그대로 올려둔 채 떠난다. 흙을 파내서 구덩이를 만들면 그 흙의 양이 구덩이를 다시 채우는 양보다 늘 더 많다. 과거를 파내는 일은 늘 현재를 오염시킨다. 이 책을 쓰면서 나는 과거에 묻어 있던 흙을 조금 긁어낸다. 그렇게 나온 감정은 이 순간과는 전혀 무관한데, 왜 내가 그렇게 하는지 모르겠다.

모퉁이를 도니 들판이 온통 노란색이다. 내 일에서 노력에 대한 보상을 받은 느낌이다. 가장 작은 것에도 나를 위한 시詩가 있다. 다른 누군가는 보지 못할 내 장미의 가지를 친다. 나 자신의 하루하루를 살아간다. 강하고 따뜻한 바람이 벚꽃을 내 주위로 빙글빙글 돌린다. 결혼식이 끝난 뒤 혼자 집으로 돌아가는 마지막 독신남 같다. 산사나무와 야생자두나무의 하얀 꽃, 거품 같은 카우파슬리, 양치류와 호그위드, 야생 당근, 엉겅퀴, 들장미, 검은딸기나무. 내가 이 세상에서 바라는 것은 오직 하나다. 세상을 조금 더 기분 좋게 만드는 것. 아주 적은 양이라도 도움이 될 것이다. 과거는 거의 도움이 되지 않는다.

밤의 향기

밤향비단향꽃무. 그녀는 아마 이 꽃을 보지 못하고 그 냄새를 맡지도 못하겠지만, 내게 씨앗이 있어 그것을 누군가가 어둠 속에서 거닐 만한 자리에 뿌리면, 그는 향기 구름 속을 떠돌게 될 것이다. 이 꽃은 보기엔 작지만, 해가 지면 수분을 해줄 나방에게 아주 진하고 달콤한 향을 흘려보낸다. 그곳을 지나가는 누구라도 알아차리지 않을 수 없으니, 돌아보며 이렇게 말할 것이다. "저 놀라운 향기는 어디서 나는 거지?" 나는 꽃과 향과 나방을 위해 씨앗을 뿌린다. 이 연결 사슬을 끊을 수도 없고, 끊고 싶지도 않을뿐더러 다른 선택을 하지도 않을 것이다.

내가 여러 해 전에 심은 설갈퀴가 자생으로 자란 호랑가시나무 주위의 땅을 뒤덮고 있다. 녹색의 예쁜 식물로, 작은 꽃과 긴 꽃잎 같은 잎사귀가 이리저리 뻗은 줄기 주변에 데이지처럼 배열되어 있다. 장미도 피기 시작했다. 나는 장미의 가지를 치거나 모양을 잡거나 영양분을 주거나 돌보는 것을 좋아하지만, 예쁘고 품종이 다양한 그 꽃에 특별한 열정은 없다. 인간의 허영을 만족시키기 위해 장미는 크기가 부풀려졌고, 인위적으로 교배되고 조작되었다. 나는 그것에서 사람들의 통제하고 지배하려는, 평범하고 예측 가능한 욕망을 본다. 나는 컬럼바인, 데이지, 양귀비, 민들레, 디기탈리스 같은, 스스로 선택한 곳에서 자라는 잡초나 자생 식물을 더 좋아한다. 애지중지 키우고 돌보지만 장미가 내 취향은 아니다. 나를 위해 키우는 식물은 아담하고 엉뚱한 구석 자리 땅에 처박혀 있는데, 거기는 종종 식물이 스스로 착륙한 곳이다.

블루벨은 벌써 졌고, 튤립은 시들어 가고, 수선화는 사라진 지 오래다. 이제 진달래와 철쭉과 아이리스만 남았다. 어디에서나 색깔이 펑펑 터지고 폭발한다. 색깔이 짙고 가장자리가 매끈하지 않은 잎을 무성하게 매단 너도밤나무는, 이미 작고 청동색이며 털이 많은 씨앗 — 너도밤나무 열매 — 을 품고 있다. 촛불 같은 밤나무 꽃송이들은 각각 분홍빛이 도는 작은 흰색 꽃이 모여 이룬 9인치 높이의 피라미드 모양을 하고 있다. 그것들은 꽃을 수정해 열매를 만들어 줄 곤충들을 유혹한다. 산마늘 잎은 구근에 햇빛을 먹이는 일을 마친 뒤 이미 시들었다. 낮아진 태양이 산마늘이 자라는 그늘진 곳에 햇살을 보내 그 잎을 말릴 때쯤에는, 흰색 스노볼꽃이 져서 관목과 나무 사이에 빛과 그늘의 자리가 만들어진다. 양치류는 오므렸던 잎을 펼치고 있는데, 젊고 허기져 보인다.

미스 캐시미어가 노란색 서머 드레스를 입고 정원 길을 내려온다. 맨다리에 샌들을 신었고 한 손에는 모자를, 반대쪽 손에는 신문과 담뱃갑과 오렌지색 일회용 라이터를 든 채다. 그녀는 여름 별채로 신문을 읽으려고 가는 길이다. 활기차고, 젊고, 허기져 보인다. 따뜻한 날씨가 그녀의 색깔을 돋보이게 하고, 그녀는 미소를 짓는다.

"좋은 아침이에요, 마크. 오늘은 어때요?" 이런 화창한 날이면 그녀는 이렇게 묻는다.

"아주 좋습니다, 고마워요, 도로시. 당신은 어때요? 좋아 보이는데요."

"좋아요. 좋아요." 그녀가 말한다. "딱히 그러고 싶은 건 아니지만, 가서 신문을 좀 읽으려고요." 그녀가 선택의 여지가 없다는 듯 말한다. 아마 선택의 여지가 없을 것이다. 바깥세상에서 돌아가는 일을 알아야 한다는 게 그녀를 구성하는 기질의 일부 같다.

나는 꽃과 의미 없는 빈말 인사가 오가는, 돌담에 둘러싸인 이 떠 있는 세상 안에서 행복하고, 내 내면은 고요하다.

"정말 예쁘네요, 마크."

"우리가 당연히 해야 하는 일을 하는 거죠. 저는 운이 좋아서 해야 하는 일을 즐기는 거고요."

"그럼 당신은 정말로 운이 좋은 남자네요, 마크."

"맞아요, 도로시. 정말로 그래요." 내가 말한다.

그녀는 가족의 역사가 담긴 오래된 집 뒤편, 자기 소유인 넓은 정원으로 내려가, 한가롭게 앉아서 책을 읽을 것이다. 그러는 사이 나는 무릎을 꿇은 채, 그녀 앞에서 모종삽을 들고 일할 것이다. 나는 아주 운이 좋은 남자다.

책 태우기

 X자 모양으로 비틀린 분홍색 클레마티스꽃이 호랑가시나무를 타고 올라간다. 부러진 프로펠러 모양의 꽃잎이 가시와 충돌하고, 덩굴은 아래로 흘러내린다. 구체 모양의 봉오리에서 큰 분홍색 양귀비가, 그 옆에 작은 웨일스 양귀비가 나란히 피었다. 수선화는 모두 졌다. 연녹색 줄기가 갈색으로 변했고, 씨앗의 머리 부분은 잘라냈다. 잎은 햇빛을 모아 구근에 영양분을 주기 위해 남겨두었다. 튤립 역시 졌다. 나는 꽃망울을 터뜨리고 있는 크고 튼튼한 코스모스를 화분에서 빼내 밖에 옮겨 심는다.

 미스 캐시미어를 오랫동안 지켜봤지만, 지금이 그 어느 때보다 행복해 보인다. 미소를 띤 얼굴은 느긋해 보인다. 그녀는 다시 예쁘게 자신을 단장한다. 무언가 안정을 되찾았고, 나는 그게 무엇 때문인지 생각한다. 집에 찾아오는 사람들이 더 많아졌다. 그녀를 돌보려고 분홍색 유니폼을 입은 사람이 일주일에 세 번 찾아오고, 그녀에게 새 지팡이가 생겼다. 슈트를 입은 남자도 두어 번 방문했다. 그녀는 온실 안에 책을 쌓아놓았다. 메모는 없고 그저 책만 쌓아놓았다. 책들은 한동안 그 자리에 있었는데, 나는 그게 왜 거기 있는지 궁금했다. 시집들, 일본 화집 한 권, 정원 관리를 위한 책 두 권. 정원 관리 책은 정말로 오래된 것이다.

 책이 점점 쌓여갔고, 마침내 내가 그녀를 붙잡고 물었다. 그녀는 책을 정리하는 중이라며, 내가 갖고 싶은 책 빼고는 모조리 모닥불에 던져버려도 좋다고 말했다. 옛날 소설이 등장하기 시작했는데, 아마 그녀가 소녀 시절에 읽었던 것일 테다. "가진 걸 많이 정리하는 중이에요." 그녀가 말한다. "이 오래된 온갖 잡동사니가 지긋지긋해져서, 정리해야죠! 혹시 가구는 안 필요해요?"

"그런 것 같지는 않아요, 도로시." 내가 말한다. "하지만 감사해요."

나는 그녀의 집을, 적어도 아래층은 창문으로 들여다봐서 아는데, 고가구가 아주 많다. 옛날 물건을 모으는 것은 내게 참기 힘든 일이다. 아마 책만 빼고, 무언가를 모은다는 건 정말로 참기 힘든 일이다. 그리고 책도 줄이려 하고 있다.

일찍 일을 마친다. 봄이 되어 꽃이 피고 자연이 주도권을 쥐면, 내 일은 줄어든다. 정원에 있는 것들은 저들의 수를 늘리는 일을 스스로 하기 시작한다. 물론 잔디를 깎아야 하고, 솎아낼 것도 있고, 시들어 있던 꽃도 잘라내야 한다. 꽃을 다 피운 관목 몇 그루는 손질이 필요하다. 하지만 그건 힘든 일이 아니다. 날이 따뜻해지는 이맘때면, 나는 내일을 위해 약간의 일을 남겨놓는 걸 좋아한다.

나는 집에 있으면서, 의자를 밖으로 옮겨 햇볕이 내리쬐는 열린 뒷문 쪽에 둔다. 그리고 도예가에게서 직접 사 온 오래된 갈색 머그잔에 차를 담아 마신다. 투박하지만 내 손에 완벽하게 잡힌다. 라벤더에 거품벌레가 남긴 거품이 보이고, 참새들은 늦은 오후, 멀리서 노래한다. 페기는 집 안에 앉아 있다. 오후 7시, 덥다. 우리는 침묵하고, 침묵 속에서 행복하다. 곧 찾아올 여름의 열기에 대해 생각한다. 페기가 책장을 넘기는 소리가 들린다. 오븐에서 나오는 열기가 치즈와 양파를 요리하는 냄새와 뒤섞여, 내 뒤편 부엌 공간을 채운다. 작은 꿀벌이 길을 잃었는지 정원 길을 요리조리 기어다닌다. 날려고 하지만 날아오를 수 없는 것 같다. 이상한 모양새로 살짝 튀어 올라 앞으로 이동하고, 다시 빠른 걸음으로 움직이고,

또다시 살짝 튀어 올라 마침내 식물 속으로 사라진다. 나는 혹시라도 내가 무언가 해줄 수 있는지, 혹은 해야 하는지 알고 싶다. 벌이 돌아와 개미를 넘어 지나간다. 그 개미는 분명한 목적을 가지고 어딘가를 오가고 있다. 하지만 벌은 목적 없이 빙빙 돌기만 하는 것 같다.

나는 머리 위로 서로 교차하거나 사각형을 그리는 열두 개의 비행운을 헤아린다. 비행운들은 하늘을 털실로 짠 듯한 그래프 용지로 만들어 놓았는데, 그게 없었다면 하늘은 텅 비어 있었을 것이다. 하늘 한가운데는 진청색 작업복 같은 색깔이고, 지평선에 가까워질수록 바랜 데님처럼 색이 흐려진다. 해가 집 뒤로 떨어지면서 기온이 뚝 떨어진다. 나는 의자를 다시 부엌으로 옮기면서 저녁을 어떻게 보낼지 생각한다. 글을 쓸 마음은 들지 않고, 텔레비전은 나를 우울하게 만들지만, 페기는 거실로 가서 텔레비전을 켜고 소파에 털썩 앉는다. 늦봄과 여름 저녁이면 나는 춥고 텅 빈 기분이 된다. 그런 기분이 이어지고, 책을 읽거나 무언가를 하기에는 너무 피곤하지만, 잠을 잘 만큼 피곤하지는 않다. 부엌에 더 있으면서 창문으로 마지막 햇살이 하늘을 분홍빛으로 물들이고, 산비둘기가 울고, 검은지빠귀가 자리를 맡는 것을 지켜본다.

참새들은 내가 여러 해 전에 심은 사과나무와 라일락 사이를 휘리릭 날아다닌다. 호랑가시나무 뒤로 지는 해는, 시든 지 오래되어 갈색이 된 라일락꽃들을 녹슨 빛깔의 오렌지색으로 바꾸고, 그 햇살을 날카로운 잎들 사이로 보내, 두꺼운 가지를 호리호리한 유령 같은 실루엣으로 만든다. 눈을 찡그리고 해를 쳐다보니 머리가 아프다. 다시 초점을 맞추는데, 낮아진 해가 날아다니는 작은 곤충에 햇빛을 비추면서 갑자기 하늘이 곤충으로 가득하다. 씨앗 같은 것이 수백만 마리다. 내 눈에 보이는 것만 해도. 다시 방 안으로 들어간다. 햇살에 부셨던 눈이 적응할 때까지 눈앞이 컴컴하다. 나는 기분이 좋아져 페기 옆으로 가서 앉고, 그녀가 보는 텔레비전 프로그램을 같이 본다. 마침내 어둠이 찾아오고, 그녀는 내 다리와 직각이 되게 내 무릎을 베고 눕지만, 잠이 들려 한다는 것은 부인한다. 그러다 마침내 더는 부인하지 않고, 어느새 그녀의 머리가 묵직해진다.

태양!

하늘은 밝고 맑으며, 영원히 그럴 것 같다. 나는 셔츠와 반바지 차림으로 일한다. 잔디를 깎으면서 활력을 느낀다. 따뜻한 날씨가 식단에 변화를 가져온다. 소화가 잘 안 되는 음식은 메뉴에서 빠지고, 녹색과 밝은 색깔의 음식이 등장한다. 나는 더 빨리 일하고 더 많은 일을 해낸다. 동면은 끝났고, 성장과 생산의 시기가 돌아왔다.

화창한 날씨가 나흘 동안 지속된다. 서머 드레스를 입은 미스 캐시미어는 이제는 행복한 모습으로 매일 신문과 담배를 들고 여름 별채로 간다. 적갈색 고양이가 그녀를 쫓아가 그녀가 자리를 잡고 앉으면 무릎 위에 앉는다. 그녀의 일상이 평소대로 돌아왔다. 그녀가 미소를 지으면 나도 미소를 짓고, 서로 몇 마디가 오간다. 먼 길을 함께 걸어온 우리 사이는 오래되었지만 빈약하고, 그럼에도 충분히 즐겁다. 그녀가 신문을 들고 가는 여름 별채에는 밝은 것들이 잔뜩 있다. 반짝거리는 유리 샹들리에, 유리 펜던트가 달린 테이블 램프, 나일론 줄에 매달아 창문에 걸어놓은 수정. 연청색 페인트칠이 된 방의 모든 구석 자리에는 벽이나 오래되고 편안한 소파를 가로지르며 끊임없이 이동하거나 그늘진 장소를 통과한, 부서진 색깔의 스펙트럼이 남아 있다. 그것이 잠시 매력적으로 보이지만, 매력은 사그라든다. 그 만화경 박스 안에는 쉴 수 있는 그늘진 장소가 없다. 내게는 나를 감싸줄 어둠, 안을 들여다볼 수 있는 그림자, 선명함과 대조되는 신비함이 필요하다. 유치한 색색 무지개와 날카로운 사금파리 같은 흰색이 평온함을 가르고 벤다. 그림자의 층은 없고, 그저 그 신비로움과 평화, 따스함을 지우는 반짝거림뿐이다.

나는 그림자로 만들어진 피조물이다. 나는 빛이 희미해지고 사라져 여러 층의 깊이를 이루는 곳을 좋아한다. 빛이 형상의 윤곽선을 그려내고 왜곡시키고 복제하는 곳을 좋아한다. 그리고 형태가 무언가 다른 것, 무언가 더 풍요로운 것이 되는 곳을 좋아한다. 그리고 그 무언가는 모양과 형태가 어떤 물질로 이루어져 있는지에 대한 더 단순한 진실을 말해준다. 이 그림자가 형상과 형태의 본질이다. 그림자가 없이는 형태가 없고, 모든 것이 플라스틱 같고 하얗고 평평하다. 그림자가 없다면, 나는 눈먼 사람이다. 그림자가 없는 삶은 쉽게 폐기될 수 있다.

온실 안에서 노란색이나 갈색으로 바래가는 책들이 점점 쌓여간다. 페이지들이 저절로 펼쳐지기 시작했고, 달팽이가 그 혀로 사각사각 갉아먹은 반짝거리는 흔적이 면직과 판지로 된 표지에 구불구불한 선으로 남았다. 책을 태우면 끔찍한 잔해가 남을 텐데, 책은 타지 않기 때문이다. 책은 그저 그을리기만 할 뿐으로, 타다 만 책은 목 안을 답답하게 하는 고약한 냄새와 축축한 잔해만 잔뜩 남길 것이다. 나는 알고 있다. 오래전, 버려진 집에서 지낼 때, 몸을 따뜻하게 하려고 벽난로에서 책에 불을 붙이려다 성냥만 다 날렸다. 눅눅해진 책들의 제목을 살펴보며, 보물을 찾는다. 열기와 습기가 묻은 셰이머스 히니의 『어느 자연주의자의 죽음』이, 이제는 오래된 책 냄새가 나는, 거미줄이 쳐진 온실 밖으로 나와 내 가방 안으로 들어간다. 벤치 아래 적갈색 고양이가 지켜본다. 마치 농장에서 새끼 고양이들을 해충으로 여겨 익사시키는 히니의 시 구절을 알고 있다는 듯이.

이맘때가 내게는 늘 잠시 멈추는 시기다. 식물은 자라고, 수분 과정을 겪고, 씨앗을 만드는 등, 자기 일을 하느라 바쁘다. 물은 비가 준다. 어떤 것도 죽지 않고, 어떤 것도 보호받을 필요가 없으며, 토양은 비옥하다. 봄 내내 분주했던 나의 일이, 여름이 무르익고 성숙하면서 점차 줄어든다. 나는 속도를 늦추고, 서두르지 않고 여유 있게 일하고, 화단에 괭이질을 한 다음 잘라낸 잡초를 그대로 두고 햇볕에 말린다. 소매를 걷어 올리고, 머리가 뜨거워지지 않게 밀짚모자를 쓰고 천천히 일한다. 반 대머리가 된 나는 이제 수도승처럼 머리를 깎는다. 흐르는 냇물 속의 돌처럼, 머리로 바람과 비를 느끼는 것이 좋다. 단풍나무는 이미 날개가 두 개 달린 작은 씨앗을 만들어 내고 있는데, 연녹색 파리 같은 것이 뭉텅이로 매달려 있다. 연청색 캘리포니아라일락과 강렬한 노란색, 분홍색, 진홍색의 철쭉과 진달래는 벌들과 날아다니는 곤충을 유혹하려고 서로 경쟁한다. 나는 허브로버트를 괭이로 제거한다. 씨앗 머리 부분이 길고 뾰족해서 크레인스빌*로도 알려진 우리의 달콤하고 강인한 제라늄이다. 작은 분홍색 꽃이, 털이 나고 즙이 많은 붉은 줄기에 자리를 잡았다. 잡초면서, 신장 결석 약을 만드는 데 쓰였던 토종 야생화다. 잘라내자 강렬한 냄새가 나를 따라다닌다.

장미 잎 위에, 반점이 두 개인 무당벌레가 수컷을 등에 업고 있다. 암수를 구별할 수 있는 유일한 방법은 수컷이 위에 있다는 사실이다. 여덟아홉 시간 동안 그렇게 있으면서 몇 번 사정한다. 암컷은 체내에 600개의 정자를 저장하고 있다가, 날씨가 좋으면 한 번에 대략 스무 개씩 스스로 수정하여, 초록 진딧물이나 다른 진딧물이 군집해 있는 한가운데 알을 낳는다. 약 2주 후에 알이 부화하고 애벌레가 나온다. 성충과는 다른, 날개가 없는 진회색 또는 회색의 애벌레가. 그것은 몸 전체에 노란색 반점이 있고, 앞쪽 끝

---

* '학의 부리'라는 뜻이다.

에 짧은 다리가 여섯 개, 그리고 분절된 꼬리가 있다. 수정이 불가한 많은 알들은 새끼들이 부화할 수 있게 먹이가 되어준다. 살아남은 새끼들은 이제 진딧물을 잡아먹는다. 그것은 자라면서 허물을 네 번 정도 벗고 마침내 번데기가 되어 꼬리로 매달린다. 거기서 무당벌레가 되는 변태 과정에 들어간다. 무당벌레는 8월에 밖으로 나와 9월 동안 계속 먹는다. 주변에 먹을 것이 많으면, 울타리나 나무의 갈라진 틈에 숨어 겨울 동안 살아남을 것이다. 먹이가 많지 않으면, 바람에 말라 수분이 빠져나가 죽을 것이다.

심장

한낮의 열기 속에서 잔디깎이를 밀다가 가슴 통증을 느낀다. 맥박이 불규칙적으로 빨라지고 숨이 막히며, 에너지가 아래로 떨어져 가슴과 팔을 지나, 발을 통과해 땅으로 흘러간다. 엄청난 의지와 노력을 기울여야 선 자세를 유지하고 그 흐름에 굴복하지 않을 수 있다. 팔에서 통증이 느껴진다. 손은 저리고 쑤신다. 기계의 안전 손잡이를 놓자 엔진이 털털거리다 멈춘다. 침묵이 흐른다. 나는 한동안 — 30초, 3분, 누가 알겠는가 — 붙잡은 핸들에 기댄 채 심장 박동이 안정되기를 기다린다. 손가락 두 개를 목에 대고 맥박을 잰다. 박동이 빠르고 아주 불규칙적이다. 이 증상은 오래된 친구나 다름없지만, 1년 넘게 멀어졌다가 다시 나타났다. 처방 약을 먹기 시작하면서는 — 날마다 복용해야 하는 작고 쓴 독약을 먹을 때만 빼면 — 거의 잊고 지냈다.

기계를 다시 밀고 가 헛간에 넣는다. 집으로 천천히 운전해 주차를 한 뒤 2층으로 올라가 옷을 벗고 침대에 눕는다. 페기가 다락에 있는 작업실에서 내려와 내 눈 밑에 있는 익숙한 검은 그림자를, 내 창백한 피부를 본다. 그리고 말한다. "젠장, 또 그래? 뭘 좀 가져다줄까?"

나는 고개를 젓는다. 그녀가 침대 가장자리에 앉아 내 손을 잡는다. 집으로 돌아와서 침대에 눕는 데까지 에너지의 모든 분자, 전기의 모든 불꽃이 소진되었다. 나는 넝마처럼 흐느적거린다. 누운 채로 눈을 감고 헐떡인다.

"병원에 가야 할 것 같아?" 그녀가 묻는다.

"아직은 괜찮아." 내가 말한다. "좀 더 지켜보자."

그녀가 내 옆에 누워 한동안 내 손을 잡고 있다. 그녀는 곁에 머물고 싶어 한다. 걱정하고 두려워하는 것 같아, 나는 걱정하지 말라고 말한다. 지나갈 거라고, 우리는 이게 뭔지, 어떻게 진행되는지 안다고. 울고 싶다. 심장의 문제는 감정에 미치는 영향력이 크다. 혈관 우회술을 받은 사람 아무에게나 물어보라.

내 심장은 간간이 전기적인 문제를 일으킨다. 한때 내가 몰던 빨간색 볼보 자동차도 그랬다. 볼보는 떠나보내야 했다. 내 심장은 병원에서 처치를 받았지만, 여전히 때때로 미친 듯이 뛴다. 자신을 얽어맨 젖은 밧줄을 끊고 레드벨벳 지옥에서 빠져나와 날아오르려는 악마처럼, 혹은 점점 빠르게 회전하다가 마침내 크랭크실 밖으로 연접봉을 날려버리고 도로에 기름을 쏟아낼 것 같은 엔진처럼. 심장이 흉곽을 뚫고 나오려는 듯 쿵쾅거리는 동안, 나는 숨을 헐떡인다. 규칙적인 심장이 두근두근 뛴다면, 이때는 벌렁벌렁, 쾅, 쿵, 벌렁벌렁, 쾅, 하고 날뛴다. 분당 200회까지 뛸 수 있고, 가끔은 몇 박자를 건너뛰고, 가끔은 분당 30회에서 40회까지 떨어진 채 느리게 흐른다. 심장은 젤리처럼 흔들리기만 하고 펌프질을 제대로 하지 못한다. 그러면 피는 그 안에서 소용돌이치며 고인다. 이 소용돌이에서 혈전이 만들어질 수 있다. 이런 일이 일어난다면 뇌졸중이 올 테고, 그러면 남은 인생을 말을 못 하거나 휠체어에 묶여 살아야 할 것이다. 이것은 피할 수 없는 결과는 아니지만, 흔히 일어나는 일이다. 휴식이 도움이 된다. 내가 피해야 할 유발 물질은 이런 것이다. 커피, 레드와인, 술에 취하는 것. 하지만 이따금 그런 건 잊어버리고, 조심성은 바람에 던져버린 채 술에 취한다. 특히 파티에 가면 그렇다. 나는 파티를 좋아한다.

왕풍뎅이

동트는 소리를 듣는다
분리된 내가 없으니
듣는 나는 없다

    풀밭에 죽은 왕풍뎅이가 있다. 그것들은 오래가지 못한다. 불꽃놀이처럼. 쉬었더니 심장이 안정을 되찾고 평화가 나를 지배한다. 한 주가 지나갔고, 나는 깎다 만 잔디밭을 생각한다. 하와이안 셔츠와 사롱을 입고 야외 의자에 앉아, 스티비 스미스의 모든 시를 읽고 악의적인 데가 있는 그녀의 장난스럽고 작은 소묘에 미소를 지으며 며칠을 보낸다. 나는 느리게 움직이고 행복하다.

    나는 죽음을 몇 번 보았다. 죽음에는 공포가 없다. 나는 사람과 동물에게서 생명이 빠져나가 돌아오지 않는 것을 보았다. 나는 동물을 죽였고, 동물이 다른 동물에게 죽임을 당하는 것을 보았으며, 나 역시 죽기 직전까지 갔었다. 죽음은, 친구로 받아들일 수 있을 만큼 충분히 가까이 두면, 우리가 서로의 변하는 모습을 들여다보면서도 어떻게 기쁘게 잘 살 수 있는지, 내 주위의 세상과 어떻게 연결되어 있을 수 있는지 가르쳐 준다.

비가 오거나, 오지 않거나

숨을 들이쉬고 내쉬고
비가 내리고 그치고
모든 것이 그저 완벽하다.

새벽이 오고, 항아리 같은 내 머리는 들고 이동할 수 있을 만큼 비워져 가볍다. 앞 창문으로 양귀비 씨앗 크기의 빗방울들이 약한 바람에 소용돌이치는 모습이 보인다. 울새 한 마리가 버드나무 밑에서 비를 피하고 있다. 차를 끓이려 부엌으로 가면서, 집 뒤쪽에는 비가 한 방울도 내리지 않는 것과 참새들이 계속 날고 있는 것을 본다.

소나기가 지나간다. 바람이 불어 열린 창문에서 블라인드가 달칵달칵 흔들린다. 새의 노래가 축축한 공기를 타고 들려온다. 이웃이 뒷문을 여는 소리가 들린다.

봄 구근을 소개하는 카탈로그가 우편으로 도착한다. 지금 주문할 수 있는 게 수백 종인데, 가을에 심으면 내년 봄에 꽃을 피울 것이다. 소파에 앉아 우편물을 펴 보는데, 내 옆에 실비아 플라스의 시선집 『에어리얼』이 놓여 있다. 그녀가 견디기 힘든 세상을 스스로 끝낸 지 2년 후인 1965년에 출판되었다. 오로지 그녀를 위해 나는 붉은색과 분홍색 튤립을 사기로 한다. 카탈로그 뒤쪽에 있는 양식을 작성한다. 비가 아주 약하게 흩뿌리니 일하러 가야겠다. 보수할 것이 있으니, 빗방울이 더 굵어지면 그걸 하면 된다. 잔디깎이를 청소하고, 지난주에 반쯤 채워진 채로 놓아둔 잔디 수거통을 비울 것이다.

*

데이지는 아직 꽃잎을 펼치지 않았다. 진주처럼 들판에 흐드러져, 저들을 묶은 끈에 매달린 채 깜박깜박 눈을 뜨려고 한다. 하늘은 여전히 회색이고, 작고 하얀 그 얼굴들은 굳이 하늘을 쳐다보려고 하지도 않는다. 열두 마리의 갈까마귀가 습한 땅에서 벌레들이 밖으로 나오기를 기다리지만, 마구간 주변은 오갈 일이 많고, 나무뿌리도 많아 단단히 다져져 벌레가 없다. 갈까마귀는 먹이가 있는 더 좋은 장소를 찾아, 시선을 아래로 향한 채, 한 마리씩 느리게 날개를 퍼덕여 날아간다. 갈까마귀들이 잔디밭 위에 원을 그리고, 모두 동쪽을 바라본다.

지난번에 치우지 못하고 간 것을 느린 동작으로 부지런히 정리한다. 허약하다는 느낌은 사라졌지만, 그 증상이 재발할까 봐 불안하다. 그래서 조급하지 않게 작고 가벼운 일에 집중한다. 화분을 정리해서 씻고, 용구를 깨끗이 닦고 날카롭게 벼린다. 노간주나무와 주목에서 보이는 밝은 녹색의 새순이 칙칙하고 거무스름한 오래된 침엽수와 대비되어 두드러져 보인다. 거대한 구리색 너도밤나무 아래를 지나가는데, 젖은 줄기는 빗방울을 내려보내고, 뿌리는 마른 흙 위에 넓게 퍼져 있다. 그 사이에서 양치류가 자라고, 움푹하게 팬 자리에는 작은 웅덩이가 만들어졌다. 그늘에는 담쟁이가 구불구불 뻗어나간다. 저녁에 박쥐들의 서식처에서 고개를 들면 그것들이 날아다니는 모습이 보인다. 움직임이 너무 빨라서 그 모습을 보려면 유심히 쳐다봐야 한다. 짐을 챙겨 떠나려고 하는데, 부엉이가 나를 지켜보며 부엉부엉 운다. 늦었다. 서둘러야 한다. 무거운 나뭇가지에서 이미 너도밤나무 열매가 떨어지고 있다. 나무 줄기의 뒷면은 녹색이고, 이따금 햇살이 아롱아롱 비치는 앞쪽에는 오렌지색과 옅은 청회색 이끼가 자리 잡고 있다.

    심드렁한 갈까마귀는 보슬보슬 내리는 빗속에 서서, 익어가는 씨앗이 달린 단풍나무 앞을 지나가는 나를 보고도 비키지 않는다. 촛대 같은 밤나무꽃은 이미 졌지만, 그늘에는 목련꽃 몇 송이가 버티고 있다. 몇 주째 피어 있던 철쭉과 진달래는 이제 시들어 분홍색, 오렌지색, 노란색에서 화려한 녹슨 빛깔로 변하고 있다. 끊임없이 변하는 '지금 여기'가 내 모든 관심을 빼앗는다. 내가 무엇이 될 수 있거나 될 수 없다고, 혹은 내가 무엇이었고, 무엇이었을 수도 있다고 상상하지 않을 것이다. 그런 일로 내 삶을 한순간도 허비하지 않을 것이다.

6月

나는 그 푸른색 양귀비 한 송이를 그냥 둔다.
그것을 평범한 것으로 만들지 않을 것이다.
번식시키지 않을 것이다.
그 꽃은 희귀하고 아름다울 테고,
시들면 다른 것은 없을 것이다.

바보 노동자가 또 나타났다

　새 하루의 포장을 벗긴다. 새 옷을 찾아 입을까, 지난밤의 축축한 옷을 다시 집어 들까? 어느 쪽이든 괜찮을 것이다. 지난밤처럼 익숙하게 느껴지는 입던 옷을 입고 새 하루를 시작한다. 블라인드를 걷고, 과즙이 가득한 하루의 껍질을 벗긴다. 갈매기들은 술집에 모인 어중이떠중이 술꾼들처럼 웃고 꽥꽥거린다. 일하러 나가려고 준비하는데, 소용돌이 모양을 이룬 갈매기들이 머리 위에서 천천히 순항한다. 새로운 새의 탄생, 하나의 알이 깨진 것을 축하하는 것일지도 모른다. 6월 1일, 여름의 시작처럼 느껴진다. 갈매기들이 땅 위를 선회한다. 떠 있을 바다가 없다. 나는 문득 궁금해진다. 쓰레기를 먹고 사는 이 갈매기들이 넘실대는 파도를 타며 기쁨을 느껴본 적 있는지, 반쯤 먹다 만 케밥 대신 물고기를 잡은 적이 있는지.

　작년에 여름 내내 파리와 벌이 윙윙대던 너도밤나무 아래, 어린나무들은 제멋대로 흩어져 자라면서 어떤 초급 승려도 만들어내지 못할 선(禪)적인 패턴을 만들고 있다. 어린나무들은 햇빛의 스펙트럼에서 붉은색과 푸른색을 삼키고, 필요 없는 녹색은 반사한다. 휘발유로 구동하는 잔디깎이의 턱이 회전하면서 무고한 식물들을 먹어 치웠다. 캐시미어 씨가 세상을 떠난 직후 나타난 민들레와 버터컵, 살갈퀴뿐 아니라, 이 어린나무들도 깎아 없앴다. 나는 기계와 함께 모란, 장미, 디기탈리스, 방금 꽃망울을 열기 시작한 잎이 무성한 수국을 지나며 이리저리 산책한다. 강한 인상을 주지 않으려는 듯 구석 자리를 골라 자라는 노란색 웨일스양귀비가 컬럼바인과 뒤섞여 있다. 그들의 소박한 자태는 내 마음을 즐겁게 한다. 너도밤나무 산울타리의 그늘진 쪽에서, 해마다 꽃을 피우는 길쭉하고 뿌연 청록색 잎이 달린 푸른색 히말라야양귀비 한 송이가 걸음을 붙들고, 레버를 놓게 한다. 기계가 서서히 잠잠해질 때, 이 세상 것이 아닌 듯한 양귀비의 물빛 푸른색은 하늘보다 더 멀리까지 펼쳐진 듯하다. 희귀함을 즐기는 것은 우리의 본성이다. 그런 것을 발견하면 우리는 그것이 진부해지고 더 이상 귀하게 여겨지지 않을 때까지 더 만들어 낸다. 나는 그 푸른색 양귀비 한 송이를 그냥 둔다. 그것을 평범한 것으로 만들지 않을 것이다. 번식시키지 않을 것이다. 그 꽃은 희귀하고 아름다울 테고, 시들면 다른 것은 없을 것이다.

다른 모든 것이 사라졌을 때, 사랑과 증오와 관심을 빼앗는 장난감이 사라졌을 때, 허구와 거짓말이 사라졌을 때, 심지어 정원을 가꾸는 일도 사라지고 시詩도 우리를 만족시키지 못할 때 남는 것은 오로지 자연이다. 나는 이런 내용을 담은 월트 휘트먼의 유명한 시를 떠올리려 하지만, 아마 우리 사이가 너무 멀어진 모양이다. 그러니 내가 집에 가기 전까지는 잊은 상태로 있어야 할 것이다. 어쩌면 찾아보려고 할 것이다. 혹은 기억나지 않았으니 간단히 내 것인 양 해버릴 것이다.

미스 캐시미어는 평소처럼 신문, 담배, 라이터를 들고 느긋이 아래로 내려온다.

"무슨 생각을 그렇게 해요, 마크. 괜찮아요?"

"완벽히 괜찮아요, 도로시. 그저 양귀비를 바라보는 중이에요." 나는 내가 게으름 피우는 걸 또 들킨 것 같아 순간적으로 죄의식을 느끼지만, 그 감정이 지나가게 둔다. 살펴보는 게 내 일의 일부인데도, 이런 마음이 들도록 키워진 멍청하고 뿔 달린 노동자,

종일 일해야 한다고 생각하는 노동자가 어두운 곳에 숨어 있다가 ― 슬그머니 희미하게 ― 또 나타난다. 그게 무엇이든, 당신은 결코 빼기를 할 수 없다. 당신은 그저 더하기, 한 층 더 쌓는 것만 할 수 있다. 그저 당신을 칭칭 옭아맨 학습의 층 깊숙한 곳에 그 짐승을 묻기를 바랄 뿐이다. 나는 그 짐승이 자신의 미로로 돌아가게 두고, 이렇게 말한다. "파란색이 정말 굉장하지 않아요?"

그리고 우리는 함께 서서 히말라야양귀비 한 송이를 쳐다보는데, 그 아래로 아직 피지 않은 봉오리가 또 하나 있다. 청색, 회색, 녹색이 혼합된 광택 없는 공처럼 보이는 꽃봉오리에서, 마음을 저미는 푸른색이 살짝 비친다. 우리는 3초, 아니면 2분, 혹은 5분 동안 바라본다. "당신의 정원을 사랑해요." 내가 황홀한 기분에 휩싸여 부드럽게 말하는데, 너무 조용히 말해 거의 "당신을 사랑해요"라고 말한 것 같다. "특별한 장소예요." 내가 말한다. 그리고 아주 잠시, 나는 여기가 내 정원이기를 바란다. 여기서 일을 해야 하는 게 아니라, 오직 바라보고만 싶다. 지금까지는 무릎을 꿇거나 밟고 다니기만 했던 풀밭에 알몸으로 드러눕기를, 바짓단을 걷어 올리고 물고기가 노니는 ― 내 엄지발가락이 꼭 물고기의 벌린 입 크기다 ― 물속에 맨발을 담근 채 연못 가장자리에 앉아 있기를 바란다. 나는 이 환상이 지나가게 두고, 곧 내 마음은 여기가 내 정원이 아닌 것을 다행으로 여긴다. 나는 소유를 원하지 않는다. 어떤 것도 정말로 소유하고 싶지 않다. 소유한다는 것은 양방향으로 작용한다. 소유된 것이 소유한 자를 소유한다. 더 가질수록 가진 것을 잃는 것에 대한 두려움 또한 더 커진다. 나는 물건 때문에 비참해지고 싶지 않다. 내 집 뒷문 쪽에 놓아둔 내 방석, 내 벚나무와 웨일스양귀비, 점점 늘어가는 시집, 내 아내와 아이들. 그것들과 그들이 나를 소유하고 있고, 그것으로 충분하다.

내 할아버지는 종종 내가 바람처럼 변한다고 말했는데, 정말로 그렇다. 바람이 내 주위를 도는 동안, 나는 바람개비나 풍향계, 줄에 매달린 연처럼 이리저리 바람에 따라 움직이고 싶지, 땅이나 신념의 영역에 닻을 내리고 싶지 않다. 그것이 내가 오랜 세월에 걸쳐 연마해 온 기술이다. 어리석은 생각이 들 때, 슬픔이나 분노나 판단적인 사고가 일어나려 할 때, 공허한 계획이나 기억이 나를 사로잡을 때, 나는 대번에 그것을 알아보고 그 스위치를 꺼버리는 법, 적어도 이해하는 법을 배웠다. 행복이나 기쁨이 찾아올 때도 역시 알아보고 흘러가게 둔다. 이 감정은 진짜가 아니다. 실체가 없다. 마음이 만든 최면적인 상태로, 그대로 두면 지속될 것이다. 다른 생각이 떠오르면 불쑥 멈춰버릴 유령 같은 것이다. 나는 몇 시간을 들판에 서 있을 수도 있고, 온종일 일할 수도 있고, 아무 생각도 하지 않으면서 그저 길가의 들꽃처럼 바람에 물결칠 수도 있다. 거기서는 순간순간이 평생일 수 있고, 나는 천 년을 살 수도 있다.

배고픈가? 먹는다. 피곤한가? 쉰다.

무언가가 시선을 끌면, 바라본다.

나는 털이 난 노란색 중심부가 있는 양귀비의 비현실적인 푸른색에 빠져들고, 오로지 자연만이 남는다.

그 순간 미스 캐시미어가 말한다. "당신은 행복한가요, 마크?" 우리는 개인적인 이야기는 한 번도, 단 한 번도 나눈 적이 없다. 나는 그녀를 쳐다보고, 그녀도 나를 물끄러미 본다. 빛나는 유리알, 먼 행성, 젊음으로 반짝거리는 양귀비꽃처럼, 늙고 주름진 안구 안에 깊이 박혀 있는 연푸른 눈동자.

그녀의 진지한 표정에 내가 말한다. "네, 도로시. 아주 행복하지요. 좋고 균형이 잘 잡힌 삶이에요. 당신은 어때요? 행복한가요?"

내게 그걸 물어본 것은 자신의 행복에 대해 말하고 싶어서였던 게 분명하다. 그녀가 준비한 말이 누에고치에서 풀려 나오는 실처럼 술술 나온다. "나는 모르겠어요." 그녀가 말한다. "나는 그게 뭔지, 행복이 뭔지, 더 이상 모르겠어요. 전에, 젊었을 때는 행복했어요. 두려움도 없었고, 걱정할 것도 없었죠. 자식들도 행복한 것 같고, 각자 인간관계나 일에 정착한 것 같아요. 내게 필요한 건 아무것도 없어요. 그런데 이제 확신이 없네요." 나는 대답하지 않는다. "아무것도 느껴지지 않아요." 그녀가 말한다.

"무엇을 느끼고 싶어요?" 내가 묻는다. "스스로 만족하나요?"

"네, 그러니까, 마크, 만족하는 것 같아요."

나는 그 말이 점점 혼란스러워져 머릿속에서 빠르게 행복의 척도를 만들려고 한다. 그리고 '행복'을 그 척도 어딘가에, '슬픔'을 다른 어딘가에, '만족'을 또 다른 어딘가에, '기쁨'을 또 다른 어딘가에, '권태'를 또 다른 어딘가에 두려고 한다. 그렇다면 '경이'는 어떤가? '경이'도 이 일직선상의 척도 어딘가에 놓이는가? 하지만 결국 이런 식의 단어 수프는 척도에 올려서는 안 되는 개념처럼 느껴진다. 초점만 흐리게 만들 뿐이다. 겉보기로는 믿을 만해 보이더라도, 말이라는 흘러내리는 모래 위에 세워진 것은 무엇 하나 전적으로 믿을 만한 가치가 없다.

"뭘 느끼고 싶어요?" 내가 다시 묻는다.

그러자 그녀는 잠시 생각해 보고, 이어 꿈결인 듯 생각에 잠긴 채 말한다. "아마 내가 권태를 느끼나 봐요."

그녀는 긴 서머 드레스를 입었고, 맨 발목은 하얗고 핏줄이 드러나 보인다. 발에는 굽이 낮은 노란색 캔버스 슬립온을 신었는데, 신발이 풀물에 젖었다.

"풀밭에서는 신발을 벗고 맨발로 걸어야 해요."

"왜 그렇죠? 이유가 뭐예요?"

"아이처럼 걸어야 재미있으니까요." 내가 말한다. 그녀는 당황한 듯 웃는다. "젖은 풀밭 위를 걸어 봐요. 신발은 여기 두고. 제가 집에다 옮겨놓을게요. 돌아오면 신발은 거기 있을 거예요."

"오, 그건 못 할 것 같아요." 그녀는 말하지만, 움직이지는 않는다.

내 생각에는 그녀가 그러고 싶어 하는 것 같고, 그 발상을 좋아하는 것 같지만, 자신이 어떻게 보일지를 걱정하는 것 같다. 아니면 정말로 신발을 벗기 싫지만, 거절해서 둘 다 불편해지는 게 싫어서 그런 건지도 모른다. 나는 지금 확신이 없고, 아무 말 하지 않았더라면 더 좋았을 거라는 생각이 들기 시작한다. 나는 그녀를 당황스럽게 하고 싶지 않다. 내가 우리 두 사람 모두를 편안하게 하는 방법을 생각하려고 애쓰는 사이, 그녀가 내 어깨에 손을 올리고 ─ 우리는 전에 신체적인 접촉을 한 적이 한 번도 없었을 것이다 ─ 한 발을 짚은 채 한쪽 신발을 벗고, 같은 방식으로 반대쪽을 벗는다. 그녀는 신발을 그 자리에 두는데, 그 행위가 눈물이 찔끔 날 만큼 몹시 너그럽게 느껴진다.

그녀는 아주 기품 있게 잔디밭을 걸어 여름 별채로 가고, 젖은 풀밭에 닿지 않게 스커트를 잡고 있다. 그녀가 그렇게 떠나는 모습을 지켜보면서, 나는 그녀가 떠나지 않으면 좋겠다고 생각하지만, 한편으로 그녀가 가는 모습을 지켜보는 것이 좋다. 나는 안창이 더러워지고 갈라진, 낡고 따스한 신발을 집어 든다. 그리고 그녀의 용기를 생각하며 겸손해진다. 신발을 그녀의 집으로 가져가 담 위에 올려둔다. 그러면 그녀가 그것을 집어 올리려고 허리를 굽힐 필요가 없다. 나는 그녀에게서 한 번도 본 적이 없는 모습을 보았다. 나는 그녀가 날카로운 것을 밟거나 무언가에 찔릴까 봐 걱정인데, 그런 일이 생기면 내 잘못이 될 것이다.

나는 무릎을 꿇은 채 잡초를 뽑는다. 식물과 흙과 나는, 서로의 안과 밖으로 흘러들고 나오는 것 같다. 우리는 형제와 남매, 아버지와 딸이다. 흙의 냄새가 내 코를 채우고, 작은 생명의 활기가 가득하다. 벌 한 마리가 디기탈리스에서 디기탈리스로 날아가 꽃의 아랫입술에 앉고, 벌을 위해 만들어진 것처럼 꼭 맞는 꽃 안으로 기어든다. 벌은 허벅지에 무거운 꽃가루 자루를 매달고 있다. 그리고 그 꽃을 떠나 다음 꽃으로, 취한 듯 느긋이 들어간다. 내 손은 지렁이, 벌레, 균류, 점액질, 그리고 뿌리와 함께 흙 속에 있다. 나는 디기탈리스와 루핀 근처에서, 분홍색 꼬리풀과 즙이 있는 붉은 줄기의 허브 로버트를 뽑아낸다. 내 맨팔에 무당벌레가 한 마리 앉았고, 내 따스한 등에도 무언가가 붙은 것이 느껴지지만 그냥 무시한다. 금노린재, 잎이나 잔가지, 새똥 같은 것일 테다. 얼굴에서 조금 떨어진 데서 꽃등에가 나를 빤히 쳐다보고, 나도 그것을 쳐다본다.

시간이 지나고, 나는 그녀가 느리게 집으로 돌아가는 모습을 본다. 그녀는 미소를 띤 얼굴로 집중해서 발 디딜 데를 고른다. 따뜻한 돌계단에 풀물이 묻은 발자국이 남았다. 발자국은 빠르게 증발하고, 그녀는 어느새 사라졌다. 나는 당황스럽지만, 이내 해방감을 느낀다. 나는 평소대로 규칙을 깼고 그것을 즐겼다. 규칙을 깨는 것은 늘 즐거운 일이지만, 종종 아픔을 동반한다. 그녀가 전에는 식물과 새와 얼마나 멀리 떨어져 살았는지 알겠다. 그저 조용히 그것들이 들어오게 하면 되었는데. 그것들이 그녀의 문을 두드리고 또 두드렸지만, 그녀는 듣지 못했던 것이다.

새로운 길

검은지빠귀 한 마리가 날개를 접고 온전한 모습으로 죽어 있다. 아직 구더기는 생기지 않았다. 새의 노래는 끝났다. 여름비가 내려 날이 어둡고 흐려졌고, 덕분에 온도계는 거짓말쟁이가 된다. 온도계 기온보다 더 춥게 느껴져, 기분이 울적하다. 일하는 사이, 수천 년이 지나간다. 잡초를 모은 들통을 이질풀과 소리쟁이가 쌓여 있는 큰 퇴비 통으로 가져간다.

나는 죽은 검은지빠귀나 깎인 잔디나 뽑힌 잡초를 애도하지 않지만, 그것들은 내 남매이며 형제다. 점심으로 달걀을 삶았지만, 그것 역시 애도하지 않는다. 내가 십 대였을 때 잃은 어머니를 애도하지 않고, 아버지나 할아버지, 어린 시절, 집, 과거의 어떤 것도 애도하지 않는다. 모든 것이 동등하고, 어쨌거나 그들이 존재했다는 데 기쁨이 있다. 그들에 대해 어떻게 생각할지를 결정하는 것 말고는 할 수 있는 게 없다. 그들은 흐릿하고 안개 속에 가려졌다.

그녀가 내게 마구간 뒤쪽에 수십 년 동안 놓여 있던 오래된 석회암 판석을 이용해, 여름 별채로 이어지는 길을 내주면 좋겠다고 한다. 그녀가 '원하는 길' — 어쨌거나 비가 오지 않을 때 그녀가 이용할 길 — 에 대해 고민한 뒤, 나는 가파른 경사나 계단을 피해 지형을 따라 판석을 한 줄로 놓는다. 길은 한 방향으로 곡선을 이루다가, 다시 조금 반대쪽으로 돌아 길게 뻗은 뱀 모양으로 부드러운 곡선을 이루며 아래로 내려간다. 나는 일단 그 자리에 판석을 놓아두고, 그녀가 다음에 지나갈 때 이 길을 어떻게 생각할지 알아볼 것이다.

사시나무가 나뭇가지에 빨갛고 털이 난 꽃차례를 매달고 있다. 머리 위로 단풍나무의 나방같이 생긴 씨앗들이 뭉텅이로 달렸고, 가시 돋은 붉은 너도밤나무 열매가 발아래 부엽토에 흩어져 있다. 거대한 피나무 위에는 공 모양으로 씨앗들이 작게 뭉쳐 — 가끔은 여섯 개, 가끔은 여덟 개씩 — 대롱거리는 날개 하나에 실처럼 매달려 있다. 3주 전만 해도 마로니에 나무에는 흰색과 분홍색이 섞인 색깔의 꽃들이 곰처럼 큰 덩어리로 피어 있었다. 이제 꽃은 졌고, 내 엄지 크기의 작은 연녹색 열매가 가시를 돋운 채, 햇볕 속에서 통통하게 익어간다.

나무 뒤로 마구간 옆에는 작은 옥외 화장실인 '티 바흐'*가 있는데, 내 전용이지만 오줌이 마려울 때는 퇴비에다 싼다. 그 옆에는 빗물 받는 통 세 개, 홈이 나 있고 기우뚱거리는 사암 숫돌이 있다. 이끼가 낀 나무 받침대 위에 놓인 이 숫돌에는 녹슨 크랭크 손잡이가 달렸다. 몇 세대 동안 쓴 것인데 여전히 튼튼하다. 그리고 그루터기에서는 통나무를 쪼개거나, 그 위에 앉아 도끼나 낫, 칼, 모종삽, 전지가위 등의 크고 작은 칼날을 간다.

나는 예초기를 들고 건물을 돌며 일한다. 비명을 지르고 연기를 뿜는 예초기는 잔디나 토착 야생화를 베어버리는 폭력적이고 무정한 도구다. '잡초'는 깔끔한 성향의 사람들이 원하지 않는 식물을 일컬을 때 사용하는 단어다. 땅을 사랑하는 사람이라면 그 깔끔함이란 자연에서는 죽음을 뜻한다는 걸 안다. 나는 야생화, 깔끔하지 않은 잡초다. 휘발유, 엔진 연기, 뜨거운 오일, 잘린 풀 냄새가 공기를 채우고, 내 뒤로는 무성한 풀밭이 있다. 기계는 폭력적이고 어리석다. 폭력적이고 어리석은 것이 거의 늘 이긴다. 주인의 이득을 위해 싸우고 이기는 것, 그것이 기계가 만들어진 이유다.

* 웨일스어로 '작은 집'이라는 뜻이다.

그녀가 다시 지나간다. 어둠 속에서 그녀는 경쾌하고 단정한 모습이다. 통이 좁은 바지에 흰색 블라우스, 검은색 쇼트 재킷, 검은색 캔버스 플랫슈즈, 뒤로 묶은 하얀 머리카락. 그녀는 신문과 담배를 들고 있다. 오늘은 자세가 꼿꼿하고 사무적으로 보인다. 그녀에게도 좋은 날과 나쁜 날이 있을 것이다.

그녀는 전보다 더 말이 많아졌는데, 내 착각인가? 날씨가 좋아지면서 둘 다 정원에 있게 되니 더 자주 마주치게 되는 것 같다. 나는 그녀가 오는 것을 보지만, 보지 않은 척한다. 그냥 내 일을 하기로 한다. 사람과 소통하는 게 이따금 어색하게 느껴지는 데다, 할 일도 많다. 나는 계속 귀마개를 한 채 예초기를 휘둘러 벽돌 주위의 풀을 벤다. 이어 경계의 풀을 정리한다. 나는 천천히 움직인다. 이 기계는 사나워서 야생 동물이 있는 곳에서는 사용하지 않기로 했다. 대신 더 느리고 구식인 방법을 쓴다. 하지만 여기 돌담 아래와 울타리를 따라서는 이것 말고 다른 방법으로는 작업하기가 어렵다. 나는 풀을 땅에 바짝 붙여 깎는데, 두꺼비나 개구리, 들쥐가 있는지 살피면서 시간을 들여 진행한다. 하지만 그런 일은 거의 없다. 그들은 모두 풀밭이나 그 가장자리 습지 연못으로 옮겨갔다. 그곳은 지금 올챙이와 도롱뇽으로 가득하다. 그 위로는 온갖 종류의 각다귀와 파리가 들끓는다.

그녀가 지나가고, 내가 그녀를 본 걸 그녀가 눈치채지 못하기를 바라면서 나는 천천히 주변을 작업한다. 하지만 그녀는 영리하니 내가 방해받고 싶어 하지 않는다는 걸 아마 알아차렸을 것이다. 얼마 후, 내가 치즈와 사과를 먹으면서 휴식을 취할 때, 그녀가 밖으로 나와 지나간다. 이번에는 다른 책을 들고 있다.

나는 사람들과 조화롭게 잘 지내고 싶지만, 그 방법을 모른다. 그녀에게 일본 여행은 어땠는지 묻는데, 그 순간 그녀가 일본에 간다는 말을 사실상 내게 하지 않은 것을 깨닫는다. 나는 그저 짐작한 것이었다. 그녀는 비가 왔고 옛 친구들과 시간을 보냈다고만 말한다. 내가 일본 친구들은 어떻게 사귀게 됐는지 묻자, 그녀는 오래 알고 지낸 직장 동료들에 대해 말하기 시작하지만 곧 그 주제에서 멀어진다. "일 때문에 여기저기 많이 돌아다녔겠네요." 내가 말한다. 그녀는 자기가 어떤 일을 했는지 한 번도 말한 적이 없지만, 내 질문에 이미 약간 거부 반응을 보이는 듯하다. 그녀는 내 관심을 다른 데로 돌리려 한다. 하지만 나는 밀어붙인다. "가본 데 중에 가장 흥미로운 곳은 어디였어요?"

"러시아." 그녀가 말한다. "단연코 러시아죠. 상트페테르부르크는 멋진 곳이고, 파티도 얼마나 재미있었는지! 아무튼 당신을 계속 붙잡고 있을 수는 없지요. 길이 좋아 보이네요." 그녀가 계속 말한다. "바닥과 수평이 되게 할 건가요?"

"네. 모양이 마음에 드시는지 먼저 보려고 그렇게 놓아둔 거예요. 바꾸는 건 언제든 하면 되니까요."

"네. 아주 좋네요." 그녀가 말한다.

"좋아요. 땅을 파서 잔디밭과 수평이 되게 돌을 놓을게요."

"아주 좋아요. 당신 주려고 가져왔어요." 그녀가 내게 책을 건네며 말한다. "당신이 좋아할 거 같아서." 책은 오래된 하드커버로, 집 냄새가 난다. 표지는 겨자색 바탕에, 곱슬머리에 이마가 넓고 진지해 보이는 젊은 남자의 흑백 모습이 타원형 안에 넣어진 것이다. 나는 그를 대번에 알아본다. 이 책은 대문자로 CLARE*라고 적혀 있다. 무심코 펼쳐 53페이지를 읽는다.

---

* 영국의 낭만주의 시인 John Clare(1793~1864)를 말한다. 그는 자연과 농촌 생활을 주제로 시를 써서 '농부 시인'이라는 별칭이 있다.

'삶은 무엇인가?'

그러면 삶은 무엇인가? 모래가 흘러내리는 모래시계
아침 해를 받고 물러나는 안개
부산스럽고 분주하며 여전히 반복되는 꿈
길이는? 잠깐의 멈춤, 한순간의 생각
그러면 행복은? 냇물에 인 거품
붙잡으려 하면 아무것도 아니게 되어버리지

그녀에게 뭐라고 말해야 할지 모르겠다. 갑자기, 그녀와 나 사이의 거리에도 불구하고, 우리가 그렇게 다르지 않다는 생각이 든다. 설령 그녀가 스파이였다 할지라도.

"정말로 주는 건가요?"

"네, 그럼요. 좋아해 주면 기쁠 거예요. 내 집에는 옛날 물건이 너무 많아서 이제 더 이상 필요하지 않아요. 당신이 좋아할 것 같았어요. 존 클레어를 알아요?"

"알지요." 내가 말한다. 그리고 그녀가 어떻게 내가 좋아할 만한 것을 알고 있는지 궁금해진다. 그녀와 내가 조화를 이루기 시작한 것인지도 모른다. 우리는 모두 같은 흙의 노래를 듣는 사람들이고, 함께 조용히 충분한 시간을 보낸다면 필연적으로 조화를 이룰 것이다.

어렸을 때 나는 선물을 자주 받지 못했다. 크리스마스 때가 되면 책, 색깔 펠트펜, 한 번은 플라스틱 피리, 그리고 열네 살 때는 트랜지스터라디오를 받았다. 하지만 이 책 선물 — 내게 주겠다는 생각으로, 내가 좋아하리라는 이유만으로 신중히 준비한 선물 — 은 특별한 것이다. 내가 나이를 먹으면서, 우리가 나이를 먹으면서,

우리 사이에 무언가 통하는 것이 있다. 그녀는 감동한 혹은 혼란스러워하는 듯한 내 표정을 본다. 그녀의 표정은 몇 초 사이에 일곱 번쯤 변한다. 이상하게도 우리는 서로 반대 방향으로 돌아서고, 그녀는 "그럼 이만" 하고 말하며 느릿느릿 멀어진다.

그리고 나는 그 책을 들고 서서 밀려오는 슬픔을 느낀다. 하지만 그 이유를 이해하려 애쓰지는 않는다.

다시 추워졌다

 기온이 다시 떨어지고, 5월의 짧은 여름은 끝난 듯하다. 여전히 봄이다. 며칠 동안 소나기가 내렸다. 지금 몇 야드 떨어진 내 앞에 새끼를 데리고 있는 참새가 보인다. 참새는 장미에서 초록 진딧물을 떼어내서 새끼에게 먹이고, 새끼는 입을 벌려 받아먹는다. 새끼는 어미를 모방하여 먹이를 찾는 척 땅을 쪼지만, 방법을 모른다. 그래서 어미 새가 계속 먹여준다. 나는 그 새들을 엄마와 아들이라고 부르지만, 진짜 성별이 뭔지는 알 길이 없다. 그래서 아버지와 딸로 바꿔보고 그게 어떻게 느껴지는지 보는데⋯⋯ 괜찮다. 이 단순한 이분법적 성별 전환이, 내 딸이 아주 작았을 때 내가 돌봐준 여러 해, 여러 달을 떠올리게 한다. 피터 래빗이 그려진 무거운 세라믹 그릇을 사 와서, 그 안에 먹을 것을 담고 작은 플라스틱 스푼으로 떠먹여 주었다. 딸이 좀 더 컸을 때는 같이 레슬링을 하면서 자신감과 독립성을 키워주었고, 근육과 몸을 자유자재로 쓰는 법을 가르쳤다. 딸은 이제 자신감이 넘치는 다 큰 여인이 되었고, 지금 나는 그 애가 약간 두렵다. 그리고 그립다.

 나는 나이 먹는 걸 개의치 않는다. 사실 좀 좋아한다. 행복하고 만족스럽다. 아내를 사랑하고, 아내와 보낼 수 있는 시간이 즐겁다. 페기와 나는 우리가 처음 만났을 때처럼 다시 둘만 남았다. 우리는 자유롭고, 밤이 되어도 집에 돌아갈 필요가 없다. 나는 자식들, 내 아들과 딸을 생각한다. 이따금 얼굴을 보지만, 아이들은 자신들의 삶을 살아가며 만족하는 듯하다. 일하고, 돈 벌고, 관계를 맺고, 우리 평범한 인간이 애쓰는 모든 것을 하면서. 그들이 둥지로 다시 돌아오면, 나는 여기 있다가 그들을 다시 날려 보낼 것이다. 돌아오지 않아도, 어쨌거나 나는 여기 있을 것이다. 아이들을 생각하면 목이 메고 가슴이 조이며 눈이 따끔거린다. 보고 싶고, 두 아이 모두 다시 끌어안고 싶다. 다시 아버지가 되고 싶다. 아이들이 어려지면 좋겠다. 그러면 다시 아이들과 놀고, 아이들의 체온을 느끼고, 그 작은 발을 잡을 수 있겠지. 내가 아이들에게서 독립하는 법을 배워야 할 모양이다.

아직 여름이 오지 않았다. 며칠 더 걸릴 것이다. 맨팔에 소름이 돋고, 털이 곤두서서 피부 가까이에 온기를 붙잡아 둔다. 비가 좀 내린다. 그리 따뜻하지는 않다. 하지만 소매를 걷어 올릴 만큼은 따뜻하다. 나는 참새들 소리를 듣는다. 참새들은 이제 매일 여기에서 고집스레 노래한다. 나는 작은 빗방울이 떨어질 때, 풀밭 옆 습지가 움직이는 냄새를 맡는다. 물방울은 튀어 오르며 물의 왕관을 만들고, 그 왕관은 진흙 웅덩이에 가라앉은 도롱뇽과 개구리들을 왕과 왕비로 만든다.

하지

 맹렬한 열기에 두피가 벌겋게 달아오른다. 나는 경계를 손질하는 반달 모양 칼로 판석 하나하나의 주변을 다듬은 뒤, 햇볕을 받지 못한 녹색 뗏장을 걷어내고 판석을 그 자리에 놓아 잔디에 새 길을 낸다. 뒤집힌 뗏장을 쌓아 퇴비 더미 앞에 작은 벽을 만든다. 여름의 첫날, 연중 가장 낮이 긴 이 날에 햇볕은 내 등에 강렬하게 내리쬐고, 나는 무거운 석회암 포석을 뒤집는다. 온실 벽에 걸어놓은 온도계가 바깥 그늘이 25도라고 알려준다.

 둘째 날, 점심을 먹은 뒤에 길이 바닥과 수평으로 완성된다. 밟을 때 흔들리는 돌은 하나도 없다. 길에서 가장 급한 곡선을 이루는 곳에 노끈과 나무 말뚝으로 표시하여, 지름이 대충 6피트가 되는 원을 만들고 그 안의 잔디 뗏장을 파낸다. 그것을 퇴비 더미에서 가져온 퇴비와 함께 쌓아두고, 씨앗에서 키운 흰색 코스모스를 빛이 희미해지기 시작할 때까지 새로 만든 원형 화단 안에 심는다. 그녀가 내려오다가 이걸 보게 될 테지. 그녀의 발밑에 깨끗하고 순수한 꿀 색깔의 돌이 깔리고, 손 높이로는 흰색 꽃이 한들거릴 것이다. 그리고 사방에는 녹색 잔디다. 내가 걸어 나갈 때, 어둠 속에서 화단이 은은하게 빛난다.

 섬개야광나무에는 하얀 꽃이 뭉텅이로 피어, 강렬한 발삼향을 풍기면서 수백만 마리의 벌을 유혹한다. 가을에는 수천 개의 작은 열매가 떨어져 땅을 붉게 물들일 것이다. 비를 맞고 햇볕을 쬔 수국도 꽃을 피우고 있다. 집 옆 화단에는 분홍색과 흰색의 커다랗고 둥근 수국이 피었고, 집 벽면에도 고개를 숙인 하얀 꽃들이 매달려 있다. 얼마 전에 사다리를 타고 올라가 가지치기를 했던 자리다. 더 아래로 여름 별채 옆에서는 분홍색 꽃이 산성 토양에 파란색으로 바뀌어 있다.

당신의 정원에서

나는 시든 기분일 때면, 책장에 가서 그에 걸맞게 찢어지고 시든 책을 고른다. 옛 시대의 와비사비*로 가득하고 사랑을 많이 받은 책, 아낌을 받았으나 부패하는 중인 씁쓸하고 달콤한 상태에 있는 책이다. 그것은 반짝거리는 두 권짜리 큰 책『A-Z 정원 식물 백과사전』과, 역시 마찬가지로 광택이 나는 책인『버섯』사이의 그림자 속에 숨어 있다. 내 책들은 순서 같은 것은 없이 그저 아무 데나 꽂혀 있다. 내가 태어나기 전부터 인간의 손이 이 책을 펼쳤다. 그들의 피부 세포와 DNA가, 아마도 펄프지 같고 황갈색으로 변색되고 가장자리가 매끈하지 않은 종이의 결 사이에 묻어 있을 것이다.

그 책은 비타 색빌웨스트가 쓴『당신의 정원에서』다. 오늘은 무엇을 해야 하는지 본다. 그녀가 지금은 붓꽃이 가장 아름다울 때라고 말한다(그것은 사실이다). 그녀는 폴** — 붓꽃 아래쪽의 늘어진 꽃잎 — 을 벨벳이나 와인에 비유하면서 키우기 가장 쉬운 식물이라고 말한다. 3년마다 한 번씩 파내고 포기를 나누어 수를 늘리거나, 다른 사람에게 주라고 말한다. 우리는 나눠줄 사람이 없고, 그 수는 엄청나다. 그런데 몇 년 동안 파내지 않아 뿌리줄기가 제멋대로 퍼졌다. 본디 있던 자리를 떠나 잔디밭까지 침범했다. 내가 소홀했던 모양이다. 비타는 이번 달에 장미의 가지치기를 하라는 말도 한다. 그건 오래전에 마친 터라, 지금 우리 장미 화단에는 예쁜 분홍 장미가 가득하다. 모두 같은 장미 몇 개에서 가지를 잘라

---

* 불완전함, 불균형, 무상함 속에서 아름다움을 발견하는 일본의 철학을 말한다.
** 영어권에서 붓꽃의 아래 잎 세 장을 폴이라고 부르고, 위의 잎 세 장을 스탠더드라고 부른다.

심은 것이다. 지금은 멋져 보이지만, 꽃이 시들면 잘라내야 할 것이다. 나는 도시락 가방 안에 책을 넣고 차를 몰아 일터로 간다.

나는 전지가위로 붓꽃의 뿌리줄기 몇 개를 정리해 온실 화분에 심고, 가위로 시들시들한 잎을 잘라 그 에너지가 잎을 유지하기보다 뿌리를 내리는 데 쓰이게 한다. 오래전에 배운 방법이다. 나는 습관적으로 그렇게 한다. 우리는 많은 것을 습관적으로 한다. 크리스마스 때 칠면조 고기를 오븐에 넣기 전에 늘 토막을 낸 여인에 대한 이야기가 떠오른다. 몇 년이 지나 남편이 그렇게 하는 이유가 뭔지 물었다. 그녀는 어머니가 그렇게 하라고 가르쳐 주었다고 말했다. 그녀는 어머니에게 그렇게 한 이유를 묻기로 했고, 어머니는 딸이 어렸을 때는 집에 오븐이 작은 것뿐이어서, 칠면조 고기를 오븐에 구우려면 잘라 넣는 방법밖에 없었다고 말했다. 내가 정원을 가꾸는 것도 똑같다. 배운 대로 한다. 내 방법은 시원찮을 수 있지만 내게는 잘 맞는다.

그런 다음 나는 비타가 제안한 대로 장미 화단으로 간다. 바구니를 가져오지 않아, 시든 꽃을 잘라 다 여물지 않은 씨앗을 내 주머니에 쑤셔 넣는다. 잠시나마 다른 누군가가 내린 결정을 따르는 게 기분 좋게 느껴진다. 여름이다. 나는 반바지에 밀짚모자 차림으로, 별생각 없이 느긋하게 정원을 돌아다닌다.

박수갈채

　나는 박수 소리 같은 빗소리에 깨어난다. 그리고 잠시 내가 모로 누웠는지, 벽에 기대 똑바로 앉아 있는지 생각한다. 이런 상황에서 깨어난 게 처음은 아니다. 나는 낡은 베개를 베고 수평으로 누워 있다. 베갯잇은 밤중에 기어 나오려고 애쓴 것처럼 구겨지고 접혀 있다. 구겨진 모양대로 내 뺨에 주름이 생겼다. 나는 뭐든 물어뜯을 정도로 몹시 굶주린 뿔 난 짐승 같다. 그러나 무엇을 원하는지는 모르겠다. 음식, 섹스, 자유, 사랑, 동반자는 이미 가졌으니 그건 아니다. 내가 뭘 갈망하는지 모른 채, 더 많은 것을 원한다. 그 때문에 속이 뒤틀려, 나는 마음을 가라앉히고 그 감정을 지나가게 한다. 어쩌면 내 안에 들어왔다가 잊힌 꿈의 잔재일 것이다.
　우리 방에 너무도 방대한 어둠이 깔려 있어, 뚫어져라 보지만 어느 쪽에서도 무엇 하나 보이지 않는다. 나는 끝없는 침대 위로 상어처럼 손을 뻗어 그녀를 만진다. 아마 그녀의 골반이나 무릎 안쪽, 가장 바라기로는 가지런히 놓여 있는 머리카락에 닿았다면 좋았겠지만, 내 손과 닿은 것은 그녀를 애벌레처럼 둘둘 감은 시트와 담요다. 내가 원하는 대로 하려면 그녀를 깨워야 한다. 그녀는 뭍에 있고, 나는 바다에 있다.
　나는 다시 아슴아슴 잠이 든다. 얼마 지나지 않아 새벽이 밝았다. 잠은 마치 값싼 물건을 발견한 어머니처럼 황급히 사라지고, 나는 그녀의 따스함을 갈망하며 그녀를 따라가려 하지만, 나는 너무 작고 누구의 꽃도 아니다. 나는 하루로부터 등을 돌리려 하지만 소용없다. 그렇게는 결코 안 된다. 아무리 막아보려 해도, 하루는 찾아온다.

내 숨이 들고 나는 소리가 시끄럽다. 내 산소 농도는 낮다. 예전에 여자 친구와 장난으로 싸우다가, 그녀가 내 등에 올라타서 내 머리를 바닥에 내려친 뒤로, 내 코는 형편없는 기관이 되었다. 우리는 열여덟 살이었다. 그녀는 피를 보고는 자신의 힘을 느끼며 깔깔거렸다. 나 역시 웃었고, 숨을 헐떡이면서 그녀를 돌아 눕히고 그녀의 얼굴에 피가 묻을 만큼 세게 키스했다. 지금 입으로 숨을 쉬면서, 스스로에게 혐오감을 느낀다. 내 어머니처럼, 밤중에 내 몸에서 나온 액체에 익사할까 봐 겁난다. 나는 수영장에 가만히 떠 있고 싶다. 시체처럼, 완벽히 고요하게, 깨끗하고 차가운 물이 내 막힌 기도를 씻어내는 것을 느끼고 싶다. 깨끗한 상태로 익사하고 싶다. 평생 한 번도 깨끗하다고 느껴본 적이 없었다. 오늘 아침에는 양쪽 콧구멍의 막이 모두 부어, 아무것도 그 안을 통과하지 못한다. 인간의 코에는 주기가 있고 — 한쪽 콧구멍의 흐름이 반대쪽보다 더 빠르다 — 하루 동안 번갈아 흐르도록 설계되었다. 막이 부으면 개구부가 좁아지고 공기의 흐름을 느리게 해, 우리는 더 다양한 냄새를 경험할 수 있다. 큰 분자는 작은 분자보다 더 느리게 이동하기 때문이다. 가끔 '양 통로'가 모두 열리면, 내게 새롭고 소중한 세상이 펼쳐진다.

나는 죄의식 없이 일요일의 해가 뜨는 것을 지켜본다. 어둠이 사라지고 교회 종소리가 울리는데, 이 무신론자에게는 '파블로프의 개' 같은 반응은 없다. 새벽은 비에 젖은 채 도착하고, 나는 움직일 필요가 없다. 턱에서 발꿈치까지 온몸이 아프다. 누운 채 심장박동에 귀를 기울이고 그 수를 센다. 차들이 28초 간격으로 지나간다. 내 심장은 1분에 54회 뛰지만, 규칙적이어서 행복하다. 나는 심장 박동을 고르게 유지하기 위해 마그네슘 알약을 먹는다. 내 시간이 오면, 나는 불꽃처럼 연소될 것이다. 침대 위, 내 옆에 누운 페기가 1초에 한 번씩 숨을 쉬고 있다. 나는 나에 대한 생각을 멈추려고, 그녀에 대해 생각한다.

페기는 깊은 잠에 빠져 있다. 그녀는 내 아내고, 몸을 웅크린 채 잠들어 있다. 고양이 미미도 몸을 웅크린 채 잠들어 있다. 두 개의 쉼표가 잠들어 있다. 나는 그 주위를 쿵쿵거리며 돌아다니는 느낌표다. 우리는 더듬더듬 잠에서 깨어나는 길을 천천히 찾아 나온다. 내가 그녀의 손을 발견하고 잡는다. 페기는 바로 내 옆에서, 내가 거기 어딘가에 있다는 것을 아는 것처럼 조용하다. 나는 그녀가 일어나는 소리를 듣고 침대로 차를 가져온다. 세상은 좋아 보인다.

우리는 곧 시작할 하루에 대해, 얼마나 잘 잤는지, 그녀가 꾼 꿈은 무엇인지 이야기한다. 그런 다음 그녀는 일어나 목욕하러 간다. 나는 이불 속에서 그녀가 돌아다니는 소리를 듣는다. 삶이 소중하게 느껴진다. 그녀의 목소리가 들린다. 어머니와 통화하면서 우리 아들과, 아들의 바보 같은 고양이에 대해 말하며 웃는다. 나는 책을 찾으러 간다. 발끝은 위로 말렸고, 발바닥은 평평해지고, 발가락 사이는 벌어졌다. 가마에서 구운 붉은 점토 타일에 닿은 발은 차갑다. 타일은 죽어가는 태양처럼 그 열기로부터 멀어졌고, 그것은 블랙홀처럼 나의 남은 따스함을 빨아들여, 발을 얼어붙게 한다.

나는 T. S. 엘리엇의 책을 들고 침대로 돌아온다. 비가 내려 웅덩이를 만든다. 나는 내 세상에서 안전한 아이와 같다. 페기는 부풀린 터번 모양으로 수건을 머리에 감싼 채, 내게 커피를 가져온다. 목욕을 마친 뒤라 발그레한 모습이다. 고양이가 다가와 내 발을 베고 눕고, 세상은 완벽하다. 머그잔은 손으로 만든 것인데, 테 부분에 유약이 발려 있고, 곡선의 몸체는 거칠다. 내 손에 꼭 맞게 잡히고, 질감이 좋으며, 귀하고 강하면서, 동시에 쉽게 바스러질 것 같다. 속이 빈 돌이나 유물, 내가 떠나면 누군가가 처리해 주어야 할 생명의 뼈처럼. 이 연약한 생명에 대해 잠시 생각하면서, 지구와 인간 사회를 파멸로 몰아가는 사람들의 미친 짓거리에도 불구하고 살아 있다는 것, 그리고 내가 가진 몇 가지와 내 인생에 들어온 몇 명의 사람들과 연결되어 있다는 사실에 기분이 좋아진다.

먼 미래, 빛의 끝에 있는 터널이 보인다. 그 터널에 닿기 전, 지금 우리에게 주어진 삶은 어느 때보다 더 밝아 보인다. 나는 모직 옷을 겹겹이 껴입고 여전히 따뜻한 검은색 난로에 장작을 보충한다. 열린 쇠문 앞에 무릎을 꿇고, 타서 말라버린 나무 향이 밴 공기를 폐 속에 가득 집어넣고, 입으로 바람을 불어 불꽃을 살린다. 작년에 벤 나무 — 사과나무 — 의 남은 장작이 난로 옆에서 데워지고 있다. 나는 그것을 넣고 쌓은 뒤, 공기 통로를 조절하는 댐퍼를 확인한다. 장작이 잘 말랐으니 종일 천천히 탈 것이다.

우리는 서로에게 스며들 수 있는 장소를 만들었다. 바람이 불꽃을 빨아들여 굴뚝이 휘파람을 불게 하는 장소를. 그녀는 아침을 준비하고, 나는 책을 읽는다. 가끔은 소리 내어 읽는다. 그녀에게 들리진 않겠지만, 어쨌거나 읽어준다. 시다. T. S. 엘리엇의 시. '나는 늙어간다……나는 늙어간다…… / 바지 끝단을 접어 올려 입게 될 테지.'* 나는 문 뒤쪽에 걸려 있는 내 갈색 코듀로이 작업복 바지를, 접어 올린 바짓단을 흘끗 본다. 바깥 아주 먼 곳에서, 윙윙거리고 우르릉거리는 소리가 들리지만, 우리는 그 소리가 어디서 무엇 때문에 나는지 결코 알아내지 못했다. 집의 이쪽 구석에서 귀 기울여 들으면, 그 소리가 거의 늘 존재한다. 어딘가의 기계, 혹은 변압기에서 나는 소리가 이 작은 공간과 공명하는 듯하다. 나는 의자를 옮겨야겠다고 생각하지만, 그 자리가 보기에도 좋고 책 읽기

* 「J. 알프레드 프루프록의 연가」 중에서.

에 좋은 빛도 들어서 옮기지 않는다. 그리고 소리는 무시할 수 있다. 나는 유리창 뒤에서 구름과 까마귀를 지켜본다. 페기 역시 노란 원피스를 입은 채 지켜보고 있다. 나는 그녀를 사랑한다. 우리의 작은 삶을 사랑한다. 화분을 씻고, 바닥을 쓸고, 잡초를 뽑고, 채소를 써는 이 일상적인 일들. 이런 일이 내 닻을 내리게 하고, 나를 온전하게 만든다. 일요일이다. 일요일에는 일하러 가지 않는다.

    나는 부엌 계단에 서서, 방치된 내 작은 정원을 내려다본다. 내 몸에 빗방울이 떨어진다. 진주 같은 그것을 매단 채, 나는 그녀를 처음으로 원했던 순간을 떠올린다. 30년 전의 일이다. 직면해야 할 세상이 너무도 많았던 때였다. 이제는 남아 있는 세상이 충분하다고 결코 말할 수 없다.

    나는 연필을 깎는다. 글을 쓰지 않으려고 애쓰면서, 좀 더 현실적인 일을 하려고 애쓰면서 아주 많은 세월을 보낸 나에게, 그녀는 다시 쓰는 법을 가르쳤다. 그녀는 내게 무엇을 쓰든 걱정하지 말고 그냥 쓰라고 말했다. 누구도 읽지 않을 것처럼 쓰라고. 내 말이 아무도 보지 않을 납매의 꽃인 것처럼 쓰라고. 나는 공책을 들고 한동안 앉아서 아무도 읽지 않을, 까마귀가 내게 놓아주는 법을 어떻게 가르쳤는지에 대한 시를 쓴다. 바람에 자신을 내맡겼다고, 그렇게 하니 자기가 원하는 곳으로 바람이 데려가 주었다고.

    아주 잘 쓴 시는 아니지만, 나는 잠시 만족스럽다. 여러 번 고쳐 써야 할 것이다. 내가 늘 쓰는 것과 거의 같은 내용이다.

진딧물

맹렬한 열기를 쏟아내는 햇볕에 이어, 폭풍이 온다. 어느 쪽이건 일하기는 어려워, 폭풍을 피해 참새 떼가 노래를 부르며 이 나무에서 저 나무로 휙휙 옮겨 다니는 모습을 바라본다. 열두 개의 만돌린이 연주되는 듯한 소리가 쏟아져 나온다. 참새들은 장미에 붙은 진딧물은 먹지만, 무당벌레는 내버려둔다. 무당벌레의 붉은 색깔이 참새들에게 먹는 게 아니라고 일러준다. 무당벌레도 진딧물을 먹는다. 장미를 키우는 것으로 나도 참새와 무당벌레와 개미에게 진딧물을 제공하는 자연의 방식이 된다. 진딧물은 부족함이 없고, 참새 떼를 부양할 만큼 빠르게 번식한다. 장미 진딧물은 대체로 어린순을 먹고 산다. 진딧물은 작은 식물의 수분을 빨아먹어 그것을 말려 죽일 수도 있고, 이 식물에서 저 식물로 바이러스를 옮길 수도 있다. 그러면 줄기가 와인 오프너의 돌돌 말린 모양처럼 꼬이거나, 잎이 모자이크 무늬를 만들면서 둥글게 말려 죽을 것이다.

진딧물은 아주 신기한 생물이다. 끈끈하고 반투명한 알의 상태로 겨울을 보내고 봄에 부화한다. 모두 암컷으로 부화하고, 14일마다 한 번씩, 복제된 작은 새끼들에게 포위될 때까지 단위 생식으로 살아 있는 새끼들을 펌프질하듯 뿜어낸다. 이 시점에는 수컷 진딧물이 없다. 새끼는 꼬리부터 나와, 무리 속에서 틈을 찾는 즉시 식물의 수액을 먹기 시작한다. 날카로운 침이 주둥이에서 나와 식물 안에 박히고, 식물 안 수액의 압력이 진딧물을 가득 채운다. 그렇게 소화해 낼 수 있는 것보다 더 많이 채워지면 진딧물이 부풀어 오른다. 그것이 항문에서 뚝뚝 흘러넘쳐 달콤하고 끈적이는 감로로 배출된다. 이 단물은 개미와 균류와 곰팡이를 끌어들인다. 한 마리의 진딧물 '간모'*는 성적으로 매우 빠르게 성숙하기 때문에 수백만 마리의 개체를 만들어 낼 수 있다. 곧 어미 주변을 새끼들이 바글바글 둘러싸는데, 이 새끼들은 아주 멀리는 이동하지 않는다. 새로 태어난 암컷의 일부는 날개가 달려 있어 다른 식물로 날아간다. 한 세대는 날개를 가지고, 다음 한 세대는 날개가 없이 태어난다. 그렇게 이른 가을까지 번갈아 태어난다. 그때가 되면 여러 마리의 간모들은 알을 낳는 암컷들 사이에 수컷을 낳기 시작한다. 그것들이 짝을 짓고, 암컷들은 겨울 동안 살아남을 알을 낳는다. 이 전체 주기가 다음 봄에 다시 시작된다.

    일부 개미는 진딧물과 사이좋은 관계를 맺는다. 개미가 진딧물을 사육하고 돌보며, 진딧물 생애 주기에 맞춰 그들에게 식량을 제공해 줄 새 식물로 옮겨준다. 그리고 겨울 동안 땅속 개미집에서 진딧물의 알을 보호해 주고, 종종 몇몇 나무의 뿌리 전체에 퍼질 수 있게 거대한 농장을 운영한다. 개미는 앞다리로 그 부드러운 몸을 쓰다듬어 자기들이 먹으려고 감로를 짠다. 또한 그것으로 형제도 먹인다. 어떤 종은 아주 공격적으로 포식자들에게 개미산을 뿌려 진딧물을 보호한다. 출애굽기에 나오는, 하늘에서 떨어진 '만나'는 진딧물 — 시나이의 타마리스크 나무에 사는 깍지벌레 — 이 분비하는 감로라고 많은 사람들이 믿고 있다. 진딧물은 또한 풀잠자리, 꽃등에 유충, 집게벌레, 딱정벌레에게 잡아먹힌다. 나는 장미에 붙은 진딧물에 약을 치지 않는데, 그러다 예전에 재배한 잠두콩 전체를 진딧물에게 빼앗긴 적이 있었다. 그래서 나는, 진딧물을 먹고 사는 참새와 무당벌레, 딱정벌레, 개미, 땅 밑 균류를 기르고 있다.

---

* stem mother, 단위 생식을 통해 태어난 첫 세대의 암컷 개체를 의미한다.

7月

시는 베일 너머를 볼 수 있는 유일한 방법이다.
새들의 이 모호한 언어가
나약한 인간의 영혼을
그것이 숨겨져 있는 곳에서 끌어낸다.

스토아학파의 학자들

내게 아직 하루의 색깔이 완전히 칠해지지 않은 느낌이다. 하루가 나를 위해 세운 계획도 없고, 내가 하루를 위해 세운 계획도 없다. 그 느낌이 좋다. 나는 꽥 소리를 지르려고 내 부리를 벌리지만, 들리는 소리는 아무것도 없다. 말할 것이 없다.

길 건너 지붕 위에 회색빛 털이 보송보송한 새끼 갈매기 두 마리가 앉아 있다. 그 주위로 까치 일곱 마리가 그 새끼들을 공격하려고 계획한 듯 굴뚝 통풍관 뒤에 모습을 감춘 채, 부모 새가 반대쪽을 보기를 기다리고 있다. 이곳에 여름이 왔고, 무더운 한 주였다. 온도계의 붉은 알코올이 매일 조금씩 더 위로 올라간다. 나는 칼새가 하늘에서 소용돌이치듯 빙빙 도는 것과 떼를 지은 시무룩한 갈까마귀들이 굴뚝 둥지에 남아 있는 새끼들을 보호하는 것을 지켜본다.

스토아학파 철학자들에 대해 읽고 있다. 에픽테토스, 마르쿠스 아우렐리우스, 세네카. 노예였던 에픽테토스는 한 번의 역경이 지나가면 또 다른 역경과 맞닥뜨렸다. 주인이 그를 불구로 만들었다는 설도 있다. 그가 발전시킨 철학은 황제 마르쿠스 아우렐리우스에게 영향을 주었고, 황제는 그것에 대해 방대한 저술을 남겼다. 에픽테토스는 자연의 흐름에 무조건적으로 항복할 것을 주장했다. 그는 우리가 세상을 있는 그대로 받아들이고 사랑해야 하며, 가질 수 없는 것에 대한 욕망을 품지 말아야 한다고 주장했다. 나는 내가 힘하게 살았던 시간을 기억하고 있어 이런 감정을 잘 안다. 욕망은 모든 고통의 원인이라고, 스토아학파와 불교는 동일하게 말한다.

조금 전만 해도 맑았던 뜨거운 하늘이 지금은 회색이고, 빗방울이 떨어진다. 빗방울은 뜨거운 벽돌에 부딪히자마자 증발하고, 나는 잠시 내가 칠십 대라고 생각한다. 내가 비라면 지금 떨어지고 있는가, 아니면 증발하기 시작했는가? 태어난다는 것, 중력에 끌어당겨진 채 그처럼 빠르게 짧은 시간 동안만 산다는 것은 어떤 기분일까? 어쩌면 그것이 우리가 살아가는 방식인지도 모른다.

앞에 떨어진 빗방울이 굴러 내려가 흙 속으로 방울방울 떨어져 뿌리까지 파고든다. 끊임없이 쌩쌩 불어오는 바람 소리가, 배경에 흐르는 소리 — 더 큰 빗방울이 땅에 떨어지는 소리, 더 작은 빗방울이 벽과 울타리로 날려가 부딪히는 소리, 홈통으로 졸졸 흘러내린 빗물이 하수구로 들어가 콸콸 흘러가는 소리 — 를 덮어버린다. 멀리서 차들이 덜컹덜컹 지나갈 때 사람들은 이런저런 일시적인 일을 한다. 까치 두 마리가 빵 껍질을 놓고 깍깍거린다. 회색 하늘 높이, 갈매기 — 더 하얄 수 없을 만큼 하얗다 — 한 마리가 빙글빙글 원을 그린다. 페기가 책을 읽으면서 숨을 쉬고 있고, 나는 차를 만든다. 이런 평범한 일상이 좋다. 흰 구름이 둥실둥실 떠가는 것을 지켜보고, 구름의 아이들인 시원한 바람의 소리와 새들의 노랫소리를 듣는 것은 얼마나 멋진 일인가.

나는 에픽테토스를 가슴에 담고, 하루하루를 지구에서의 마지막 날일 수 있다고 믿는다. '당신의 삶은 당장이라도 끝날 수 있다. 그 사실이 당신의 행동과 말과 생각을 결정하게 하라.' 황제 마르쿠스 아우렐리우스가 말했다. 오늘, 비가 그치면, 나는 주목 산울타리의 가지를 칠 것이다. 휘발유로 구동하는 큰 헤지커터로 오전에 끝내거나, 아니면 전지가위로 하루 종일 해야 할 것이다. 나는 전지가위를 쓰기로 하고, 즐겁고 평화롭고 느린 하루를 보낸다.

휘발유 연기 대신 공기와 녹색 잎 냄새를 맡고, 새들의 노래와 전지가위가 싹둑거리는 소리를 듣는다. 여기, 내 어린 시절의 오르골 안에서.

와비사비

    이곳은 여름이 깊어져 따뜻하고, 일은 거의 다 끝났다. 장미 화단은 색깔로 가득한데, 내가 지루하게 만든 것 같다. 음영이 너무 분명하다. 비스킷 통의 뚜껑처럼, 시선을 붙잡아 끌 만한 불완전함은 어디에도 없이. 아이의 단순함, 완벽한 특징을 갖춘 몸, 여기저기 흩뿌려진 피상적이고 즐거운 색깔만 있다. 내가 너무 정돈된 모습으로 만들어, 불가능하리만큼 무게감을 없애버린 것이다. 정작 나는 무용수가 착지할 때 들리는 쿵쾅거리고 삐걱거리는 파괴적인 소리를 더 좋아하는데도 말이다. 무용수의 무게를 드러내는, 훅 올라오는 분필 가루 같은 것이 나를 더 흥분시킨다.
    머리를 짧게 깎은 야수, 반 고흐가 그린 해바라기를 보면 그의 자화상이 떠오른다. 부분이 잘려나간 귀를 붕대로 감싼 모습. 그림에는 붕대에 얼룩이 없지만, 내게는 핏자국이 나타나 보인다. 아이가 사랑스러운 것은 그 신체적 완벽함에, 어설프게 걷는 모습, 재미있는 웃음, 헝클어진 머리, 어울리지 않는 안경, 별것 아닌 딱정벌레에 보이는 엄청난 관심 등이 잘 섞였기 때문이다. 나는 녹슨 차, 이 빠진 머그잔, 삐뚤게 맨 나비넥타이, 구겨진 슈트, 삐걱거리는 대문이 더 좋다. 나는 고객을 위해 완벽을 기하려고 노력하지만, 나를 위해 약간의 '결함'을 첨가한다. 이를테면 지구의 소금을 조금 뿌리는 것이다. 그렇게 하여 인공 감미료 맛을 덜어내고, 덜 모조품처럼 만들고, 화학적이거나 달콤한 맛을 줄인다. 그저 예쁜 것을 감동적인 무언가로 바꾸는 것이다. 한 송이 한 송이 지나칠 때마다, 나는 골반으로 아주 살짝 스쳐 일부러 실수인 척 꽃잎이 떨어지게 한다. 잘 정돈된 풀밭에 흰색의 꽃과 갈색으로 변해가는 꽃잎이 떨어진다. 이제 정원은 정말로 완성되었다.

    이 길고 뜨거운 오후는 이른 안개, 풀밭에 맺힌 이슬, 높은 데서 빙빙 맴돌며 끊임없이 미세하게 흔들리는 칼새에 의해서만 견딜 만해진다. 더 낮은 데서 나는 갈까마귀 떼가, 내가 던진 빵 부스러기와 치즈 껍질을 먹으려고 내려와 그것을 물고 보금자리로 돌아간다. 날 수는 있지만, 귀찮은 듯 날지 않으려고 하는 새끼들이 떨어진 부스러기를 찾아 여기저기 돌아다니고, 지쳐 있는 부모 새에게 먹이를 달라고 떼를 쓴다. 용마루에는 뚱뚱한 비둘기들이 날개 하나 간격으로 줄지어 앉아 있다. 이따금 날아올라 크고 넓은 날개가 햇볕에 충분히 덥혀졌는지 확인하려는 듯 원을 그리다가, 다시 줄 안에 착지한다. 아마도 선조 도마뱀이나 뱀처럼 그것들도 계속 나아가려면 더 많은 열기가 필요할 것이다.

    하얗고 짧은 깃털들이 떨어져 있다. 아마 하늘에서 매에게 잡혔거나, 땅에서 여우에게 잡힌 비둘기의 깃털일 것이다. 몸통도 없고, 머리나 발이나 부리도 없다. 베갯잇이 없는 속 터진 베개. 작은 바람이 풀밭 위로 깃털을 데리고 간다. 이 부근에 자연을 사랑하는 사람들이 있다. 말을 타고 여우를 쫓거나, 농작물을 보호하려고 까마귀를 쏘거나, 냄비에 넣으려고 비둘기를 쏘는 사람들. 이곳에서 하나의 죽음은 다른 하나의 생명을 의미한다.

펠라고늄

화분에 펠라고늄이 피어
분홍색과 녹색의 프릴이 눈부시게 반짝인다

우리는 이것을 보통 제라늄이라고 부르지만, 실제로는 아니다. 이것은 작년에 삽목한 것인데, 한두 달 안에 그것에서 다시 가지를 잘라, 그 가지를 온실에 넣어두고 겨울을 나게 할 것이다. 색깔은 붉은 것만 있다. 나는 붉은색 펠라고늄만 키운다. 이 꽃에는 그 색이 가장 잘 어울리기 때문이다. 다른 색을 원하면, 다른 꽃을 키우면 된다.

정원은 바로 이 순간 더없이 아름다운 모습이다. 장미는 완벽하다. 10월까지는 계속 시든 꽃을 잘라내고, 그 뒤부터는 다른 정원사들과는 달리 이른 봄까지 그대로 둘 것이다. 2, 3피트 높이로 자란 코스모스가 분홍색 머리를 끄덕이고 있다. 곧 시든 꽃송이를 잘라낼 시기가 온다. 이것 역시 10월이나 11월까지 꽃을 피울 것이다. 화단에는 분홍색과 푸른색, 흰색 수국이 있다. 금잔화, 백합, 헤베, 캄파눌라, 플록스도 있다. 돌담에는 흰색 덩굴 수국이 있다. 울타리 너머에는 솔라눔크리스품이 있다. 잔디밭에는 태산목이 접시만큼 크고 크림빛 도는 벨벳 질감의 꽃을 가득 피웠다. 오두막 화단에는 니겔라와, 내가 작년에 심었던 키 크고 늘씬한 버들마편초가 피었다. 산울타리 옆 어디에서나 지치와 벌이 보인다. 내 삶은 꽃을 기준으로 측정된다.

내가 할 수 있는 일은 그저 잔디를 깎고, 장미와 코스모스의 시든 꽃을 잘라내고, 주머니칼로 제멋대로 자란 붓꽃의 뿌리줄기를 잘라내는 것뿐이다. 그 붓꽃들은 지난달 초에 화분에 심어두어 이미 뿌리를 내렸다. 그것들로 정원의 빈 곳을 채우고, 제자리를 찾아간 그것들은 이제 단정하고 정돈된 모습이다. 근처에 달리아가 복작복작 한가득 피었다. 그게 바로 내가 좋아하는 방식인데, 그렇게 하면 서로 의지할 수 있고, 내가 잘 지탱하라고 넣어준 잔가지도 숨겨진다. 줄기에 검은 진딧물이 있다. 나는 시든 꽃을 좀 잘라낸다. 이 더위에는 그 일만으로도 벅차다. 나는 땀을 흘리고, 새로 심은 붓꽃에 천천히 물을 준다. 정원은 25도다. 나는 더위를 좋아하지 않는다. 북부 사람이라 추위를 좋아한다. 미스 캐시미어 역시 더위를 좋아하지 않는 듯하다. 며칠 동안 정원에 나타나지 않았다.

  잔디를 깎을 때, 나는 가장 나답다. 무당벌레가 다시 내 팔에 앉는다. 작은 거미도 앉았다. 호박벌이 클로버꽃을 찾아다녀서, 나는 큰 잔디 깎는 기계를 중단시켜야 한다. 벌이 기계에 삼켜지면 손쓸 시간 없이 짓이겨질 것이다. 내가 안전 손잡이를 놓을 때마다 기계가 꺼진다. 나는 벌을 다른 데로 몰아내고 다시 잔디를 깎기 시작한다. 손잡이를 잡고 시동 거는 줄을 당겨 뜨거워진 기계를 다시 작동시킨다. 기계는 펑 소리를 내며 안간힘을 쓰지만, 연료 탱크에 내리쬐는 뜨거운 햇볕 때문에 기화기에 도달하기도 전에 연료가 증발해 버린다. 몇 번 더 잡아당기자 엔진이 작동한다. 땀을 뻘뻘 흘리며 기계를 다시 작동시키려고 애쓰면서, 나는 내 행동이 그럴 만한 가치가 있었다고 결론 내린다. 그저 내가 벌이 제 갈 길을 갈 수 있게 내 일을 잠시 멈춘 사람이 된 것만으로. 야생화가 가득한 풀밭에 고슴도치, 들쥐, 숲쥐, 꿩과 그 새끼들이 있다. 늘 졸졸거리며 흘러가는 샘물 아래, 개울가 습지에서는 올챙이의 다리가 자라고 있다. 잠자리가 물잠자리와 벌, 꽃등에, 칼새, 참새, 박새 사이를 날아다니고, 그것들 위로는 매가 떠 있다. 생명의 수준을 이 정도로 유지하려면, 땅에 공기만큼 많은 곤충의 생명이 있어야 한다. 펼쳐진 풀밭과 그 위의 공기는 생명으로 가득한 진한 스프다.

    이런 정원들은 더 버틸 수 없다. 이것들은 지나간 시대의 메시지다. 숙련된 노동이 필요한 일이지만, 하겠다고 나서는 사람이 거의 없을뿐더러 그것에 돈을 지불하려는 사람은 더더욱 없다. 이 야생의 풀밭조차, 8월에 꽃이 풀보다 우위를 차지할 수 있게 낫으로 잡초를 인위적으로 베어 낸 결과다. 내가 떠나면 풀밭은 한동안 야생의 풀밭으로 돌아갔다가, 이어 숲으로 변모할 것이다. 그러면 사슴들이 돌아와 풀과 꽃과 어린나무를 우적우적 먹어 치워, 다시 바짝 짧아진 잔디밭으로 되돌아갈 것이다. 아마 사라져 버린 늑대도 다시 돌아와 사슴을 관리할 테고, 그러면 이 땅은 곧 한때 존재했던 숲으로 되돌아갈 것이다. 늑대가 숲을 창조한다.

    연못 위로도 작은 생명인 곤충이 모여 만든 구름이 있다. 물의 높이는 세월이 지나면서 계속 낮아진다. 대부분의 액체는 얼면서 부피가 줄지만, 물은 팽창한다. 그렇지 않았다면 물은 가라앉았을 것이고, 지구는 차가운 우주를 떠도는 얼음 공이 되었을 것이다. 겨울이 지나고 또 지나면서, 연못의 얼음이 팽창하여 돌담을 밀어 균열을 일으키고, 물이 그 비좁은 공간으로 새어 들어간다. 그것이 다시 얼어붙어 균열을 키운다. 이제 돌담에서 서서히 물이 샌다. 폭우가 내리면 수위가 한동안 올라가겠지만, 며칠이 지나면 다시 땅의 높이로 떨어질 것이다. 전에는 돌담에 앉아서도 잉어가 사는 물에 손을 담글 수 있었지만, 이제는 팔을 깊이 뻗어야 손이 물에 닿는다. 그럼에도 연못은 살아 있는 유기체로 가득하다. 나는 그물을 들고, 그곳을 장악하려고 끊임없이 위협하는 두꺼운 수초를 제거해야 한다. 그것을 돌담 위에 놓고 햇볕에 말리면 곤충이 기어 와 12인치 연못 아래 물속으로 떨어질 것이다. 그물을 고쳐야 할 것 같다. 나는 공책을 꺼내, 이전에 쓴 '곤충이 기어 와 12인치 연못 아래 물속으로 떨어질 것이다' 라는 내용 뒤에 '연못을 보수할 도구를 사야 한다'라고 써넣는다.

장난감은 돌담 위에 그대로 있지만, 이제 말라서 진흙 덩어리를 부수어 털어내기가 쉬워졌다. 나는 진흙을 좀 떼어내고, 깨끗해진 장난감을 그 자리에 그대로 둔다. 그것은 일종의 선물이다. 그리고 그녀가 그것을 알아보고 뭐라고 말할지, 혹은 그녀가 여기까지 내려와 보기는 했는지 알아보려는 의도도 있다.

저만치 산울타리 옆으로, 키 큰 쐐기풀이 나비를 유혹한다. 그리고 늘 그렇듯, 온갖 오래되고 부서진 물건, 쓰러진 울타리 기둥의 파편, 언젠가 필요할지 몰라 쌓아놓은 돌과 벽돌을 감추어 준다. 산울타리 나무 위에서는 지빠귀가 지저귀고, 나는 그 옆으로 잔디가 손질된 길을 따라 걷고, 풀밭을 지나며 늙음과 젊음을 동시에 느낀다. 그리고 늘 속삭이고 있는 사시나무를 향해 걸어간다. 사시나무의 작은 잎은 아주 약한 바람에도 쉴 새 없이 재잘거리고, 나는 그 그늘에서 더위를 조금 식힌다. 저녁에 여우가 연기처럼 몸을 낮춰 산울타리를 지나가며, 땅을 살피면서 먹을 만한 새나 쥐가 있는지 찾는다. 우리는 걸음을 멈추고 한동안 서로를 바라본다. 여우는 내가 그에게 빠져든 만큼 내게 빠져들었다. 이윽고 여우는 다리를 펴고 안개처럼 그림자 속으로 미끄러져 간다.

날개 달린 개미들의 날

마을에서는 칼새들이 종탑 주위를 돌다가, 이미 밝은 햇살과 열기를 내뿜는 검은색 슬레이트 지붕 위에서 잽싸게 먹이를 찾아 먹는다. 갈까마귀가 깍깍거리며 굴뚝 통풍관에서 새끼들을 키우는데, 페기와 나는 창턱에 기대 그 모습을 지켜본다. 달리 할 일이 많지 않다. 우리는 여름 속의 작은 겨울 안에 있다. 열기가 모든 것의 성장을 멈추게 하는 시기다. 거리, 정원, 주변의 모든 흙이 말랐다. 비가 오면 모든 것이 다시 자라기 시작할 것이다.

갈매기들이 보도에서 발을 구르며 이상한 행동을 한다. 자세히 들여다보니, 수백만 마리의 날개 달린 개미들이 도로의 포석과 거기서 자라는 생명력 강한 민들레 사이에서 기어 나오고 있다. 수컷들과 어린 여왕들이 군체를 형성하려고 날면서 짝짓기를 시도한다. 개미산을 먹은 갈매기들은 취하고 마비되어, 돌로 변한 듯 온순하게 서 있다. 개미들은 모래 같은 포석 틈에서 기어 나와, 소용돌이치는 검은 구름이 되어 하늘로 올라간다. 우리는 창문을 꼭 닫고 개미들이 지나갈 때까지 그렇게 둔다. 저녁이 되자 검은 구름이 지나가고 비행은 끝난다. 수십 마리의 큰 여왕개미가 돌아다니는데, 그것들의 날개는 짝짓기를 마치면 떨어진다. 그러고 나서 그들은 보금자리를 찾아 새로운 군체를 형성한다. 아이들은 개미들을 밟아 짓뭉개고, 엄마들은 저녁을 먹으러 오라고 아이들을 부른다. 쓸모없어진 날개들이 장례식을 위한 검은색 종이 조각들처럼 보도에 널브러져 있다. 떨어진 작은 나뭇잎들, 짓이겨진 몸 사이에 떨어진 눈물방울 같은 꽃잎들.

개미는 지렁이만큼이나 흙을 뒤집어 공기를 통하게 하고, 땅을 갈아주고, 영양분을 공급하고, 떨어진 유기 물질을 뒤져내 재활용하며, 씨앗을 퍼뜨린다. 일부 개미는 진딧물을 사육하는 것처럼 애벌레를 사육한다. 일부 애벌레 역시 감로를 만들어 내고, 개미는 그 애벌레를 자기들의 집으로 데려간다. 거기서 애벌레는 발달 과정을 끝낸다. 개미는 파괴적이면서 동시에 유용하다. 진딧물을 퍼뜨리고 보호하지만, 동시에 식물을 보호하기도 한다. 식물에게 무익한 해충에게는 개미산을 뿌린다.

작은 생물의 더 큰 유용성에 대해 생각하다가, 책 행사에서 만난 누군가가 떠오른다. 나는 참석자들에게 두더지에 대한 이야기를 하고 있었는데, 그 여자가 두더지의 쓸모는 무엇인지 물었다. 그녀는 지구상의 모든 생물에는 목적이 있음을 믿는다고 말했다. 나는 그녀에게 고양이는 어떤 쓸모가 있느냐고 물었고, 그녀는 쥐를 잡기 위해서라고 말했다. 그리고 소는 우유와 고기를 위해 존재한다고 말했다. 그래서 나는 두더지는 쓸모 있기 '위해' 존재하는 게 아니라, 그저 '존재'하는 거라고 말했다. 하지만 그녀는 만족하지 않았다. 두더지도 분명 목적이 있을 거라고 했지만, 나는 그게 뭔지 생각해 낼 수 없었다. 나는 우리 둘이 완전히 다른 것을 믿고 있다고, 바로 그게 멋지지 않느냐고 말했다. 하지만 그녀는 그저 내가 틀렸다고, 두더지에 대해 충분히 알지 못한다고 했다. 이 글을 쓰면서 궁금해진다. 그녀는, 혹은 나는 무엇을 위해 존재하는지 물었다면, 그녀는 어떻게 대답했을까.

꽃등에가 공중에 정지한 채 우리의 눈을 들여다본다. 언젠가 만난 누군가는 그것들이 외계 드론이며, 다른 행성에서 우리를 관찰하고 기록하기 위해 보내진 거라고 믿고 있었다. 그들이 내 얼굴과 그녀의 얼굴 이미지를 광선으로 쏘아, 그들의 행성에 보낸다고 했다. 그 이유는 잘 모른다고 했지만, 어쨌거나 우려했다. 우리는 공원 벤치에 앉아 이야기를 나누었다. 그녀는 헤로인 중독자로, 그것을 마련할 돈을 벌기 위해 가게를 털거나 창녀로 일하면서 하루하루를 보냈다. 나는 헤로인 중독자 몇 명을 아는데, 그들은 내가 아는 다른 많은 사람보다 더 열심히 일한다. 개미보다 더 열심히 일한다. 낮 내내, 그리고 밤 대부분을 돈을 벌거나 헤로인을 구하려고 보낸다. 혹은 땀을 흘리거나, 두려움에 떨거나, 신경이 곤두서 있거나, 마약상에게 전화한 뒤 그들을 기다리거나, 헤로인을 복용하면서 보낸다. 그리고 다음 날이 되면 다시 돈을 구하기 시작한다. 그들은 그 때문에 분주하고, 그걸 그만두면 스스로 무엇을 해야 할지 모른다.

칼새가 떠난다

　이 녹색 무대에서 전쟁이 벌어지고, 외로운 외계의 꽃등에가 그것을 지켜본다. 꽃등에가 파수병처럼 보초를 서는 동안, 검은지빠귀는 애벌레를 먹고, 애벌레는 양배추와 나뭇잎을 먹고, 양배추는 죽은 검은지빠귀를 먹는다. 뿌리들은 뾰족뒤쥐의 오래되고 작은 넓적다리뼈를 감는다. 나는 휴대전화를 들여다본다. 내가 달리아 사진을 트위터에 올려 온 세상과 공유하는 동안, 아마 휴대전화도 나를 들여다보고 있을 것이다.

　나는 칼새가 종탑과 높은 석조 건물을 떠나는 것을 지켜본다. 거기서 칼새들은 둥지를 틀었고, 서로를 돌며 곤충을 잡았으며, 그 안팎을 드나들었다. 칼새가 이제 아프리카로 향하는데, 나는 작년에도 같은 시간에 떠나는 것을 보았다. 새끼들이 둥지를 벗어나고, 이어 칼새들이 다 가버리면 북쪽에서 다른 칼새들이 파도처럼 밀려오며 며칠 동안 이곳을 통과한다. 칼새는 번식을 위해 이곳에 오고, 도착해서 두 달이 지나면 새끼들을 데리고 아프리카로 돌아간다. 새끼들은 그때까지 날아본 적이 없다. 나는 칼새 한 마리를 조용히 지켜보면서, 그것이 하늘에 구불구불 그리는 선의 패턴을 파악하려 한다. 나는 칼새가 떠나는 순간을 안다. 그들은 맴돌지 않고 멀리 날아간다. 내 집중력이 흐려지거나 강해지는 대로, 그 희미한 연필 선도 흐려지거나 강해진다. 폭풍우가 치는 밤, 바다에 떠 있는 배가 보내는 전파 신호에, 나는 1년 전 칼새들이 떠나는 장면을 지켜보았던 그날이 떠오른다. 그날 나는 이 책을 쓰기로 결심했다.

새끼들은 번식하러 돌아올 때까지 3년 동안 하늘에 떠 있을 것이다. 그들은 20년을 사는데, 그 기간에 달까지 일곱 번 왕복하는 거리를 난다. 날면서 짝짓기를 하고 먹고 잠잔다. 쉬지 않는다. 결코 쉬지 않는다. 그들은 날개가 아주 길어 땅에 내려앉을 수 없다. 그러면 다시 날아오를 수 없다. 칼새의 발은 수직 벽에 매달리는 데 적합하며, 땅에 닿는 것은 죽었을 때만이다. 땅에 떨어진 칼새를 보면, 반드시 공중에 집어 던져라. 나는 칼새가 어린 시절에 보던 제비와 관련이 있다고 생각했었지만, 그렇지 않다. 칼새는 벌새와 더 밀접한 연관이 있다. 당신이 땅에 붙어 있는 나를 발견한다면, 부디 나를 다시 위로 던져달라.

나무에 남아 있던 사과가 땅에 떨어지고, 말벌과 새끼 검은지빠귀가 그 속을 파먹는다. 사과가 그 껍질에서 자라는 자연 효모균으로 발효하기 시작하면, 사과주 냄새가 공중에 떠돈다. 미스 캐시미어의 얼룩 고양이가 연못을 감싼 돌담 위로 뛰어올라 사뿐사뿐 걷는다. 오래된 녹슨 장난감을 늘어놓은 곳에 다가가더니, 하나씩 밀어 연못에 빠뜨린다. 장난감은 '퐁' 소리를 내며 떨어졌다. 그것들은 거기서 썩고, 다시 잊힐 것이다. 고양이들은 부처와 같다. 이 고양이는 과거를 지우고 있다. 무의미한 관심의 먼지를 떨어내고 있다.

미스 캐시미어가 걸어 내려오고, 나는 그녀가 힘이 많이 드는지 걸음을 멈추고 돌담에 기대는 모습을 본다. 곧 그녀는 다시 용감하게 기운을 내 몸을 일으키더니 담배와 신문 — 그녀에게 위안을 주고, 자신이 여전히 이 세상에 존재한다고 느끼게 하는 둥지의 재료들 — 을 들고 여름 별채로 간다. 둥지 상자로 돌아가는 푸른박새처럼. 그녀는 이제 인간이기보다는 새 같다. 적어도 멀리서 보면 그렇다. 그녀의 존재는 노래하고 지저귀는 색깔 같고, 반드시 존재할 필요는 없지만, 존재한다. 그녀는 영원히 이어질 한순간을 이어간다. 그녀의 모습은 윤곽이 뚜렷하고, 선들 사이의 면이 깔끔하게 채색된 서양화 같다. 연약해 보이지만, 날카롭고 단정하며, 맑은 하늘을 배경으로 산들바람에 흔들리는 어린 소나무 같다. 반면, 나는 화선지에 그린 일본 수묵화처럼 번져 있고 안개 같다. 내 윤곽은 흐려지고 주변에 스며들어, 나 자신이 안개와 비가 되었다.

솔방울

솔방울을 무더기로 발견했다. 덜 익고 아직 벌어지지 않은 녹색의 모습으로 자갈길 위에 떨어져 있다. 나는 그것을 한 주먹 주워, 집 건물 옆에 있는 정원 조각상 — 커다란 솔방울 모양의 석회암 조각 — 으로 가져가 받침대에 올려놓는다. 사라졌다가 재탄생하며 순환을 반복하도록 설계된 자연의 것을 변하지 않는 복제품으로 만들어 놓다니, 인간의 솜씨가 얼마나 교묘한지 생각한다. 이 조악한 모조품은 결코 사라지지 않을 것이다. 이것에는 진짜에 존재하는 미세함과 미묘함이 결여되어 있다. 나는 이것이 무엇을 위해 존재하는지 궁금하다. 이것의 그늘진 쪽, 깊이 깎인 자리에서 이끼가 자라기 시작했다. 거기, 습한 자리에 포자가 떨어진 것이다. 어쩌면 내가 잘못 판단한 것인지도 모르겠다. 아마 그 깎인 자리는 살아 있었을 것이다. 뼈가 그 벗은 상태를 가리려고 살을 자라게 하는 것처럼.

잉어

연못에 살던 엄청나게 큰 잉어 한 마리가 죽어 잔디밭에 누워 있다. 아직 싱싱하다. 반쯤 먹힌 상태인데, 이상한 혼종 생물 같다. 입과 눈이 있고, 몸에는 한 움큼의 변색된 동전 같은 금녹색 비늘이 붙어 있다. 아래로 내려가면서 몸통은 갑자기 핏덩어리 형태로 변하는데, 자주색 콩 모양의 내장에 흰색 관과 끈 같은 것이 붙어 있다. 분홍색 근육의 섬유질 층과, 뒤틀린 분홍색 뼈, 작고 하얀 바늘 같은 뼈가 보이고, 이어 더 붉은 살의 핏덩어리와 그것을 덮은 황동색 비늘, 그리고 녹색 꼬리가 있다. 아름답고, 엉망이다. 그 모습 그대로 타원형 접시 위에 레몬 조각과 함께 놓여 있어야 할 모양새다. 사람들이 포크와 나이프를 든 채 테이블 중앙에 놓인 그것을 쳐다보며 입맛을 다실 법하다. 그러나 아마도 새나 여우가 먹었을 것이다. 아니면 깃털과 부리와 발톱이 있는 독수리가 몸을 굽혀 가운데 부분을 먹어 치우고 그것의 요동치는 생명을 빼내 하늘로 가져갔을 것이다. 골목길에서 길고양이가 먹고 남긴, 만화 속 물고기의 형태지만, 실제로는 2피트 길이로 창백하고 젖은 현실 속에 있다. 나는 그것을 그 자리에 그대로 두었다. 과연 어떤 동물이 나중에 그것을 차지하러 올지 알고 싶었기 때문이다. 나중에도 그것은 여전히 그 자리에 있었다.

연못에는 큰 잉어가 꽤 여러 마리 있다. 오래전 이 연못으로 오기 전에 잉어는 이미 나이가 들고 성장할 수 있는 한계에 다다라 있었고, 잡혀서 더 큰 이 연못으로 옮겨진 다음에는 거의 두 배로 커졌다. 지금은 가장 큰 잉어의 길이가 2피트가 훨씬 넘는다. 3

피트는 되어 보인다. 물속에서는 원래 크기보다 더 커 보일 수 있다. 어떤 것들은 흘끗 보기만 해야 한다. 유심히 들여다보면 더 많은 것이 달라 보인다. 생명은 쓸 수 있는 만큼의 공간에 맞게 자란다. 우리는 환경에 따라 커지거나 줄어든다. 나는 이 정원에 처음 왔을 때 훨씬 더 작은 사람이었다. 체격은 더 왜소하고 몸은 더 가벼웠는데, 시간이 지나면서 정원에 맞게 커졌다. 달리아를 심자, 나는 달리아가 되었다. 나무의 가지치기에 집중하자, 나는 나무가 되었다. 집중하지 않을 때는 그 사이의 공간이 되었다. 이따금 나는 정원과 내가 구분되지 않는 것 같다고 느낀다.

고요하고 물이 맑은 날이면, 물고기가 이따금 수면에서 유유히 돌아다니는 모습이 보인다. 미스 캐시미어가 집에 없을 때, 나는 쉬면서 연못을 둘러싼 돌담 위에서 점심을 먹으며, 잉어가 우리는 접근할 수 없는 자기들만의 세상에서 나왔다가 사라지는 것을, 깊고 혼탁한 물속에 다시 미끄러져 들어가는 것을 지켜본다. 하늘이 반사되어 하늘처럼 보이는 물에 부스러기를 던져 넣으면서, 나는 잔물결과 반사된 구름 아래를 들여다보고, 내가 앉은 자리 근처에서 그것들이 모이고 이리저리 헤엄치는 모습을 지켜본다. 잉어는 큰 입으로 부스러기를 맛보고, 특이한 경첩처럼 생긴 단단한 입술을 내밀어 그것을 다시 뱉어낸다. 이따금 내가 그것들의 세상을 침범하면, 혼돈 상태의 천국에서 내민 신의 손인 양, 한 마리가 나타나 내 손가락을 빨기도 한다. 이 죽은 잉어는 얇고 무저항적인 내 세상으로 끌려 나와, 여기 풀밭에서 죽었다. 이 잉어가 전에 내 손가락을 빤 적이 있었는지 궁금하다.

나는 이 정원에서 대부분 혼자 지낸다. 소처럼, 나는 혼돈 상태의 두꺼운 하늘과 깊은 땅 사이 얇고 평평한 층을 밟고 있다. 그 하늘에서는 새와 곤충이 중력을 거스르며 모든 방향으로 떨어지고, 그 땅에서는 더 강한 저항을 받아 훨씬 느리게 움직이는 두더지와 벌레와 균사체가 느린 물고기처럼 흙을 밀며 모든 차원에서 굴을 판다. 그 순간 나는, 종이처럼 얇은 이 한 조각의 세상에서 '인간 소'가 아니라, 방대한 허공을 날아다니는 새가 되기로 한다. 기생충이 버글거리는 혼탁한 진흙탕에 갇힌 물고기는 단연코 되지 않을 것이다. 하지만 나는 인간 소이기에 뿔과 발굽을 달고 내 평평한 미로를 이리저리 돌아다닌다. 내가 이곳에 온 지는 아주 오래되었기에, 자라는 모든 생명 — 모든 풀잎, 모든 나무, 모든 다년생 식물, 모든 일년생 식물 — 에 아마도 내 손길이 닿았을 것이다.

녹색 불꽃

 갑자기, 경고 없이, 내가 사는 록우드에 바람이 불기 시작했다. 폭풍은 수백 마일 떨어져 있는 지역을 초토화시키고 끝났다. 어제 나는 플라타너스의 잎이 오렌지색으로 변하는 것을 보았다. 참나무는 선명한 녹색을 잃어가고, 창밖으로 보이는 벚나무 잎의 일부가 분홍색을 띠기 시작했다. 풀을 깎아야 하겠지만, 그러고 싶지 않다. 피곤하다. 곧 깊고 긴 밤을 즐길 시간이 올 것이다.
 마구간 뒤로 거대한 산처럼 쌓아두었던 마른 덤불과 나뭇가지와 깎은 풀을 태우고 있다. 여기서 키우던 마지막 말은 버터컵이나 금방망이 같은 것을 먹고 죽었다. 아니면 두더지 언덕에 발이 걸려 넘어져 총으로 쏴 죽여야 했을 것이다. 나는 무신론자이며 무지하다. 사람들이 말 이야기를 하면 나는 멍해진다. 내가 유일하게 어울려본 말은 블랙풀 해변에 있던 당나귀였다. 내 친구 존 쿠퍼의 소유였거나, 아니면 그의 아버지 소유였을 것이다. 나는 동물을 소유해 본 적이 없다. 소유가 무슨 의미가 있는지 잘 모르겠다. 내 아버지는 종종 개를 소유했다. 나에게는 고양이가 있지만, 소유라는 개념이 우리 관계에 적용된 적은 없었다. 나는 고양이를 스승으로 여긴다. 고양이는 스스로를 꽤나 잘 돌보고, 나 없이도 잘 지낼 수 있다.
 모닥불이 타닥타닥 타오르고, 연기가 바람을 타고 눈으로 불어온다. 눈이 따끔거린다. 나는 더위와 추위, 연기와 상쾌한 공기의 예측할 수 없는 변화를 즐기고 있다. 불 속에서 목욕하기랄까. 녹색 불꽃은 불 속에 구리가 있다는 뜻인데, 나는 녹색 불꽃을 일으킬 만큼 구리를 함유한 식물이 있는지, 아니면 단지 나뭇가지에 감겨 있는 구리선 때문인지 궁금하다. 책에 회색 거미줄이 자꾸 생겨, 몇 권을 불 속에 던져 넣을까 고민한다. 하지만 연기는 충분히 자욱하다. 녹색 불꽃을 보며 내가 미술 학교 학생이었을 때를 떠올린다. 재료나 용구를 살 돈이 없어, 나는 쓰레기 처리장에서, 북부 곳곳의 중고품 가게나 버려진 공장에서 버려진 것들을 주워 사용했다. 쓰레기 처리장에서 구리선에 감긴 플라스틱을 태웠다. 어릴 적 어느 크리스마스에 선물로 받은 작은 트랜지스터라디오로 모스 부호가 핑핑 울리는 소리를 들었고, 바다에서 들리는 뱃고동 소리를 밤새 벗 삼아 듣기도 했다. 나는 조각품을 만드는 대신, 책과 나뭇가지와 사람들이 지나다닌 화강암 문지방으로 라디오 수신기를 만들었고, 알루미늄 포일과 종이, 납, 아연, 구리 조각, 레몬주스, 식초, 시큼해진 맥주로 전지를 만들었다. 돌과 살아 있는 나무의 가지에 쓰레기장에서 건져낸 구리선을 둘둘 감고, 금속 핀을 이용해 땅과 공기를 연결했다. 그리고 어디선가 주워온 이어폰과 스피커로 죽은 자들의 목소리를 들으려 했지만, 들리는 소리는 지지직거리는 소리뿐이었다.

우리의 FM 라디오에서 들리는 모든 잡음의 1퍼센트가 세상의 첫날, 즉 오늘날 존재하는 모든 티끌, 행성, 달팽이, 속눈썹, 그리고 단어의 태초에서부터 시공간을 통과해 온 것이다. 그것은 빅뱅에서 만들어진 간섭음이다. 당시에는 이 사실을 알지 못했지만, 내가 조각품을 만들고 있는 게 아니라는 사실은 알고 있었다. 나는 저 너머에서 들리는 목소리를 찾고 있었다. 그래서 밤에 치킨 가게에서 술꾼들을 위해 닭고기를 튀기면서 틈틈이 시를 썼다. 그리고 돌에 단어를 새기는 법을 배웠다. 늘 단어였다. 가장 외로웠던 순간에도 책과 책 속의 등장인물이 내 친구, 가족, 스승, 그리고 연인이 되어주었다. 그저 썼다. 세상이 호흡하는 리듬을 느끼고 기록하고 증폭시키려고, 그것이 더 가까이서 쿵쾅쿵쾅 울리게 하려고 썼다. 시는 베일 너머를 볼 수 있는 유일한 방법이다. 새들의 이 모호한 언어가, 나약한 인간의 영혼을 그것이 숨겨져 있는 곳에서 끌어낸다. 그리고 군살 없는 형식으로 진짜 세상의 증기에 스치게 한다. 세속적인 것과 영혼 사이에 다른 길은 없다.

8月

사랑하는 대상과 사람을
죽음으로부터 지킬 수 없다는 사실은
우리에게 슬픔을 안긴다.
슬픔은 그 자체로 아름답고 섬세한 것이다.

코피우호 드리웨린

호스는 달리아까지만 닿아서, 나는 물을 통에 담아 주변 화단에 흩어져 있는 어린 수국으로 가져간다. 셔츠가 땀이 난 등에 들러붙고, 두피는 타오르는 햇볕에 쪼그라드는 것 같다. 라벤더에서 윙윙거리는 소리가 들리고, 대문 옆 개미 길에서 개미가 오간다. 나는 10리터짜리 플라스틱 물통 두 개를 옮긴다. 물 1리터는 무게로 치면 1킬로그램이다. 정원의 이쪽에서 저쪽으로 두 살짜리 아이와 맞먹는 무게를 들고 다니는 셈이지만, 식물이 있는 곳에 다다를 때쯤이면 물의 일부는 마른 땅 위로 흘러내린 뒤다. 윙윙거리는 소리가 허공을 채운다. 긴 낮은 태양과 함께 시작되고 끝난다. 수국이 시들고 있다. 가뭄이 들었을 때 가장 먼저 스트레스를 받는 관목이 수국이다. 나는 수국의 아래쪽에 물을 쏟아붓고 또 쏟아붓는다. 몇 시간이 지나자 숙어진 수국의 줄기가 꼿꼿이 섰고, 시들어 흐늘흐늘하던 큰 잎들이 태양을 바라본다. 하지만 곧 다시 허리를 숙인다.

더위가 몇 주 동안 계속되었다. 풀은 황금색으로 변해 성장을 멈추었다. 수분을 잃지 않으려고 애쓰는 물푸레나무의 잎은 가장자리가 말려 땅으로 떨어진다. 상추는 자기들이 죽어가는 줄 알았는지 꽃대를 올렸다. 단단하고 반짝거리는 녹색 구형을 만드는 대신, 위에 봉오리를 맺은 키 큰 식물이 되었다. 상추는 죽기 전에 꽃을 피워 씨를 만들고 싶은 것이다. 이곳에는 나, 식물, 새들, 그리고 우리를 덮고 있는 하늘뿐이다. 물통이 거의 비었고, 50마일 떨어진 산속 저수지가 바닥나고 있는지 수돗물에서는 진흙 맛이 난다.

나는 걸러진 진흙, 생명의 물질을 마시는 것이다. 거기서는 과거의 파편이 발견된다. 어떤 미래는 거기서 끝난다. 수위가 낮아졌으니 카펠 켈린이 진흙 속에서 보일지도 모른다. 묘지와 예배당 벽이 보일 것이다. 트리웨린 계곡을 침수시키기 전에, 오래전에 매장되었던 시체를 그들이 차지하고 있던 1제곱 마일의 땅에서 파내 멀리 이장했고, 웨일스어를 쓰던 마을 사람들은 1965년에 강제로 이주 당했다. 마을이 파괴되고, 집은 물에 잠겼다. 얼마 되지 않는 소지품을 들고 울면서 강제로 쫓겨나는 아이들의 모습을 담은 사진들이 남아 있다. 한 나라의 사람들은 자신들의 땅과 언어에 깊은 애착을 갖는다. 클란흐리스티드라는 이름의 마을 바깥에 길을 바라보는 버려진 오두막 벽이 있다. 붉은색으로 칠해졌고, 그 위에 흰색 글씨로 'Cofiwch Dryweryn'이라고 쓰여 있다. '드리웨린을 기억하라'라는 뜻이다. 웨일스인에게는 몇 안 되는 기념물 중 하나다. 몇 년마다 한 번씩 파손된다. 그것을 지역사회에서 복구하고 다시 페인트칠을 한다.

나는 나라에 대한 소속감이 없다. 내게는 나라가 없다. 내가 글을 쓰고 있는 이곳에서 듣는 언어는, 세상의 언어들 중 일부에 불과하다. 나는 사람의 언어 중 세 개는 알아들을 수 있다. 그리고 새들의 언어 중에 네 가지를 알아듣는다. 탑의 종소리는 또 다른 하나의 언어다. 나는 이런 외침들 중 일부만 이해할 수 있다. 나머지는 내 악기와 다른 것으로 연주되는 음악이며, 그것들이 아침의 노래를 부른다. 언어는 장소에서 비롯한다. 언어는 터전을 잃은 이들이 가진 것 중 가장 강력한 것이다. 1940년대까지 여기 웨일스에 있는 학교들은 아이들이 집에서 쓰는 언어, 즉 부모와 가족의 언어를 쓰면 벌을 주는 관행이 있었다. 운동장이나 교실에서 친구들이나 형제들에게 웨일스어를 쓰는 걸 들키면, 목에 'WN'이라고 글자가 새겨진 나무판을 걸고 다녀야 했다. 그 아이는 웨일스어를 쓰는 다른 아이를 찾아내라는 요구를 받았고, 그 아이는 또 다른 아이를 찾아낼 때까지 'Welsh Not'*이라고 된 나무판을 목에 걸고 다녀야 했다. 일과를 마칠 때, 마지막으로 그 나무판을 목에 걸고 있는 아이는 교사에게 매를 맞았다. 학교 일과가 끝나면, 매를 맞아야 하는 상황에서 구해주려고, 쉽게 흥분하는 장난꾸러기 여동생에게 오빠가 'Welsh Not' 나무판 목걸이를 달라고 웨일스어로 말했다는 이야기를 흔히 접할 수 있다. 이곳에서는 여전히 아주 생생한 기억이다. 노인들은 그것을 목에 걸었던 것을 기억하고, 그래서 잉글랜드인을 잘 신뢰하지 않는다. 나는 지켜야 할 내 소유의 땅이 1제곱마일도 없는 집시이자 무신론자, 무정부주의자라서, 애초에 아무도 나를 신뢰하지 않는다. 웨일스어는 뿌리까지 잘렸지만, 다시 그 어느 때보다 강하고 자랑스럽게 자라고 있다. 나는 그 언어를 많이 알아듣지는 못하지만, 내 문 앞으로 그 언어가 지나가는 소리를 듣는 것을 좋아한다. 그것은 살아 있는 것이다. 사랑하기 위해 이해할 필요는 없다.

---

* 웨일스어 사용 금지라는 뜻.

산형과 식물들

풀밭 위로 안개가 떠 있다. 그 안개는 수백만 마리 곤충이 만들어 낸 것이다. 끊임없이 윙윙거리는 여름의 소리. 졸졸 가늘게 흐르는 개울 옆 진흙땅은 말라붙고 갈라졌다. 엄청난 수의 나비가 엉겅퀴, 초롱꽃, 쓴박하, 그리고 지치가 피운 노란색, 흰색, 자주색 꽃송이들 사이로 먹이를 찾아다닌다. 풀밭에 떨어진 일부 꽃씨는 말라서 집을 떠난다. 한 달 정도 지나면 씨가 떨어지게 풀을 베어 땅에 내려놓을 때가 될 것이다.

미스 캐시미어가 서머 드레스를 입고 나온다. 모습이 단정하고, 옷 색깔은 오렌지색이다. 아마 50년대에 입던 걸 텐데, 다시 그녀의 몸에 맞게 된 모양이다. 나는 풀밭 가장자리를 따라 길에 자란 잔디를 깎고 있다. 그 길의 잔디를 여러 해 동안 깎아 왔다. 그녀가 그 길로 다니는 것을 오랫동안 보지 못했지만, 나는 여전히 그곳의 잔디를 깎는다. 우리는 모든 것이 평소대로일 거라고, 그 길을 다시 이용할 거라고, 정원의 모든 것이 지속될 거라고, 어쩌면 영원히 그럴 거라고 가정한다. 그녀가 다가오는 것을 보고 나는 기계를 끈다. 날씨는 덥고, 그녀는 느려서 내가 있는 곳까지 오는 데 한참의 시간이 걸리지만, 내가 그녀에게 가지는 않는다. 이유는 모른다. 내가 무언가 하는 걸 그녀가 봤으면 좋겠다기보다는, 그녀가 무언가 하는 걸 내가 보고 싶은 기분이다. 나는 그녀가 걷게 둔다. 그녀는 아마 걷고 싶은 기분일 것이다.

그녀의 무릎에 즐겨 앉는 적갈색 고양이가 며칠째 보이지 않는다. "단지 고양이일 뿐이지만, 보고 싶네요." 그녀가 말한다.

"계속 찾아볼게요." 내가 말한다. 우리는 더위에 대해 이야기하고, 그녀는 그게 아주 좋은 것 같다고 말한다. 나는 그녀에게 "나는 가을을 더 좋아해요" 하고 말한다. "북부 출신이라 그런지, '어둡고 추운 달'이 좋더라고요."

그러자 그녀가 말한다. "오, 재미있군요."

나는 "연못에 잡초가 많군요. 분수를 가동해, 물에 공기를 좀 넣는 게 좋을 것 같아요" 하고 말한다. 그녀가 그러겠다고 한다.

그녀는 그저 이야기가 하고 싶은 것 같다. "이곳에 전에는 본 적 없는 식물이 많네요." 그녀가 말한다. "식물 이름을 다 알아요?" 그녀가 묻는다.

"대부분은요." 내가 말하고, 습한 곳에서 자라는 사초와 풀의 뿌리를 영양분으로 섭취하는 리난투스, 캠피온, 카우파슬리에 대해 이야기한다. 그러자 그녀는 넓고 평평한 꽃을 피우는 이 산형과 식물이 어린 카우파슬리인지 묻는다. 나는 "같은 과예요" 하고 큰 소리로 말한 다음, 이내 이름이 떠오르길 바라지만 떠오르지 않는다. 바보 같다. "이름이 뭐였는지 기억나지 않네요." 내가 마침내 인정한다.

내게 이름은 더 이상 중요하지 않다. 나는 식물이 뭘 필요로 하는지, 어떻게 생겼는지, 어떻게 행동하는지, 어디서 자라고 싶어 하는지, 그리고 싫어 하지 않는지 안다. 쳐다보기만 해도 훤하다. 하지만 그 이름은 내 머릿속 깊은 곳의 녹슨 서랍에서 꺼낼 수가 없다. 그럼에도 날마다 하는 일이니, 눈을 감고도 그릴 수 있었다. 그녀에게 꽃등에와 나비가 이 작고 하얀 꽃을 사랑한다는 말은 해줄 수 있었다. 해마다 같은 뿌리에서 자라고 풀밭의 습한 늪지 부분을 좋아한다는 말은 해줄 수 있었다. 고양이 오줌 냄새가 약간, 딱총나무꽃 냄새도 살짝 난다는 말은 해줄 수 있었다. 땅속에 있는 작은 녹색 주먹 같은 것에서 돋아난다는 것과 작은 꽃들이 모여 납작하고 크림 같은 왕관 모양을 이룬다는 말도, 겨울에 참새들이 즐겨 먹는 납작한 씨앗이 달린 머리를 한 채 갈색으로 서 있다는 말도 해줄 수 있었다. 때로 설탕을 발라 케이크를 장식하는 데 쓴다는 말도 해줄 수 있었다. 하지만 그 이름만큼은 떠오르지 않았다.

나는 그저 휴대폰을 꺼내 '산형과 식물'을 검색할 수도 있었다. 그 과에 속한다는 건 분명했기 때문이다. 이 과에는 당근이나 파슬리, 스위트시슬리, 야생 파스닙 같은 먹을 수 있는 식물이 포함되고, 독미나리 또한 포함된다. 독미나리는 잎 대여섯 장, 씨앗 몇 개, 뿌리 한 조각만 먹어도 발부터 차가워진다. 마비 증상이 몸을 타고 서서히 올라와 마침내 폐에 이르고, 폐가 망가지면서 죽게 된다. 하지만 그 식물은 이 중 어느 것도 아니다. 나는 침묵을 지키며 내가 바보 같아 보일 거라고 생각한다. 그리고 마침내 야생 당근이라고 말한다.

그녀가 나를 쳐다보며, '야생 당근' 하고 말한다. 이것이 야생 당근이 아닌 걸 알고 있는데 내가 거짓말을 한다는 듯, 혹은 야생 당근이 있다는 사실 자체를 믿지 않는다는 듯 의아한 목소리다. 그것은 야생 당근보다 네 배는 더 크다. 그녀는 그냥 여름 별채로 가버리고, 나는 그녀가 돌아와 그것을 찾아본 뒤 비슷하지만 같지는 않다는 걸 알아낼까 봐 두렵다. 바보 같아 보이지 않으려고 그녀에게 잘못 알려준 것에 죄책감이 느껴진다. 내가 없는 자리에서 내가 바보 같아 보이는 건 상관없지만, 그녀 앞에서 바보 같아 보이고 싶지는 않다. 나는 거짓말을 한 것이 부끄럽지만, 거짓말은 준비된 듯 자연스럽게 나왔다. 그녀는 천천히 멀어지고, 만회하기 늦은 순간에 그것이 '안젤리카'라는 당연한 사실이 기억난다.

나는 허리를 숙이고 줄을 잡아당겨 잔디깎이를 다시 작동시키고, 붉은색 개양귀비가 핀 곳을 지나며 잔디를 깎는다. 개양귀비와 여러 종의 야생화가 핀 들판은 감탄스럽다. 숨이 멎을 만큼 아름다워, 나는 기계에서 잠시 손을 놓을 수밖에 없다. 내가 서서 바라보는 동안 기계는 잠을 잔다. 나는 눈을 뜬 채 경직되고, 마비되어 내 안에 그것을 담는다. 그것은 함께 나이 들어가는 세상의 다양한 인간 군상 같다. 갈색과 분홍색과 빨간색과 노란색 사람들, 키가 크거나 작거나, 뚱뚱하거나 날씬하거나, 동성애자거나 이성애자거나, 가톨릭 신자거나 이슬람 교도거나, 화려하거나 소박하거나, 그 사이의 모든 스펙트럼에 해당되는 사람들이거나. 모두 비슷한 영양분을 이용하고, 같은 공기를 호흡하고, 같은 물을 마신다. 이름표는 잠정적인 것이고, 그 이름에 담긴 엄청난 의미를 포착하는 경우는 거의 없으므로, 이름을 잊어버리는 것도 괜찮은 것 같다.

    이 순간은 내 하루 중 최고의 시간이고, 나는 깊이 취한다. 적갈색 고양이는 나비를 쫓는다. 바깥에는, 더러워지고 상처 입고 고달프게 살아온 늙은 고양이가, 산울타리 아래로 자부심을 드러내며 슬금슬금 걸어가다, 나를 보고는 세월에 시달린 붓다 같은 모습으로 다시 긴 풀 속으로 사라진다.

분수

　뜨거운 열기에 고갈된 나는, 위안을 찾아 하늘을 올려다본다. 여름의 정원에서는 할 일이 그리 많지 않다. 그 외의 나머지 계절은 모두 이 두세 달을 준비하는 데 쓰이고, 붉고 찬란한 가을이 그 뒤를 따른다. 이제 나는 속도를 늦추고, 여유를 부리며 더위를 피할 곳을 찾는다. 동쪽으로 얇은 구름이 드리워 있어 적어도 오늘은 좀 시원하다. 이번 주 후반에 소나기가 올지도 모르겠다. 잔디밭은 노랗고, 수국의 잎은 시들어 간다. 나는 호스를 꺼내 달리아 화단에 물을 흠뻑 준다. 줄기에 붙은 검은 진딧물은 즙액을 먹으며 생명을 얻고 있다. 나는 심술궂은 기분이 되어 그것들을 날려버리려고 물줄기를 그쪽으로 보내고, 그것들은 안간힘을 써서 매달린다. 내 뒤쪽에 걸린 해가, 떨어지는 물보라에 무지개를 만든다.

　미스 캐시미어가 담배와 신문을 들고, 집 그늘에 앉아 차를 마신다. 그리고 찻잔을 재떨이 옆에 있는 받침 접시에 놓는다. 그녀의 아이들 중 한 명이 만든 것일지도 모를 갈색 잔이다. 여름 별채는 앞면이 유리로 된 나무 상자 모양으로, 불편할 정도로 더워서 그녀는 잠시 그곳을 사용하지 않는다.

　나는 천천히 연못으로 이동하며 그녀의 주의를 끌고, 손을 흔들어 분수를 가리킨다. 그녀는 내가 분수를 가동하자고 말한 것을 떠올린다. 그녀가 성가시다는 듯 손을 펄럭 휘젓더니, 일어서서 돌담으로 비틀비틀 걸어가 스위치를 켠다. 분수에서 꿀꺽 소리가 나더니 물방울이 샘솟고, 이어 진득한 녹색 물이 뿜어져 나온다. 그러고는 천천히 맑아지며 하나의 물줄기로 솟구친다. 그 물줄기는 점점 세차게 치솟아, 하나의 맑고 밝은 물 우산이 되어 6피트 높이에서 반짝거리다 바닥에 떨어져, 마른 청동 장식에 물을 튕기며 먼지와 흙을 씻어낸다. 사방 몇 피트 범위에서 체감될 만큼 기온이 내려간다. 나는 그녀를 향해 양 엄지를 치켜들고, 그녀는 다시 신문을 내려다본다. 그녀는 분수를 틀어놓으면 돈이 많이 든다고, 특별한 일이 있을 때나 손님이 찾아올 때만 켜두자고 말했었다. 작년 이맘 때 연못에 수초가 가득했던 이후로는 한 번도 틀지 않았다. 해마다 가뭄 때면 이 엄청난 물줄기를 올려 보내는 것이 관행이 되었다. 햇빛에 반짝이는 물줄기는 바싹 마른 땅과 땀 흘리는 정원사를 놀린다. 손에 닿을 수 없는 서늘함을 뽐내며.

나는 한동안 선 채로, 등에 닿는 태양을 느끼며 표면에 떨어지는 물방울을 지켜본다. 물방울은 연못에 다시 합류하고 펌프를 통해 다시 빨려 들어간 다음, 다시 위로 뿜어져 나온다. 일부는 흙 위에 떨어져, 비가 되어 돌아올 때까지 아마 몇십 년은 연못을 떠나 있어야 할 것이다. 바람이 불면 물보라가 날릴 테고 나는 자연스레 그 안에 들어가겠지만, 바람은 없고 공기는 고요하고 뜨겁다. 아이들이 물놀이를 하는, 작은 공기 주입식 풀장을 떠올린다. 뜨거워진 비닐 냄새, 파란색 바닥, 노란색과 파란색 튜브. 정원 호스로 물을 뿌려 머리 위로 무지개를 만든 사람이…… 누구였더라? 나하고 남동생이었나? 내 아이들이었나? 나를 굽어보던, 키가 크고 미소를 띤 사람은 어머니였나? 아버지가 호스 파이프로 우리에게 물을 뿌렸나? 나는 그 이미지를 밀어낸다. 그것은 계속 빙빙 돌아가는 작은 필름이고, 그 특정한 모래 알갱이에 담긴 우주는 그저 과거의 잔재일 뿐이다. 고양이가 썩은 장난감을 밀어버렸듯, 그것은 내가 떨어내야 할 먼지일 뿐이다. 내게는 시간을 낭비하는 훨씬 더 즐거운 방법이 있다.

고양이와 개

　　미스 캐시미어에게는 고양이 두 마리가, 내게는 한 마리가 있다. 나는 고양이를 좋아한다. 고양이는 재미난 걸 좋아하는 아주 침착한 동물 같고, 감각적이며 느긋이 있는 법을 안다. 고양이는 에너지를 낭비하지 않고, 고양이와 함께 보낸 시간은 결코 낭비가 아니다. 침착한 마음을 기르는 것은 고양이와 관계를 맺는 일과 비슷하다. 다가오게 하려고 하면, 고양이는 더 멀리 달아날 것이다. 쫓아가면 숨을 것이다. 하지만 가만히 앉아, 고양이를 지켜보며 준비된 모습을 보이면 다가올 것이다. 계속 머물 수도 있고 가버릴 수도 있지만, 그 사이에는 관계가 생긴다. 그리고 그 관계는, 더 자주 앉아 연습할수록 더 깊어질 가능성이 커진다. 어린 시절에 나는 학교 성경책에서 아시시의 성 프란치스코 그림을 보고 정말로 그와 같은 사람이 되고 싶었다. 야생 동물이 나를 편안하게 느끼고, 새들이 내 어깨에 앉고, 사슴이 내게 코를 비비고, 내 공간을 공유하기를 바랐다. 나는 그것에 환상을 품었고, 침착하게 가만히 움직이지 않는 연습을 했다. 그리고 새들이 내 어깨에 앉을 때를 기다렸다.

　　내가 열두 살쯤이었을 때였다. 어느 날 학교에서 집으로 돌아오던 길에, 한 무리의 아이들이 사나운 개를 피해 소리를 지르며 도망치고, 벽 위로 뛰어오르는 모습을 보았다. 학교에는 늘 거친 아이들이 있었고, 그들에게는 늘 거친 개가 있었다. 다정한 것이 두려워 남을 괴롭히는 아이들, 다른 사람들을 겁주고 깔깔거리는 길 잃은 영혼들. 이 두 형제는 자기들이 키우는 사나운 흰색 개를 학교에 데려왔고, 목줄을 풀어 아이들을 공격하게 했다. 개는 으르렁거리며 이빨을 드러내고, 안전한 곳으로 도망치려는 아이들을 물어뜯으려고 했다. 마음 깊은 곳에서, 내가 가만히 평온하게 있으면 개가 나를 공격하지 않을 거라고 믿었다. 달아나고 소리를 지르면 개가 아이들을 더 집요하게 쫓을 거라고 생각해, 나는 침착하게 서서 개를 향해 미소를 지었다. 나는 두려움과 함께 자라서, 그 감정을 다루는 법을 알고 있었다. 그래서 달아나지 않기로 했다. 먹잇감처럼 행동하지 않기로 했다. 나는 어떤 소리도 내지 않고, 내 자리를 고수하며, 시선이 마주치는 것만 피했다.

내가 그때까지 스스로에게 시킨 그 모든 훈련, 침착하게 가만히 있고 공포에 굴복하지 않는 그 훈련이 결실을 맺으려 하고 있었다. 하지만 내 다리는 결국 개에게 물어뜯겨 달랑거리는 붉은 넝마가 되었다. 나중에 병원 침대에 성자처럼 누워, 내가 어느 부분에서 잘못했는지 알아내려고 했지만 허사였다.

먼 데서 소리가 들려와

8월이 무르익었다. 다른 달들이 느릿느릿 지나간다면, 8월은 날아가는 것 같다. 여름은 슬그머니 기어서 오고, 막바지에는 너무 빨리 지나간다. 고개를 돌려 8월이 춤을 추며 멀어지는 것을 지켜볼 때면, 추위가 슬그머니 따라붙어 나를 외롭게 한다. 나는 풀밭을 둘러싼 길의 잔디를 깎는데, 야생화 씨앗이 벌써 풀밭에 꼬투리를 남기고, 날아갈 수 있을 만큼 멀리 날아가 균열이 일어난 곳에 내려앉았다. 거기서 뿌리를 내리고, 부모가 태어나고 죽은 곳으로부터 한 걸음 정도 떨어진 곳에서 평생을 보낼 것이다. 그리고 다음 여름에 그 꽃들은, 부모에게 잠입했던 바로 그 벌에 의해 수정될지도 모른다. 풀밭의 잡초를 베어내야 할 때가 거의 다 되었다. 젖은 줄기는 베는 것이 불가능하고, 너무 마른 줄기는 깨끗하게 잘리지 않으므로, 며칠간 줄기를 햇볕에 적당히 말려야 한다. 반바지와 밀짚모자 차림으로, 풀을 베도 괜찮을지 풀밭을 살펴본다. 낮게 걸린 아침 해가 빛을 비추자, 이슬 맺힌 백만 개의 거미줄이 반짝거리고, 가스 같은 작은 곤충 구름이 드넓은 땅에 드리운다. 황금빛이 도는 갈색 풀밭은 작은 생명들로 살아 숨 쉬고, 나는 그것을 벤다는 생각조차 할 수 없어 그루터기에 앉아 지켜본다. 나는 일하지 않는 모습을 들키는 것에 점점 무덤덤해진다.

날씨는 덥고 정원은 색깔로 눈이 아플 지경이다. 백만 명의 대장장이가 금속을 두드려 공명시키고, 그렇게 만들어진 구리와 황동의 꽃잎들이 햇빛을 받아 눈을 태울 만큼 환한 빛을 반사하는 듯하다. 눈을 찡그렸더니 머리 뒤쪽이 아파서, 가지를 드리운 나무와 양치류, 낙엽이 분해되느라 거품이 부글거리는 웅덩이가 있는 그늘지고 습한 곳으로 간다. 침묵과 어둠은 시작을 잉태한 귀하고 심원한 것이다. 나는 서서히 어둠에 나를 조응시키고, 갈색은 노란색에서 오렌지색, 붉은색까지 백만 가지 색조에 문을 열어준다. 먼 소리들이 정원 울타리를 넘어 들려온다. 여름의 매들이 파란 하늘에서 빙글빙글 원을 그리며 돌고, 그 아래 들판에서는 농부들이 땀을 흘리며, 트랙터로 햇볕에 금빛으로 마른 수확물을 갈퀴질하고 있다. 닳아서 반들반들해진 금속 손가락들이 회전하며 줄기를 이리저리 흩뿌린다. 과거에는 사람들이 쇠스랑으로 했던 일인데, 이렇게 하면 따뜻한 공기가 줄기 사이로 들어가 잘 마른다. 흙내가 나는 활동적이고 창조적인 남자들이 용구를 이용해 생활비를 번다. 검은 소들은 오래된 밤나무 그늘에 누워 있다. 그러다 해가 그늘을 옮기자, 햇볕 가장자리에 있게 된 소들이 일어나 무리의 반대쪽 끝으로 이동한다. 소들의 자리가 바뀌고, 땅 위에 그려진 나무의 그림자도 서서히 움직인다.

일하기에는 너무 덥고, 게다가 달리 할 일도 없다. 여름은 중년이다. 일어나는 일은 거의 없다. 아이들은 떠나고, 주택 담보 대출금은 다 갚는다. 젊은이들은 우리를 앞질러 나아가고, 우리는 이 자리에 남아 우리의 시간을 어떻게 보낼지 고민한다. 우리가 할 수 있는 일은 그저 앉아서 시간이 흘러가는 걸 지켜보는 것뿐이다. 우리는 서서히 성숙한다. 우리는 만들어진 뒤, 향미가 진해지기를 기다리며 습한 저장고 안에서 안식을 취하는 치즈다. 지금은 야단스럽고 값싸고 달콤한 여름이지만 풍부한 갈색의 가을이 되기를 기다리는, 통 속의 위스키다. 나는 등을 기대고 앉아 세상이 여름의 노래를 연주하는 것을 지켜볼 수 있다.

연못의 녹색 부유물

말라가는 루핀과 디기탈리스 구역에서 나는 무릎을 꿇고 맨손으로 잡초를 뽑는다. 손톱 밑에 흙이 끼고, 손은 모래가 묻어 거칠다. 그러다 한 마리의 야수를 발견한다. 손바닥에 가운뎃손가락만큼 길고 통통하고(게다가 내 손은 크다. 정원사의 손이다.) 커다란 눈 모양 반점이 있는 갈색과 회색의 주홍박각시 유충이 방어적으로 꼿꼿이 앉아 쉭쉭거린다. 이 유충은 영국에서 가장 큰 나방들 중 하나로 변태하고 있는 중이며, 겨울을 날 장소를 찾아 낙엽 더미 속을 들여다보고 있다. 나는 유충을 조심스럽게 내려놓은 뒤 낙엽으로 덮어주고, 유충은 유유자적 사라진다. 내 옆에서 울새가 유충을 발견한 것을 본 나는 새를 휘이 쫓아낸다. 나는 자연에 개입하지 않고는 못 견디는 성격인데, 어쩌다 개입이 주가 되는 일을 하게 되었는지 스스로도 궁금하다. 사실 나는 일이라는 것에 조금도 적합한 것 같지 않다. 나는 정말로 많은 일을 해보았지만, 결과적으로는 늘 잘 맞지 않았다. 나는 규칙에 따를 수가 없는 사람이다.

사람들이 내게 무슨 일을 하는지 물으면 나는 '그냥 정원사'라고 답한다. 나는 내가 풍경의 일부라고 느끼지만, 페기는 내가 '그냥 정원사'라고 말하는 것을 못마땅해 한다. 그녀는 그 일에 '그냥'은 없다고 말한다. 그것이 존경받을 만한 직업이라고 — 생계를 유지하게 해주는 정직하고 가치 있는 일이라고 — 말한다. 나는 다른 무엇이 되고 싶지도 않지만, 그럼에도 내 뼈는 아프다. 나는 고독한 사람이고, 내가 맺는 가장 깊은 관계는 인간이 아니라 바람과 비와 맺는 것이다.

이곳은 평범한 가정집이고, 나는 보통의 정원사다. 내가 아는 한 이 집에는 역사도 없고, 이 정원이 상을 받은 것도 아니며, 대중에게 공개되지도 않았다. 흔하지만 더없이 아름다운 정원이다. 용구를 보관하는 외양간에는 썩어가는 두꺼운 나무문이 달려 있다. 그 문에는 연청색, 녹색, 산화된 붉은색 페인트의 흔적이 나뭇결에 새겨져 있고, 문은 대장장이가 오래전에 만든 듯한 녹슨 경첩에 달려 있다. 그 옆으로 수직 홈통에는 녹색 조류^{藻類}가 자랐고, 그것이 음영이 있는 추상적인 무늬가 되기까지 수십 년은 걸렸을 것 같다. 돌담에는 오래된 이끼가 군데군데 노란색과 오렌지색 군집을 이루었다.

연못과 도랑에는 녹색 부유물이 얇게 덮여 있다. 이 흔한 녹색 부유물은 생물들의 놀라운 공동체이다. 거기에는 수십억 마리가 있다. 그것이 식물로도 동물로도 행동하기에 식물일 수도 있고 동물일 수도 있는데, 과학자들은 그 점에서 합의를 이루지 못했다. 이 단세포 유기체는 햇볕에 노출되면 광합성을 하여 햇빛을 당으로 바꾼다. 태양이 이동하고 그늘이 지면, 이 생물은 꼬리를 휘저으며 빙빙 돌다가 몸의 거무스름한 부분이 그 아래 빛에 민감한 부분을 가려 그림자를 드리우고서야 휴식을 취하며 광합성을 한다. 해적 같은 안대를 하고 황혼이 질 때까지 해를 쫓아간다. 황혼이 되면 낮이 끝났다는 것을 알아차리고 태양을 찾는 것을 그만둔다. 그리고 휴식하면서 삼투압을 통해 산호나 스펀지처럼 탄수화물을 흡수한다. 이 생물을 유글레나$^{Euglena\ viridis}$라고 부른다.

유글레나는 종류가 여러 가지고, 지구의 표면 거의 모든 곳에 있다. 도랑에 손을 넣고 한 줌 퍼 올리면 수백만 마리를 잡은 셈이다. 그것들은 잡혔다는 사실도 모른 채 자신들의 생명을 유지하고 있을 것이다. 사람들이 멀리 있는 더 큰 동물들을 보려고 케냐에 갈 때, 하늘에서는 비행기가 연기를 뿜어내며 그 전부를 죽인다.

월계수

　이곳에 독수리는 없고, 희귀한 나이팅게일이나 멸종 위기의 난초도 없다. 모든 것이 평범하지만, 그럼에도 평범한 모든 것은 존재한다는 의미에서 특별하다. 헤아릴 수 없이 많은 생명이 여기까지 버텨내지 못했다는 점을 고려하면, 살아 있는 모든 것 — 섹시한 해적 안대를 한 유글레나비리디스, 회색가지나방, 벚나무, 미스 캐시미어와 그녀의 고양이들 — 은 이곳에 존재하고 생명을 이어왔다는 단순한 행위만으로 특별하고 숭고하다. 싹을 틔우지 못한 것들, 아스팔트나 침대 시트에 떨어져 난자에 가닿지 못한 정자, 둥지를 떠나 독립적인 삶을 시작했으나 즉시 까마귀에게 잡아먹힌 6주 된 두더지, 키클롭스처럼 외눈박이로 태어나 며칠 만에 세상을 떠난 아기. 우리 각각은 수십억 개의 우연한 사건이 만들어낸 기적의 결과다.
　새끼 갈까마귀는 깃털이 다 자랐지만, 주변을 얼쩡거리며 날개를 조금 파닥여 볼 뿐, 여전히 먹이를 달라고 부모에게 다가가는데, 부모 새는 꽥 소리를 지르며 폴짝 뛰어 피한다. 칼새들이 또 한 차례 날아와 높은 데서 휘파람을 불며 빠르게 날아간다. 같은 칼새인가, 아니면 이곳을 통과하는 새로운 칼새 떼인가? 그것들이 처마를 찾아온 것은 아니다. 새끼들은 이미 떠났다. 칼새들은 새벽의 축축한 곤충을 잡으려고 저공비행을 하며, 집들 사이의 그림자 속에서 따뜻함을 찾아 날아오른다. 회색 비둘기는 매일 찾는 용마루 위에 평소대로 한 줄로 앉아 구구거린다.
　지금은 8월, 월계수 울타리의 가지치기를 하는 시기이다. 이곳에 온 뒤로 해마다 8월에는 가지를 친다. 나는 전지가위로 나무를 다듬고 월계수 가지를 하나씩 잘라낸다. 휘발유로 구동하는 헤지커터를 쓰면 잎이 흉측하게 뭉개질 것이다. 나는 가지가 원래 그렇게 자란 것처럼 보이게 하려고, 잎이 잘린 가지 끝이 감춰지게 깎는 걸 좋아한다. 자르는데 씁쓸한 아몬드 맛이 난다. 잎은 시안화물을 방출하는데, 아마추어 곤충학자들은 이 잎을 살충제에 갈아 넣어, 나방과 벌레, 나비를 죽인다. 전문가들은 훨씬 치명적인 독에 접근할 수 있다.

휴식

햇볕이 쨍쨍하고 열기가 강렬했던 4주를 오롯이 보냈다. 나는 지쳐서 블라인드를 열고, 안개 같은 비가 건물과 하늘을 부드럽게 적시는 것을 보며 기분이 좋아진다. 굴뚝 위에는 이제 막 날갯짓을 할 수 있게 된 갈까마귀가, 깃털이 자란 날개를 펼치고 난생처음 비를 맞는 경험을 한다. 젖은 흙냄새가 나고, 나는 하루가 제대로 시작되기 전에 밖으로 나가고 싶은 마음을 물리치지 못한다. 빗속에서 마을 카페까지 짧은 산책을 하고, 우유를 넣은 커피를 마시면서 마을 사람들이 우산을 들고 지나가는 모습을 바라본다. 노인들이 우체국으로 가고 있다(마치 고령자 복지 주택에서 기차를 타고 여기로 출근하는 것처럼, 우체국에는 늘 노인들이 있다).

우체국장인 그레이엄은 팩팩거리는 성격인데, 마을 사람들 모두 그의 기분 상태를 잘 안다. 우리는 우체국에 갈 때, 그와 마주하게 될까 두려워하고, 그는 예외 없이 우리가 뭘 잘못했는지 짚어준다. 주소를 너무 크게 써서 우표 붙일 자리가 없다거나, 글씨가 너무 작아서, 혹은 너무 엉망이라 배달하는 사람이 고생 좀 하겠다고 말한다. 그는 "법에 따라 부칠 수 없는 것이 있어요" 하며 모든 소포의 내용물에 대해 캐묻거나, 소포 포장을 엉성하게 했다며, "도착하면 더 엉망이 될 거예요. 그렇지 않을까요? 친구?" 하고 말한다. 그는 이 모든 말을 큰 소리로 한다. 줄을 서 있던 다른 손님들은 누군가가 야단맞는다는 사실에 히죽거리지만, 그 웃음은 정작 그들이 창구에 가까워지면 희미해지고, 불안한 표정으로 자신들의 소포를 살펴본다. 나는 언젠가 손 글씨 때문에 다 들리게 큰 소리로 야단을 맞았고, 또 한 번은 우표를 거꾸로 붙였다고 꾸중을 들었다. 그는 그게 법을 위반한 거라면서 "위아래가 뒤집혔잖아요. 안 그래요, 우리 친구?" 하고 말했다. 그는 내 엽서를 뒤쪽 자루에 던져 넣으면서 경멸스럽다는 표정을 드러냈다.

마음이 급한 부모들이 출근길에 빨간 카디건과 코트를 입은 아이들을 학교에 데려다주고 있다. 나는 어떤 일이 일어나고 있는지 보려고 마을을 돌아다닌다. 부들레이아의 푸른색 꽃과 갈색으로 시드는 꽃, 생기를 되찾은 수국, 빗물의 무게로 고개를 숙인 젖은 장미. 사시나무에서 새들이 노래한다. 딜 씨앗이 익어간다. 맑은 물이 슬레이트를 타고 흘러내려 아연 도금된 배수관을 통해 거리로 쏟아져 나오는데, 처음에는 똑똑 떨어지고, 이어 콸콸 흐르다가 다시 졸졸 흐르며 거리를 씻어낸다. 흘러넘치고, 그러다가 줄어든다.

이런 하루하루의 이야기를 어떻게 쓸까? 이야기들은 오는 속도만큼 빠르게 간다. 나는 그것들을 서둘러 그물로 잡아 올리려 하고, 팔랑거리든 기어가든 그것들이 페이지 위에 내려앉기를 바란다. 이제 책을 탁 덮는다. 그것들이 도망가지 못하게! 이야기들은 작고 불완전하다. 우리 모두처럼.

씨앗 모으기

8월에는 내 안에서 작은 공간이 자라나고, 그 공간은 가을이 온다는 것을 고통스럽게 알아차린다. 가을은 끝의 슬픔과 시작의 기쁨을 데려온다. 둘 다 살아 있는 것들의 연약함에서 비롯한다. 여름의 밝음 한가운데서 나는 죽음의 그늘을 깨닫는다. 우리는 무상함 없이는 아름다움도 없음을, 그림자 없이는 빛도 없음을 안다. 그럼에도 우리가 사랑하는 대상과 사람을 죽음으로부터 지킬 수 없다는 사실은 우리에게 슬픔을 안긴다. 슬픔은 그 자체로 아름답고 섬세한 것이다.

일부 일년생 식물의 씨앗이 말라가고 있고, 연중 이맘때면 내 주머니는 종종 씨앗으로 가득하다. 대체로 금잔화, 양귀비, 니겔라가 그것들이다. 양귀비에는 씨앗을 담은 꼬투리가 있는데, 마른 줄기 위에 들어앉은 꽃의 부푼 씨방이 그것이고, 그 형태와 크기는 백만 종에 이른다. 웨일스양귀비 씨앗은 머리 부분이 1인치보다 아주 조금 짧고 좁으며, 마르면서 위에서부터 벌어지기 시작한다. 측면은 뻣뻣한 늑골 같은 것들 사이로 말려 내려가며 끝부분이 아래로 펼쳐진다. 그리고 천천히 오므라지면서 작은 후추통 같은 데서 작은 씨앗들이 달그락거리고 바람이 그것들을 날려 보낸다. 후추통이 비워지면서 측면이 떨어져 나가고, 빈 흉곽만 남았다가 봄이 되면 떨어져 먼지가 된다. 다른 양귀비 역시 '후추통'을 만드는데, 어떤 것은 크고 둥근 형태다.

화단에는 가장 일찍 피는 꽃인 금잔화가 씨를 만들고 있고, 녹색 발톱 같은 씨앗이 화사한 꽃들 사이에서 갈색으로 변한다. 꽃이 지면 나는 그것을 가위로 잘라내 씨앗을 만들지 못하게 한다. 그래야 꽃이 화를 내며 두 송이를 더 피우고, 씨앗도 두 배로 늘릴 수 있다. 꽃이 너무 많아져 시든 꽃을 다 잘라낼 수 없을 때까지 그렇게 한다. 그런 다음에는 그것들이 씨앗을 만들도록 그냥 둔다. 그러면 씨앗은 잎을 다 떨군 사각거리는 줄기 끝에 뭉텅이로 생긴다. 그것을 툭 잡아당기면, 씨앗이 내 손바닥 위로 우수수 떨어진다. 날은 시원하고, 가을의 향기가 공기 중에 감돈다. 나는 트위드 재킷을 입은 채고, 씨앗은 늘 그렇듯 내 주머니 안으로 들어간다. 이 재킷 안감에는 온갖 종류의 해묵은 씨앗들이 갇혀 있을 것이다. 모든 씨앗을 모으는 것은 불가능하고, 충분한 양이 땅에 떨어져 이 작은 화단에 해마다 꽃을 피운다. 나는 언젠가 내가 이 노동을 하기에 너무 나이 들었을 때, 이 트위드 재킷을 땅바닥에 내려놓는 상상을 한다. 그 재킷의 양모가 썩어 흙으로 돌아가고, 솔기와 안감에 갇혀 있던 씨앗이 재킷의 형태로 자라나는 상상을.

9月

걷는 리듬이 생각을 자극하고, 몸이 떠도는 대로 마음도 떠돈다. 한 발을 다른 발 앞에 놓는 반복적인 행위가 마음에 해방감을 준다.

황무지

아침은 밝고 시원하다. 붉은 태양이 나무들 사이로 모습을 드러낸다. 이따금 안개가 끼었다가 11시쯤 사라지면 날은 맑고 더워진다.

빗방울이 유리창에 빠르게 흘러내리고, 나는 빗방울이 흐르는 부엌 창문 옆에서 좋아하는 타탄 무늬 담요를 걸친 채, 머그잔에 담긴 핫초코를 마시며 잠시 책을 읽는다. 그리고 동이 트는 것을 지켜본다. 나는 집에 있으면서 종일 책을 읽기로 한다. 정원은 일하기에는 너무 젖었을 것이다. 통나무 자르기, 통나무 쌓기, 용구에 기름칠을 하거나 날을 갈아도 되겠지만, 의욕이 생기지 않는다. 먹기 위해 일해야 하지만, 가끔은 일하지 않는 것도 필요하다. 내 마음과 몸은 쉴 공간이 필요하다.

새벽이 오기 전은 시를 읽기에 좋은 시간이다. 세상이 펼쳐지고 있다. 세상이 펼쳐질 때면 마음 역시 고요하다. 커피를 내리러 부엌으로 가는 길에 책장 앞을 지나면서 아무 책이나 내키는 대로 꺼낸다. 오늘은 T. S. 엘리엇의 『황무지』를 꺼낸다. '움켜쥐는 뿌리는 무엇이고 자라는 가지는 무엇인가? / 이 돌투성이 쓰레기 더미에서? 사람의 아들이여.' 메마르고 물이 없는 황무지에 대해 읽다가, 나는 이따금 멈추어 생각하고, 빗물이 흘러내린 유리창을 통해 번질거리는 녹색 잎에서 튕겨 나오는 빗방울을 지켜본다. 이것은 그의 황무지가 아니다. 나는 그것을 외부에서, 안전한 장소에서 바라볼 수 있다.

햇빛이 기세가 꺾인 것이 부끄러운지 기어서 들어온다. 나는 왜 여름에는 햇빛을 여성으로 생각하고, 겨울에는 남성으로 생각할까? 그가 떠나고 있고, 차가워진다. 이제 서서히 이동하여 매일 조금씩 더 멀어진다. 그는 춘분이 되면 여성이 되어 다가올 것이다. 따뜻하고 잘 자라게 해주는 햇빛. 오, 이는 고정관념이다! 자라면서 형성된 것으로, 나는 그것을 끊임없이 지우려고 애쓴다. 세상을 단순하게 성별로 가르는 것은 아주 빈약한 사고력의 표출일 뿐이다. 차가우면서 다가올 수 있고, 따뜻하면서 떠날 수 있다. 남성과 여성을 나누는 것은 의미 없다. 자기답게 살고, 모두처럼 살라.

어제 타운에서 더러운 푸른색 나일론 침낭 위에, 코트를 거는 고리처럼 웅크린 노숙자를 보았다. 그와 같은 처지인 노숙자 한 명이 그를 내려다보며 말했다. "아내에게 돌아가야 할 것 같군, 친구."

그러자 대답은 이것이었다. "아니, 나는 아내와 다시 살고 싶진 않아. 차라리 여기 밖에 있겠네."

나는 그 노숙자들을, 그들이 흘러오고 흘러가는 것을 본다. 그들은 우리가 원하지 않는 틈에서 자라나는, 우리의 잡초이자 야생화다. 정돈을 잘하는 성향의 사람들이 그들을 거기서 쫓아낸다. 나는 이따금 빵 부스러기를 던져주고, 까마귀를 지켜보면서 징조를 찾았던 것처럼 그들의 이동이 무언가를 말해주는 듯 그들을 지켜본다. 대부분의 사람들에게 그들은 동물과 같고 그리 시선을 끌지 못한다. 하지만 나는 내가 한때 그들 중 하나였고 그들의 삶을 알기에 지켜본다. 누덕누덕한 속옷, 몇 주 연속으로 먹은 — 먹을 게 조금이라도 있다면 — 식은 음식, 발목 끝부분이 꼬질꼬질해진 양말, 닳아서 구멍이 난 신발 밑창. 그래서 내 발꿈치와 엄지발가락 아래쪽 살은 순례자의 그것처럼 곧장 바닥에 닿아 더러워지고 보이지 않게 되었으며, 가죽처럼 단단해졌다. 내 이동에는 목적이 있었다. 나는 돌이 많은 땅과 그 길에서 자라는 모든 나뭇가지를 선택했고, 그렇게 나뭇가지를 따라가다 보니 여기, 사랑에 이르렀다. 하지만 노숙자들은 증식하는 잡초와 같다. 그들이 사는 정원은 방치되어 서서히 황무지가 되어간다.

밤 기온이 떨어지기 시작했고, 나뭇잎은 더욱 짙은 갈색이 되었다. 일부 노숙자들은 이번 겨울에 죽을 것이다. 누가 죽을지 거의 훤히 보일 정도다. 그들은 싸움에서 졌다. 그들은 차가운 벽돌에서 느껴지는 작은 온기를 빨아들이며 웅크린 채 기다린다. 바닥에 모자를 놓거나, 커피숍 바깥 쓰레기통에서 주워온 캔이나 플라스틱 컵을 놓고 온종일 고개를 숙이고 있다. 그들 모두가 이 삶을 선택한 것은 아니다. 그들은 걷지 않고, 순례자가 되지도 않는다. 그들은 자신들이 떨어진 틈새에 머문다. 그들은 준비되어 있지 않다.

가, 가, 가, 새가 말했다

오늘 내린 조금의 비가 풀에 활기를 불어넣을 것이다. 그러면 풀은 다시 자라기 시작할 테고, 잘라내야 할 것이다. 금잔화 몇 송이가 여전히 허브 화단에서 꽃을 피우고 있다. 꽃을 피울지도, 피우지 않을지도 모르는 얼마 안 되는 봉오리들. 참새 떼. 여기저기 마구 뻗은 장미 덤불에서, 마지막으로 핀 노란 꽃 몇 송이가 여전히 꽃잎을 펼치며 새와 곤충에게 자신들을 홍보한다. 장미 열매가 오렌지색으로 변하고 있다. 온종일 내릴 이 가벼운 비는 갈색으로 변해가는 딜을 더 짙은 갈색으로 만들 텐데, 나는 딜의 씨앗을 아직 모으지 못했다. 맨팔에서 축축한 바람이 느껴진다. 시원하고 축축한 공기가 콧구멍으로 들어오고, 데워진 축축한 공기는 빠져나간다. 골고사리는 니스칠을 한 듯 광택이 나고 쪼글쪼글하다. 뭉쳐 있는 잎은 위를 향하고 있고, 잎의 뒷면은 호랑이 줄무늬의 암갈색 포자로 묵직해 보인다. 갈색은 생동감이 느껴지는 짙은 오렌지색과 검은색을 띠고, 공기에서는 젖은 흙냄새가 난다.

작은 물방울을 모으는 고사리나 한련 잎을 제외하면, 대부분의 식물이 비의 무게로 축 처졌다. 투명한 물방울이 광택 없고 평평하며 왁스 같은 한련 잎의 중앙으로 은구슬처럼 굴러가지만, 다른 모든 것은 흠뻑 젖은 듯 보인다. 약한 바람이 나를 스쳐 지나가고, 작은 잎이 팔랑거리며 날아간다. 들으려 하지 않아도, 지붕에서 흘러내린 빗물이 웅덩이 속으로 똑똑 떨어지는 소리가, 가벼운 비가 쉬쉬거리며 수백만 장의 빳빳한 잎을 조용하고 하얗게 때리는 소리가, 각각의 빗방울이 잎에서 잎으로 굴러가 부딪히는 소리가 들린다. 그리고 참새는 장미의 비비 꼬인 가시덩굴 속에, 그 열매와 흠뻑 젖은 마지막 몇 송이 꽃들 사이에 몸을 숨긴 채 노래한다. 빗방울이 웅덩이에 떨어지며 물결을 일으키고, 물에 비친 사물의 상이 퍼져 나간다.

외로운 벌 한 마리가 마지막으로 남아 있는 몇 송이 꽃을 찾아다닌다. 검은지빠귀가 나를 보더니 딱딱딱 경고성 울음을 울고, 잠시 참새들이 조용해진다. 나는 그것들의 언어를 이해하지 못한다. 하지만 내가 느리게 움직이고, 해코지를 하지 않는 것을 확인하자 다시 지저귀기 시작했다. 그들은 헛간을 가로질러 무더기로 자라는 뒤엉킨 오렌지색 장미 열매 속에서 이쪽저쪽 날아다니며 피신처를 옮긴다. 갈매기 한 마리가 머리 위로 날아가고, 엉뚱한 산비둘기 두 마리가 빗방울처럼 조용히 지붕 위로 내려앉는다. 나는 오늘 단연코 아무것도 하지 않기로 했다. 책을 읽고, 무언가를 먹고, 날씨가 제멋대로 변하는 걸 지켜보고, 새들을 바라볼 것이다.

몇 시간이 지나간다. 낮이 더 짧아지고 어둠이 더 일찍 찾아온다. 나는 달아날 수 없는 달콤한 우울감에 젖어 들기 시작한다. 이 기분은, 가을다운 가을의 밝은 빛이 찾아와 단풍이 물드는 잎들 사이에서 빛나고 세상을 깨끗이 씻어줄 서리를 데려올 때까지, 일주일이나 한 달은 계속될 것이다. 살아 있는 것들이 희미해지고 잠들기 시작한다. 꽃은 씨앗을 품은 꼬투리가 되고, 꼬투리는 말라서 갈색이 되며, 씨앗은 꼬투리를 떠나 떨어지고 부서진다. 씨앗은 춥고 습한 날씨가 끝나기를 기다리면서, 자신을 말리는 바람과 얼어붙게 하는 추위와 부풀리는 비를 견딜 것이다. 그런 다음에는 기필코 햇살이 비쳐, 그것을 꼭 필요한 만큼만 덥혀줄 것이다. 그러고 나면 씨앗은 안정적으로 수분을 흡수하여 뿌리를 내릴 테고, 햇빛과 공기를 얻으려고 떡잎 한 쌍을 펼칠 것이다. 이제 식물은 자신이 떨어진 곳인 이 흙에서 태어나 갈색으로 시들면서 다시 씨앗을 퍼뜨릴 때까지 살아갈 것이다.

    해가 나무 뒤로 떨어지면, 햇살은 줄기와 앙상한 나뭇가지를 붙잡고, 희미해져 가는 남은 빛을 배경으로 그 윤곽을 만들어 낸다. 그림자에 형언하기 어려운 풍부함이 담긴 듯하다. 두꺼운 천이 맨살을 숨긴 것처럼. 세월의 녹, 삶의 더께, 덧칠된 수묵화처럼. 그림자는 풍부한 어둠의 층들 속에 세밀함을 감추고, 낮의 밝음과 인간이 만든 것들의 반짝거림을 하찮고 피상적인 것으로 만든다. 이 그림자들과 빛의 층들은 — 낮이 죽고, 해와 해를 쫓던 사람들이 음식과 집과 사랑의 행위와 책 읽기로 이루어진 밤의 일상을 시작하고, 결국 잠이 들면서 — 가장 슬프고 가장 창조적인 것으로 보인다. 어둠이 모든 생명의 근원인 것처럼.

    시간은 지나가고, 그림자는 떨어져 나가, 세부가 감춰져 있던 구석에서 신비가 펼쳐지기 시작한다. 나는 어둠을 엷게 만드는 나무 테이블 램프 아래 앉아, 바깥의 노래를 듣고 『황무지』를 다시 읽는다. 눈이 멀게 되었으나 새들의 언어를 이해하고, 망자들과 소통하고, 여자로 변해 7년을 살면서 자식들을 낳고, 다시 남자가 된 그리스의 선지자 테이레시아스에 대한 내용이다. 네 번 읽었고, 읽을 때마다 짙은 그림자에 가려져 있던 엘리엇의 천재성이 조금씩 더 드러나고, 의미가 더 분명해진다. 나는 가치를 잃은 사회, 사라지는 생명을 보살피지 않는 사회, 사랑과 우리의 아름다운 오감과 매력적인 겸손보다 돈과 반짝거림과 명예에 더 가치를 두는 사회에 대한 이야기를 발견한다. 우리가 묻는 시체에서는 어떤 꽃이 자라날지 궁금하다. 우리의 감각은 진정 우리가 가진 유일한 것이다.

    나는 달고 시고 진한 맛의 가벼운 음식을 조금 요리해 먹고, 망자들과의 대화와 새들의 언어에 대해 곰곰이 생각한다. 오딘과,

그에게 인간의 활동에 대해 말해준 두 까마귀를. 새들의 언어는 신과 선지자와 시인만이 알아듣는다. '가, 가, 가, 새가 말했다. 인간은 / 너무 많은 현실을 견딜 수 없다.'* T. S. 엘리엇이 말한다.

---

* T. S. 엘리엇의 「네 개의 사중주」에 나오는 구절.

여러 갈림길

넓은 잔디밭을 다시 깎는다. 벽이나 울타리에 이르면, 그 자리에서 돌려 다시 밀고 오는 식으로 끊기지 않는 미궁을 만든다. 시작한 곳에서 큰 돌 한 개를 던져, 그것이 떨어질 만한 거리에서 일을 끝낸다. 이 미궁을 보면서 나는 나를 이곳까지 데려온 수많은 갈림길을 생각한다.

이 글을 쓰는 나는 지금 예순세 살이고, 여러 가지 색깔의 삶을 살았다. 소년 시절에 나는 바깥에서 쥐처럼 떨며 혼자 잠을 잤고, 죽음은 얼어붙은 좁은 방의 폭만큼 가까웠다. 집이 없었고 사랑받지 못했고 더러웠으며, 굶어 죽을 것처럼 배가 고팠다. 나는 쓰러지지 않으려고 먹을 것을 훔쳤고, 새들과 함께 산울타리 아래에서 잠을 청했다. 새들과 잠들기 전에, 나는 얇게 저며지고 있었다. 세월이 흐르면서 점점 더 얇게 저며졌고, 마침내 칼을 들고 있는 자만이 날카로운 눈으로 나를 알아볼 수 있을 만큼이 되었다. 그러다 마침내 무가치한 존재로 내던져졌고, 바람이 나를 붙잡아 산울타리에 걸어주어, 나를 꿰뚫어 보는 동물들과 함께 잠들게 했다. 나는 떠돌았다. 버지니아 울프의 올랜도*처럼 집시와 함께 떠돌지 않았고, 존 클레어**처럼 집시에게 버림받지도 않았다. 나는 세상을 버렸고 누구와도 만나지 않았다. 가족이나 친구 없이 혼자 지낸 그 2년 동안, 나는 엄청난 욕망 — 비바람을 피할 곳에 대한 욕망, 혼자 있고 싶지 않은 욕망, 따뜻한 음식과 부드러운 잠자리

---

* 『올랜도』의 주인공 올랜도는 오스만 제국의 대사로 머물게 되면서 집시 사회에 합류한다.
** 존 클레어는 집시 여인인 메리 조이스에게 깊은 사랑을 느꼈으나, 그 사랑은 이루어지지 않았다.

에 대한 욕망 — 을 경험했다. 하지만 모든 욕망은 지나가도록 내버려둔다면, 반드시 지나간다는 것도 배웠다. 또한 지나가는 세상에 대해 깨어 있으면서, 명상하고 침묵하는 법도 배웠다.

아버지는 욕망으로 채워진 사람이었다. 그는 자신이 내린 정의에 맞는 남자가 되기 위해 노력하고 실패하면서, 스스로 자기 마음에 상처를 입었다. 내가 그의 정의에 맞지 않았기 때문에, 자신이 남성성이라고 생각한 거칠고 강인한 모습으로 만들려고 나를 짐승처럼 다루었다. 나는 또래에 비해 키가 컸고 목소리도 저음이었지만, 그가 옆에 있으면 목소리가 뭉개져 꽥꽥거리는 소리가 났다. 그는 나를 자기 같은 남자로 만드는 데 실패했다. 나는 그의 눈에 나약하고 돈만 잡아먹는 겁쟁이였다. 나는 항상 분수에 맞지 않게 건방진 태도를 보였고, 그래서 그는 종종 내 눈에 퍼런 멍이 들게 했다.

그는 의미를 찾으려고 노력했다. 의미 없는 세상에서 의미를 찾으려고 노력하는 사람에게는 슬픔이 존재한다. 한번은 그가 화장실에서 흐느끼는 소리를 들었다. 그 역시 감정을 지닌 사람이라는 것을 깨달은 게 그때였다. 그 전까지 나는 그저 그를 강한 남자라고만 생각했다. 그는 늘 중요한 인물이 되고 싶어 했다. 그는 자신이 이미 중요한 인물이라는 사실을 깨닫지 못했다. 그는 내 아버지였다. 오랜 시간을 살아오면서 나는, 아프지 않다면 사랑이 아니라고 생각하게 되었다.

집을 떠나 떠돌이 생활을 시작한 것은 내 선택이 아니었다. 강요된 선택이었고, 나는 받아들이지 않으려 했지만, 결국 그것은 내게 큰 선물이 되었다. 나는 야생지로 가서 자연 속을 홀로 떠돌았다. 내가 알던 소년의 삶은 갈가리 찢겼고, 벌어진 상처는 아물지 않았으며, 그 안에는 단단하고 파괴적인 외로움이 존재했다. 나는 점점 바깥 생활에 익숙해졌고, 식물과 새가 나의 벗이 되어주었다. 나는 전에 나를 채웠던 것, 나를 진짜라고 느끼게 했던 것이 욕구와 욕망에 대한 생각이었다는 걸 깨달았다. 나에 대한 생각, 일과 돈에 대한 두려움, 사람에 대한 두려움, 감정, 소망, 희망. 그런 생각이 사라지자 내면에 아무것도 남지 않은 기분이 들었고, 한동안은 무서웠다. 하지만 두려움은 지나갔고, 그 공허의 자리에 모든 살아 있는 것들과, 바위, 물, 바람, 그리고 내가 평등한 존재라는 느낌이 들어왔다. 나는 내가 그저 그것들과 같다는 걸 깨달았다. 나는 세상의 일부였고, 대지의 창조성이 발현된 존재였다. 하룻밤 사이 나는 내 삶에 대한 책임감이 생겼다. 내게 무엇을 생각하라고 일러주는 텔레비전도 없고, 혹 간식이 있을지 모르는 부엌도 없고, 난방 시스템도 없고, 밤에 켜거나 끌 조명등도 없었다. 나는 내 선택을 소유했고, 그 선택의 결과를 소유했다. 내게 뭘 해야 하는지, 어떻게 행동해야 하는지, 뭐가 정상적인지 말해주는 사람도 없고, 샤먼도, 폭군도, 악마도 없었다. 풍선 같은 자유가 주어졌고, 모든 것을 나 스스로 처리해야 했다.

걷는 리듬이 생각을 자극하고, 몸이 떠도는 대로 마음도 떠돈다. 한 발을 다른 발 앞에 놓는 반복적인 행위가 마음에 해방감을 준다. 생각들이 오가며 목적지에 다다른다. 돌아가는 일은 없다. 돌아갈 곳도 없다. 그래서 나는 세상의 흐름 속에서 오로지 나 자신이 되었고, 내 길을 자유롭게 선택하는 존재가 되었다. 일이 잘 풀리지 않아도 그 운명을 실망이나 분노 없이 자유롭게 받아들이고 포용할 수 있었다. 현실 속에 존재하며 살아가고 선택하고 하루하루 내 선택에 책임을 지는 것에 만족했다. 심지어 많은 세월이 지난 지금까지 나는 내가 남긴 발자국에 대해, 나와 우리 모두가 살아가고 소비하면서 불가피하게 다른 존재에 끼치는 피해에 대해 전적으로 책임을 느낀다. 나는 내 걸음과 공허 속에서 이 사실을 깨달았고, 그러자 공허는 생명과 잠재성과 경이로 채워지고 흘러넘쳤다. 나는 내 몸의 식물군과 미생물 하나하나가 꽃이고, 적절한 영양분만 공급받으면 한 생애 동안 번성하다가 사라지리라는 것을 깨달았다. 이 지구상의 모든 몸은 꽃이고, 그 몸에 담긴 마음도 번성하고 지는 꽃이다. 우리 모두는 이 행성의 꽃이며, 지구 역시 꽃이다. 그리고 적절한 영양분만 공급받으면, 그 전부는 한 생애 동안 번성하다가 시들 것이다. 그리고 모든 것은 좋고, 영원히 좋을 것이다. 꽃향기를 맡고 꽃처럼 차려입은 타로 카드의 바보처럼. 직업이나 차, 집, 휴가 같은 것에 대해 내가 신경이나 썼던가?

세상 속으로 돌아왔을 때 나는 달라져 있었고, 이제 나는 걸을 수밖에 없다. 걷는 것은 내 몸과 마음에 영양분을 준다. 또 무언가의 일부, 한 무리나 군중심리가 지배하는 집단의 일부가 되는 것에서 나를 달아나게 해준다. 혼자 돌아다니면서 나는 책임감을 느낀다. 먼 길을 걷는 것은 힘들고 외로운 일이지만, 그것은 내가 선택한 고통이고 외로움이다. 내 일의 고통 또한 내 선택이고, 나는 그것에 만족한다. 누구도 그렇게 하라고 말하지 않았고, 나는 내 자유 의지로 그렇게 한다.

내 상상 속에서, 이 삶은 수많은 갈래가 있는 길이었다. 그 각각이 가능한 선택지였다. 선택하지 않은 각각의 길은 과거가 되면서 시야에서 사라졌고, 그 도착지도 알 수 없다. 어떤 도착지도 가볼 때까지는 결코 알 수 없고, 그저 길 위에 존재하는 한 지점일 뿐이다. 계획에 없던 막연한 장소, 그저 또 다른 모험의 출발지. 할 수 있는 것은 그 결과가 무엇이든 그것에서 행복을 느끼는 것이다. 모든 길이 그렇듯, 그 길은 끝으로 향한다. 나는 험준한 길도, 막다른 길도 경험했다. 재앙으로 이어진 결정도 있었고, 사랑과 열정과

시詩로, 흥분과 모험으로 이어진 길도 있었다. 내가 할 수 있는 것은 그 전부를 끌어안고 계속 나아가는 것이다. 사람들은 이따금 얼어붙은 듯 어느 길로 가야 하는지 결정을 내리지 못한다. 또 어떤 사람들은 선택하지 않은 길에 대한 꿈같은 환상이, 선택한 길의 현실과 그것에 쏟는 노력보다 더 밝아 보인다는 이유로 대번에 자신들의 선택을 후회한다. 있을 수 있었던 일은 결코 일어나지 않은 일이며, 앞으로도 일어나지 않을 일이다. 이것은 생명의 나무와 같다. 각각의 가지가 자라 열매를 맺고, 결국에는 다시 싹이 되어 돋아난다. 자연에 절대적인 규칙이란 없으며, 인간이 계획한 어떤 것도 인간의 뜻대로 다시 반복되지 않는다. 길은 모호하고 알 수 없다.

우리는 미래가 무엇을 가져올지 알 수 없다. 비트겐슈타인은 '우리가 말할 수 없는 것은 침묵 속에서 넘겨야 한다'라고 말한다. 나는 계획을 세울 수밖에 없는 상황이면, 대충 세워 변동의 여지를 둔다. 세상은 막연하고 미래는 알 수 없는데, 왜 확정하려고 애쓰는가?

콜키쿰

며칠 동안 건조한 날씨가 이어져, 개양귀비와 꽃양귀비, 수레국화, 엉겅퀴, 야생 당근이 바스러질 것처럼 황갈색으로 변했다. 태양에 바짝 말라 씨앗도 모두 떨어졌다. 그래도 나는 그것들을 그대로 둘 것이다. 그 자체로 우아하고 매력적이기 때문이다. 이 모습은 가을이 온다는 시각적인 첫 신호다. 다만 서늘하고 이슬이 맺히는 아침이면 향기가 먼저 찾아온다. 이제 나비들은 사라졌고, 작은 새들이 씨앗 맺힌 자리를 쪼며 먹이를 찾는다. 나는 헬러윈이 되기 전에 풀밭을 베어낼 생각이다.

계란 모양의 짧은 벚나무 잎 일부가 오렌지색을 띤다. 그걸 보니 하얗게 달궈진 금속을 망치로 두들겨 돌을 조각하는 도구로 만들던, 강철을 다루며 일하던 시절이 떠오른다. 잎이 대장간에서 이글거리는 쇠라면, 지금은 뜨겁게 달아올라 있다. 이제 차가운 기름 속에 담가 단단한 칼로 만들 때가 되었다.

너도밤나무 아래 그늘진 곳에서는 작은 분홍색 시클라멘이 다시 꽃을 피우고 있다. 그것들은 지금 역시 꽃을 피우고 있는 콜키쿰 사이에서 여러 해에 걸쳐 넓게 퍼졌다. 시클라멘꽃은 낙엽 사이로 이제 막 나타난 알줄기에서 자란다. 거칠고 털이 많은 갈색 감자 렌즈처럼 위는 오목하고 아래는 볼록하며, 지름이 2인치 정도 된다. 꽃은 가느다란 구리색 줄기 위의 넓게 움푹 파인 곳에서 자라고, 털뿌리 몇 개가 바닥에서 자란다. 세월이 흐르면서 알줄기는 점점 커진다. 꽃줄기는 위로 올라가면서 구부러지고, 작은 분홍색 꽃은 아래를 내려다보며, 꽃잎은 날개처럼 뒤로 젖혀져 그 안에서 일어나는 모든 일을 부끄러움 없이 보여준다. 꽃이 시들고 그 뒤에 있던 씨방이 부풀면, 꽃대가 더 길어지고 빛바랜 구리색 나선형 스프링처럼 꼬인다. 이어 꼬투리가 아주 무거워지면서 검붉은 색을 띠는 작은 구슬 크기가 되면, 꽃대는 더 이상 그 무게를 견딜 수 없게 되어, 서서히 손을 내밀어 꼬투리를 조심스레 땅에 내려놓는다. 꼬투리가 갈라지고 벌어져 씨앗이 떨어지면, 곤충들이 그것을 옮긴다. 조건만 적당하면 씨앗 하나하나가 또다시 시클라멘으로 자랄 것이다. 이런 식으로 시클라멘은 그 작은 마을 안에 일가를 이룬다. 그곳에서 시클라멘은 행복하고, 어린 자식들 역시 스스로 행복한 곳을 차지하고 자랄 것이다. 마침내 삼림지 바닥에 시클라멘 카펫이 깔릴 것이다.

그것과 함께 사는 콜키쿰 역시 분홍색이고, 키 큰 크로커스처럼 보인다. 잎을 떨군 가녀린 줄기에 가냘픈 분홍색 컵 모양의 꽃이 핀다. 어떤 사람들은 그것을 '가을에 피는 크로커스'라고 부르지만, 서로 연관은 없다. 콜키쿰의 줄기는 가냘픈 튜브 모양으로, 손가락으로 아주 살짝 스치기만 해도 부러질 듯하다. 하지만 비나 바람은 그것을 어쩌지 못한다.

미스 캐시미어가 비틀비틀 달리아를 보러 간다. 지금이 가장 아름다울 때다. 나는 무릎을 꿇은 채 시들고 눅눅해진 꽃송이를 싹둑 잘라 통에 담는다. 이제 막 벌어지려는 꽃봉오리를 찾아, 그 바로 위에서 줄기를 잘라낸다. 그렇게 해야 수액이 더 위로 가지 않고 곧장 꽃으로 간다. 상처는 빠르게 아물 것이다. 자연은 훌륭한 흉터 조직을 만드는데, 그것이 바로 성장 물질이다. 수액이나 고름, 송진으로 구성된 장벽을 만들어 감염을 막아주는 특별한 세포와, 넓게 퍼져 자라며 상처를 아물게 해주는 부지런하고 활발한 세포로 채워져 있다. 내가 한 송이의 달리아를 없애면, 두 송이의 달리아가 피어날 것이다. 식물의 일은 씨앗을 생산하는 것이고, 꽃을 잃는다는 것은 씨앗을 잃는 것이므로, 이를 보상하기 위해 식물은 서리가 내릴 때까지 더 많은 꽃을 피운다. 그것이 이론이고, 정원사들이 시든 꽃을 자르는 이유 중 하나도 그것이다. 하지만 정확한 사실은 아니다. 이 식물은 공장형 온실에서 길러진, 과도하게 개량된 붙임 식물이다. 식물은 그 사실을 모른다. 내버려두면 어쨌거나 꽃을 피우지만, 새로 핀 꽃들은 떨어지려는 눅눅한 꽃들 사이에서 보이지 않을 테고, 정원은 돌보지 않은 것처럼 보일 것이다. 그래서 나는 달리아가 아름다워 보이게 하려고 시든 꽃을 잘라주는데, 내가 해야 하는 일이 그것이기 때문이다. 개인적으로 시들어 가는 꽃의 색깔을 더 좋아하지만, 나는 신을 믿지 않으므로 내 열정의 대상은 생식과 부패와 재탄생이다.

완벽한 오렌지색 달리아꽃은, 구 모양으로 모인 꽃잎들이 똘똘 말려 백만 개의 작은 튜브 모양을 이루고, 그 크기는 골프공 크기만 하다. 나는 그것을 잡아 부드럽게 주먹을 쥐고 싶은 유혹을 느낀다. 그 종이 같은 질감을 내 거칠고 더러운 손으로 감싸고, 내 피부로 그 가벼움과 질감을 느끼고 싶다. 순간적으로 그것을 소유하고 싶다는 생각이 들지만, 소유하는 건 불가능하다는 것을 잘 알고 있다. 그 욕구의 순간과 상실에 대한 인식은 삶의 기쁨이며 슬픔이다. 며칠 뒤면 꽃이 지고 다시는 돌아오지 않겠지만, 만 송이의 다른 꽃이 있고, 이와 같은 만 번의 순간이 있을 것이다. 다른 모든 꽃처럼 그 꽃들도 시들면 잘라내 퇴비 더미에 던질 것이다. 나는 오렌지색 달리아꽃을 잡으려고 손을 내민다. 그저 모양과 무게만 느낀다. 하지만 그것으로 충분하지 않다. 꽃에서 공기를 전부 짜내는 느낌을, 꽃잎 사이의 틈을 닫아버리는 느낌을 알고 싶은 유혹이 일어난다. 그것을 서서히 뭉쳐 단단한 공으로 만들고 싶은 유혹이. 우리가 사랑이라고 생각하는 것은 여러 가지 형태를 취한다.

내가 떠나려는데 미스 캐시미어가 비틀비틀 달리아를 향해 걸어간다. 한 송이를 따서 손에 쥔다. 중간 크기, 테니스공 크기다. 그러고는 짧고 가는 다리와 긴 발로, 신발 길이만큼도 되지 않는 보폭으로 그 자리를 떠난다. 젊음을 붙잡으려는 노력을 포기한 듯, 환상을 유지하려는 노력을 멈춘 듯, 오늘 그녀는 어쩐지 유난히 늙어 보인다. 그녀의 한 걸음이 내 반걸음, 아니 반의반 걸음 정도다. 그녀는 비틀비틀 집으로 걸어갔다가 다시 가위와 꽃병을 들고 나와 오렌지색 꽃을 모조리 자른다. 그런 다음 골반에 통증이 있는 듯 몸을 살짝 앞으로 숙이고 비튼다. 그리고 천천히 비틀거리며 집 안으로 들어간다. 그녀에게 이 네 번의 여정은 꽤 긴 시간이 걸리는 일이다. 그녀는 노력하고 있는 것이다. 만약 그녀가 나에게 부탁했다면, 내가 대신해 주었을 테지만, 그 노력 자체가 그녀의 의도였을지도 모른다. 아마 잠시 동안, 그녀는 시시포스였을지도 모르겠다. 나로서는 결코 모를 일이지만.

나는 윙윙거리는 생명에 둘러싸여 있다. 햇볕은 내 등을 따뜻하게 덮혀주고, 공기는 고요해졌다. 따뜻한 피부와 꽃과 곤충이 나를 감싼다. 늦은 태양 아래 축축한 흙이 데워지면서, 향기와 소리가 내 감각을 채운다. 나는 흙 위에 무릎을 꿇고, 향기와 소리와 색에 휩싸인다. 무아無我의 체험.

풀밭에 낫질하기

풀밭의 풀을 벨 때가 되었다. 정원의 이 구역에서는 기계를 쓰지 않은 지 오래되었다. 이 일은 기름 묻힌 캔버스 천으로 감아 보관했던 낫을 다시 꺼내고, 금이 갔거나 이 빠진 부분이 없는지 찾아보는 것에서 시작된다. 엄지손톱으로 날의 등을 눌러보니 절삭면 쪽이 약간 휜다. 종이처럼 얇고 면도날처럼 날카롭다. 이 빠진 자리가 두어 군데 보이는데, 아마 어린나무에 부딪혀 그렇게 됐을 것이다. 나는 줄로 강철을 다듬어 절삭면을 매끈하게 만들고, 그루터기에 앉아 날을 작은 모루 위에 놓고 손잡이 부분의 곡선 쪽으로 끌어오면서 망치로 탕탕 두들긴다. 이 과정을 '피닝^{peening}'이라고 부른다. 차가운 금속이 서서히 늘어나고, 푸른 강철이 점점 얇게 펴진다. 나는 날을 망치로 가볍게 두드려 가장자리를 면도날처럼 만든다. 날은 사용하기 전에 매번 피닝 과정을 거치고 조정해야 한다. 마치 테니스 선수가 라켓을 점검하거나, 사냥꾼이 총에 기름칠을 하거나, 궁수가 활을 쏠 준비를 하는 것과 같다. 나는 피부처럼 매끄러운 숫돌을 놓고 날의 양쪽 면을 다 문질러, 까끌까끌한 것이나 날에 붙어 있는 미세한 수정 조각을 떼어낸다. 그런 게 어딘가에 걸리면 이가 빠지거나 찢기기 시작할 것이다. 숫돌이 날과 부딪히며 댕 소리가 나고, 여음이 있는 날을 휙 움직이면, 날이 연마되고 표면이 반짝거린다.

왼손으로 날을 잡아 손잡이 — 긴 자루 — 에 끼우고, 내 키와 팔 길이에 맞게 땅과의 각도를 조정한다. 낫을 휘두를 때 날의 앞쪽 끝이나 절삭면이 땅을 찍지 않으려면, 날 등이 지면과 평평해야 한다. 끼우는 부분인 슴베와 나무 자루 사이에 쐐기를 넣어 각도를 조절하고 단단히 고정한다. 2파운드짜리 동전의 두께가 쐐기로 적합하다. 나는 오래전에 모든 것을 측정하고 손잡이와 날의 각도를 조정한 뒤, 내 몸에 잘 맞게 조정해 두었다. 나는 키가 더 크지 않았고, 낫자루도 줄어들지 않았다. 물론 예전보다 조금 허리가 굽은 것 같고, 낫을 사용한 날에는, 하루를 마무리할 때쯤 되면 더욱 굽는다. 그럼에도 2파운드짜리 동전은 여전히 잘 맞는 것 같다.

완벽은 결코 이룰 수 없는 것이다. 조정해야 할 다른 부분이 있다. 낫 끝은 날의 뒤꿈치 혹은 '비어드beard'*와 같은 반경에 있어야 풀을 베어 옆으로 던져버릴 수 있다. 잘 조정되지 않은 날을 쓰면 가벼운 나무 자루가 부서질 수 있어서, 나는 공을 들인다. 모든 준비가 끝나자, 나는 감을 잡기 위해 낫을 빙글빙글 돌리고, 머리 주위로 휘둘러본다. 다시 잡은 기분이 좋다. 가볍고 균형감이 좋다. 더운 날씨지만 얼른 써보고 싶다. 날이 햇빛에 번쩍인다. 3피트 길이의 날은 내 길목에 들어오는 누구의 발도 잘라버릴 수 있을 만큼 날카롭다. 몇 달 동안 쓰지 못했으나, 아마도 내가 다른 무엇보다 사랑하는 이 도구를 나는 찬미한다. 그 감각을 다시 느껴보고 싶다. 온실 옆 수전에서 받은 물을 숫돌통에 채우고 벨트에 건다. 과거에는 숫돌을 보관하는 통을 종종 소뿔로 만들었고, 걸 수 있도록 금속 고리를 달았다. 내 것은 양철로 만든 것이다. 숫돌은 대략 8인치 길이의 매끈한 석회암 조각으로 타원형이다. 그것을 숫돌통에 넣어두고, 낫을 몇 번 휘두를 때마다 풀 뭉치로 날을 닦은 다음, 절삭면을 돌로 두들겨 까끌까끌한 부분을 제거한다.

줄기는 이슬이 맺혀 있어 쉽게 잘린다. 낮 동안 마르면 자르기가 더 힘들어져 일찍 끝낼 생각이다. 땅이 거칠다. 나는 천천히

---

* 수염이라는 뜻이지만, 날의 뒤쪽 곡선을 의미하기도 한다.

낮게 휘둘러, 가능한 한 그루터기를 적게 남긴다. 낫을 한 번 휘두를 때마다 야생화의 긴 줄기가 내 왼쪽으로 쌓이고, 이것들은 하루나 이틀 햇볕을 받으면 마를 것이다. 앞쪽에서 고슴도치가 나타나, 나는 낫을 내려놓고 그것을 발로 밀어낸다. 사람의 손에 잡혀 있지 않고 누워 있는 낫은 아주 위험한 것이라, 나는 조심조심 손을 뻗어 집어 든다. 내 손에 잡힌 낫은 다시 안전한 것이 되고, 심지어 침착하고 온순하다. 그리고 그것 역시 나를 사랑해 준다.

나는 낫질의 리듬에 빠져든다. 날은 줄기를 벨 때 속삭이는 소리를 내고, 잘린 줄기는 4피트 떨어진 곳에 한 줄로 떨어진다. 골반과 팔을 오른쪽으로 튼 상태로 낫을 뻗어, 이슬 맺힌 줄기를 날의 곡선 안에 담는다. 그리고 잠시 사랑스럽다는 듯, 반짝거리는 젖은 날의 아치 안에 두고 바라본다. 이어 팔을 완전히 뻗고 허리를 돌려 그 전부를 왼쪽에 내던진다. 날은 땅을 바짝 스치며 날아가 모든 것을 베고, 그 휘두르기가 끝나면 날에 붙은 것을 날려버린다. 그러고 나면 나는 비워진 날을 다시 최대한 오른쪽으로 휘두르고, 다시 한 걸음 짧게 옮긴 뒤 전체적인 자세를 가다듬는다. 그렇게 7피트가 넘는 땅을 모두 깔끔하게 정리한다.

낫질은 잊어버렸다가 되찾은 기술이다. 로버트 프로스트와 레프 톨스토이는 낫의 움직임과 아름다움을 찬미하며, 낫질이 특권층의 부러움을 사는 농부의 일이라고 썼다. 영국에서 소규모 영농을 하는 농부들이 다시 낫을 들었다. 프랑스와 독일의 시의회 공무원들은 잔디밭 가장자리를 손질할 때 낫을 사용한다. 육체적으로 고되지만 시적으로 며칠을 보낼 수 있는 방법이라, 나는 이 일을 사랑한다. 일하는 동안 주변 모든 것이 노래를 부른다.

날이 덥다. 나는 이따금 일손을 멈추고 새들의 노랫소리에 귀를 기울이거나 날을 간다. 낫질은 보호복을 입을 필요가 없어 반바지에 가벼운 부츠 차림이다. 미스 캐시미어가 집을 비워, 점심 도시락과 물통을 내려놓은 자리 옆 나무에 셔츠를 걸어 놓았다. 풀밭의 풀을 죄다 베려면 세 번의 아침이 필요하다. 모두 끝내자 풀밭은 크리스마스 장식을 치운 집처럼 헐벗고 슬퍼 보인다. 풀을 베면 느리게 자라는 꽃들이 풀에 잠식되지 않도록 보호하는 데 도움이 된다. 베지 않으면 1, 2년도 안 돼서 군데군데 야생화가 자란 풀 천지의 땅이 될 것이다. 비록 나는 낫을 사랑하지만, 여기가 내 풀밭이라면 그렇게 되도록 내버려둘 것이다.

추분

우리는 시침 끝에 앉아 느리게 회전하며, 하루하루가 지나가는 것을 지켜본다. 오늘은 추분, 가을의 첫날이다. 지구의 순환에서 주요한 네 지점 중 하나다. 추분은 대체로 9월 23일경이다. 앞뒤로 하루이틀 차이가 있을 수 있다. 오늘, 태양은 정확히 동쪽에서 떠서 정확히 서쪽으로 진다. 이제 밤이 낮보다 더 길어진다. 빛의 시간이 매일 3분씩 줄어들고, 12월 22일 무렵의 동지를 향해 가면서 그 속도는 더 느려진다. 동지는 낮이 가장 짧은 시점이고, 그때부터 3월 20일경에 있는 춘분을 향해 나아간다. 춘분은 낮과 밤의 길이가 똑같고, 낮은 하지로 가면서 점점 길어진다. 하지는 연중 낮이 가장 긴 날이고, 6월 23일경이다. 그 순환은 반복되며 이어지고, 모든 것이 조금씩 더 나이 든다. 농사나 목축, 가족의 안전이 모두 낮의 길이와 기온과 연관되기 때문에, 땅을 일구는 사람들에게 이런 지점은 그 각각이 계절의 첫날이자 축하의 시간이다. 여전히 많은 이가 이런 오래된 축제를 기념하고 축하한다.

일기예보에서는 계절의 시작이 다른 날이라고 말해줄 것이다. 기상학자들은 지구와 태양의 순환보다는 평균 기온을 기반으로 한 시스템을 사용하며, 그들에게 가을은 그저 9월, 10월, 11월이다.

이 모든 지점은 대략 90일씩 떨어져 있다. 원의 4분의 1에 해당한다. 이 날짜는 해마다 달라지는데, 그레고리력에서는 1년을 365일로 보지만, 지구가 태양의 궤도를 한 바퀴 다 도는 데는 그보다 조금 더 걸리기 때문이다 그래서 추분이 해마다 대략 여섯 시간씩 늦어지고, 결국 4년에 한 번 하루가 밀려나며 윤년이 생긴다. 또

한 20세기 동안 지구의 자전 속도가 느려지고 있었다는 사실이 밝혀졌다. 100년마다 하루가 0.0014초씩 길어졌다. 모든 측정 시스템은 본질적으로 약간 부정확하다. 우리의 도구가 아무리 정교해져도 도구와 현실 사이에는 늘 상대적인 차이가 있다. 그 차이는 점점 미세해지지만, 부정확성은 늘 존재한다.

추분은 변화의 시간이다. 옛것이 끝나고 새것이 시작되는 시기다. 정원에는 산 것과 죽은 것, 두 가지가 동시에 나란히 존재한다. 씨앗과 꽃, 먼지, 그 모든 단계에 부패와 탄생이 존재한다. 추분은 오늘도 아니고 내일도 아니며, 동시에 둘 다인 날이다.

길고 뜨거운 여름이었다. 농부들은 이제 트랙터를 몰며 밭을 돌아다니면서 짚을 묶고 있다. 까마귀들은 비행기가 지나간 흔적과 붉게 물들어 가는 저녁 구름을 가로지르며, 떼를 지어 하늘 높이 날고 있다. 하루는 매일 3분씩 더 짧아지고 검은지빠귀는 더 이상 노래하지 않는다. 겨울맞이 수염을 기르고, 털옷을 꺼내고, 사과를 수확하고, 쌓아둔 장작을 살펴보고, 성탄절 장식에 쓸 좋은 장작을 빼두어야 할 시기가 되었다. 여행을 끝내고 따뜻한 난로가 있는 집으로 돌아가는 기분이다.

10月

살아 있는 존재인 우리가 시간 그 자체다.
밤에 피는 꽃처럼 열렸다 닫힌다.
우리는 변화하는 우리의 삶을
일정한 시간의 보폭으로 통과하고 있다.

이제 가렴, 귀여운 소년아

땅거미가 질 무렵, 그릇 같은 달이 기울며 짝지은 까마귀들을 쏟아내고, 내게는 선물 같은 비가 쏟아진다. 갈매기들은 바닷가 집을 잃고 미친 듯이 비명을 지른다. 완전히 미친 것 같다. 내 지붕이 절벽 꼭대기라고, 쓰레기통 카트는 저인망 어선이라고, 뜯어놓은 검은색 비닐봉지는 물개의 사체라고 생각하는 것 같다. 그들은 길 건너로 플라스틱 뼈를 던지고, 달콤한 내장, 닭 껍질과 먹다 남긴 버거, 피자 크러스트를 끄집어 낸다.

커플들은 웃으면서 춤을 추러 포리스터스암스로 들어가고, 나는 혼자, 늘 그렇듯 혼자 밖에 있다가 위스키를 사 들고 집으로 향한다. 그리고 집이나 직장, 혹은 그런 끔찍한 것들이 가져오는 속박을 원하지 않았던 자연의 떠돌이 소년 시절을 떠올린다. 하지만 결국 나는 내 자식들이 끼어들 자리를 마련하기 위해 그런 것을 늘려나갔다. 문득 앞코 부분에 구멍이 나 있고, 때를 벗겨내고 왁스를 칠한 듯 밤껍질 같은 광택이 도는 신발을 신는 유의 남자들을 보았던 때가 기억난다. 바지와 재킷. 셔츠와 타이. 니트웨어. 나도 니트웨어와 그런 신발을 갖고 싶었다. 이제 나는 안다. 내가 그들처럼 되었다는 사실을. 나도 그런 구두와 집을 가졌다.

주차요금 정산기 아래에서, 다 터진 운동화를 신은 소년이 잔돈을, 동전을 좀 달라고 한다. 그 아이는 자신을 끌어당기는 인력의 양과 질에 따라 자칫 이쪽으로도 저쪽으로도 베일 수 있는, 존재의 얇은 면도날 위에 아슬아슬하게 올라가 있다. 나는 지갑 안에 있던 지폐를 전부 꺼내 소년에게 주었다. 그를 삶 쪽으로 기울게 하려고 한 것이지만, 나는 알고 있었다. 더 많은 삶은 더 많은 고통을 의미한다는 것을. 아마 나보다 소년에게 더 필요했을 위스키는 주지 않았다. 나는 반짝반짝 광택이 도는, 밤처럼 잘 닦은 브로그 구두를 신은 채 또각거리며 그 자리를 떠났다. 내가 떠나자 공무용 차량을 탄, 노란색 조끼를 입은 남자가 나타나 소년을 쫓아냈다.

"꺼져!" 그가 밴의 안전함 속에서 소년을 향해 외쳤고, 소년은 이런저런 소지품, 나달나달해진 아동용 배낭과 지저분한 침낭을 챙겨 그 자리를 떠났다. 아마도 죽으러 간 것이거나, 아니면 그저 덜 수치스러운 곳으로 옮겨갔을 것이다. 급여를 주고 밴과 따뜻한 노란 조끼를 사는 자들을 위해서. 나는 기계에 주차권을 넣어 요금을 정산한 뒤에 차를 몰고 떠나며 생각한다. 이제 가렴, 귀여운 소년아, 시골로 가렴. 시골이 널 고쳐줄 거야. 나는 할 수 없어. 떠날 수 있다면 이 춥고 무관심한 섬을 떠나렴. 바다로 가렴.

10월 안개

　　담쟁이덩굴이 철퇴 모양으로 꽃을 피웠고, 벌들이 가득 들러붙었다. 독버섯이 잔디밭에서 자라는데, 실 같은 흰색 균사체가 오래전에 죽은 나무의 썩은 뿌리를 먹고 산다. 한층 누그러진 여름의 부드러운 열기가 한동안 다시 기승을 부리고, 겨울은 아직 힘을 못 쓴다. 비를 맞아 통통해진 줄기에 여전히 딸기가 달려 있다. 땅에 닿은 딸기는 민달팽이가 갉아 먹었지만, 더 높이 있는 딸기는 통통하고 빛난다. 나는 두 개를 따서 먹는다. 달콤하고 과즙이 많으며, 내 손과 뺨처럼 붉다. 나는 딸기를 한 바구니 딴 다음, 미스 캐시미어의 집으로 가져가 부엌문 바깥의 야외 테이블 위에 내려놓는다. 그녀는 어디에도 보이지 않는다. 그녀의 아침 일과가 흐릿해졌다. 예전에 그녀는 아이들이 학교에 간 뒤에 일어났고, 날씨가 어떻든 신문과 담배를 들고 여름 별채로 내려갔다. 이따금 그녀는 걸음을 멈추고, 나와 이야기를 나누었다. 신문은 늘 함께였다.

　　커다란 요리용 사과를 주렁주렁 매달고 있다가 무신경하게 툭툭 떨어뜨리는 사과나무 아래, 푸른색 트럼펫 같은 용담이 낙엽과 브램리 사과들 사이 반그늘에서 행복하게 꽃을 피우고 있다. 이 유명한 약초의 종류는 수백 가지에 이른다. 잎과 부엽토가 있는 곳의 토양은 산성이라서, 산성을 좋아하는 이 작은 식물은 행복하다. 이 트럼펫은 부패에 맞서 당당히 위와 바깥으로 뻗었다. 경계에 무더기로 피어난 나무수국의 흰색 꽃은 해마다 그렇듯 이제 거의 분홍색으로 변했고, 지금은 녹색으로 변하려고 한다. 그러고 나면 그것들은 말라서 바스락거리다가 서리를 맞을 것이다. 봄이 되면 싱싱한 새순만 남기고 윗부분을 다 잘라낼 생각인데, 그렇게 하면 다음 해에도 식물은 같은 일을 처음부터 전부 다시 해낼 것이다. 나는 분홍빛과 초록빛이 감도는 마른 꽃 한 다발을 집으로 가져가, 선반 위 꽃병에 꽂아둘 것이다. 그렇게 크리스마스 때까지 놓아둘 테고, 그런 다음에는 호랑가시나무와 붉은 산딸나무, 담쟁이덩굴로 바꿔 꽂을 것이다.

마르멜로가 벽 옆에 무겁게 매달려 있다. 잎은 다 떨어졌고, 가시 우리 안에 보호되어 있던 열매는 크고 녹색이다. 이 강인한 관목은 이른 봄에 붉은 밀랍 같은 큰 꽃을 피우는데, 그걸 1년 내내 모른 척 두었다가 이제 열매를 따서 집으로 가져간다. 그러고는 공장에서 작업하듯, 마르멜로 젤리와 마르멜로 치즈를 만든다. 물에 담가놓고, 갈고, 조리하는 데 사흘이 걸리고, 여기저기 묻은 붉은 장밋빛 얼룩을 닦는 데 또 하루가 걸린다. 마르멜로는 대체로 녹색이고, 돌처럼 단단한 과육은 연녹색에서 흰색을 띠지만, 썰어서 물에 담그면 액체와 과육이 분홍색 젤리처럼 변한다. 그것을 치즈와 함께 먹는다. 작년에 큰 유리병에 담가놓은 게 아직 있어서, 올해는 굳이 이 수고를 할 필요가 없다. 떨어진 열매는 새들이 먹을 것이다.

땅에는 꽃잎이 떨어져 있고, 정원은 녹색과 분홍색이다. 내가 아주 오래전에 심은 벚나무 잎이 밝은 라즈베리 색깔로 변하고 있다. 야생 능금은 거무스름한 나뭇가지를 배경으로 노랗게 빛나며 검은지빠귀를 유혹한다. 단풍나무가 붉게 물들었는데, 겨울잠을 자는 동안 생명을 유지하려고 엽록소와 당분을 다시 빨아들이기 때문이다. 장미 역시 10월 안개 속에서 붉게 빛난다. 마지막 장미 몇 송이. 사과, 달리아, 라즈베리는 모두 밝고 맑고 붉다. 짙은 흙길을 걸으면서, 나는 농부가 되어 그 달고 쓴 열매를 먹는다.

일하기에 좋지 않은 날씨로 이틀을 보낸 뒤, 잔디를 깎는다. 올해 마지막이 될 것이다. 태양을 등진 채 위아래로 베어 나가고, 이어 햇빛을 정면에서 쳐다보지 않으려고 고개를 숙인 채 태양을 향해 느릿느릿 걸음을 옮기면서 한참을 벤다. 내 그림자가 길어지고, 해의 위치가 낮아져서 내 키가 커 보이지만, 내 모습은 구부정하다. 세월이 흐르면서 내 허리는 굽기 시작하고, 내 그림자도 짧아진다. 잎이 금색으로 변할 때면, 슬픔이 다시 나를 파도처럼 덮친다. 슬픔은 늘 10월에 찾아온다. 많은 정원사가 같은 말을 한다. 이런 감정 또한 이 일의 일부다. 부드러운 이슬비와, 나를 어두운 감정으로 채우는 회색빛으로 정원이 고요해진다. 이제 아침저녁으로는 추워서 옷을 껴입어야 하지만, 햇볕 좋은 오후는 아직 덥다. 오늘 내린 비로 흠뻑 젖은 정원에서 집에 가져갈 꽃을 한 줌 딴다. 페기에게 줄 금잔화를.

생일

 이번 달에 내 생일이 있다. 우리가 이날을 기념해야 할까, 말까? 선물을 받고 싶다. 특별한 사람으로 느끼고 싶고, 누군가의 꽃이 되고 싶다. "그건 그냥 숫자라고 말해줘." 한 친구가 몇 달 전에, 자신의 생일이 지난 다음 내게 말했다. 그래서 나는 '그건 그냥 숫자다'라는 말을 검색했는데, 검색 엔진은 0.37초 만에 4,650,000,000개의 결과를 보여주었다. 아무 의미도 없을 만큼 너무 작은 숫자와 너무 큰 숫자. 내 머리는 숫자를 다루는 데는 적절치 않다. 특히 일상을 묘사하기에 너무 큰 숫자에 대해 그렇다. 나는 한눈에 셀 수 있는, 여덟 또는 아홉 자리 이상의 숫자는 믿지 않는다. 그것을 넘어서면 개개의 숫자가 아니라 그냥 큰 숫자, 혹은 작은 숫자다. 세월이 지나가는 것을 두려워하는 사람들의 질문이 페이지마다 나오는 것을 보면서 나는 금세 피곤해졌다.
 단어는 우리의 입과 문화에 따라 형성된다. 우리가 세상을 보고 생각하는 방식을 제한한다. 우리는 우리가 사용할 수 있는 언어로만 세상을 묘사할 수 있고, 따라서 세상을 그 방식으로만 생각할 수 있다. 나는 새로운 언어를 원한다. 옛 생각을 반복하기보다 새 생각을 가능하게 하는 언어를. 나는 나이 듦의 '자유웃음평화힘색깔'을 묘사할 수 있는 단어를 원한다. 상반된 감정들인 '두려움없는두려움'이 즐겁게 상호 작용하며 만화경처럼 끊임없이 변화하는 다층적이고 복잡한 의미를 만들어 내는, '자신감평안고통기쁨아름다움슬픔자유'를 뜻하는 단어가 필요하다. 단순한 단어. '성숙하다'라는 단어가 가장 비슷할지 모르지만, 나는 끊임없이 미성숙함을 가지고 놀고, 페기와 나는 거의 매일 발작적인 웃음을 터뜨린다. 나는 페기를 꼭 끌어안고, 연금 수급자의 애무를 받는 기분이 어떠냐고 묻는다. 그러면 그녀는 비명을 지르고 몸서리를 치며 웃으면서 달아난다.

시계를 차고 일하다가, 산울타리의 가지를 자르면서 잃어버린 일이 있었다. 그로부터 2년이 지나 미스 캐시미어의 한 자녀가 찾아주었다. 봐주는 사람이 없는데도, 시계는 태엽이 풀려 완전히 멈출 때까지 분과 시와 날을 세고 있었다. 금요일 3시에 그것을 다시 받아왔을 때, 시계는 화요일 11시를 가리키고 있었다. 내가 태엽을 감아주자 시계는 다시 시간을 세기 시작했다. 이제는 약간 빨리 돌아, 매일 2분씩 더 간다. 멍청한 기계는 시간에 대해서는 아무것도 모른다. 살아 있는 존재인 우리가 시간 그 자체다. 밤에 피는 꽃처럼 열렸다 닫힌다. 우리는 변화하는 우리의 삶을 일정한 시간의 보폭으로 통과하고 있다.

자연은 세지 않는다. 자연은 그저 '필요하다'와 '필요하지 않다'를 알 뿐이다. 인간은 숫자와 유치한 관계를 맺는다. "너는 얼마나 많이 가졌어?" "나는 얼마나 많이 가졌지?" — 돈이건 시간이건 사랑이건 — "그게 당신과 나의 관계에서, 나에 대해 무엇을 말해주지?" 포리스터스암스에 갈 때마다 거의 매번 한 남자와 그의 아내가 와 있다. 남자는 화물 운송업을 한다. 마틴이라는 이름이었던 것 같은데, 이름을 분명 알았지만 잊어버렸다. 그는 자주 취하고 아주 불행하다. 매일 밤 그는 뇌세포 몇 개를, 간을, 신장을 파괴한다. 그의 아내 역시 취하고, 이유도 같다. 그가 집을 몇 채 가졌는지, 직원이 몇 명인지, 그의 새 차가 얼마나 비싼지는 중요하지 않다. 그는 숫자로 자신을 행복하게 해주지 못한다. 그는 들어주는 사람만 있으면 누구에게든 자신의 차와 집과 휴가에 대해 말한다.

그는 숫자가 자신을 구원해 줄 거라고 생각한다. 그는 연결감을 잃었고, 자신을 파괴하고 싶어 한다.

자신을 파괴하려 하고 갈망하는 것을 갖기 위해 마음의 평화를 전멸시키는 사람에게, 아무것도 아닌 존재가 되는 기쁨을, 아무것도 갖지 않는 기쁨을 어떻게 설명할 수 있을까? 자신을 파괴하는 데는 훨씬 더 행복한 방법도 있다. 세월이 흐르면서 나는 물건을 없애고 있다. 이제 내 삶에 남은 것은 얼마 없다. 나는 남은 것 하나하나를 더욱더 즐긴다. 미스 캐시미어가 자신의 책을 없애면서 했던 것이 이것인 듯하다. 내 생일이 다가오고, 나는 그날이 중요해야 한다고 느끼지만, 사실 그렇지 않다. 그럼에도 나는 여전히 그것에 대해 생각한다. 내게 시간이 얼마나 남았지? 그 시간으로 뭘 하지? 이 가을은 내 생애 최고의 시간이다.

위스키

나는 문을 열어놓은 채 달콤하고 진한 훈연 향이 나는 위스키를 마시며, 고등어 같아 보이는 차갑고 검푸른 하늘을 바라보고 있다. 그리고 단순한 것들에 대해 이야기하는 로버트 프로스트의 시를 읽는다. 나비, 풀밭에 낫질하기, 작은 꽃다발, 이런 단순한 것들이 내 안을 채우고 냉소적인 것을 쫓아낸다. 그는 모든 것이 공空이라고, 우리가 보는 곳은 우리가 선택한 곳이고, 우리가 보는 것 또한 우리가 선택한 것이라고 말한다. 오늘 저녁에 나는 위스키와 새의 노래와 낙엽이 흩날릴 때 나는 여러 소리를 선택한다.

겨울이 다가오는 냄새가 난다. 열기는 시들고 추위가 힘을 얻는다. 겨울이 오면 피부가 알아차릴 것이다. 겨울이 느껴질 때, 나는 풀이 자라고 수선화가 꽃을 피우는 봄을 떠올릴 것이다. 그다음엔 여름을 떠올리며 열기를 느끼고 싶어질 테고, 시원한 곳을 찾아 나무에 기대앉고서는 게으름을 피우며 곤충을, 그리고 유유히 날아다니면서 무리를 짓고 곤충을 먹는 새를 바라보고 싶어질 것이다. 그리고 열기 속에 앉아, 잎이 금색으로 물들고 떨어져 부패의 색깔을 뭉텅이로 만들어 내는 것을 기다릴 것이며, 가을이 오는 냄새를 맡을 것이다. 각각의 단계에서, 나는 미리부터 다가올 계절을 생각하고 싶은 엄청난 유혹을 떨쳐내려 하지만, 한동안은 성공하지 못할 것이다. 이제 나는 겨울 냄새를 맡으며, 추위가 풀을 반짝거리게 하기를, 공기가 맑아지고 비스듬해지기를 기다린다. 뒤집힌 찬 공기가 소리를 가두었다가 튕겨서 내 굶주리고 탐욕스러운 귀로 보내주면, 나는 1마일 떨어진 곳에서 힘차게 화물을 끌고 달리는 열차 소리와 4분의 1마일 떨어진 곳에서 우는 부엉이 소리를, 여우가 짖는 소리와 고양이가 아기처럼 우는 소리를 들을 수 있다. 그래서 나는 매일 아침과 저녁에 반짝거리는 첫서리가 내렸는지 살피는데, 그것이 보이면 흥분이 밀려들 것이다. 그것은 젊은 남자가 누군가와 함께 있다가, 상대와 자신의 시선이 마주치고, 그들의 몸이 해가 뜰 때까지 함께 있을 거라고 예감했을 때 느끼는 감각일 것이다. 뱃속이 비틀리는 것 같은 깊고도 본능적인 감각. 왜냐하면 내가 추위를 사랑하기 때문이다.

이번 달에 장미의 시든 꽃송이를 다 잘라낸다. 10월부터는 남아 있는 꽃을 줄기에 그대로 남겨둘 텐데, 그러면 그것들은 갈색으로 물러져 바닥에 떨어질 것이다. 그리고 그 어둠과 그림자에서 녹색의 장미 열매가 통통하게 익어 붉어질 테고, 그러면 새들과 다람쥐가 그것을 먹을 테고, 아울러 회색빛 겨울에 섬광 같은 색깔이 더해질 것이다. 나는 눈이 내려 그 열매와 가시 많은 가지에 머물기를, 서리가 작은 가지를 따라 자라기를 바란다.

거의 존재감 없이 약하게 내리는 보슬비 속에서 참새들이 즐겁게 노래한다. 참새들은 모습을 보이지 않다가, 대문 옆의 붉은 가시나무 속에 뭉텅이로 핀 붉은 열매들 사이를 드나들며 모습을 드러낸다. 이 가시나무의 이름은 피라칸다로, 이것의 가시는 아주 두꺼운 장갑도 뚫고 들어가 피부에 불타는 통증을 일으킨다. 그 옆으로 군살이 늘어진 형태의 흰색 스노베리는 통통하고 라드 같다. 단풍나무가 첫 잎을 떨어뜨린다. 지난주에는 땅에 아무것도 떨어져 있지 않았지만, 나무 밑에 몇 개가 흩어져 반짝거리면서 지폐처럼 시선을 붙잡는다. 몇백 파운드어치는 되는 것 같다. 붉은 것은 붉어졌고, 노란 것은 노래졌다. 낮에도 어둠이 슬그머니 기어든다. 여름 내내 구석에 숨어 있던 벨벳 같은 어둠은 이제 힘을 발휘하면서 세상을 회복시키고, 지친 식물과 흙과 관심 있게 바라보는 사람들의 영혼을 해체하여 재건하고 치유한다. 그러는 사이, 주변 나무보다 키가 네 배는 더 큰 단풍나무는 녹색에서 금색으로 변한다.

미스 캐시미어의 부엌에서 보이도록, 화분에 심어 정원으로 내려가는 넓은 돌계단 위에 놓아둔 펠라고늄은 여전히 붉은 꽃을 피우지만, 좀 제멋대로 자란 듯 보인다. 나는 그것을 다시 잘라 온실에 두었는데, 운이 좋으면 내년에 다시 꽃을 피울 것이다. 문 옆의 수국은 여전히 크림색으로 피어 있지만, 녹색과 분홍색으로 변할 것이다. 그리고 그녀의 창문에서 보이게 작은 허브 정원에 심은 회향의 마른 줄기 사이로, 오렌지색 한련이 계절을 거스르며 싱싱한 녹색 잎을 내민다. 금잔화는 흐트러진 회색 줄기에 여전히 꽃을 매달고 있다.

마로니에 열매가 모두 떨어져 걷기가 힘들다. 수천 개는 되는 것 같다. 그녀가 밟으면 가느다란 발목이 비틀려 그 위로 쓰러질 것이다. 이토록 많은 세월이 지났는데도 진입로와 풀밭에서 열매를 치우는 가장 좋은 방법이 뭔지 여전히 잘 모르겠다. 나는 오래된 트랙터를 넣어둔 헛간으로 어슬렁어슬렁 걸어간다. 우리 — 나는 여전히 '우리'라고 말한다 — 는 아래쪽 정원에서는 트랙터를 쓰고, 트랙터의 칼날을 아래로 내려 그 부근을 돌면서 열매를 빨아들인다. 다람쥐가 잔디밭에 묻어둔 것은 봄에 싹을 틔울 테고, 그 밝은 색깔 떡잎은 3월에 잔디 깎는 기계가 훑고 지나가면 풀과 함께 무참히 잘려 나갈 것이다. 차를 몰고 지나가는데, 작고 붉은 열매를 매단 마가목이 참새 떼와 함께 목청껏 노래한다. 작은 디젤 엔진 소리를 덮을 만큼 우렁차게.

두더지잡이

지난밤에 페기와 나는 술집에 갔고, 먼저 와 있던 바이런을 만났다. 그가 나보고 겨울에 무엇을 하냐고 물었고, 나는 예전에는 두더지를 잡았지만, 이번 겨울에는 책을 한 권 더(이 책) 쓰고 있다고 말했다. 그는 광부였던 형제에 대해 말했다. 그 형제는 광부들이 파업을 일으켰을 때, 할 일이 없고 돈을 벌 방법도 없어 농부들을 위해 두더지를 잡으러 다녔다고 한다. 그가 몹시 우울해했다고, 바이런이 말했다. 두더지를 잡는 일은 고립되고 외로운 일이다. 두더지잡이는 어디에서 출발하건 수십 마일 떨어진 먼 들판으로 간다. 오로지 소와 양과 말과 까마귀와 두더지 잡는 사람들만 가는 곳에 들어가 헤매고 다닌다. 어느 날 그의 형제는 돌아오지 않았다. 바이런과 마을 사람들은 그가 스스로 목숨을 끊었다고 생각했다. 그와 그의 아버지, 그리고 마을의 다른 남자들이 그를 찾아 몇 주 동안 돌아다녔지만, 그는 끝내 발견되지 않았다.

나라면 그를 찾아낼 수 있었을 것이다. 나는 이런 늙은 부랑자들이 어디에 숨어서 밤을 보내곤 하는지 안다. 이런 장소를 냄새로 찾아낼 수 있다. 그 능력은 내 핏속에 흐른다. 그는 방치되고 사람들이 찾지 않는 덤불 틈, 오래된 숲 속에 두 줄로 늘어선 나무들 사이에 있었을 것이다. 농부처럼 건초 더미를 묶는 노끈으로 스스로 목을 매달았을 수도 있고, 정원사처럼 쥐약을 먹었을 수도 있다. 그의 눈은 하루 만에 까마귀에게 먹혔을 수도 있다. 그랬다면 그들이 그를 발견하지 못한 것이 오히려 다행이다. 나는 까마귀들이 연약한 동물의 눈을 쪼아 먹는 것을 본 적이 있다. 심지어 아직 일어서지도 못한 갓 태어난 양의 눈을. 자연에는 자비가 없다. 그의 뼈는 산울타리를 파기 전까지는, 혹은 여우가 그의 시신 일부를 끌고 와서 트랙터가 지나가는 들판에 두지 않는 한은 발견되지 않을 것이다. 이제 아무도 그런 오래된 산울타리는 돌보지 않는다. 그저 높은 트랙터 운전석에서 회전하는 도리깨로 위쪽만 잘라낼 뿐이다. 운전하는 사람들은 아래를 내려다보지 않는다.

저녁에 침대에 누워, 엘리자베스 배럿 브라우닝이 쓴 — 바다에 대한 사랑을 담은 — 시를 읽고 있는데 페기와 내가 언젠가는 헤어지게 될 거라는 공포가 스멀스멀 기어들어 강렬하게 나를 덮친다. 바다가 데려간 건 작가의 오빠지만, 나는 그 감정을 내 것으로 간직한다. 내가 이것을 말하면 페기와 나는 울고 말 것이다. 나는 그 말을 삼키고 일어나 텔레비전을 보고 있는 그녀 옆으로 가서 앉는다. 나는 그녀의 손을 꼭 쥔다. 그녀는 고개를 돌려 내게 미소를 지어 보이지만, 이미 알고 있다는 듯 아무 말 하지 않는다.

나는 묵은 밤이 서서히 물러나 잠자리에 들고, 싱싱한 아침이 슬며시 기어들 때의 느낌을 사랑한다. 밤과 낮이 모두 강하지 않아 힘의 균형을 이루고 있는 상태, 밤이 다시 돌아올 것도 같고 낮이 다시 가버릴 것도 같은 시간대. 밤과 낮 모두 부드럽게 균형을 이루고 있다. 존재의 경계에 있는 것들. 나는 새벽녘에 침대에서 내려와 풍경을 바라보고 무언가 공책에 끼적이는 것을 좋아한다. 그러고 나서 가능하면 다시 침대로 돌아가 한 시간쯤 누워 잠이 들락 말락 하는 어렴풋한 상태에 빠지지만, 완전히 잠이 들지는 않는다. 내가 경계에 있는 것들에게 그토록 사랑을 느끼는 이유를 모르겠다. 그 자리에 없을 수도 있고, 아주 쉽게 사라질 수도 있는 연약한 것들. 내 오래된 갈색 머그잔, 색이 바래가는 잎, 나이 든 여인, 새로 나타난 어린나무, 깬 상태와 잠든 상태 사이의 보이지 않는 선, 삶과 죽음. 그리고 나는 문득 깨닫는다. 삶이 흥미진진해지는 곳은 바로 여기, 수정처럼 투명하고, 날카롭게 벼린 칼날 같은 장소, 어떤 일이든 일어날 수 있는 이 경계의 장소라는 것을.

여름이 지나가고, 바빴던 일도 끝났다. 나는 예전의 편안한 생활 방식으로 서서히 돌아가고 있다. 4시에 잠에서 깨고, 6시에 일어나 구름이 밝아지는 것을 지켜보고, 새들이 서로를 깨우는 소리를 듣는다. 내 피부에 한기를 느끼고, 가을의 슬픔이 희미해지면서 다시 마음의 평온을 되찾는다. 어둡다. 잠자는 사람들은 입속이 깃털로 채워진 듯 고요하고, 빛은 흐릿해졌다. 나는 하루가 제대로 시작되기를 기다린다.

딸기 바구니는 여전히 야외 테이블 위에 있다. 날씨가 추워 단단한 상태를 유지하고 있다. 어쩌면 검은지빠귀나 찌르레기가 쪼아 먹었을지도 모른다.

아침에는 풀이 젖어 있고, 잔디밭이나 오솔길 옆에서, 그리고 죽었거나 죽어가는 나뭇가지와 그루터기에서 다양한 독버섯이 돋아나고 있다. 매일 새로 돋는 연노란색 버섯이나, 갈색 요정 같은 작은 버섯들이 보이는데, 밤사이 작은 무리를 이루며 자란 것이다. 잔디밭 한복판에는 갈색의 고깃덩이 같은 버섯이 있는데, 어제는 없던 것이다. 균사체에서 감미로운 나무향이 난다. 민달팽이는 일부 독버섯을 즐겨 먹는다. 사흘쯤 지나면, 작고 밝은 독버섯은 단단한 상태를 유지하지만, 더 크고 어두운 색깔의 독버섯은 떨어져 부스러진다. 자갈이 깔린 진입로 가장자리에는 털이 난 잉크 버섯이 돋았다. 먹을 수 있지만, 따고 나면 몇 시간 만에 흐물흐물해져 검은색 잉크처럼 변한다. 나는 그림을 배울 때 그것과 오크나무 몰식자*로 잉크를 만들어 썼다. 몇 시간이고 탁자 앞에 앉아 그것을 휘저어 잉크를 만들었고, 가능한 한 완벽한 원을 그리려고 애썼다. 도구를 쓰지 않고 그리고 또 그렸다. 어떤 것은 느리게 정성을 들여, 또 어떤 것은 빠르고 자유롭게, 수천 개의 원을 그리고 색칠한 끝에, 나는 거의 완벽한 원을 도구를 쓰지 않고 그릴 수 있게 되었다. 가장 완벽한 원은 내가 보기에 죽은 것처럼 보였고, 나는 불완전함 속에서 아름다움을 발견했다. 교수들은 종종 나를 향해, 펜이나 붓을 잘 다루고 완벽한 원을 그릴 수 있지만 손 글씨는 미숙하게 휘갈긴 형태라 알아보기 힘들다고, 뭐라고 썼는지 말해달라고 불평했다.

나는 먹을 수 있는 버섯 몇 종을 알고 있다. 종종 죽어가는 너도밤나무에서 자라는 느타리버섯을 찾아보는데, 지난 2년 동안 하나도 찾지 못했다. 이따금 찾아가는 공공 삼림지는 깔끔하게 관리되고 있으며, 죽어가는 나무는 베어버린다. 아마도 나무가 사람을 덮치지 않게 하려는 것일 테다. 이 정원에서 자라는 너도밤나무는 너무 건강해서, 혹시나 하는 희망으로 장작더미를 쳐다보지만, 진갈색의 납작하고 끝이 하얀, 작은 사슴뿔처럼 생긴 콩꼬투리버섯과, 가장자리가 물결 같은 원반 모양의 이름 모를 버섯만 보일 뿐이다.

오늘은 세상이 이불을 덮고 숨어 있는 듯한, 조금도 흘러가지 않는 듯 조용한 날이다. 심지어 새들도 조용하고, 공기는 정지되어 있다. 하늘은 흐릿한 무채색이다. 나는 하늘과 바다 중간에 끼인 채, 고요한 세상에서 유일하게 움직이는 생명체로서 파도치는 녹색 바다에 표류한 것 같다. 발은 땅에 연결되어 있고, 머리는 하늘

---

* 오크나무 또는 참나무의 나무껍질이나 잎에 생기는 것으로, 곤충이 나무에 알을 낳는 과정에서 독소를 분비하면서 형성된다.

에 연결되어 있다. 지난밤 페기의 목소리 말고는 아직 다른 인간의 목소리는 듣지 못했고, 내 목소리도 아직 써보지 못했는데, 서서히 하루가 끝을 향하고 있다.

발목이 가녀린 미스 캐시미어가 긴 신발을 신고 비틀비틀 걸어간다. 평소처럼 담배를 피우고 있고, 손에는 담뱃갑을 들었다. 낡은 카디건 소매는 코트 밖으로 삐져나와 손을 덮고 있다. 그녀의 모습에는 쇠락한 아름다움이 있다. 박물관의 전시된 화장대에서 발견되는, 먼지가 쌓이고 색깔이 바랜 오래된 분가루 통처럼. 두꺼운 갈색 타이츠나 스타킹, 타탄 무늬 모직 코트. 그녀는 내가 있는 것을 알아차리지 못하고, 알아차리더라도 짐짓 모른 척 지나간다. 하늘에는 썰물이 빠진 해변처럼 잔물결이 보인다. 밀물이 들고 썰물이 지는 것. 밀물과 썰물은 그 규칙성이 단조로울 수 있지만, 안정성을 얻고 살아 숨 쉬는 유일한 존재가 된다.

꽃피는 노트르담

어제 정원에서 훔쳐 온 한 줌의 꽃은 오로지 당신을 위한 것이었다. 금잔화, 몇 송이의 장미, 따서 가져올 만한 것은 그것밖에 없었다. 그것을 오래된 도자기 꽃병에 담아 선반 위에 놓는다.

깜빡거리며 사라져가는 저녁 햇살에, 내 무당벌레인 페기는 소파에 앉아, 내 옆에서 어쩐지 슬픔에 잠겨 있다. 그녀도 이유를 모르겠다고 말한다. 그녀가 와인을 따고, 나는 만돌린으로 서툴게 아일랜드 지그를 연주하며 단조롭게 내리는 하얀 빗소리에 반주를 넣는다. 고양이가 내 발치에 앉아 있다. 나는 부드러운 트릴, 셋잇단음표, 롤*을 연주하고, 더 달콤한 소리를 내려고 애쓴다. 레인지 위에서 달걀이 삶기면서 달달거리는 작은 음을 연주한다. 고양이는 소파 위로 올라와 내게 기댄 채 웅크리고 잠을 잔다.

우리는 요즘 의견이 충돌하는 경우가 거의 없다. 한 사람이 다른 사람을 이긴다고 해서, 그게 그 사람은 옳고 다른 사람은 틀렸다는 말인가? 나는 어떤 것에도 전문가가 아니다. 그렇게 되고 싶은 욕구도 없다. 나는 라디오를 켜고, 자신을 전문가라고 생각하는 사람들이 의견 충돌을 일으키고, 상대의 주장이 타당하지 않다고 주장하는 것을 듣는다. 그들의 강한 대립적 신념은 누구에게도 깨달음을 주지 못한다. 나는 다시 라디오를 끈다. 이것이 미스 캐시미어가 매일 신문에서 읽는 것인가?

한 해가 끝나가고 있고, 나는 독서로 가을의 우울을 달랜다. 내가 그녀에게 말한다. "나는 당신을 사랑해, 자기." 그러자 그녀

---

* 빠르게 연주하는 기법이다.

가 미소를 지으며 말한다. "알아." 그런데 '나는 당신을 사랑해'라는 말은 적절치 않은 것 같다. 아마도 문장에 '나는'이 포함되기 때문일 것이다. 핫초코를 마시며 패티 스미스의 『M 트레인』을 읽고 있는데, 내가 읽고 있는 부분에는 커피에 대한 이야기뿐이다. 안경을 찾기가 귀찮아서 흐릿한 눈으로 읽으니 행을 자꾸 건너뛰고 단어들이 합쳐진다. 단어들이 한 행으로 읽히지 않아, 완전히 새로운 해석을 얻는다. 꿈같은 상태가 찾아오고, 커피 원두와 호텔과 석고 성인상과 동백꽃이 나타난다. 나는 서서히 잠들기 시작하고, 그러는 사이 패티 스미스가 장 주네*에 대해 속삭이고, 나는 그의 『꽃피는 노트르담』을 읽었던 것을 떠올린다. 나는 스르르 잠이 들면서, 밤에 잎을 오므리고 낮에 다시 피는 꽃들을 생각한다. 나팔꽃, 아프리칸데이지, 튤립, 캘리포니아양귀비. 그리고 밤에 오므리지만 결코 다시 꽃잎을 펼치지 않는 히비스커스를.

---

* 1910~1986. 프랑스의 소설가, 극작가, 시인이다. 패티 스미스는 『M 트레인』에서 장 주네의 『도둑일기』에 대해 언급한다.

사과

　이제 벚나무 잎이 훨씬 더 분홍색을 띤다. 공원에서는 부모들과 아이들이 쇼핑백 안에 떨어진 마로니에 열매를 주워 담고 있다. 단지 반짝이고, 예쁘고, 많이 떨어져 있다는 이유로. 연초록의 풀밭에는 카우파슬리의 갈색 줄기가 씨앗을 무겁게 단 채 꼿꼿이 서서, 바람이 자기들을 부러뜨려 납작하게 눕혀주기를, 바람이 그 작고 통통한 비행접시 같은 씨앗을 들어 올려 동쪽으로 날려주기를 기다린다. 해마다 카우파슬리 새싹들은 숲 가까운 곳에 돋아나지만, 햇빛을 좋아해서 숲속까지 퍼져 나가지는 못한다. 호랑가시나무 열매가 밝은 색깔을 띤 채 크리스마스를 기다린다. 야생 능금은 잎이 말라가지만, 아직은 가지에 붙어 있고, 노란색 열매가 달렸다. 그것을 먹던 검은지빠귀가 지나가는 나를 목격하고 경고하는 목소리로 외친다. 나는 타운에서 시든 금잔화 대신 프리지어를 한 다발 샀다.

　정원에서 고목에 달린 마지막 사과를 딴다. 오래된 나무들이 으레 그렇듯, 이곳의 나무들도 동고병이나 다른 병이 들었다. 하지만 사과는 아삭하고, 그것으로 담근 사과주는 당신에게 왕이 된 기분을 선사할 것이다. 올해 다시 사과주를 좀 담글지도 모르겠다. 나무처럼 나도 나이를 먹었지만, 아직 나는 활력이 넘치고, 여전히 짜릿하고 강렬한 자극을 갈망한다. 한 해 한 해는 이제 눈처럼 떨어지고 쌓여, 소리 없는 이불처럼 땅을 덮는다.

첫눈

오늘 아주 잠시 첫눈이 내리더니, 곧 우박이 헛간의 양철 지붕 위에 후드득 떨어졌다. 이후에는 해가 나고, 바람이 불고, 하늘이 맑았다. 나무들은 허리를 굽히고 햇빛을 튕겨냈다. 양모나 플리스로 만든 옷으로 몸을 감싼 채 하루를 시작하는 보행자들의 허리도 굽어졌다. 나는 집에 머물면서 지켜보기로 한다. 지켜보던 것을 멈추면 나도 잠시 존재하지 않는다. 다시 정신을 차리고 보니, 이미 하루의 많은 부분이 지나가 있다. 나는 고양이가 되었다. 혹은 누워 잠자는 개가 되었다. 아니다. 고양이 쪽에 더 가깝다. 나는 한때 존재하면서 존재하지 않으려고, 행동하면서 행동하지 않으려고 애썼다. 지켜보며 기다리지만, 내가 더 이상 기다리지 않는다는 것을 깨닫는다. 오랫동안 아무것도 기다리지 않았고, 이제 지켜보는 것은 그냥 지켜보는 것일 뿐이다. 하고 싶은 것도, 해야 할 것도 없다. 아무 계획이 없다. 바라지 않는다. 기다리지 않고, 소망하지 않고, 두려워하지 않는다. 나는 존재하는 것도 아니고, 존재하지 않는 것도 아니다. 행동하는 것도 아니고, 행동하지 않는 것도 아니다. 나는 그저 편안함을 찾고, 불편함을 피하고, 따뜻한 자리에서 몸을 웅크린 채 지켜본다. 나는 고양이가 되었고, 내 진화의 정점에 다다랐다.

나는 열린 뒷문 쪽에 둔 방석에 앉아 있다. 숨이 들고, 숨이 나간다. 공기 중에 장작 타는 냄새와 나뭇잎 냄새, 여우 냄새, 요리 냄새가 난다. 텔레비전 화면에서는 누군가가 게임 쇼를 진행하는데, 연출된 웃음과 박수 소리가 들린다. 햇빛이 사라지고, 구름이 별들을 지나간다. 날씨가 점점 추워진다. 여기 더 앉아 있기에는 날씨가 너무 춥다. 나는 담요로 몸을 감싸고 하루를 보내면서, 이따금 에드워드 토마스*를 읽는다. 나는 그를 뒷문 쪽에 내려둔 채, 먹고 입고 어둠 속으로 나가 귀를 기울인다.

백 마리의 까마귀가 바람에 휘청거리는 포플러 근처에서 노는데, 그 장면이 너무 자연스럽고 완벽해서 갑자기 울고 싶어진다. 하늘의 마지막 연푸른빛을 배경으로, 그림자 같은 새들의 모습이 우울해 보인다. 슬레이트 타일, 살짝 기울어진 돌 굴뚝, 새로 지핀 장작불이 만들어 낸 검회색 연기가 어두워지는 10월의 하늘 속으로 흘러든다. 햇빛이 사라진다. 텔레비전 안테나 위에서 보초를 서던 까치는 그 자리를 떠났다. 내일 9시가 되어야 날이 제대로 밝을 것이다. 나는 집으로 돌아가 어둠이 완전해지는 것을 지켜본다. 묵은 위스키 병에서 코르크 마개를 뽑아 잔에 따른다. 그 향이 몇 시간 동안 나를 사로잡는다.

---

* 1878~1917. 영국의 시인으로, 영국의 삶을 이상화하지 않고 공감적으로 그렸다.

11月

어쩌면 우리는 무언가를 드러내지 않고
전부 가슴 안에 간직한 채,
조용히 절망 속에서 살아가는 것일지도 모른다.

홉투나*

아침 식사로 포리지에 훈제향이 가미된 위스키 한 잔을 곁들인다. 두꺼운 모직 양말을 신었다. 포플러가 여기저기 휘어지는 모습이 연필로 휘갈긴 듯 보인다. 어젯밤 어른거리듯 나타났던 까마귀가 다시 나타났다. 수십 마리가 겨울과 바람의 새인 양 갑자기 나타났다. 그들은 시인, 공포 소설 작가, 고트족, 켈트족, 아메리카 원주민, 애도자들이 좋아하는 피조물이다. 까마귀는 자신들을 보는 모두에게 힘을 행사한다. 그것이 우리이고, 우리가 그것이며, 우리는 그것이 하는 의미 없는 동작에서 의미를 찾는다.

지난밤과 오늘 자정까지가 사윈**, 그러니까 핼러윈이다. 웨일스어로 '노스 칼란 가에브'다. '겨울의 첫날밤'을 의미한다. 맨섬의 홉투나는 내게 집이 되어준, 내 할머니가 태어난 곳이다. 맨섬의 이 단어는 스코틀랜드 게일어 '호그머네이Hogmanay'에서 유래한 듯하며, 원래 켈트족의 새해를 의미했다. 수확이 끝났고, 겨울이 문 앞까지 다가왔다. 그리고 우리는 혹독한 추위를 맞을 준비가 되었다. 아이들은 내가 했던 것처럼, 오크처럼 단단하고, 옅은 녹색을 띠는 순무의 속을 파낼 것이다. 아버지는 기분이 나쁘지 않으면, 이따금 우리가 시작하기 좋게 전기 드릴로 구멍을 뚫어주었다. 날카로운 부엌칼을 사용하면, 속을 도려낼 때 손목을 삐거나 손바닥에 멍이 들기도 했다. 부엌칼로는 일직선으로 홈을 새기는 것만 가

---

* 영국과 아일랜드 사이의 맨섬에서 전통적인 핼러윈을 일컫는 표현이자, 핼러윈 때 부르는 노래의 첫 구절이다.
** 고대 켈트족이 여름의 끝과 겨울의 시작, 즉 한 해의 마지막 날을 기념하던 축제로, 핼러윈이 이 축제에서 유래되었다.

능해서, 우리는 초보적인 수준으로 치아가 빠진 듯한 입과 삼각형 눈만 도려낼 수 있었다. 그런 다음 석탄불에서 이글거리는 숯덩이를 찾아 그 안에 떨어뜨렸다. 순무 타는 냄새가 며칠 동안 집 안을 떠돌았다.

핼러윈, 아일랜드에서는 이허 샴나 Oíche Shamhna라고 하는데, 아마 그곳에서 그 전통이 유래했을 것이다. 내 조상이 그곳에 기원을 두어, 나에게 이 고통스러운 전통을 넘겨주었다. 나도 자식들에게 넘겨주려고 했지만, 학교와 텔레비전이 더 부드럽고 온화한 형태로 장난스럽게 가장한 공포를 보여주었다. 호박에는 아기들도 플라스틱 스푼을 이용해 새길 수 있다. 그러한 켈트족 전통은 내 대에서 사라졌다. 맨섬에 살았던 할머니가 유령에 대해 느낀 공포는 현실적일 수 있을 만큼 현실적인 것이었고, 전쟁과 죽음을 목격한 할머니는 밤이면 침대에 누워 두려움에 떨었다. 그녀의 세계에서는 죽은 자들이 돌아와 세상을 거닐었고, 그들이 즐겨 찾던 장소를 찾아왔다.

섬개야광나무가 붉고 작은 열매를 뚝뚝 떨어뜨리고 있다. 들판에는 안개가 자욱하고, 공기 중에 나무 타는 냄새가 감돈다. 태양은 나지막이 걸렸고, 그림자는 길다. 나는 이 추운 날씨에 바깥에 나왔다. 턱수염, 부츠, 체크무늬 셔츠, 테 없는 모직 모자, 전기톱, 이것이 내 모습이다. 오늘 나는 그런 유의 남자다. 약한 바람이 분다. 한때는 첨탑이었던 포플러가 지금은 채찍처럼 휘어진다. 그들은 속삭거리며 오른쪽으로 잎을 떨군다. 찌르레기들이 그 위로 연기 같은 구름을 그려놓았다. 일찍 시작된 밤은 더욱 바짝 다가오고, 나는 통나무를 장작 길이로 자른다. 전기톱 소리는 좋아하지 않지만, 내게 가능한 다른 방법은 없다. 나무는 잘라놓아야 한다. 가을의 슬픔을 태워 따뜻한 재로 만들 수 있게. 나중에 건조하고 햇볕이 좋은 날이 오면, 나는 도끼로 장작을 쪼개 쌓아둘 것이다. 바람은 톱과 나무의 냄새를 날려버리고, 오크나무를 흔들어 놓으며, 풀과 턱수염과 팔의 털에 일렁이는 잔물결을 만든다. 여기 바깥에서는 우리 모두 평등하다.

서리

올해 첫서리가 마지막 장미를 야금야금 먹어 치운다. 가을의 은은한 색조. 퇴비 더미는 이 추운 날 아침에 김을 뿜어내고 있다. 그 중심에서 퍼져 나오는 깊은 온기를 만지고 싶은 욕구에 저항하기가 어렵다. 잠자는 큰 동물, 말이나 용 같은 퇴비 더미. 멀리 있는 나무가 새벽안개 속에서 은은하게 반짝거린다. 나는 크고 오래된 나무 한 그루에서 그것을 칭칭 감아 숨을 조이는 담쟁이덩굴을 치워, 나무의 명예를 되찾아 주었다. 무겁고 젖고 비비 꼬인 밧줄이 태고의 나무를 떠내려가지 못하게 막으려는 듯, 어둡고 젖은 땅에 나무를 붙들어 놓고 있었다. 나무는 이제 돛을 완전히 펴고 출항 준비를 마친 채 우리를 끌고 간다. 내 머리는 바람 부는 저 높은 곳에 걸린 텅 빈 까마귀 둥지 같다. 심지어 나 자신과도 멀어진 것 같다. 나는 새가 되고 싶다. 고양이가 나를 쳐다보고, 나 역시 고양이를 텅 비고 강렬한 눈빛으로 빤히 쳐다본다. 그러는 사이 나 자신이 고양이가 되어, 그 몸과 마음 안에서 살아간다. 텅 비워진 채, 풀밭의 일렁이는 잔물결을 쫓는다. 모든 것은 지나간다.

내가 끌어당기는 담쟁이 밧줄은 나를 땅과 달콤한 공기와 결혼시키려 서로의 손목을 묶는 리본인지도 모른다. 나는 손목에 그것을 감고 세게 잡아당기지만, 일방적인 결속일 뿐이다. 덩굴에 묶인 채 고개를 들어 비비 꼬인 거친 줄기를 끌어내릴 때, 잎이 내 얼굴과 목으로 떨어진다. 검은지빠귀가 하루의 마지막 노래를 부르고 날아간다. 누가 이 녹색으로 이불을 짜서 햇빛을 반사시키고, 그 반짝거림으로 사람들의 눈길을 붙들어 나를 보호하고, 그 아래

잠든 내 형체를 감추어 줄 것인가? 누가 나를 감싸줄 고치를 짜서, 내가 그 안에서 계획이나 생각 없이 쉴 수 있다면, 나는 봄에 무언가 다른 것으로 다시 태어날 수 있을까? 나무가 팔을 흔들고, 장미가 팔을 흔들고, 풀이 팔을 흔든다. 인간 각각에게는 자신만의 신이 있고, 내가 묶여 있는 것은 이 무심한 신이다. 찾아볼 수 있는 모든 장소를 찾아본 뒤 발견한 그 신.

의미를 찾는 여정은 내가 열여덟 살 때쯤, 이 지구를 떠돌면서 딱정벌레처럼 산울타리 아래서 잠을 청하며 두 해를 보낸 뒤에 시작되었다. 나는 철교 위에 앉아 기차가 오기를 기다리고 있었다. 기차 밑으로 들어가면 깔려 죽는 것이다. 내 소지품이라고는 화강암 난간에 올려둔 두 개의 열쇠와 빈 지갑뿐이었다. 그리고 오토바이와 입고 있던 가죽 재킷과 청바지, 부츠, 차갑고 텅 빈 방이 있었다. 의미 있는 관계를 맺은 타인은 없었다. 나는 혼자였고, 스스로를 벽돌처럼 멍청하고, 그만큼 평범하다고 여기도록 키워졌다. 사랑받지 못하는 존재로. 나는 자문했다. "왜 살아? 죽지 않고?" 붙들 가치가 없는 삶인데, 왜 붙들고 있는 거지? 나는 그 자리에 한 시간은 족히 앉아 있었지만 기차는 오지 않았고, 그러는 사이 내 마음이 바뀌었다. 문제될 것은 아무것도 없었고, 내가 깨달은 건 내가 원하는 건 무엇이든 할 수 있다는 것이었다. 그때 나는 자유가 무엇인지 이해했다. 일단 내가 죽음을 타당한 선택으로 받아들였기에, 나는 "왜 그걸 지금 하지? 상황이 얼마나 더 나빠질 수 있는지 일단 모험을 떠난 다음 며칠이나 몇 주 더 기다려 보지 않지?" 같은 질문을 고민해 봐야 했다. 스스로를 죽이는 것은 좀 더 미루어도 되었다. 언제든 가능한 선택지였다. 그러다 교도소에서 끝나면 그 또한 경험이 될 것이었다. 그곳은 따뜻하고 책과 음식이 있을 것이었다. 거기가 몹시 힘들면, 여기서 지금이 아니라, 거기서 목숨을 끊으면 될 것이었다. 그러는 사이 새로운 경험도 좀 했을 테고, 세상에 대해 다른 것도 배웠을 터였다. 그러다 어느 시점에 굶어 죽거나 얼어 죽을 수도 있다. 그런 뜻밖의 방식으로 이곳에서 저곳으로 가는 경험을 할 수도 있는데, 왜 그걸 지금, 그것도 의도적으로 하는가?

차가운 돌 위에 앉아 점점 아득해졌다. 마치 내 몸이 위로 떠오르며 나 자신을 내려다보는 듯한 느낌이 들었다. 내가 따뜻해진 것 같았다. 내 마음이 이렇게 말하고 있었다. '조금 더 버텨.' '왜 지금이지?' '더 나쁠 수도 있었잖아.' '네가 원하는 건 뭐든 해도 돼.' 그런 말들을. 나는 내 생각을 지켜보면서 궁금해졌다. 내게 왜 이런 생각이 드는지, 왜 내 안의 무언가는 살고 싶어 하는 것 같은지. 무엇 때문에? 나는 세상의 어떤 것도 신경 쓰지 않았고, 세상의 어떤 것도 나를 신경 쓰지 않았다. 나는 난간에서 미끄러져 내려와, 소지품을 챙겨 다시 주머니에 넣고, 오토바이에 올라탔다. 의미를 찾아 떠났다. 내게 생을 포기한다는 것은 타당한 선택이었지만, 마지막 선택지였다. 이어지는 삶은 보상이 주어질 수도, 그렇지 않을 수도 있는 도박이었다. 그러나 다른 모험을 해볼 수 있다는 생각에 나는 해방감을 느꼈다. 무엇이 되었건 규칙이라는 것에서도 해방되었다.

예전의 나는 집이 없었지만, 이제 더는 그렇지 않았다. 선로를 관리하는 일자리를 구했고, 아파트와 오토바이, 그리고 책들이 있었다. 그게 내가 가진 거의 모든 것이었다. 나는 일을 그만두고 학교로 돌아갔다. 맨체스터에 있는 난방이 되지 않는 아파트에서 지냈고, 밤에는 치킨 가게에서 일했으며, 난방이나 음식보다 책을 사는 데 돈을 쓰는 쪽을 택했다. 등대를 찾아 어둠 속을 들여다보았고, 수십 개의 등대를 찾았다. 너무 많았다. 평일에는 대학에서 미술과 시 창작을 공부했고, 주말에는 맨체스터에 있는 그래스루츠 서점에서 정치학, 심리학, 철학, 시, 종교, 신비주의에 관련된 책을 읽었다.

정치학에서는 내가 억압당했고, 의식조차 하지 못한 채 내가 타인을 억압했다고 말했다. 답은 반란을 일으키는 것이었다. 필요하다면 폭력적으로. 선불교에서는 삶이 허상이라고 말하면서 이렇게 물었다. '고양이나 꽃의 의미는 무엇인가?' 또한 말이란 마음이 진실을 향하도록 가리키는 것일 뿐, 진실 자체로 착각되어서는 안 된다고 말했다. 말은 그저 지도이고, 지도는 풍경과 같지 않다고 가르쳤다. 그것이 집 없는 신세로 황야를 걷는 동안 느꼈던 거침없는 자유를 상기시켜 주었다. 종교는 확신으로 가득한 듯했지만, 나는 그 확실함을 믿지 않았다. 종교는 내게 죽고 나면 모든 것이 훨씬 좋아질 거라고 말했지만, 그건 내가 올바른 집단에 속하고, 올바른 규칙을 따르고, 올바른 사람들을 우러러볼 때만이었다. 신비주의는 모호할 대로 모호했다. 내게 정말로 선택이란 건 없으며, 모든 것이 어느 정도 예정되어 있다고 말했다. 내가 올바른 방식으로, 올바른 의식 행위를 하면, 원자보다 작은 양자의 것을 내 쪽으로 유리하게 돌릴 수 있을 거라고 했다. 심원하고 추상적인 개념을 다루는 철학에서는, 아마도 세상에 확실한 것, '사물'이라는 것은 없을 거라고 말해주었다. 존재하는 것은 사물 — 그것이 무엇이든, 어디에 있든, 얼마나 많이 있든 — 에 대한 마음의 지각뿐이라고 했다. 그런 의미 없는 지각이 어쩌면 존재하는 모든 것일 수도, 어쩌면 그렇지 않을 수도 있다고. 과학은 내가 만질 수 있는 것 — 나무나 사람 — 이라는 고정된 '사실'을, 작고 회전하는 우주들이라는 무한한 숫자의 시詩로 축소시켰고, 그 우주에는 빙글빙글 도는 행성들이 있지만, 그것들 역시 사물이 아니라 파장일 수 있었다. 심리학에서는 사물에 대한 지각을 내가 선택할 수 있지만, 사물 자체는 변하지 않는다고 가르쳤다. 나는 행복하기로 선택할 수도, 행복하지 않기로 선택할 수도 있었다. 시에서는 이 모든 것이 그저 삶과 죽음과 사물의 찬란하고 혼란스러운 폭발이라고 말했다. 내가 할 수 있는 건 그저 그것에 대해 걱정하거나 싫어하거나 즐기는 것뿐이라고, 그건 내 선택이라고 했다.

'삶의 의미가 뭐지?'라는 질문은 어떤 열매도 맺지 못한다는 것을 나는 깨달았다. 그 질문은 미궁 같은 답들 주변에 뱀처럼 꼬여 있을 뿐이었다. 이 유혹적인 사과 같은 질문은 결국 속도, 씨앗도 없는 것이었다. 그것은 '5의 색깔이 뭐지? 한 손으로 치는 손뼉 소리는 어떻게 들리지?' 하고 묻는 것과 같았다. 논리적인 대답도 없고, 알 수 있는 것도 없다. 사람들의 머릿속에는 끝이 맞물리지 않는 생각만 있을 뿐이었다. 나는 무엇인가 확실하다는 것은, 그것이 필요한 사람들에게 속한 환상일 뿐이란 걸 깨달았다. 그들의 자아 감각이 그것에 의존하기 때문이다. 의미를 찾는 일은 나를 힘으로 지배하려고 하는 자들, 혹은 그들의 명분을 위해 싸워줄 또 한 명의 아무 생각 없는 군인이 필요한 자들에게 나를 넘겨주는 일임을 깨달았다. 나는 나를 붙잡으려 하는 통일교나 기독교의 손아귀에서 힘들게 빠져나왔고, 장미십자회와 카오스 마법사들*의 유혹적인 미스터리에도 조금 손을 댔다가 벗어났다. 무정부주의자나 사회주의자, 자본주의자, 혁명가에게서도, 그들의 쓴 독약을 맛본 뒤 떨어져 나왔다. 위계질서를 갈망하여 내 지도자나 스승이 되고 싶어 하고, 내 머릿속을 나 자신의 공간이 없어질 때까지 채우고

---

* 1990년대 초반에 등장한 현대 마법의 한 분파. 전통적인 마법 시스템이나 교리를 따르지 않고 '혼돈'을 기본 개념으로 가진다.

싫어 하는 사람들도 있었지만, 그건 단지 그들을 위해서였다. 그들의 세계 속으로 사라져 나를 잃는다고 느끼면 나는 즉시 떠났고, 다시 나 자신이 되기 위해 떠돌아다녔다.

나는 있던 자리에 계속 머물고 싶지 않았다. 내게는 자유가 있었다. 살아야 할 이유도, 죽을 이유도 없었다. 나는 어느 땅에도 바람처럼 매이지 않았고, 바람만큼 외로웠다. 그래서 나는 경험을 찾아 떠났다. 거칠거나 대단한 모험은 아니었다. 나는 가난했고, 돌아다닐 여유가 없었다. 나는 험한 잠자리에 지쳤고, 다시는 그런 생활을 하고 싶지 않았다. 하지만 그렇게 하면 나 자신에게 몰두할 수 있었고, 내 마음을 떠돌아다니게 할 수 있었다. 그 경험을 함께 나눌 사람은 없었지만, 내 주변에 있는 것을 깊이 경험할 수는 있었다. 나는 거기서 달아날 수 없었지만, 탐험할 수는 있었다. 사물에 대해, 생각에 대해, 그것들의 관계와 연관성에 대해 배울 수 있었다. 사람들을 깊게 쳐다볼 수 있었고, 책을 읽을 수 있었고, 구름이 흘러가는 것을, 비가 내리고 그치는 것을, 바람이 쓰레기를 옮겨놓는 것을 볼 수 있었다. 나처럼 외롭고 주인 없는 고양이들이 살금살금 지나가는 것을 지켜보면서, 내가 이런 것들을 내 세상 안에 두는 것과 내가 그런 세상 안에 존재한다는 것이 어떤 기분인지 경험할 수 있었다.

오랜 세월이 지난 지금, 나는 내가 많은 것을 모른다는 사실을 기쁘게 받아들인다. 나는 사람들이 남긴 많은 저술의 세부 내용에 대해 생각하는 데 조금의 시간이라도 쓸 만큼의 충분한 관심이 없다. 그것은 그저 의견에 불과하며, 기차 시간표처럼 변경되고 수정될 수 있는 것이다. 시인만이 진실을 가졌다. 강과 바위와 물결치는 풀의 세상은 훨씬 오래되었고, 더 지혜로우며 오래 지속된다. 나는 내 머리가 맑게 비어 있으면 좋겠다. 그러면 내 머리는 종처럼 울릴 테고, 동굴 안처럼 부서지는 파도와 바람, 떨어지는 돌, 새들의 노랫소리가 만드는 메아리로 가득할 것이다. 간디가 추구했던 것처럼, 나 또한 누구도 더러운 신발로 내 머릿속을 밟고 다니는 것을 원하지 않는다. 그리고 나는 내가 답이 아니라 질문을 찾고 있었음을 깨달았다.

나는 마침내 가치 있는 질문을 발견했다. '붙잡고 있기로 선택한 이 삶, 걸어가기로 결심한 이 길에서 내가 무엇을 할 수 있을 것인가?'가 그것이었다. 나는 떠돌면서 이 질문을 내 비워진 머릿속에 넣었고, 답이 찾아왔다. 민들레 들판의 씨앗 구름처럼, 사방에서 나를 향해 폭발했다. '경험해.' 파도가 바위에 부딪치며 말했다. '즐겨.' 까마귀가 말했다. '그냥 살아.' 산비둘기가 외쳤다. '살아남아.' 여우가 울부짖었다. '흐름을 느껴.' 바람에 실려 온 씨앗이 말했다. '달리 뭐가 있어?' 구름이 말했다. 질문은 또 다른 질문으로 이어졌다. '세상에 고통이 이렇게 많은데 어떻게 견디지? 어떻게 행복해지지?' 나는 집이 없는 이들, 가난한 이들, 사별의 상심에 빠진 이들, 학대당하는 이들을 본다. 나도 그들 중 하나였고, 그래서 그들의 슬픔과 힘과 살아남으려는 의지를 안다. 나는 가난과 추위와 쥐어짜는 듯한 극심한 굶주림을, 이루 말할 수 없이 어두운 외로움의 우물을 알았다. 또한 '무가치하다'라는 말이 어린 시절부터 내게 끊임없이 주입되어, 그 믿음이 내 뼛속까지 새겨져 있었다는 것도 알았다. 잃을 것이 없다면, 잃을 수도 없다. 잃을 것이 아무것도 없다는 것이 진정한 사실이다. 나는 내 분노 말고는 잃을 것이 아무것도 없었다. 나는 술을 퍼마시고 다녔고, 스스로 목숨을 끊으려 했으며, 벼랑 끝에서 몸을 던지려고 했다. 술을 마신 채 어둠 속에서 오토바이 드래그레이싱*을 했다. 죽음이 어떤 것인지 보려고 약

---

* 직선 경로에서 빠르게 달려 승패를 겨루는 경주.

과 술을 삼킨 뒤 그 언저리에서 파도타기를 했으며, 죽음이 나를 데려갈지, 새벽이 다시 올지 보려고 기다렸다. 그러자 두려움이 사라졌고, 분노 역시 사라졌으며, 나는 아무것도 아니게 되었다. 그리고 대답 — 유일하게 가능한 대답 — 이 찾아왔다. 내가 분노를 되살리려고 애쓰자, 답도 다시 계속 찾아왔다. '친절하라.' 너 자신에게 친절하고, 다른 사람들에게 친절하라. 그것 말고는 알 수 있는 것이 없고, 알 수 있는 것이 없다면 묻는 것은 무의미하다.

카뮈는 스스로 이 부조리한 세상 속에 서서 그 부질없는 속성에 대해 지적하고…… '이 폐허 한가운데서 길을 찾으면서', 『시시포스 신화』에서 묻는다. 우리는 왜 살아야 하는지, 그냥 그 모든 것을 끝내버리면 안 되는지. 산만하게 써 내려간 글의 끝부분에서 그는 삶의 부조리를 시시포스의 이야기와 비교한다. 시시포스는 산 위로 돌덩이를 밀어 올리는 똑같고 의미 없는 일을 반복하는 저주를 받았기에, 다시 굴러 내려가는 것을 볼 뿐이지만, 영원히 그 돌을 굴리고 또 굴려야 한다. 카뮈의 결론은? '투쟁 그 자체가…… 인간의 심장을 채우기에 충분하다. 우리는 시시포스가 행복하다고 여겨야 한다.' 그러니 나는 정원의 꽃일 수 있다. 내가 시들 것을 알기에, 그리고 나 자신이 피고 지기를 허용하고 그 과정을 사랑하기에. 나는 꽃잎 속에서 신을, 그리고 나 자신을 비운 사랑을 발견한다.

아네모네에서 칼라까지

내가 바라는 것은 오로지 정원을 더 아름답게 만드는 것뿐이다. 나는 씨앗 카탈로그를 보면서, 공책에 구입할 것들을 적어 내려간다. 나는 정원 길을 일직선으로 만들 것을 고집해 마담 프루스트를 좌절시킨 프루스트의 정원사와는 달리, 자연스러운 정원을 좋아한다. 일직선에는 무언가 색슨족이나 로마인 같은 데가 있다. 지배, 통제, 에고에 대한 무언가가, 환경을 지배하고자 하는 인간의 환상에 대한 무언가가. 기계는 일직선의 사물을 만들어 낼 수 있다. 우리는 사물을 우리의 취향에 맞게 정리하려고 하지만, 그런다 한들 결코 오래 지속되지는 않는다. 우리는 세상을 우리가 보고 싶은 대로 이해하고, 둥들 녘의 구름처럼 날아가 버리는 우리의 제한된 단어로 그 방대함을 설명하려 하지만 무참히 실패한다. 나는 우리가 왜 애써 그러는지 모르겠다. 나는 켈트족이고, 켈트족은 무언가를 일직선으로 하지 않는다. 우리가 A에서 B로 갈 때, A인지 B인지는 중요하지 않다. 떠나고, 이동하고, 도착하는 것이 중요하다. 우리는 산에 있는 물푸레나무의 울퉁불퉁하고 비틀린 나뭇가지처럼, 파도와 소용돌이, 몸과 뼈처럼 이리저리 헤맨다. 우리는 우리의 육체와 생각에 영향을 미치는 자연의 모든 것에 우리를 맞춰 적응해 왔다.

곡선의 길은 흥미롭고 놀라운 일들로 가득하다. 이 정원은 구조화된 사고방식을 가진 사람들에게는, 아마 곳곳이 혼란스러워 보일 것이다. 미스 캐시미어가 까치풀이 개양귀비 앞에 있기에는 너무 커 보인다거나, 혹은 그 비슷한 식으로 말하면, 나는 그녀를 행복하게 해주려고 그것을 파내 퇴비 더미에 던져버릴 것이다. 하지만 나는 곤충을 유혹하는 그 혼란스러움과 색깔들의 혼합을 보는 것이 즐겁다. 그래서 보라색 락스퍼와, 붉은 양귀비, 흰 루나리아 씨앗을 벽 옆 작은 경계, 정원 길로 내려가는 계단 옆에 뿌린다.

그것들 사이에 실비아 플라스를 위해 산 붉은 튤립 구근을 심고 있다. 일년생 식물보다 먼저 자라고, 일년생 식물이 꽃을 피우기 시작할 때 죽을 것이다. 이론적으로는 그렇다. 모든 것이 날씨에 달렸다. 작년에 심었던 일년생 식물은 줄기와 씨앗이 말랐고, 나는 그것을 그대로 두어 씨가 여물게 하고, 접히거나 갈라진 곳에 서리가 스며들게 했다가 봄에 자를 것이다. 나는 화단이 가득 채워진 것이 좋다. 여기는 광적인 작은 화단이고, 나만의 부조리다. 미스 캐시미어의 표정을 보니, 그녀는 그것을 '엉망'이라고 생각하는 듯하다. 하지만 나는 계속 그렇게 한다. 언젠가 그녀가 그것과, 그것에 매혹된, 날아다니는 꽃 같은 나비들의 가치를 알아봐 주리라 생각한다. 나는 그녀를 행복하게 해주고 싶다. 『스완네 집 쪽으로』*에서 프루스트는 '우리를 행복하게 해주는 이들에게 감사한 마음을 갖자. 그들은 우리의 영혼을 꽃피우는 매력적인 정원사들이다'라고 말한다. 나는 그녀의 정원사다. 겨울에 죽고 내가 해마다 교체해야 하는 이 식물은 내 돌이고, 이 정원은 내 언덕이다. 나는 시시포스이고, 늘 한결같고 행복하다. 이 순환은 축복이며, 정원을 아름답게 가꾸는 이 한결같은 행위는 명상이라 할 수 있다. 승려가 선禪 바위 정원을 깨끗이 관리하는 것처럼. 승려가 정원을 영속적인 고요한 상태로 유지하기 위해 날마다 작은 돌들 사이에서 썩어가는 잎을 줍고, 갈퀴로 돌멩이들의 파도를 만들며, 자신의 고요한 상태에 이를 수 있는 것처럼. 고요한 시시포스.

* 『잃어버린 시간을 찾아서』 1편.

들판이 시작되기 전, 정원 아래쪽 숲속에 고목 한 그루가 쓰러져 있다. 그것은 이제 막 시작되려는 자연으로 가득하다. 곰팡이, 벌레, 부패. 생명의 순환이 완성되고 다시 시작한다. 아침에는 하늘이 붉더니 고요한 회색 비가 내린다. 모든 것이 변한다. 씨앗이 뿌려지고, 어둡고 무거운 달이 지나가면 새 생명이 시작될 것이다. 기러기는 날아갔고, 이슬에 적셔진 거미줄은 마른 양귀비 두 줄기 사이에 걸릴 것이며, 딱정벌레가 엉금엉금 지나갈 것이다. 생각이 사라지는 평온한 순간, 본연의 모습대로 존재하는 모든 것. 발치에 뒹구는 햇볕에 빛바랜 나선형 모양의 빈 조가비, 썩어 속이 비워진 그루터기에 만들어진 물웅덩이, 담쟁이덩굴에 가려진 둥지, 빛을 찾아 꿈틀거리는 애벌레.

밤이 오고 있다. 나는 어스름한 빛 속에서 땅을 파고, 칼라 구근을 쪼갠다. 장미 잎을 치우고, 봄꽃의 구근을 깊숙이 심는다. 아네모네가 한들거린다. 짧은 소나기가 지나간다. 나는 비에 젖었고, 미소가 떠오른다. 나는 하얗고 반짝거리는 작은 밴 안에서 비를 피하며 삶은 달걀을 먹는다.

자아라는 커다란 수수께끼

일요일이고, 일찍 일어났다. 집안일을 좀 해야 한다. 나는 집안일을 잘하지 못하고, 보살필 가정이나 관리할 집을 원해본 적도 없었다. 카라반, 혹은 숲속 헛간에서 지내는 것이 더 행복할 것이다. 여권과 풍족한 현금을 가지고 호텔 방을 전전할 수 있다면 그게 최고다. 내 안에 고속도로가 있어, 그 길을 따라 유랑자의 피가 세차게 흐르는 것 같다.

나는 매일 태양이 떠오르는 것을 본다. 침대에 누워 있건 혼자 앉아 어두운 부엌에서 바라보건, 그 순간만큼은 여신이 어둠 속에서 찾아와 내 잠의 더께를 씻어내고, 유리 너머의 세상을 보여주는 듯하다. 하지만 오늘 그녀는 유혹적인 옷으로 겹겹이 감싸고 모습을 숨긴 채, 검푸른 회색으로 빛나며 이렇게 말하는 듯하다. '거기 그대로 잠시 있으면서 그냥 나를 바라보라. 나는 너와 놀아줄 기분이 아니고, 내게는 다른 할 일이 있구나. 거기 그대로 있으면서 나를 바라보고 찬미하라.' 밖은 춥고 어둡다. 그래서 나는 손을 페기의 골반에 얹고 누운 자리에 그대로 머문다.

45년 전에 나는 리처드 히틀먼의 『요가 명상을 위한 안내서』를 읽으면서, 앉아서 촛불을 바라본 다음, 눈을 감고 촛불의 상을 눈꺼풀 안쪽에 담는 법을 배웠다. 나는 그것을 몇 달, 심지어 몇 년 동안 연습했다. 그 흰색 불꽃은 내 망막과 기억에 강렬하게 새겨졌다. 거의 반세기가 지난 지금도 뒤척이고, 불안하고, 페기를 깨우고 싶어지면, 내 눈꺼풀 안쪽에서 흰색 불꽃을 찾는다. 그리고 그것이 서서히 실체가 되어 나타나면 물끄러미 응시한다. 불꽃이 스르르 기울어 대체로 왼쪽으로 넘어지면, 다시 세우고 계속 응시한다. 그리고 슬며시 잠에 빠져든다. 잠자는 동안에 '나'는 없다. '나'라고 하는 분리된 존재는 없다.

내게 아직 그 책이 있다. 나는 두 번째 잠의 끈적거리는 온기에서 밀려 나왔다. '나'는 다시 태어났다. 그리고 한두 시간이 지난 뒤에 수건으로 몸을 감싼 채 책장에 꽂힌 그 책을 찾으러 간다. 1974년에 나온 8판 인쇄본으로, 그래스루츠 서점에서 새것으로 산 것이다. 나는 책을 사랑하기에 거칠게 다룬다. 책은 내가 어떻게 사용하는지에 따라 모양이 만들어지는 도구와 같다. 낱장이 떨어져 나오고, 노래졌으며, 어떤 부분에는 밑줄이 그어져 있고, 모서리가 접힌 페이지도 있다. 나는 처음 접어놓은 페이지를 편다. 1장. '자아라는 커다란 수수께끼'라는 제목이 붙어 있다. 오래전에 밑줄을 그어놓은 부분은 여기다. '우리는 우리 주위를 둘러싼 것들이 진짜일 뿐 아니라, 영원하다고 믿는 경향이 있다. 그건 사실이 아니다.' 이 문장이 내 여정의 시작이었다. 나는 오랜 연습 끝에, 이 사물의 세계에 나를 묶어놓은 끈을 끊고 떠오를 수 있게 되었다. 혼돈이 흘러가는 동안, 내 몸 위로 부드럽게 떠올라 있을 수 있게 되었다.

내게는 과거로부터 남겨진 실질적인 것이 많지 않지만, 그 책과 그 단순한 가르침은 내게 남은 몇 가지 중 하나다. 그 책은 페이퍼백으로 나온, 초보자를 위한 안내서다. 근육질의 젊은 남자와, 머리를 하나로 묶고 몸에 붙는 레오타드를 입은 여자가 업독 자세와 코브라 자세를 취하고 있는 흐릿해진 흑백 사진들이 실려 있다. 이 책을 펴보지 않은 지 수십 년은 되었다. 이제 필요없지만, 내게는 일종의 부적이다. 내게 중요한 것들을 상기시켜 준다.

패티 스미스의 『M 트레인』을 읽다가, 창 주네의 『꽃피는 노트르담』이 다시 읽고 싶어졌다. 오래전에 읽었던 책을 다시 찾아 읽고 있다. 그렇다면 이제 나는 시간 속에 갇혀버린 걸까? 다른 노인들처럼 1970년대 — 내 독서 인생이 시작된 시기 — 로 돌아가 앞으로 나아가지 못하고 같은 곳을 맴도는 걸까? 그래서 나는 그 당시에 샀던 타로 카드 팩에서 한 장을 꺼낸다. 손에 잡히는 대로 뽑은 카드는 '컵5'이다. 그것은 내가 뒤를 돌아보고 있고, 내게 주어진 상을 즐기기보다는 상실한 것을 애도하고 있다고 말해준다.

어쨌거나 나는 장 주네를 다시, 이번에는 훨씬 늙은 남자의 관점에서 읽기로 한다. 나는 이제 예전과는 다른 사람이니 이야기도 다르게 읽힐 것이다. 온라인으로 새 책을 주문해, 지역 서점인 워터스톤스에서 찾아오기로 한다. 내 책상 옆으로 쌓아둔 책들이 조금 흔들린다. 거의 같은 높이로 두 개의 더미로 나누고, 그중 하나에 커피잔을 올려놓는다. 그 책은 호르헤 루이스 보르헤스의 『픽션들』이다. 다른 쪽 더미 맨 위에 놓인 책은 잭 케루악의 『다르마 행려』다.

『다르마 행려』는 내가 이 지역 산속에서 혼자 보내던 시간을 떠올리게 한다. 나에게 익숙한 브레콘비콘스와, 더 멀리 떨어진 북부 황무지에서 떠돌던 기억들. 타인의 모습을 보거나 목소리를 듣지 못하고, 사방 몇 마일 안에 아무도 없는 것을 보면서 느껴지던 그 슬프고 아름답고 외로운 자유의 감정이 그립다. 날씨가 내게 다가오면 나는 앞을 내다볼 수 있었다. 인간의 잡담이나, 말의 어수선함에 마음을 뺏기지 않고, 풍경과 연결될 수 있었다. 나는 눈을 감고 촛불의 불꽃을 떠올린 뒤, 두 언덕 사이로 안장 안장처럼 자리한 풀밭을 찾아본다. 그곳에서 강인한 산양 몇 마리가 풀을 뜯으며 나를 바라본다. 두 언덕 꼭대기 사이에서 햇볕으로 몸을 덥히고, 바위 사이로 맑고 얼음 같은 물이 떨어지는 소리를 듣고, 피부와 폐로 산의 상쾌한 공기를 느낀다. 그리고 눈을 뜬다. 내가 황무지에 있지 않아도 된다는 사실을 깨닫는다. 필요할 때마다 황무지는 늘 내 안에 있다.

하이쿠

나는 여름의 물망초 씨앗이 가득한 화단에서, 야생 능금나무가 만드는 밝은 그늘에 튤립을 심고 있다. 진분홍색 튤립 꽃송이가 작고 푸른 꽃의 바다 위에 떠 있는 모습을 상상하며, 두 꽃이 동시에 꽃을 피우기를 바란다. 튤립을 심기에는 조금 늦었지만, 그래도 괜찮을 것이다. 추운 땅에서 동면하는 시기가 필요하니, 겨울 동안 거기 있으면서 휴식을 취하면 된다. 늦은 봄에 흙이 따뜻해지고 수선화가 꽃을 피울 때, 튤립은 수선화가 진 자리를 차지할 준비를 하며 주둥이처럼 생긴 그 붉고 단단한 잎의 끝을 흙 밖으로 내밀 것이다. 전화기에 그것에 대한 하이쿠를 짓고 트위터에 올린다.

지금 여기서
미래에 대한 생각에 빠졌네
봄의 구근을 심으며.

다 심고 나서, 잔디밭에 자라는 단풍나무에서 떨어진 잎을 쳐다본다. 그 은은한 황금빛은 집에서도 보이는데, 그것이 하늘마저 비추는 듯하다. 요즘이 정말로 황금빛 나날이다. 생명이 제분소의 거대한 기계를 돌아가게 하는 가장 아름다운 나날.

잎이 풀밭에 누우면, 빛을 빼앗긴 풀이 군데군데 시들 것이다. 색색의 낙엽은 풀밭 위에서 빛나지만, 잔디는 빛과 공기를 받아야 한다. 밴에서 나무로 된 커다란 건초 갈퀴를 꺼내, 낙엽을 한 곳에 모으기 시작한다. 지난주에는 바람이 심하게 불었지만, 지금은 고요하고, 춥고, 서리가 내린다. 바람 한 점 없다. 하이쿠는 일단 시작되면 늘 그렇듯 계속해서 떠오른다. 하이쿠는 머릿속에서 소용돌이치는 온갖 잡다한 생각을 멈추게 하는 명상이다.

밝은 단풍나무 아래
서늘하고 젖은 가을 그늘 속
어두운 독버섯 무리

무엇을 짓든
자연은 다시 태워버리네
시작은 끝.

자연이 다시 스스로를 불태우는 계절이다. 나는 숨을 들이쉬고 내쉬는 끊이지 않는 리듬 속에서, 한층 약해진 금빛 구리색 햇살을 받으며 갈퀴로 잎을 긁어모은다. 기억나는 한, 나는 매년 가을에 바로 이 나무 아래서 바로 이 일을 해왔다. 아무것도 변하지 않았다. 나무는 나와 함께 나이를 먹었다. 우리는 같이 놀고, 나는 귀마개를 한 채 송풍기를 작동시킨다. 미소가 떠오른다. 낙엽이 여기저기 날아다니고, 나는 바람을 데리고 강아지처럼 그것을 쫓아간다. 바람을 일으켜 낙엽을 줄줄이 모으고, 갈퀴로 긁어 더미를 만든다. 밝은 빛깔 나무들이 있는 추운 날. 낙엽을 옮기는 일이 내 몸을 덥혀준다. 선禪의 마음으로, 바닥에 흩어진 잎 몇 장은 그대로 둔다. 이곳에서는 완벽함에 대한 인간의 끝없는 환상은 있을 자리가 없다.

배가 고프고, 일은 끝났다. 나는 정원이 필요로 하는 것과, 아름다움과 조화에 대한 나의 욕구 사이에서 균형을 이루었다. 밴으로 가서 점심을 먹는다. 주머니칼로 사과 한 알과 진한 체더치즈를 먹는다. 어린 시절 이후로 바깥에서 끼니를 때울 때 먹는 음식이다.

집시

우리 마을의 어느 건물 출입문 앞에서 한 노숙자가 잠을 자고 있다. 그는 벌써 몇 주째 그 자리에 있는데, 이름은 개리다. 지난주에 나는 몇 가지 — 담요, 이제는 쓰지 않는 배낭, 모자 — 를 갖다 주면서 밤은 잘 보냈는지 물었고, 그는 새벽 2시 정도까지는 괜찮았다고 말했다. 그때 비가 내리기 시작했고, 그 뒤로는 출입문에서 비를 피했다고 한다. 그는 몇 주 전까지만 해도 강가 관목지에 텐트를 치고 잠을 잤다고 했다. 어느 날 돌아와 보니 누군가가 그의 텐트에 불을 질렀고, 자식들 사진, 여벌의 옷, 침낭까지 홀랑 타버렸다고. 몇 안 되는 소지품이 남김없이 다 타서 사라진 것이다. 이런 식이다. 가진 것이 없을 때는 그 몇 안 되는 것들이 개인적으로 아주 큰 가치를 갖게 되지만, 너무도 빠르게 사라진다. 다른 이들에게 그것은 아무 가치가 없는 하찮은 쓰레기에 불과하다.

그는 연분홍색과 현란한 흰색의 무성한 가막살나무꽃 아래에서 잠들었을 것이다. 그곳의 돌담을 뒤덮은 무성한 담쟁이덩굴은 지금 철퇴 같은 씨앗을 뭉텅이로 달고 있다. 줄기에 녹색 구슬 뭉치를 매단 모습으로. 그곳에는 겨울 벚나무도 한 그루 있다. 그것은 여름 내내 눈에 띄지 않다가, 가을에 잎이 사라지면 놀랍게도 앙상하고 비틀린 줄기에서 분홍색과 흰색의 꽃 수백 송이를 터뜨린다.

나는 존 클레어가 웨일스의 시인 에드워드 토머스와 함께 내 책장에 있지 않고, 책상 위 오른쪽에 있다는 걸 기억해 낸다. 클레어는 1700년대 후반, 들판과 새 둥지와 '터벅터벅 무기력하고 공허한 모습으로 땅을 밟고 걸어가는' '시간과 공간의 경계를 무시하는 인간들에 대해' 가장 완벽한 시를 썼다. 그는 세상을 떠돌면서 농장에서 품을 팔았고, 귀향길에 '모든 것이 새롭게 보이고 달라졌다'는 것을 깨달았다. 미스 캐시미어가 준 책은 그가 집시들과 함께 어떻게 밤을 보냈는지 말해주었다. 클레어는 집시들과 함께 떠돌고 싶었지만, 어느 아침 깨어나보니 그들은 밤중에 조용히 사라지고 없었다. 버전에 따라 조금씩 다르지만, 그는 정신병원에 입원했다가 80마일을 걸어서 집으로 돌아갔다. 자신이 바이런 경이라 믿고 풀을 뜯어 먹으며, 오로지 아내를 보기 위해서. 하지만 그녀는 죽은 지 3년째였다. 그는 비슷한 처지의 여러 시인처럼 찢어지게 가난했지만, 책을 많이 읽어 박식했다. 그는 시인으로서 잠시 경제적인 성공을 거두었지만, 그 성공은 오래가지 않았다. 그는 걸핏하면 찾아오는 우울증에 시달리다 정신병원에서 삶을 마감했다. 더 많은 사람이 미쳐서 생을 마감할 수도 있을 텐데, 인간의 회복력이 놀랍다. 어쩌면 우리는 무언가를 드러내지 않고 전부 가슴 안에 간직한 채, 조용히 절망 속에서 살아가는 것일지도 모른다.

지난밤에 눈이 좀 내렸다. 많지는 않고 반 인치 정도 쌓였다. 그 위로 가늘고 차가운 비가 내려 작은 구멍을 만든다. 땅 밑으로 눈은 이미 녹고 있다. 장미 열매 사이로 검은지빠귀 한 쌍이 서로를 쫓고 있다. 행복해 보인다. 그것들은 그림자가 없다. 나는 내 아침 식사인 사과 반쪽을 주고, 집에서 책을 읽는다. 오늘은 옷을 갈아입지 않고, 까끌까끌한 검은 바탕에 추상적인 별 모양이 있는 거친 웨일스산 담요로 몸을 감싼다. 또 하나의 개인적인 유물이다. 나는 부엌 창문 옆 소파에 앉아 시 — 새들의 언어 — 를 읽는다. 그리고 수프를 만든다.

백합 정원

해가 늦게 뜨고, 오후 4시면 어두워진다. 낮은 짧고 밤은 길다. 저녁을 먹고 잠들기 전까지 무엇을 할지 생각한다. 날은 어둑해지는데, 몸을 충분히 쓰지 않아 피곤하지는 않다.

눈이 녹았다. 오전 7시, 아직 날이 밝지도 않았는데 참새들이 벌써 노래한다. 해는 나지막이 회색 지평선 위에서 뜰락 말락 시간을 끈다. 정원 일이 끝나가서, 나는 늑장을 부리며 하루와 한 주를 채워나간다. 일하기에는 너무 이르고 어두워서, 부엌에 앉아 핫초코를 마신다. 그리고 내 작은 정원과 양옆 정원들 사이를 잽싸게 날아다니는 작은 참새 무리에 귀를 기울인다. 우리 모두는 그것들을 소유하고 싶어 하고, 우리의 공간에 데려오려고 먹이로 유혹한다. 그것들은 타운에서 가장 행복하고 뚱뚱한 참새들이다.

두 시간은 지나야 일을 시작해도 될 만큼 날이 밝을 것 같다. 그래서 낡고 해지고 색이 바랜 색빌웨스트의 『당신의 정원에서』를 펴본다. 11월에 관련된 내용을 펴서, 고산 딸기를 심는 것에 대해 읽는다. 그걸 보니, 딸기에서 잘라낸 뿌리 순을 화분에 심어 새 식물로 키워야 한다는 사실이 떠오른다.

1951년에 출간된 이 작은 책은 고전이 되었다. 이 책은 무엇보다 1946년부터 1951년까지 『옵서버』 신문에 실렸던 색빌웨스트의 정원 가꾸기에 관한 글을 모은 것이다. 마지막에 3페이지 분량의 부록이 있는데, 옛날 종묘업자 목록이다. 그녀가 1951년에 추천한 식물을 팔았으리라 생각되는 종묘장의 이름과 주소가 나와 있다. 전화번호는 없는데, 당시 사람들은 종묘 업자에게 편지를 써

보냈기 때문일 것이다. 무작위로 하나를 고른다.

W. A. 컨스터블
더 릴리 가든스
사우스버러
턴브리지 웰스
(백합 전문)

나는 그가 여전히 그 주소에 있는지 보려고 인터넷을 검색하지만, 정원에 대한 단서가 전혀 없다. 온라인 지도는 내게 사우스버러는 이제 현대적인 주택 단지라고 알려준다. 하지만 책 한 권을 찾아낸다. W. A. 컨스터블이 쓴 『현대의 꽃 정원: 제6권 백합 — 백합의 품종과 번식에 대한 내용 수록』이다. 이 책에는 '1900년대의 고전적인 자료를 포함한다'는 설명이 붙어 있으며, 2010년에 출간되었고 저작권 만료 후 2016년에 재출간되었다. 온라인 서점에서 전자책과 페이퍼백으로 판매한다. 컨스터블 씨 혹은 컨스터블 양이 인쇄물로 부활한 것이다.

꽃에 대한 내용이 나를 이국적인 장소들로 데려간다. 『당신의 정원에서』는 색빌웨스트의 자연에 관한 시로 나를 이끌었고, 겉보기에 정숙한 이 여인이 벌인 여러 연애 행각에 대해 알게 되었다. 아마도 가장 주목할 만한 것이 버지니아 울프와의 연애일 것이다. 울프는 그녀를 위해 『올랜도』를 썼다. 그 작품에서 올랜도는 테이레시아스처럼 이야기 도중에 성별이 바뀐다. 꽃과 정욕의 본성은 병행하는가 보다.

특권과 놀이를 즐기는 삶, 노동이나 굶주림으로부터 자유로운 삶을 살았던 이 유명인들에 대해 알게 되었을 때, 내 젊은 날의 불타오르던 분노는 서서히 사라졌다. 나는 열다섯 살에 학교를 그만두고, 한때 찢어지게 가난하게 살았던, 교육을 제대로 받지 못한 노동자 계급의 남자였다. 나는 동료와 '윗사람들'로부터 불평등과 계급 체제를 받아들이라는 교육을 받았고, 이어 그것에 분노하는 법을 배웠다. 하지만 분노는 자신을 해치는 것이고, 우리 모두는 그저 창조적인 우주의 표현일 뿐이며, 우주는 연민이 없고, 분노를 알아차리지 못해 용서 같은 건 구하지 않는다는 것을 깨달았다. 이제 나는 정원과 그 안의 꽃, 그리고 지나가는 하루에 대해 생각한다. 내 정원에서는 특권을 누리는 사람도 꽃이고, 과거의 나처럼 모멸당하고 몹시 가난했던 장 주네도 꽃이다. 주네 역시 동료 수감자들을 꽃으로 여기고, 꽃들을 자신의 가족으로 여겼다. 거지이자 매춘부, 그리고 양부모들의 물건을 훔친 도둑이었던 주네는 양부모들의 가치에 반항했고, 독자들의 가치를 전복시키려 했다. 그는 어렸을 때부터 좀도둑질과 음란한 행동으로 수감되었고, 악마의 섬으로 이송되기를 기다리는 동안(하지만 그곳에는 결코 가지 못했다) 가장 열정적이고 본능적이며 욕정이 가득한 단어들을 외부로 유출시켰다. 『꽃피는 노트르담』에서 주네는 같이 수감 생활을 하는 이들의 자위행위에 대한 환상에 대해 쓰면서, 자신과 자신의 연인들이 얼마나 저열하고 하찮으며 지저분한지를 찬양하고, 그들의 타락을 가장 이상적인 것, 숭배하고 열망해야 하는 것으로 끌어올린다. 그는 비행을 저지르는 것에서 기쁨을 느꼈고, 나는 그를 내 정원에 두는 것에서 기쁨을 느낀다. 당신이 허용하면, 인간의 삶도 애벌레의 삶처럼 유동적인 것이 된다. 그는 콕토, 카뮈, 사르트르와 가까운 친구가 되었고, 그가 아방가르드 연극의 주도적인 인물이 되자, 그들은 그의 작품에 대해 방대한 글을 남겼다.

서리 결정이 땅에 떨어진 잎의 가장자리와 융기된 잎맥을 따라 자라면서 잎이 쭈글쭈글해진다. 나는 갑자기, 가능한 한 많은 것을 흡수하고 싶은 욕망, 색깔들을 수집하고 싶은 욕망에 사로잡힌다. 50개의 딸기 뿌리 순을 심고 나니 손에서 딸기 냄새가 난다. 털이 있고, 약간 끈끈하고, 녹색에서 붉은색으로 색깔을 바꾸는 중인 그 잎에 내 손이 녹색으로 변한다. 화단에서 뽑아낸 오래된 식물을 퇴비 더미에 던진다. 그것은 거기서 죽고 썩어갈 것이다. 더 어린 식물은 파낸 다음 줄을 지어 다시 심는다. 나는 줄을 짓는 것을 좋아하지 않고, 어차피 자라고 퍼져 나가는 동안에는 줄이 유지되지도 못하겠지만, 어쨌거나 딸기에 대해서는 줄을 짓는 것이 바람직해 보인다. 높여 만든 화단에서 잡초를 좀 뽑고 흙을 갈아엎은 뒤, 더미에서 퍼온 퇴비를 단정해 보일 때까지 화단에 덮는다. 한기가 슬며시 밀려오자, 나는 피곤해져서 일을 마무리하고 돌아갈 준비를 해야겠다고 생각한다. 그러고는 길고 텅 빈 저녁에 대해 생각하며, 주위가 제대로 보이지 않을 때까지 한 시간 더 일하기로 한다. 이 어둡고 을씨년스러운 달들을 보내며, 우리는 12월 22일경에 있을 동지를 기다린다. 할 일은 많지 않지만, 소소한 일을 얼마간 찾아낸다.

　　나는 뿔남천꽃을 조금 잘라낸다. 11월에서 2월까지 피는 이 꽃은 호랑가시나무의 잎처럼 생긴 억세고 날카로운 잎 위로, 가늘기가 노끈만 한 열대 식물 같은 꽃대가 뻗었고, 거기 작고 노란 꽃들이 오종종하게 피어 첨탑 모양을 이루었다. 온화한 겨울날이면 호박벌의 방문을 받을 것이다. 작은 꽃병에 담을 만큼 충분히 잘라, 곰팡이색 같은 녹색의 정원 노끈으로 줄기를 묶어 주머니에 넣어 가져간다. 뒷문 옆 철제 테이블 위에 작은 꽃다발을 내려놓는다. 꽃이 없는 방은 욕망이 없는 방이다. 이 뾰족하고 부드러운 꽃들은 꽃병에 담아두면 보기가 좋다. 아주 오래가지는 않지만, 방 안을 사랑스러운 은방울꽃 같은 향으로 채워준다.

    빛이 사라지고 나는 밴을 몰고 집으로 돌아간다. 가는 길에 슈퍼마켓에 들러 약쑥, 노간주나무, 용담, 과일, 씨앗, 뿌리, 효모 — 인류에게 알려진 가장 오래된 배양된 생명체 — 로 발효시킨 줄기와 잎, 그리고 넓고 축축한 바닥에서 발아시킨 다음 타오르는 토탄 — 그 자체가 썩은 고대의 식물이다 — 에 훈제한 보리 씨앗으로 주조한 술을 산다. 산에서 솟는 샘물로 증류시키고 손질하고 혼합한 이 술은, 축하의 들뜬 분위기를 만들어 우리를 취하게 하고, 우리의 장난기를 끌어낸다. 나는 페기에게 줄 진과 내가 마실 위스키를 한 병씩 사서 집으로 간다. 샤워를 하고, 옷을 갈아입고, 음료를 만들어 나만의 작은 불꽃을 일으킬 것이다.

달리아 캐기

　무릎을 꿇고, 달리아 무리를 돌보는 정원사이자 사제처럼 그것들을 거둬들인다. 밤중에 죽음의 신처럼 찾아온 서리에, 깊고 강하게 깨물린 달리아는 색깔과 뼈대를 빼앗겼다. 그것들의 세포에 스며 있던 물이 얼어서 팽창하고, 세포벽이 터져 구조가 무너진 것이다. 해가 떠오르고 혈관의 얼음이 녹으면서, 식물은 드러눕고 검어져 죽는다. 어제 무리 지어 피었던 여름의 꽃은 이미 점액처럼 끈적끈적해져, 맑고 밝은 하늘 아래 증기를 내뿜는다. 경계를 따라 부러진 윗부분을 하나씩 전지가위로 잘라낸 다음, 쇠스랑으로 얼어붙은 흙을 파내고 흙덩이와 뿌리를 부드럽게 들어 올려 땅 위에 내려놓는다. 햇살이 얼어붙은 흙을 부드럽게 만들면, 굵고 오래된 덩이뿌리를 깨끗이 씻어 모래를 담은 상자에 넣어 보관했다가, 서리의 위협이 사라진 내년 봄에 다시 심을 것이다. 이 일을 하는 데는 반나절이 걸린다. 일부 덩이뿌리에는 민달팽이가 숨어 있다. 민달팽이는 젖은 알몸으로 진주 같은 알을 뭉텅이로 낳는다. 나는 새들이 먹도록 그것을 맨 위에 놓는다.

　식물을 재배하는 사람에게 서리는 문제다. 하지만 나는, 그것은 땅이 스스로를 돌보는 일이라고 생각한다. 흙이 스스로 내뱉은 영양소를 다시 빨아먹는 것, 낙엽을 분해하여 그것을 다시 흙으로 돌려놓는 것이다. 물이 흙의 알갱이와 갈라진 바위 사이에서 팽창하고 수축하면서 다공성 무생물의 표면을 부수고 벌레를 죽여, 어린 생명이 새로 부화할 수 있게 하며, 질병의 진행을 막는다. 서리는 내게 휴식을 취할 기회를 준다. 털옷을 입고, 불을 지피고, 다른 것들을 바라보고, 내 모든 주의를 사로잡던 정원을 떠나 다른 곳에서 숨을 돌릴 수 있게 한다.

떠나다

화단에 있는 달리아가 말라간다. 오늘은 줄곧 날이 화창했다. 작은 새들이 민달팽이 알을 대부분 먹어버렸다. 나는 남아 있는 작고 촉촉한 진주를 쓸어낸 뒤, 덩이뿌리에서 흙을 조심히 털어낸다. 그리고 그것을 모래를 채운 상자에 넣고 어두운 헛간 벤치 아래 둔다. 도발적으로 스커트 자락을 들어 올린 푸크시아꽃이, 잎을 벗은 나뭇가지에 매달려 있다. 자주색, 분홍색, 빨간색이다. 벽 옆으로 꽃망울을 뭉텅이로 터뜨린 분홍색 네리네가 얼음 속에서 거의 얼어붙었다. 외로운 장미꽃 몇 송이가 붉게 빛나는 열매 사이에서 젖은 채 피어 있다. 다람쥐 한 마리가 담장 위를 달려가, 나뭇가지에 달린 작은 열매 한 알을 앞발로 따서 맛본 뒤 던져버리고, 다른 열매를 맛본다.

겨울이 오기 전에 정원을 정돈하고 있다. 대부분의 식물은 봄에 가지치기를 하지만, 지금은 장미와 부들레이아의 가지치기를 한다. 이른 봄에 제대로 가지치기를 해야겠지만, 겨울바람이 나무 같은 그 식물을 흔들고 비틀고 부러뜨릴지 몰라 돛을 조금 내리려는 것이다. 젖은 풀밭에 무릎을 꿇고 부들레이아의 아래쪽 굵은 가지를 일본 톱으로 자른다. 톱니가 뒤를 향하고 있어 당기면 잘린다. 밑부분에 새순이 돋아 있다. 부들레이아는 그루터기만 남기고 잘라도 다시 자랄 것이다. 많은 사람이 잡초라고 생각하지만, 나는 좋아한다. 부들레이아는 자신이 어디서 자라든 신경쓰지 않는다. 벽에서도 자라고, 굴뚝에서도 자란다. 우리의 감정에는 아랑곳없다. 그것들은 원기 왕성한 범죄자이며, 우리에게 필요한 존재인 날아다니는 곤충들은 뭉텅이로 늘어진 그 자주색 꽃을 좋아한다.

몰스킨 셔츠에 니트 점퍼, 오래된 트위드 재킷을 입어 몸이 따뜻하다. 톱질을 잠시 멈추고 휴식을 취하는데, 근처 밤나무에서 뒤늦게 낙엽이 떨어진다. 나는 잠시 몇 장이 더 고요한 공기 속에서 안개를 뚫고 떨어지는 것을 지켜본다. 더 기다려보지만, 더는 떨어지지 않는다. 타오르는 듯 붉은 매자나무 잎과 섬개야광나무의 작은 열매가 멀리서 반짝거린다. 얇은 실크를 통해 보는 것처럼 흐릿하고, 노출이 부족한 사진 같다. 구름이 땅에서 쉰다. 거즈 같은 겨울 안개 너머로, 집 쪽의 잔디밭을 올려다보는데, 멀리서 흐릿한 형체가 다가온다. 미스 캐시미어는 아니다. 그녀의 모습은 어디서든 알아볼 수 있다. 하지만 너무 모호해 어른인지 아이인지조차 잘 모르겠다. 그저 갈래가 나뉜 움직이는 형태인데, 한쪽 다리에서 반대쪽 다리로 무게를 옮길 때, 몸이 좌우로 흔들리며 안개 속에서 잔물결처럼 일렁인다. 형체가 커지고, 점점 더 커진다. 어른이다. 땅은 축축하고, 안개 속에서 일하는 느낌이 좋다. 시원하고 상쾌하다. 삶의 모든 것처럼, 안개도 그 자체로 개별적이고 완벽한 방식으로 다가오고 흐른다.

톱질은 힘든 일이다. 무릎을 꿇은 땅 옆에 나뭇가지가 떨어져 있다. 무릎이 망가져, 이제는 앉았다가 일어나려면 힘이 든다. 그래서 나뭇가지와 톱과 함께 그대로 앉아 작은 관목의 아래쪽을 전지가위로 깨끗이 정리한 다음, 주변에서 자라는 다년생 식물인 백합과 헬레보레의 낙엽을 옮긴다. 그 형체가 다가와 안개의 커튼을 뚫는다. 이 정원 — 내 정원, 미스 캐시미어의 정원 — 에서 한 번도 본 적이 없는 남자다. 나는 전적으로 침범당한, 심지어 협박당한 느낌이다. 남자는 자신을 도로시 캐시미어의 조카라고 소개한다. 나는 그의 앞에 무릎을 꿇은 채고, 그는 유감스럽게도 미스 캐시미어가 3주 전에 돌아가셨다고 말한다. 병원에서. 10월에.

"몹시 안타깝네요." 나는 처음 본 이 남자에게 말한다. 하지만 몸을 일으키지는 않는다.

그는 아무렇지 않은 듯, 내 등에 대고 '집이 팔릴 때까지 계속 정원을 관리'해 주면 좋겠다고 — 그것이 빨래나 그런 종류의 일인 것처럼 — 말한다. "새 주인이 당신을 계속 고용하고 싶어 할 수도 있고요." 그것이 내게 당면한 가장 급한 문제일 거라는 듯 제안한다.

"고맙습니다." 그가 돌아서서 걸어갈 때 내가 말한다.

"급료는 평소대로 드리겠습니다." 그가 말한다. 그의 등이 무릎을 꿇고 있는 내 등에서 멀어진다.

나는 내 감정 주위만 맴돌 뿐 더 깊이 생각할 수 없다. 어쩌면 언어로부터 안전하게 잠가둔 상처를 파내게 될지도 모르기 때문이다. 그리고 놀라운 일이 일어난다. 나는 이런 단어들을 생각하기 시작한다. 이상하게도, 생각은 단어의 형태가 된다.

······몇 주 동안 그녀를 찾아 헤맸지
그리고
······다시는 그녀를 볼 수 없네
그리고
······날마다 그녀를 찾아 헤맸지만, 그녀는 이미 불태워졌네
그리고
······아니면, 묻혔을지도
······다시는 일어나지 못하리
······다년생 식물처럼
그리고

......몇 주 동안 그녀를 찾아 헤맸지만, 그녀는 이미 사라졌네
그리고
......그녀는 사라졌네.

이 공허한 독백이 순환하고, 순환하면서 나를 괴롭힌다. 나는 생각이 필요하지 않은 일로 스스로를 몰아붙이지만, 일이 손에 잡히지 않는다. 그래서 단어들을 닫아버리고, 그 위로 떠오르려 애쓴다. 단어들은 슬픔에 대한 것만 말할 뿐이고, 슬픔을 키워 무의미하게 반복한다. 어떤 무거움이 내 안에 침범해 자리를 잡고, 나는 납처럼 무거운 무언의 우울을 자라나게 둘 뿐 아니라, 오히려 적극적으로 품어 위안으로 삼는다. 이 감정의 무게는 끌어안는 것 말고는 할 수 있는 게 없는 듯하다. 내가 그것 없이 존재할 수 있을까? 나는 그것 없이 살고 싶지 않다. 사랑의 감정이 있는 곳에는 언제나 상실의 감정도 있다. 둘 다 느끼거나, 어느 쪽도 느끼지 않을 수 있지만, 다른 것을 버리고 하나만을 선택할 수는 없다. 그리고 나는 내가 그녀를 사랑한다는 걸 깨닫는다.

내 따뜻한 숨이 구름을 만든다. 나는 고개를 들어 구름을 쳐다본다. 까마귀들이 머리 위로 높이 날면서 원을 그린다. 무릎을 꿇은 자세로, 나는 땅에 묶여 있지 않기로 결심한다. 나는 머리를 뒤로 젖히고, 목을 꺾어 위를 쳐다본다. 내가 무릎을 꿇고 있는 이 화단에는 따뜻하고 포근한 담요가 없다. 꽃들이 잠드는 이곳에서, 나는 잠들지 못한다. 무릎을 꿇은 이 자세는 기도하는 것도, 간청하는 것도 아니다. 아무 생각도 하지 않고서, 나는 웅크렸던 몸을 풀고 일어서서 몸을 편다. 다시 허리를 굽혀 용구를 집어 든다. 모종삽과 쇠스랑, 닳고 갈라지고 내 손 모양에 맞춰진 나무 손잡이. 강철의 날과 갈래는 흙 속의 거친 입자에 찍히고 마모되었다. 그것

의 한쪽 끝은 내 손에, 다른 끝은 땅속에 있다. 도구들을 낡은 진흙빛 캔버스 가방에 넣어 어깨에 멘다. 나는 공허한 마음으로, 다리를 절뚝이며 밴으로 걸어간다. 골반에 걸쳐진 가방이 조금씩 흔들린다.

12月

나는 삶에서 목적을 찾아냈다.
그것은 꽃을 피우고, 떠돌아다니고,
간단히 배를 채우는 것이다.
영원히 지속되는 가치를 지닌 것은 없다.

우리는 거의 이야기를 나누지도 않았어,
혼잣말을 해봐도……

　며칠 동안 정원에 나가지 않는다. 그녀는 그저 내 고용인이었다. 그게 전부다. 더는 없다. 우리는 거의 이야기를 나누지도 않았다고, 나는 몇 번이고 혼잣말을 해본다. 하지만 그녀가 내 오랜 연인이었던 것처럼 몹시 슬프다. 나는 생계의 수단을 잃어서, 일정한 일과를 잃어서 슬픈 거라고 혼잣말을 하지만, 그 이상이다. 나는 한 세상을 잃었고, 지금, 이해하기 힘든 공허가 존재한다.

　죽음은 한 개인에게는 인생에 한 번 있는 사건 — 우리가 피하려고 애쓰는 중대한 사건 — 이다. 하지만 죽음과 함께 살아온 나로서는 그것을 친구로, 조언자로 믿고 있으며, 그에 대한 두려움도 없다. 나는 나 자신의 죽음과 아주 가까워진 적이 있는데, 그때 생명이 내 발치에서, 내 손에서, 내 품에서 떠나는 것을, 살아 있는 육신을 떠나는 것을 지켜보았다. 뜬 눈이 나를 쳐다보다가 힘없이 목을 떨구며 감기는 것을, 근육이 처지고 입술이나 부리, 주둥이가 이완되면서 몸이 무거워지는 것을 보았다. 동물, 새, 사람, 다 마찬가지다. 두려워할 일은 아니지만, 작은 포유류의 죽음조차도 그들이 살아 있는 동안 만들어 내고, 데우고, 채워 넣었던 빈자리를 내게 남긴다.

　당신이 이 파티에서 인기 없는 사람이건, 연인이건, 술꾼이건, 멋쟁이건, 무용수건, 밤이 오면 당신은 서서히 사라지고 떠난다. 영원히 흐르지는 않을 이 서늘한 샘물에서 내 몫의 물을 실컷 마시고 싶다고 생각하는 순간, 비가 내리기 시작한다. 몇 방울이 창문에 흘러내리고, 곧 하늘이 검어지더니 모든 세세한 부분이 사라진다. 빗방울은 유리창에 날아오는 돌멩이 같고, 바람은 판자 위로 끌려가는 가구 같다. 집은 폭풍 속 바다에서 길을 잃은 배 같다. 돛을 완전히 펼친 채, 우리를 한 해의 끝으로, 세상의 끝으로 끌고 가는 것 같다. 환기를 위해 창문을 겨우 반 인치만 열어 두었지만, 블라인드는 덜컹거리고, 바람은 고양이처럼 블라인드를 가지고 놀면서 창턱 위 물건들을 떨어뜨린다.

집에는 핫초코와 책이 있고, 곁에는 페기가 있어, 세상은 풍요롭다. 그 가득함이 내가 견딜 수 없을 정도다. 나의 내면은 사랑과 상실의 공허로 가득 차 있으며, 날씨처럼 출렁인다. 책을 내려놓고 눈을 감은 채, 바다 소리와 폭풍이 몰아칠 때와 같은 강한 바람 소리를 듣고, 조금 열어 둔 창문으로 들어오는 젖은 공기 냄새를 맡는다. 그러는 사이, 검은 하늘은 하얗게 변해, 이리저리 휘고 미친 듯이 휘젓는 나무들의 윤곽선을 드러낸다. 갑자기, 바람이 휴식을 취하며 휘몰아치던 것을 멈춘다. 저 멀리 포플러나무들이 이리저리 부드럽게 너울거린다. 폭풍이 지나가고 비는 누그러져, 잔잔하게 끊임없이 내린다. 오전 내내 내릴 듯하다.

얼마 후, 페기와 나는 부엌에서 함께 일한다. 김이 모락모락 난다. 뿌려야 할 씨앗은 전부 뿌려졌다. 기러기와 꽃과 칼새와 벌은 사라졌고, 이곳에 어둡고 무거운 몇 달이 이어질 것이다. 나는 여전히 내 사랑을 붙잡고 있다. 나는 여전히 내 사랑을 붙잡고 있다. 나는 여전히 내 사랑을 붙잡고 있다. 오늘은 토요일이고, 우리는 하루를 함께 보낼 것이다. 저 멀리 타운에서, 차에 달린 사이렌이 애처로운 노래 같은 경보음을 울린다. 그 소리는 늘 변화를 의미한다. 누가 다친 것이나, 불이 난 것이나, 아니면 어느 불쌍한 영혼의 것을 훔쳐 달아난, 또 다른 불쌍한 영혼의 죄에 대해 노래하는 것일 테다. 옛날에 파도가 철썩거리는 바위에 앉아 노래를 부르던 세이렌들, 여자의 머리를 한 그 괴물 새들은 지나가는 뱃사람들을 유혹했다. 남자들은 그 아름다운 목소리에 너무 쉽게 홀렸고, 그들에게 닿고자 바다에 뛰어들었지만, 먼저 죽은 희생자들의 썩어가는 시체 속에서 죽음을 맞이할 뿐이었다. 마거릿 애트우드는 자신의 시 「세이렌의 노래」에서 그것을 또 다른 외침이라고, 남자가 저항하기 어려운 외침이라고 쓰고 있다. 듣는 사람이 유일한 구원자인 것처럼 도움을 청하는 여성의 외침. 그것은 매번 효과가 있다고, 그녀는 말한다.

두려움이 가득한 그 울부짖음의 틈새로, 먹이를 찾아 돌아다니는 고양이를 경고하는 검은지빠귀의 소리가 들린다. 울새의 노래가 공백 안으로 퍼지고, 지빠귀가 뒤를 잇는다. 헬리콥터의 웅웅거림도 틈을 메우며 사이렌의 노래를 삼켜버린다. 매일 같은 시간에, 집들 뒤에 있는 학교에서는, 아이들이 뻐꾸기시계처럼 10시 30분, 12시, 2시 30분에 나타나 재잘재잘 주변 모두에게 시간을 알려준다. 3시 40분, 쇼핑 카트가 덜컹거리며 지나간다. 빨간색 학생용 타이츠를 신은 아이가 엄마에게 조용히 킴레그어*로 말하고 있다. 그러다 일요일이 오면, 고요하다. 차도, 새도, 아이들도 없는 또 하나의 깊은 틈. 그렇게 하루하루는 그 끝을 향해 흘러간다. 끊이지 않는 노래, 심장 박동 소리, 숨소리, 끽끽대는 이명과 사랑으로 이루어진, 내 내면의 콘서트와 함께.

오븐 속에서 크리스마스 케이크가 구워지고 있다. 페기와 나는 우리의 부엌에서 겨울과 새 시작을 축하할 것이다. 지나간 것에 감사하고, 손을 씻은 뒤 새것을 맞이할 것이다. 우리의 아이들과 아이들의 무질서함을 축하하고, 피임약과 위스키와 와인과 치즈와

---

* 웨일스에서 주로 사용되는 켈트어계 언어.

불을 피울 장작과 상쾌한 공기에, 비와 나뭇잎 사이로 부는 바람의 소리에 감사할 것이다. 수돗물 한 잔에 내 마음은 가벼워진다. 그것은 찰나적이면서도 영속적이다. 쇠와 흙과 고대의 바위처럼 오래되고 차갑다. 어떤 물은 마셨고, 어떤 것은 쏟아지고 닦였다. 킨타이어*에서 토탄이 낀 수돗물을 받았던 것을 떠올리며, 작은 물통이 있으면 좋겠다고 생각한다. 내 위스키에 떨어뜨릴 몇 방울을 위해서. 집배원이 아르헨티나의 시, 말린 해초, 소액의 수표, 그것과 비슷한 액수의 청구서, 지도, 그리고 숫자 - 시詩를 가져왔다. 턱수염에서 땅콩이 떨어졌는데 찾을 수가 없다. 그녀의 목덜미에 닿은 곱슬거리는 머리칼에 내 마음을 빼앗긴다.

---

* 스코틀랜드 서쪽 해안에 있는 지역으로, 아름다운 자연 경관과 과거에 탄공이 있었던 것으로 유명하다.

다시 일터로

 겨울의 아침 안개가 자욱하다. 무릎을 꿇고 라즈베리 주변의 잡초를 뽑은 뒤, 다시 일어나려니 통증이 느껴진다. 무릎이 아파서 그 줄의 끝까지 기어간 다음, 삽을 이용해 몸을 일으킨다. 당혹스럽지만 지켜보는 사람이 없는 것이 다행이다. 나는 너무 늙었고, 이 한결같은 노동은 너무 벅차다. 봄에 가지치기를 해준 남매가, 여름 내내 배경에 머물러 있다가 이제 단단한 꽃눈을 맺었다. 겨울 동안 꽃을 피울 것이다. 나는 그것을 보지 못할 것이고, 그녀도 보지 못할 것이다. 아무도 보지 못할 것이다. 이제 그곳은 누구의 정원도 아니다. 하지만 나는 이곳에 있고, 조금 더 있을 텐데, 처음으로 여기가 내 정원처럼 느껴진다. 이곳은 새 주인이 나타나기 전까지는 중간 지대다. 서리는 낡고 썩은 것을 정화하고 있으며, 눈은 이불처럼 땅을 따뜻하게 감싸줄 것이다. 한참 잊고 있던 어머니를 처음으로 생각한다. 어머니는 내가 어렸을 때 돌아가셨고, 그 뒤로 나는 스스로를 지켜야 했다. 그리고 자라면서 어머니의 모습을 찾아 나이 많은 여자들의 얼굴을 쳐다보았지만, 그들의 얼굴에는 내키지 않는 기색뿐이었다. 나는 미스 캐시미어를 향한, 욕망 없는 내 사랑을 생각한다. 거리를 둔 그녀의 태도에서, 어쩌면 나는 내가 찾던 것을 찾았다가 다시 잃은 것인지도 모른다.
 노래가 끝나면, 그것을 들은 사람의 가슴속에는 느낌 말고 아무것도 남지 않는다. 그 느낌은 시간 속에서 서서히 밀려나, 더 최근 느낌이 누르는 힘으로 붕괴되고 교체된다. 사건은 기억이 되고, 신뢰할 수 없는 이야기가 되어 결국에는 사라진다. 그것들은 그날의 경험과 연결되지 않고 구별되어, 우리가 누구인지를 말해주는 수백만 개의 층 중 하나가 된다. 우리는 우리가 경험한 모든 것의 합이다. 우리는 바다의 파도이다. 다른 파도와 상호작용하며 서로에게 영향을 미치고, 끊임없이 물결치다가 끝내 해변에서 부서져 사라진다. 우리 각자가 숨이고, 노래고, 꽃이다. 우리는 시간 그 자체다. 내 시간은 길었으며, 나는 연결되어 있지 않은 많은 층을 쌓아왔다.

벌들은 이제 담쟁이덩굴을 떠났다. 추위가 벌들을 땅 밑으로 내려보냈다. 공 모양으로 뭉친 담쟁이덩굴꽃은 뻣뻣이 말라서 씨앗을 떨어뜨릴 준비가 되었다. 내 그림자는 굽었다. 나는 잔디밭에서, 잠자는 앙상한 나뭇가지 아래 흩어진 마지막 낙엽을 갈퀴로 긁어모은 뒤, 더 많은 눈을 바라며 하늘을 올려다본다. 검은지빠귀의 작은 그림자가 땅 위에 검고 평평하게 드리웠다. 그림자, 흙, 새, 검은색. 단단한 사진처럼 고정되어 있다. 오로지 새의 부리에 잡힌 벌레만이 움직일 뿐이다. 나는 지나가면서 멕시칸오렌지의 밝은 잎을 한 줌 따서 뭉갠 다음, 손가락에 남겨진 강렬한 냄새를 맡는다. 나지막이 걸린 햇살이 부딪히자, 그 옆으로 가루를 뿌려놓은 듯 가시가 돋은 검은딸기나무의 아치형 하얀 줄기가 은은하게 빛난다. 집으로 가져가 크리스마스 장식에 쓰려고 선홍색 산딸나무 가지를 자르는데, 잎이 다 떨어진 채로 모양새가 괜찮아 보이고, 역시 은은한 빛을 낸다. 관목이 많은 이 구역을 나는 좋아하지 않지만, 이곳의 식물은 겨울 햇살 속에 반짝거린다.

오후의 짙은 안개 속에서, 나는 서리 맞은 너도밤나무 산울타리를 손질한다. 여름과 가을에 성장한 나무를 다시 윗면과 옆면이 평평해지게 자른다. 높이 8피트, 깊이 6피트의 울타리를 안개가 삼켜, 양쪽 끝을 볼 수 없다. 끝이 말리고 칙칙해진 채 바스락거리는 갈색 잎 몇 장이 붙어 있다. 그 뒤로 바늘 같고 단단하고 반짝거리는 갈색의 뾰족한 새순이 있다. 마치, 작은 시가^{cigar}처럼 꼭꼭 말린 채, 따뜻한 햇살이 비치면 언제라도 돋아나 기지개를 켤 준비를 하고 있다. 하지만 그날은 늘 기대하는 것보다 더 늦게 온다. 퀘넬*, 창, 고치를 닮은 잎이 돋을 것이다.

    수십, 어쩌면 수백 명의 정원사가 이 오래된 산울타리를 손질해 왔지만, 모두 죽거나 다른 곳으로 옮겨가 오래전에 사라졌다. 이 울타리는 홀로 남겨진 침대와 담요처럼 외롭고 춥다. 이 담요 안에 숨어, 세상을 등지고 잎을 바라보면서, 나는 그들의 존재를 느낄 수 있는가? 스쳐 간 그들의 존재를? 내 등 뒤로, 아마 기억의 그림자만 남았을 것이다. 그 이상은 아닐 것이다. 오래전 정원사들이 남긴 톱질 자국이 보인다. 그때 울타리는 고작 2피트 깊이였고, 당시에 이미 스무 살은 되었을 것이다. 나는 내가 보고 듣고 맛보고 냄새 맡고 만지고 알 수 있는 것만 믿지만, 그럼에도 이 빽빽한 회색의 숨겨진 장소에서 그들이 존재했다가 사라졌다는 것을, 지금 나는 여기 존재하지만 나 또한 사라진다는 것을, 또다시 다른 누군가가 존재하리라는 사실을 나는 깨닫게 되었다. 화단 옆에 무릎을 꿇은 채, 전투의 상흔을 입은 모습으로 물끄러미 바라보는 별의 눈빛을 한 정원사가. 그는 안을 들여다보지 않고, 그저 바깥을 보면서 죽고 썩은 것만 잘라내며 산울타리를 단정히 손질한다.

    양귀비 꽃송이는 그 옆면이 허물어지고 씨앗은 오래전에 바람 속에 사라졌다. 그것을 동결시키고 싶다. 너무나 완벽하여, 이 쇠락의 단계에 영원히 붙잡아 두고 싶다. 하지만 내가 개입하는 일 없이, 그 자체의 시간에 따라 진행되고 사라져야 하기에 그럴 수 없다.

* 생선, 빵가루, 계란에 크림을 섞어 만든 타원형 요리.

정원의 아래쪽에는 내가 심은 나무들이 있는데, 아주 오래전에 심은 것이다! 가장자리에는 서어나무, 벚나무, 야생 능금, 주변 나무들이 있고, 중앙에는 너도밤나무, 오크나무, 은자작나무, 구릿빛 너도밤나무가 자란다. 어떤 나무들은 이미 폭풍에 쓰러지고 통나무로 전환되어 작은 공터를 남겼다. 또 어떤 나무들은 심은 후 2, 3년 정도 자라다 시들었다. 또 어떤 나무들은 아주 잘 자랐다. 호랑가시나무와 물푸레나무, 버드나무는 바람과 새들이 데려와 이곳에 뿌리를 내렸다. 남은 빈 공간에는 검은딸기나무와 쐐기풀과 담쟁이덩굴이 들어가 살면서, 야생의 새들과 땅에서 사는 포유류에게 먹이와 은신처를 제공한다.

나는 해마다 이곳이 검은딸기나무에 장악되는 것을 막으려고 그것을 자르지만, 그들의 성장 방식은 좋아한다. 검은딸기나무는 새들이 머무는 나뭇가지 아래, 새들이 그 열매를 먹고 배설한 씨앗을 통해 자란다. 그것은 빠르게 자라고, 뒤로 꺾인 가시를 이용해 풀과 야생 당근과 카우파슬리와 엉겅퀴를 기어오른다. 그리고 그것이 길고 무거워지면 아치를 만들고, 그 끝이 땅에 닿아 뿌리를 내린다. 이렇게 만들어진 새 식물은 중앙에서 퍼져 서너 개의 새 잎을 위로 올려 보낸다. 그렇게 자라고 내려오는 과정이 반복된다. 그래서 한 구역 전체가 여러 개의 아치 구조로 이루어진 대성당이 되고, 가을은 검은딸기나무로 장식된다. 줄기는 뻣뻣함과 강인함을 유지하기 좋은 육각형인데, 여섯 개의 평평한 면이 있고, 돌출된 부분을 따라 가시가 자란다. 가끔은 쌍으로, 가끔은 홀로 자란다. 햇볕을 받은 쪽의 줄기는 자주색이고, 그늘진 쪽은 녹색이다.

녹색의 가시 지붕 아래, 이 가시 돋친 아치 바로 밑에, 제멋대로 자라는 몇 종의 풀만 자라는 헐벗고 그늘진 공간이 있다. 이곳에는 여우가 어슬렁거리고, 토끼와 고슴도치와 숲쥐가 사부작거리거나 달려가고, 땅에 사는 새들이 둥지를 틀고 검은딸기나무 열매를 먹는다. 나는 그것을 그냥 두기로 한다. 자르지 않을 테고, 동물들이 자신들의 교회로 삼게 놔둘 것이다. 내게 이 야생의 장소를 이대로 둘 기회가, 여기 일에 관여하지 않을 기회가 생겼다. 어쩌면 나는 다시는 야생의 장소에 가지 않을 것이다. 어쩌면 이런 장소들은 우리를 위한 것이 아닐 테다. 꽃은 어디서나 피고, 차가운 흙에서도 핀다. 겨울에 꽃을 피우는 벚나무는 작은 분홍색 꽃으로 뒤덮였고, 황갈색 꽃을 피워낸 하마멜리스는 빳빳한 다리를 공중에 쳐든 채 드러누운 거미 같다. 헬레보레는 위험한 분홍색 꽃을 피웠고, 수선화는 꽁꽁 언 땅에서 그 끝을 삐죽 내밀었다. 그리고 작은 웨일스양귀비 묘목과 다른 작고 예쁜 묘목들이 있다. 나이 먹어가는 이 정원에는 늘 무언가가 싹을 틔우고 있어, 영원한 젊음 같은 것이 느껴진다.

이런 집과 정원은 이제 종말을 맞고 있다. 그리고 나의 끝도 빠르게 다가오고 있다. 결승선을 힐끗 보았을 때에야 비로소 그 속도가 실감된다. 오랜 시간 달려왔고, 이제 지쳤다. 나는 생의 첫 두 해를 거의 울면서 보냈다고 들었다. 나는 이 세상에 오고 싶지 않았지만, 이제는 떠나고 싶지 않다. '웃어라, 세상이 너와 함께 웃을 것이다'라고 내 나나는 말하곤 했다. '울어라, 그러면 네 얼굴이 젖을 것이다.'

날은 춥고, 낮이라는 얇은 천 사이로 은은히 빛나던 해는 나무 뒤로 진다. 얼음 같은 하늘에 드리운 얇은 구름은 오팔빛으로 변하고, 갈까마귀는 크게 무리를 지어 원을 그리며 돈다. 새끼들은 이제 자신감이 생겼고, 부족의 일부가 되었으며, 스스로를 보호할 수 있게 되었다. 그리고 나는 그저 관객이자 목격자다.

떠도는 세상

평소 가던 시간에 맞춰 그곳에 간다. 아직 날이 밝지 않았다. 차를 몰고 일터로 가는데 가슴속에서 무언가가 요동친다. 일하러 가고 싶지 않다. 정말로 다시는 가고 싶지 않다. 돌아다니면서 이리저리 살펴보니, 해야 할 일이 몇 가지 있지만 많지는 않다. 가지가 떨어져 있는 너도밤나무, 그리고 검은딸기나무. 색이 바랜 채 온실에서 천천히 말라가며 부스러지고 있는 책 더미. 무엇도 완전히 끝나는 일은 없다. 나는 충분히 했다고 결론을 내린다. 나는 바로 여기 이 땅에서 애벌레처럼 태어나, 나무 위로 올라가 날개를 돋우어 훨훨 날아가고 싶다. 나는 다시 태어나고 싶고, 어두운 빛깔의 슈트를 입고 보도 카페에 앉아 휴식을 취하고 싶고, 필립 라킨*처럼 옷을 입고 싶고, 파리, 혹은 로마, 그리고 남프랑스에 가보고 싶다. 나비넥타이를 매고 시를 쓰고 싶다. 나는 공책의 한 페이지에 대문자로, 어린아이 같은 글씨체로 짧은 글을 쓴다. '미안합니다. 내 가슴이 더 이상 이곳에 있지 않아요.' 그 페이지를 찢어내 열쇠를 싸고, 미스 캐시미어의 우편함에 넣는다. 그리고 이 세상을, 내 빛이자 영원히 구르는 돌이었던 탄생, 생명, 고통, 죽음, 재탄생의 그 끝없는 순환을 떠난다.

나는 철컹 대문을 닫은 뒤, 닳고 오래된 자물쇠를 체인에 걸고, 열쇠 없이 떠난다. 나는 울고 있다. 정말로 흐느껴 운다. 내가 심은 나무들이 나를 햇빛에서 보호해 줄 만큼 자라는 것을 보았고, 나는 그 나무 열매를 먹었다. 나는 가지치기를 해 장미를 키우

---

* 1922~1985. 영국의 시인으로, 주로 셔츠와 타이를 착용한 정장 스타일을 고수했다.

고, 그 장미에서 또 가지치기를 해 장미를 키우고, 그 장미에서 또 가지치기를 해 장미를 키웠으며, 그 모두가 꽃을 피우는 것을 보았다. 물을 주었고, 가지를 잘라주었다. 그리고 그 꽃들을 냄새 나는 녹색 노끈으로 묶어, 페기와 미스 캐시미어에게 줄 꽃다발을 만들었다. 나는 늪지를 풀밭으로 바꾸었다. 해마다 다양한 식물과 꽃을 길러, 전에 없던 곤충과 포유류와 새들이 찾아오게 했다. 몇 년 동안? 얼마나 많은 해를? 숫자는 중요하지 않다. 숫자는 아무 의미가 없다. 2년 동안 사랑하는 일을 하는 것이 15년 동안 싫어하는 일을 하는 것보다 훨씬 더 중요하다. 모든 시간은 짧고, 시간의 깊이는 바닥이 없다. 나는 결코 이곳을 정말로 떠나는 것이 아니다. 이곳은 나를 이루는 일부, 내 꿈의 일부다. 하지만 나는 더 이상 이 일을 할 수 없다. 내 몸은 더 이상 이 일을 할 수 없다.

나는 누구도 이 흘러가는 세상에 다시 들어오지 않기를 바란다. 그리고 여기가 부서진 온실을 뚫고 물푸레나무가 자라는 진짜 장소가 되기를 바란다. 잔디밭에 외로이 선 너도밤나무가 그 씨앗을 퍼뜨려 숲을 이루기를, 깎이지 않은 드넓은 잔디밭이 무성한 풀밭이 되기를, 화단들이 합해지며 멀리까지 펼쳐지기를. 들장미가 울타리 위로 구불구불 뻗어나가기를, 그리하여 울타리가 꽃과 열매, 지빠귀들로 완전히 뒤덮이기를, 연못이 부서지고 물이 넘쳐흘러 개구리와 도롱뇽이 들개와 고양이를 피해 숨을 수 있는 습지가 되기를. 마지막 사람이 떠나도 — 전기마저 끊겨, 정말로 마지막 사람이 새 에덴동산을 떠나도 — 이 세상은 여전히 여기 있을 것이다.

집

    35년의 결혼생활을 해온 침대에서, 우리는 커튼이 바람에 펄럭이고 햇빛이 벽을 찌르는 것을 바라본다. 햇살이 비친다. 우리는 함께 책을 읽고, 고양이가 우리에게 다가오기를 기다린다. 이것이 집이다. 그 단어를 쓸 때마다 나는 조금 확신이 없다. 매일 길을 잃은 기분으로 깨어나고, 그때마다 그녀를 돌아보며 내 집을 발견한다. 페기가 내 옆에 있으면, 그곳이 어디건 나는 집에 있는 것이다. 릴케의 조언을 따라 연애시는 쓰지 않으려고 하지만, 나는 더 이상 젊지 않고, 어쩔 수가 없다.

    뜨거운 음료를 마시면서, 나는 시계 침이 이동하는 것을, 맑고 푸른 하늘에 구름이 흘러가는 것을 지켜본다. 우리는 조용히 숨 쉬고 있지만, 내 안은 팽팽하게 긴장되어 있다. 머그잔 속의 소용돌이를 들여다본다. 내 늙은 고양이가 다가오고, 따뜻한 곳, 나의 두꺼운 넓적다리에 올라앉아 웅크린다. 우리는 서로 위로를 준다. 그리고 마침내 구름이 떠난다. 책을 읽으려고 하지만, 맑고 텅 빈 차가운 하늘에 자꾸 시선이 간다. 추위가 느껴져 타탄 무늬 모직 담요로 몸을 감싼다. 웨일스는 겨울의 모습이다. 눈이 올지도 모르겠다.

    니체는 '영원 회귀'에 대한 개념의 일부로, 가장 춥고 외로운 순간에 악마가 슬그머니 다가와, 이 삶 전체를 처음부터 끝까지 다시 또다시 — 헤아릴 수 없을 만큼 여러 번, 고통과 기쁨도 모두 똑같이, 심지어 악마의 방문까지도 — 살아야 한다고 말한다면, 대부분의 사람들은 그것을 견딜 수 없어 싫다고 대답할 것이다. 악마를 신으로 보면서 '네, 제발 그렇게 해주세요'라고 말할, 행복하고 평안한 삶을 살았던 운 좋은 일부를 제외하면 말이다. 이 삶은 아름답지만, 영원에는 그런 아름다움이 없다. 그 찬란함은 오로지 끝이 있기에 가능하다. 시간이 지나 찬란했던 그 시절을 돌이켜보면, 그것은 붕괴되어 사랑스럽고 작은 이야기가 될 것이다.

내가 늘 좋았던 삶을 살았던 것도 아니고, 삶이 쉬웠던 적도 거의 없지만, 나는 나이가 들면서 더 행복해졌다. 니체는 이어, 늙어서 두어 세대를 지켜볼 만큼 운 좋은 사람은 마술사 앞에 앉아 같은 마술을 여러 번 다시 지켜보는 사람과 같다고 말한다. 물론 나는 젊은이들이 내가 흥분했던 것에 마찬가지로 흥분하는 것을, 이미 창조된 것을 다시 창조하는 것을, 정착하여 아이를 낳는 것을, 그 아이들이 같은 이야기를 반복하는 것을 보았다. 뱀은 자기 꼬리를 먹고, 파도는 해변에 밀려오고, 조수는 들고 나고, 모든 것은 다시 돌아온다. 자연의 패턴은 세대를 거치며 반향을 일으킨다.

죽기 전에 나는 몇 가지 마술을, 무언가 새로운 마술을 더 보고 싶다. 단지 재미를 위해, 더 큰 사랑을 위해. 내가 조심만 한다면, 앞으로 20년을 완전히 다르게 살아갈 수 있을 테고, 다음 10년 동안에도 여전히 신체적으로 건강을 유지할 수 있을 것이다.

며칠 동안 무엇을 해야 할지 몰라 산책을 하고, 텔레비전을 보았다. 걷는 것은 좋았지만, 텔레비전은 내게 절망과 무가치함의 감정을 남겼다. 텔레비전은 내가 사악한 사이코패스들을 즐기기 바랐지만, 나는 그들의 주문에 걸리지 않았다. 그런 지울 수 없는 이미지를 흡수하여, 나 자신을 증오와 폭력으로 오염시키는 것을 참을 수 없었다. 나를 우울하게 하지 않은 것들은, 마치 부유하고 따분한 사람들이 자신의 휴가 영상을 보여주며 나를 궁지에 몰고 내 에너지를 빨아들이는 것처럼 느끼게 했다. 나는 플러그를 뽑고 침대로 가서 책을 읽었고, 다시 시(詩) 안에 고치를 짓고 재탄생에 대해 생각했다. 만약 내가 달팽이로 잠든다면, 반드시 달팽이로 깨어나는 걸까? 아니면 나비가 될 수도 있는가? 무게 없는 구름이 될 수도 있는가? 의미 없이 떠 있는 거미줄 한 올이 될 수 있는가? 아무 목적 없이 떨어지는 참새의 깃털이 될 수 있는가? 햇살에 붙잡혀 끊임없이 떠 있는 먼지 한 점이 될 수 있는가? 나는 여전히 누군가의 꽃이어야 하는가? 흐름이 존재하고, 사람들은 그것을 거스르려고 하지만, 필연적으로 실망한다. 나는 그 흐름이 어디로 향하는지 모른다. 어쩌면 나도 다시 다른 무언가가 될 수 있을까?

번데기는 변태하면서 꿈을 꾸는가? 나는 책장으로 간다. 잡히는 대로 꺼낸다. 『딜런 토머스의 시 모음집』이다. 아무 데나 펼쳤더니 150페이지가 나온다. 거기에 「기차 여행」이라는 4행시가 있다. 짧고 달콤하며, 아이들이 어렸을 때 읽어주곤 했던 귄터 그라스의 시 한 편이 떠오른다. 버스 운전사에 대한, 「행복」이라는 작은 보석 같은 시. 나는 그날 하루를 딜런 토머스를 읽으면서 보낸다. 「길」, 「버스를 타고」, 「글래스고」, 「런던」을 읽는다. 내 무의식이 밝아진다. 나는 '그 좋은 밤으로 부드럽게 들어가지는 않을 것이다.' 아직은 아니다. 그 일이 정말로 일어난다면, 아주 부드럽게 들어갈 준비는 되어 있다. 나는 그 일이 한 편의 시가 되기를 바란다. 나는 불안해지고, 그 불안함을 이런 신호로 해석한다. 이제 두려움을 향해 나아가라는, 변화하라는, 다른 어딘가로 떠나라는, 그리하여 다시 태어나라는 신호로.

내 꽃과 곤충들, 그리고 떠도는 세상이 그립다.

꽃

나는 이제 거의 늘 슈트를 입는다. 딸이 얼마 전에 내가 학생처럼 옷을 입고, 그렇게 입고 다니기에는 너무 늙었다고 말했다. 딸에게 어떻게 입어야 하는지 묻자 "슈트를 입어야죠" 하고 말했다. "뭐, 맨날 입으라고?" 그러자 딸은 "네" 하고 대답했다. 그래서 내가 "어떤 색깔을 입지?" 하고 묻자, 딸이 "파란색" 하고 대답했다. 그래서 그렇게 한다. 더 이상 작업복은 없고, 슈트만 있다. 본업으로 하던 일은 이제 더 이상 하지 않는다. 슈트의 거친 모직 질감이, 집 없이 떠돌던 시절에 갖고 다니던 담요를 떠오르게 해, 입으면 마음이 안정된다. 페기가 옷에 리본을 달고 있어서, 그걸 알아차렸다는 의미로 나도 넥타이를 맨다.

페기는 자신이 쓰고 있는 책과 관련된 조사를 하려고 도서관에 갔다. 그래서 나도 내게 필요한 조사를 하려고, 커피숍에서 책을 읽고, 사람들을 지켜본다. 비가 흩뿌리고, 창문에 뿌옇게 김이 서렸다. 어느 시크교* 신자가 신의 정원에서는 모두가 — 피부색, 인종, 부족, 종교와 상관없이 모든 개개인이 — 꽃이라고 말했다. 그 생각에 나는 매료되었고, 세월이 흐르면서 그 생각으로 계속 되돌아갔다. 그리고 결국 나는 꽃이 되기로 했다. 나는 어떤 종류의 신도 믿지 않는다. 그런 짐승 같은 존재가 있다면, 뿔과 발굽이 있고 피리를 불 테고, 우리가 우러러보고 숭배하는 대상이 되려고 하늘에 살지도 않을 것이다. 그 대신 땅 밑에 살면서 모든 멋진 것을 세상으로 밀어내 우리의 감탄을 끌어낼 것이며, 우리를 다시 데려

---

* 시크교(Sikh敎)는 인도의 펀자브 지방을 중심으로 일어난 힌두교의 한 종파다.

가 흙에 합류시킬 것이다. 내게 신이라는 존재가 필요하다면, 우리에게 열정과 음악과 욕망을 주는 창조주, 그것이 내가 바라는 신의 모습이다.

　나는 창가 자리에 앉아 이런저런 사람들이 지나가는 것을 지켜본다. 그들의 색깔이 젖은 유리창에 번져 반짝거리는 모습이, 마치 작약, 동백, 달리아 들판이 눈앞에 스쳐 가는 것처럼 알록달록 도드라져 보인다. 오렌지색 상의를 입은 시원스럽고 매력적으로 생긴 여자가, 노란색 목줄을 한, 늠름해 보이는 스패니얼 두 마리를 데리고 길을 건너간다. 그 모습이 보기 좋다. 삶의 온갖 날씨를 경험한 듯한 노인이, 갈색 트위드 재킷과 푸른색 셔츠 차림으로 길을 건너와, 녹색 쇼핑백에서 다 마신 고든스 진 병을 꺼내, 금색 의회 문장이 칠해진 검은색 쓰레기통 안에 넣는다. 폐기를 기다리는 동안, 나는 책을 읽는 척하면서 일본인 관광객을 지켜본다. 그들은 생일 케이크에 꽂은 백 개의 촛불처럼, 만개한 목련처럼 그곳을 환히 밝혀준다. 그들은 나무나 이국적이고 특이해 보이는 것이 주변에 있으면 뭐든 사진을 찍는다. 그리고 건강을 위해 노력하는 사람들, 가족이 되려고 노력하는 사람들, 재미있는 시간을 보내려고 하거나 그런 것들의 의미를 알아내려고 애쓰는 사람들도 있다.

　나는 에스프레소를 마시며, 길 건너편에서 시장 가판대들이 좁은 거리의 창가 화단처럼 순식간에 펼쳐지는 모습을 보고 있다. 몸 상태가 조금 안 좋은 듯한데, 커피를 마셔서 그럴지도 모른다. 아니면 지난밤 늦게까지 술집에서 아일랜드 밴드의 연주에 맞춰 노래를 따라 부른 탓일지도 모르겠다. 아마 술집에서 아일랜드 밴드의 연주에 맞춰 노래를 따라 부르느라, 지난밤 늦게까지 깨어 있어서 그럴 것이다. <와일드 로버>와 <블랙 벨벳 밴드>를 따라 부르고, 제임슨 위스키를 마셨다. 열아홉에서 스물둘쯤, 스톡포트 역의 석탄 야적장에서 기차를 연결하거나 조작하는 일을 했던 게 기억난다. 손이 석탄 삽 크기만 했던 사랑스러운 패디 멀런이라는 노인이 있었다. 그는 손잡이 없이도 커다란 찻주전자를 잡을 수 있었고, 머리는 벽돌공이 들고 다니는 통처럼 크고 못생겼다. 나는 그와 함께 술집에서 술을 마시며 노래를 부르곤 했다. 그는 내가 자라면서 들었던 옛날 노래를 전부 알고 있었고, 자신이 만난 과부들의 이야기를 해주곤 했다. 그 여자들이 서로의 존재를 알지 못하게 하려고, 술집의 뒷문으로 슬쩍 빠져나가거나, 화장실에 숨으려 했으나 실패한 일화를 들으면서 나는 그와 함께 웃었다. 그는 눈에 아주 잘 띄는 남자였고, 스톡포트는 아주 작은 타운이어서, 이따금씩 눈앞이 컴컴해질 만큼 놀랄 일을 겪은 뒤 여자친구 한두 명을 잃기도 했지만, 늘 다시 다른 여자를 찾았다. 한 번 결혼했던 적이 있었고, 다시는 그런 실수를 반복하지 않겠다고 단단히 마음먹은 사람이었다. 그는 감상적인 늙은 바보여서, 우리가 <프리본 맨>을 부를 때는 위스키를 앞에 놓고 울었고, 그럴때면 나도 덩달아 울었다. 불쌍하고 늙고 행복한 패트릭*, 그는 금도금한 시계를 손에 넣기까지 2년을 남겨두고 기차에 치여 죽었다. 그는 그렇게 일을 하다가 죽고 싶지는 않았을 것이다. 그는 '둥지 위에서' 죽고 싶다고 말했을 것이다.

"지난밤에 뒈지게 아름다운 밤을 보냈지." 그는 늘 이렇게 말했다. "과부들 중 한 명하고 둥지 위에서 밤을 보냈다네. 자네도 과부를 구해봐." 비록 우리는 나이 차이가 많이 났지만, 아주 친했다. 그는 거의 친구이자 아버지 같은 존재였다. 그로부터 얼마 되지 않아 나는 직업을 바꾸었다. '지위를 개선'해 경비원이 되었지만, 다시 혼자가 되었다. 밤에는 이 석탄 야적장에서 저 석탄 야적장으

---

* '패디'는 '패트릭'의 별칭이다.

로, 이 나라의 위아래를 천천히 이동했다. 나는 기차 맨 뒤쪽, 흔들리는 나무 제동차 안에서 램프 불빛에 의지해 책을 읽었다. 그때 나의 유일한 동료는 기관사로, 나는 그와 4분의 1마일 떨어진 반대쪽 끝에 있었다. 철길에는 외로운 남자들이 수두룩했다.

 길 건너 시장에는 모히칸 머리를 하고 '스페셜스 티셔츠'*를 입은 남자가, 잡화를 파는 키 큰 여자 옆에서 레코드판을 팔고 있다. 나는 뿌옇게 김이 서린 카페 창문을 통해 그들이 이야기를 나누며 함께 웃는 모습을 지켜본다. 그녀가 카푸치노를 사러 들어온다. 길게 땋은 회색 머리를 한, 예순이나 일흔쯤 되는 여자다. 패티 스미스처럼 보이는데, 시원시원하게 생긴 매력적인 얼굴에, 강인하고, 날씬하고, 코가 길다. 나는 그녀와 즉시 사랑에 빠지고, 가치 있는 일은 아무것도 하지 않으면서, 이날 하루에 담긴 과즙을 한 방울도 빼놓지 않고 다 추출하기로 결심한다. 카페에는 입이 작은 여자가 있는데, 남편의 재미있는 유머에도 웃음기 하나 없다. 처음 봤을 때 그녀의 고전적인 단발머리가 예뻐 보였지만, 절제된 꾹 다문 입술은 인색해 보인다. 그녀에게는 그녀의 관점이 장애물이다. 그의 장애물은 그가 그것을 모른다는 것이다. 우리 모두 각자의 관점에 의해 제한을 받는다. 그 관점이란 하루하루 더해지는 경험들에서 형성된 우리의 시각을 말한다. 나는 무언가에 대한 시각 없이, 관점 없이 살려고 노력하지만, 몹시 어렵다. 그래도 가끔 다른 것보다 더 쉬울 때도 있다.

 숱이 많은 회색 머리를 하나로 묶고, 가죽 재킷을 입은 예순 살의 남자는, 주먹 쥔 손에 해골 반지를 가득 끼고 있는데, 굉장히 멋지고 당당해 보인다. 스목 드레스**를 입은 이십 대 여자는 양쪽

---

* 1980년대 스카 밴드 <The Specials>의 글자가 인쇄된 티셔츠.
** 상의 부분에 주름을 잡아 장식적인 요소를 더한 원피스.

으로 머리를 틀어 올렸고, 목덜미에 요정 문신을 했다. 얼룩덜룩한 코트를 입고 서두르는 여자의 까만 머리카락이, 까마귀 날개처럼, 타르처럼, 석탄처럼, 카속*처럼, 정치가의 거짓말하는 입처럼, 활활 타고 있는 지옥의 가마솥처럼, 허리까지 굼실굼실 내려와 있다. 그들은 모두 지나간다. 관광객도, 가족이 되려는 사람들도, 또 다른 사람들도. 비둘기 몇 마리와 바스락거리는 잎 몇 장이 떠가는 것을 보다가 나는 문득 궁금해진다. 삶에 이것 말고 뭐가 더 있을까? 지나가는 것들을 지켜보며 보내는 나날 말고 뭐가 더 있을까? 더 있을 필요가 없다. 이것만으로 충분할 것이다. 그래서 나는 그들과 함께하기로 하고, 유리창에 비친 내 모습도 그들 속으로 녹아 들어간다. 내 반짝거리는 대머리, 풍성하고 하얀 턱수염, 둥근 안경, 파란색 타이, 입술에 닿은 커피 컵. 우리는 각자 자신에게 맞는 공간을 가지고 있다. 그 공간에는 우리의 어둠과 밝음이 모두 들어 있다. 우리가 떠나도, 공간은 한동안 남아 있다가 서서히 닫히고, 그러는 동안 형태가 바뀐다. 그리고 우리는 대부분 잊힌다. 나는 내 삶을 대부분 잊었다. 그렇다면 다른 누가 왜 기억해야 하는가? 나는 삶에서 목적을 찾아냈다. 그것은 꽃을 피우고, 떠돌아다니고, 간단히 배를 채우는 것이다. 영원히 지속되는 가치를 지닌 것은 없다.

 시간이 흐르고, 나는 재미 삼아 지나가는 사람들을 상상의 뿔이 달린 모습으로 그려본다. 염소, 수사슴, 사슴, 황소의 모습을 한 그들은 굉장하다. 그리고 나는 그들의 미궁과 내 미궁에 대해 잠시 생각해 본다. 그들이 걸어가는 길은 그들에게만 중요하고, 내 길은, 내가 중요하게 여길 때, 오로지 내게만 중요하다는 사실을 깨닫는다. 비의 트레몰로**가 단조로 지나가고, 풀이 죽은 해가 얼굴을 내

---

*   성직자가 입는 검은색이나 주홍색 옷.
** 음 또는 화음을, 빨리 떨리는 듯이 되풀이하는 연주법.

민다. 구름은 흩어져 흔적 없이 사라지고, 열기가 퍼지면서 보도를 말린다. 시장에서는 삶이 웅성거리며 활기가 돌고, 웃음소리가 들린다. 나는 식어버린 커피를 다 마신 뒤, 집 안에 두려고 꽃을 사러 간다. 돌이 깔린 젖은 포장도로에서는 '돌이 — 깔린 — 젖은 — 포장도로 냄새'가 난다. 나는 공원 벤치에 앉는다. 공원에는 목에서 발목까지, 눈에 아주 잘 띄는 오렌지색 방수복을 입은 남자 네 명이 있다. 그들이 등에 멘 기계 역시 오렌지색이다. 그들은 낙엽을 날리고 있다. 바람이 뿜어져 나온다. 공원 부서에 소속된 사람들이다. 아니나 다를까, 낙엽은 치워진 자리에 있지 않고, 다시 길로 되돌아간다. 그럼에도 남자들은 계속 바람을 뿜어내면서, 성실한 노동자가 그러듯 낙엽을 뒤쫓고, 작업이 원하는 대로 되지 않아도 멈추지 않는다. 그들은 행복해 보인다. 시시포스. 나는 그들을 아주 큰 사슴뿔을 단 모습으로 그려본다. 조용한 오렌지색 사슴 무리가 흩날리는 낙엽 사이로 콧김을 뿜으며 천천히 지나간다.

꽃집 옆 가게에서 나는 흰색 반점 무늬가 있는 파란색 나비넥타이를 사서, 매고 있던 줄무늬 타이를 풀고 그것을 맨다. 제대로 될 때까지 몇 번 고쳐 맨다. 멋을 부리던 미술 학교 학생 시절 이후로, 나비넥타이를 매본 적이 없다. 도서관 옆 벤치에 앉아 노란 장미 한 다발을 들고 페기가 나오기를 기다린다. 같이 술집에 가서 진을 한 잔 할 것이다. 한 남자가 내게 다가오는데, 드레드록스 머리를 하고 헐렁한 줄무늬 바지와, 칼라 없는 화려한 셔츠를 입은 — 히피 복장이다 — 백인 남자다. 나는 그가 브리스톨 출신 같다고 생각한다. 그의 뿔은 어울리지 않게 비틀린 소뿔 같다. 그가 젖은 벤치에 앉은 나를 쳐다보더니 말한다. "당신 뭐죠?" 그는 공격적이지 않고, 단지 염소처럼 호기심이 많은 것 같다. 그래서 그의 뿔은 염소의 뿔이 되고, 그의 눈은 지적인 눈이 된다. 염소는 내가 좋아하는 동물이다. 그는 내가 왜 슈트를 입고, 나비넥타이를 맸는지 알고 싶어 한다. 그가 묻는다. "당신도 런던에서 온 그런 '부류' 중 하나인가요?"

"나는 그저 아내를 기다리는 남자죠." 내가 말한다.

"그런데 나비넥타이는 왜 맸죠?" 그가 묻는다.

내가 대답한다. "당신은 그 헐렁한 바지를 왜 입었나요?"

"좋아하니까요." 그가 말한다.

"나도 그래요." 내가 말한다. (나는 그의 뿔에 대해서는 언급하지 않는다.)

*

작은 새들은 어느 나무에 앉을지 결정하지 못하고, 흩어진 구름처럼 떠돌고 있다. 이 나무로 날아갔다가 다시 저 나무로 날아가고, 다시 이 나무로 되돌아온다. 새들도 나처럼 한 곳에 마음을 정하지 못한 떠돌이다. 그리고 세상은 다시 새로워지고, 나는 깨끗하고 행복한 기분이다. 지난 60여년 동안 거의 아침마다 세상에 잠깐 나타났다가 하루가 끝나면 다시 사라졌다는 사실에. 결국 내 노래가 끝나는 날이 오겠지만 다 괜찮다. 나는 아무것도 할 필요가 없다. 시시포스처럼 돌을 굴릴 필요도 없다. 생각하지 않으면서, 무언가 하지 않으면서 그저 바라보고, 듣고, 공기를 맛보는 것만으로 행복할 수 있다. 내 턱수염은 햇빛을 거치고, 세월을 보내면서 하얗게 셌다. 내 머리는 강돌처럼 반들반들하다. 내 가을이 왔고, 나는 무르익는다. 얼마나 달콤한지! 나는 얼마나 사랑스러운 꽃이 되려고 애쓸지.

나를 향해 젊은 남자가 다가오고, 그가 나를 빤히 쳐다본다.

그의 뿔은 어마어마하게 크고 넓으며 자부심이 느껴진다. 대초원에서 돌아다니는 엄청나게 큰 소가 가졌을 법한 긴 뿔이다. 늙고 턱수염이 난 백인 남자(그 순간에는 염소 뿔을 가졌다)인 나를 그가 보고 있다. 그가 계속 내 눈을 빤히 쳐다보기에, 나는 그가 내게 시비를 걸려고 하는 줄 알았다. 그는 험상궂게 생겼고, 나는 불안해져서 마음의 준비를 한다. 그가 자신과 주변 세상을 없애버릴 때까지 결코 만족하지 않을, 그런 분노한 사람들 중 하나일지 모르겠다고 생각하려는데, 그 순간 그가 나를 스쳐 지나가며 고개를 까딱하고 미소를 짓는다. 나도 고개를 까딱하고 미소를 짓는다. 그리고 나는 생각한다. 나는 양복을 입은 노인이고, 그는 자신만만하고 아름다운 젊은이며, 그 사실이 정확하고 완벽하다는 것을. 그리고 아무 문제 없다는 것을. 그가 내 눈을 응시한다고 해서 그가 나를 원하거나 죽이고 싶어 한다는 뜻은 아니다. 내가 어렸을 때 배운 많은 것이 거짓이었다. 나는 무엇이 진짜고, 무엇이 아닌지 모르겠지만, 이제는 신경 쓰지 않는다.

나는 꽃을 벤치에 내려놓고, 공책을 꺼내 글을 쓰기 시작한다. 단어들의 그 무의미하고, 휘갈기고, 메마르고, 비틀린 선들을 그으면서, 나는 또다시 이 광대함을, 삶과 죽음의 빛과 어둠을 포착하려고 애쓸 것임을 안다. 내 펜은 모래 위를 긋는 막대다. 나는 내 뿔을 왁스로 반짝반짝 빛이 나게 닦는다. 나는 결국 미노타우로스다. 나는 사물을 응시할 것이다. 그것에 대해 쓸 것이다. 비를 바라볼 것이다.

감사의 말

로버트 캐스키 Ltd.의 내 에이전트, 진정 아름다운 로버트 캐스키에게 감사한다. 그는 내가 이 책에서 무엇을 하려고 했는지를 파악하고, 그 형태를 갖추도록 도와주었으며, 함께 일하기에 좋은 사람들을 찾아주었다. 그는 내가 필요로 할 때마다 너그러이 그 자리에 있어 주었고, 가장 먼저 찾아가는 항구가 되어주었다. 그는 대체로, 신기하게도 정확히 알맞은 순간에 내 안부를 확인하고 최신 소식을 알려주었다. 그리고 단어들이 흘러나오는 낯설고 고립된 토끼굴 속으로 사라질 필요가 있을 때에는 나를 조용히 내버려두었다. 그는 누구보다 내 삶이 글쓰기에 집중될 수 있게 해주었다. 그에게 이보다 더한 사랑은 줄 수 없을 것이다.

하빌 세커의 훌륭하고 섬세한 편집자 엘리자베스 폴리는 내 끝없는 반복과 횡설수설을 꿰뚫어 보면서 "그건 이미 43페이지에 쓰지 않았어요?", "이 이야기를 좀 더 해주세요" 하고 말해 나를 부드럽게 제자리에 돌려놓았다. 내가 아이인 것처럼, 안내받고 있다는 사실을 거의 알아차리지 못할 정도로 아주 부드러운 손길로 나를 이끌어 주었다. 용기 있게 내 글을 받아주고 투자하여 출판할 수 있게 해준 사람이 바로 그녀다.

이 두 사람의 도움으로 내 인생은 바뀌었고, 내가 그들에게 가진 감정은 무한한 감사와 놀라움이다. 그들은 나를 자유롭게 하고 내게 날개를 달아주었으며, 내가 고된 육체노동에 더 이상 의존하지 않아도 되는 명상적인 삶을 살도록 해주었다.

이 두 사람의 배후에는 거의 언급되지 않는 팀들이 있다. 아주 훌륭한 작업을 수행해 준 수잰 딘이 이끄는 환상적인 디자인팀이 그중 하나다. 그들은 내 글에 내가 상상한 작업복보다 훨씬 좋은 옷을 입혀주어 나를 놀라게 했다. 영업팀은 전국에 있는 서점을 돌아다니면서 뜨거운 열정으로 그들이 판매하는 책을 홍보했다. 행사에서 만난 도서 판매자들도 있다. 책의 세계에는 정말로 많은 열정이 존재한다!

집배원이 내 집 현관문을 두드리고 독일어, 덴마크어, 한국어, 이탈리아어, 그리고 십여 개의 다른 언어로 된 번역서가 넣어진 박스를 건넬 때마다 나는 늘 로버트 캐스키의 공동 에이전트들에게 놀란다.

그리고 만나보진 않았지만, 어느 책이 어느 시장에 어울리고 독자층은 누가 될지 고민하고 어떻게 찾을지 끊임없이 탐구하는 마케팅과 영업팀 사람들이 있다.

매일 나는 내 파트너인 아내가 있다는 사실에 나를 운이 좋은 사람이라고 생각한다. 멋진 재능의 소유자인 케이트 폐기 헤이머를 나는 너무도 사랑해서 두 번 결혼했다. 우리는 같은 집의 다른 끝에서 아주 다른 종류의 글을 쓰고, 커피를 마시거나 저녁을 먹을 때 만나는 아주 멋지고 창조적인 관계를 유지한다.

독자는 이렇게 물을지도 모른다. 그게 다 정말인가요? 당신이 떠돌이에, 두더지잡이에, 정원사였는데 정말로 그런 일이 일어났다고요? 대답은 그렇다, 이다. 나는 나를 작가라고 부르기가 망설여진다. 나는 분명 글을 쓰는 사람이지만, 글을 쓰는 사람은 자신의 세상을 창조하는 동안 다른 일을 해서 생계를 유지할 필요가 있다. 오래전 1970년대에 인터넷과 하드디스크와 백업의 시대가 오기 전에, 나는 겨울 동안 일할 곳이 없어 웨일스 서부 해안에 있는 난방이 되지 않는 외딴집에서 지냈다. 가장 가까운 이웃집까지 걸어서 한 시간 거리였다. 난독증이라 내가 내 글씨를 읽을 수가 없어서, 그해 겨울에 다 닳은 리본에 직접 잉크를 묻힌 작은 타자기로 소설을 썼다. 지금은 사용되지 않는 기술과 함께 오래전에 사라진 그 원고는, 내 손은 큰데 자판은 어린아이용처럼 작아서 엉망이었다. 그 내용은 한 정원사가 다양하고 환상적인 반인(半人) 생물과 함께 살아가는 신비한 정원을 배경으로 한 것이었다. 진짜 이야기는 우울, 외로움, 집착이 우리 사이에 만드는 안개에 대한 것이었다. 나는 이야기의 감춰진 면을 좋아한다. 그것을 문학 쪽 에이전트에게 보냈는데, 그녀는 아름다운 글이지만 어느 분야로 분류해야 할지 상상할 수 없다고 말했다. 그녀는 2페이지가 넘는 글을 써 보내며 계속 쓰라고 격려해 주었다. 나는 그녀의 조언에 따라 많은 글을 썼지만, 그 글은 원래 자리에 그대로 남았다. 결코 내 에이전트는 아니었고 만난 적도 없으나, 나를 먼 길로 보내 이 책에까지 이르게 해준 그 에이전트에게 감사한다.

    그리고 마지막으로 어디에 있고 어떤 언어로 읽건 내 독자가 되어준 당신에게 감사한다. 이만큼 와준, 심지어 감사의 말까지 읽어준 당신에게 찬사 말고 드릴 것이 없다! 이 책을 사거나 빌린 당신에게 정말로 감사한다. 재미있게 읽었기를 바란다.

진심 어린 축복을 보내며
— 마크 헤이머

우리는 비슷한 주파수로 진동했고

정연희 번역가

"우리는 파장이 같다"(we're on the same wavelength)라는 영어 표현을 참 좋아한다. 시대가 변하면서 어느 순간 '코드가 맞다'라는 표현이 대세가 되었지만, 요즘 파동을 이야기하는 양자 역학이 위력을 발휘하고 있으니 다시 파동, 파장, 주파수 같은 단어들이 이런 맥락으로 일상에 등장하게 될지도 모르겠다. 세상은 프로그램 코드로 이루어졌다는 것도 수긍하지만, 코드가 같다고 하면 무언가 내가 컴퓨터가 된 기분이고, 파장이 같다고 하면 내가 우주의 한 존재가 된 기분이다. 아무튼 이 표현은 풀어 말하면 서로 마음이 잘 통한다는 의미이고, 맥락에 따라 더 가볍게도 무겁게도 옮길 수 있을 것이다. 하지만 나는 그 표현 그대로를 좋아한다. 파동의 길이가 같은 누군가가 세상에 존재한다고 생각하면 마음이 참 설레고, 정말로 그런 사람을 만나 알아차릴 수 있다면 영혼의 친구를 만난 듯 채워진 기분일 것이다. "이 사람, 나와 파장이 같아." 가끔은 책을 읽으면서 그런 인물을 만난다. 책의 주인공일 때도 있고, 그 책을 쓴 사람일 때도 있다.

저자는 영혼의 짝 페기를 만난 것에 대해 그렇게 표현했다. "우리는 비슷한 주파수로 진동했고, 그래서 자석처럼 가까워졌"다고. 이 책의 번역을 의뢰받으면서, 나와 이 책이 연결된 것 또한 비슷한 주파수의 진동에 의한 끌림이 아니었나 생각했다. 조금은 운명처럼. 마침, 대도시의 생활을 내려놓고 시골로 온 지 2년 정도 된 시점이었는데, 시골이라곤 거의 경험이 전무하던 상태에서 자연에 대한 초보적인 것들을 습득하고 있던 시기였기 때문이다. 생명에 대한 애틋한 시선과 자연에 대한 통제 욕구 사이에서 망연해지던 때기도 했다. 나는 자연이 너무 좋다고 외치는 사람도, 자연을 잘 아는 사람도 결코 아니었던 걸 보면, 더욱이 이 선택이 순전히 내 의지에 의한 것이었던 걸 보면, 삶이 흘러가는 길은 참 신비하고 흥미롭다. 이 책을 읽게 된 독자 여러분도 비슷한 주파수의 진동에 끌린 것인지도 모른다.

내 인생 전체에서 '지금 나는 삶의 어느 자리에 있는가?' 이 책을 작업하면서, 스스로 던진 질문이었다. 내가 거쳐온 시간과 공간, 내가 만나온 사람들, 내가 겪어온 감정들. 그리고 그 이후 지금 내가 서 있는 이 자리. 그 질문은 내가 발을 디딘 땅은 단단한지, 혹은 흔들리는지, 내가 마시는 공기는 자유의 맛이 나는지, 혹은 통제의 기운이 배어 있는지, 내 관계 역동에 속한 사람들은 나와 어떤(건강한, 혹은 파괴적인) 상호작용을 하고 있는지, 무엇보다 나 자신은 어떤 경험과 기억과 생각으로 구성되어 있는지에 대한 질문으로 이어진다. 짧은 시간 내에 간단히 답할 수 있는 질문은 단연코 아니다. 하지만 이 질문에 대한 고민은 분명 영혼의 키를 키워줄 것이다. 그리고 이 책은 그 고민에 임하는 우리에게 아주 좋은 동행이 되어줄 것이다. 저자에게 설득될 필요도 없고, 저자의 길을 따를 필요도 없다. 하지만 저자의 시선과 생각이 닿는 깊이와 폭은 우리의 관찰과 성찰의 지평을 넓히는 데 분명 큰 도움이 되리라 믿는다. 그 깊이와 폭은 나 자신은 물론 인간 세상과 모든 생명,

자연과 우주를 아우르는 것이 될 것이기 때문이고, 나는 열려 있으면서도 나만의 고유한 세계관을 형성할 수 있을 것이기 때문이다. 시간을 충분히 들여 그의 사유를 들여다보자. 우리 삶의 결 또한 달라질 것이다.

    이 책 『씨앗에서 먼지로』를 읽었다면, 저자 마크 헤이머의 어떤 모습이 가장 먼저 떠오르는가? 『두더지 잡기』(2022. 원서는 2019년에 출간)를 이미 읽은 독자라면 두더지를 잡으러 다니면서도 생명에 미안해하는 저자의 모습이 가장 먼저 생각날지도 모르겠다. 아니면 잔디깎이를 밀며 정원의 잔디를 예술적으로 손질하고 있는 정원사의 모습이 떠오를지도 모르겠다. 혹은 퇴비 더미를 수레에 실어 나르며 몇 번이나 이동했는지 세다가 헤아림을 멈추는 모습이, 슈트를 입고 나비넥타이를 매고 부츠에 광을 낸 멋쟁이 신사의 모습이, 혹은 더 과거로 돌아가 표백 공장 여자들을 흘끔거리며 몰래 청소년기의 상상에 빠져드는 모습이, 아버지에게 쫓겨난 뒤 산울타리 아래 폭신한 나뭇잎 위에서 동물들과 함께 잠드는 모습이, 삶에 대한 모든 이유와 의욕을 잃고 생명과 삶에 대한 미련 없이 오토바이를 몰며 질주하는 모습이 떠오를지도 모르겠다. 개인적으로 가장 기억에 남는 모습은, 정원에서 일하는 헤이머가 여름 별채로 걸어가는 미스 캐시미어를 먼발치에서 바라보는 모습이었다. 그리고 한 가지 더하자면, 미스 캐시미어와 함께 서서 히말라야 양귀비 한 송이를 바라보던 모습이 참 애잔하면서도 강렬했다.

    이 책을 구성하는 큰 축이, 저자의 과거와 현재와 미래를 아우르는 인생 전체에 대한 조망, 생명의 순환과 자연의 흐름을 한발 물러선 듯 관찰하면서도 그 한가운데 깊숙이 들어가 생활하는 저자의 삶의 모습, 우리의 마음속에서 줄기차게 갈등을 일으키는 정신적인 가치와 물질적인 가치에 대한 저자의 사유라면, 그것에 더해, 미스 캐시미어에 대한 사랑 또한 이 책의 거의 처음부터 끝까지, 그녀가 영원히 그 자리에 존재할 것만 같은 애잔하고 아름다운 한 축을 이루고 있다. 1월부터 12월까지 월별로 그려지는 정원의 풍경들에서, 정원의 주인인 미스 캐시미어는 거의 매달 등장한다. 그녀의 존재감은 때로는 입은 옷차림에 대한 묘사로 강렬하고, 때로는 저자와 나누는 간단한 몇 마디 대화로 너그럽다. 가끔 우리는 신문과 담배와 차로 구성된 정해진 일상과 스스로 한정한 세상 속에서 살아가는 그녀의 틀을, 우리 자신의 구속적인 틀을 보는 것처럼, 깨고 싶어진다.

"2월이다. 12월 초부터 그녀를 보지 못했다. 그녀는 혼자 겨울을 보냈다. 그러고는 흙 속의 번데기처럼, 어둠 속에서 달라진 모습으로 나타났다."

"미스 캐시미어는 봄의 기쁨으로 가득 차 있다. 모든 것이 밖으로 나와 탄생하거나 재탄생한다. 그녀는 흰 머리를 틀어 올려 귀여워 보인다. 검은 원피스를 입고 검은 타이츠에 납작한 신발을 신었다. 여든이 넘은 나이에도 봄의 호르몬이 왕성하다."

"녹색 스커트와 재킷, 세련된 진녹색 코트를 입었고, 놀랄 만큼 선명한 번트오렌지색 타이츠를 신었다. 갈색 플랫슈즈를 신었고, 장미꽃이 그려진 듯한 스카프를 했는데, 그것의 바탕색은 타이츠 색깔과 잘 어울리는 오렌지색이다."

"지난 세월 동안 그녀가 내게 무언가 준 적이 있었는지 기억나지 않는다. 나는 거기 무릎을 꿇은 채 바보처럼 웃고, 그녀도 내게 웃음으로 답한다. 이어 마법이 풀린 듯 그녀는 두리번거리면서 여름 별채로 가져갈 신문을 찾지만, 책을 찾느라 신문을 집 어딘가에 둔 것을 깨닫는다."

"한쪽 팔, 가녀린 몸, 가느다란 두 다리가 대롱대롱 매달려 있다 — 젖은 풀밭 위에 떠다니는 검은 민들레 씨앗 같다. 땅에 발을 디디면 언제라도 뿌리를 내리고 꽃을 피울 것처럼."

그리고 그해 12월, 저자가 그 정원을 영원히 떠나면서 그녀가 담긴 정원의 풍경도 그의 마음속으로 함께 데려갈 때, 그 풍경은 우리의 마음에도 남는다. 그녀에 대한 그의 사랑과 함께. 규칙을 깨고 자유로움에 몸을 맡긴 채 맨발에 풀물을 묻히며 조심조심 정원 길을 걸어가는 거의 여든이 된 노년의 여인, 그 한쪽 옆으로 저만치 거리를 둔 채 혹여 "날카로운 것을 밟거나 무언가에 찔릴까 봐 걱정"하는 표정으로 그녀를 쳐다보는 예순세 살의 정원사. 두 사람의 모습이 한 폭의 그림에 담긴다. 그 그림에서 찬란한 6월의 정원은 원색의 배경을 이루고, 인물은 그 안에서 오히려 파스텔톤처럼 아련하다. 미스 캐시미어는 그 자체로 저자의 핵심 주제인 순환의 과정에 속한 생명이자, 저자에게 소유한 것도, 소유하지 않은 것도 아닌 12에이커 햇빛의 세상을 제공한 사람이자, 저자가 평생 찾아 헤맨 어머니상이 되어준 사람이었다. 마지막에 이르러, 그리고 읽으면 읽을수록, 나는 이 책이 마크 헤이머의 이야기인 만큼 미스 캐시미어의 이야기라고, 그리하여 두 사람이 완성하는 정원의 이야기라고 생각하게 되었다. 또한 이 책의 절반은 미스 캐시미어에 대한 마크 헤이머의 사랑 이야기라고. 그 사랑은 그의 말처럼 "욕망 없는" 사랑이자, 완벽한 실체는 없으나 끊임없는 그리움을 낳는 보편적인 사랑이며, 우리 마음의 한복판에서 생명의 전기를 생성하는 발전소 같은 사랑이다.

"나는 가치를 잃은 사회, 사라지는 생명을 보살피지 않는 사회, 사랑과 우리의 아름다운 오감과 매력적인 겸손보다 돈과 반짝거림과 명예에 더 가치를 두는 사회에 대한 이야기를 발견한다. 우리가 묻는 시체에서는 어떤 꽃이 자라날지 궁금하다. 우리의 감각은 진정 우리가 가진 유일한 것이다."

저자는 이 책을 통해 자연과 그 순환에 대해서도 말하지만, 저자가 세상에 부대끼면서 형성한 가치와 관점에 대해서도 말하고 있다. 그것을 말하기 위해 저자는 우리에게 소유, 분노, 조화, 사랑, 통제, 흑백 논리, 이분법, 힘, 욕망 같은 단어들을 던진다. 그가 자라온 환경을 생각하면 그가 이끌어 낸 사유의 결과물은 기적처럼 경이롭고 아름답다. 그가 소유와 분노와 통제, 욕망 같은 것에 걷잡을 수 없이 사로잡힐 수도 있었겠으나, 그의 정신은 사랑과 과잉 없는 연민, 균형, 조화를 선택했다. 그리고 그는 선택한 길을 따라 걸어왔고, 지금도 걷고 있다 "새 소리와 무거운 퇴비를 싣고 가는 수레바퀴의 삐걱거리는 소리, 맑은 하늘, 시원한 공기, 발에 밟히는 수백만 가지 향기와 질감, 그리고 내가 걷는 한 걸음 한 걸음에 대한 인식 말고는 아무것도 남지 않을 때까지."

그리고 저자에 대해 생각하면서, 아주 오래전에 보았던 애니메이션 한 편이 떠올랐다. 유명했던 작품이니 이미 본 사람도, 처음 알게 된 사람도 있을 것이다. 분노로 가득한 황폐한 마을을 사랑이 넘치는 즐거운 마을로 만들어 놓은 양치기에 대한 이야기다. 그는 10만 그루의 참나무를 심으면, 2만 그루만 싹을 틔울 테고, 그 중 만 그루는 다람쥐에게 먹히거나 다른 환경적인 이유로 더 자라지 못하겠지만 만 그루는 살아남을 거라고 말했다. 그리고 30년이 지나 그렇게 살아남은 나무들 덕에, 그 마을은 향기롭고 산들바람이 부는 행복한 마을이 되었다.

"새들의 이 모호한 언어가, 나약한 인간의 영혼을 그것이 숨겨져 있는 곳에서 끌어낸다. 그리고 군살 없는 형식으로 진짜 세상의 증기에 스치게 한다. 세속적인 것과 영혼 사이에 다른 길은 없다."

그 길을 놓는 일을 하는 사람이 시인이라면, 시인은 새들이고 꽃일 것이다. 또한 자연과 삶으로 시를 쓰는 정원사 마크 헤이머일 것이고, 위에서 소개한 애니메이션 <나무를 심은 사람>의 실제 주인공이었던 엘지아 부피에 같은 사람들일 것이다. 그리고 아마도 우리 스스로도 몰랐던 우리 자신일 것이다.

그러고 보면 이 세상에 태어난 모든 이에게 주어진 생의 과제는 물질적인 풍요가 아니라, 내 영혼을, 세상의 영혼을 풍요롭게 하는 것이 아닌가 생각된다. 그러면 모든 것에서 조화로운 오케스트라 음을 들을 수 있을 테고, 모든 색깔이 아름다운 조화를 이루는 찬란한 꽃밭에서 모든 감각을 열고 살아갈 수 있을 것이다. 그곳이 자연이 아닌 대도시라 하더라도 "방금 지나간 순간만큼 너그럽고 친절"한 각각의 순간을 경험할 수 있을 것이다. 저자의 삶이 그러했던 것처럼, 서정적인 삶과 역동적인 삶, 본능의 삶과 질서의 삶, 햇빛의 삶과 그림자의 삶이 공존함을 알게 될 것이다.

나와 삶의 경험은 전혀 달랐으나 한편으로 비슷한 주파수 진동이 느껴지는 마크 헤이머는 이 책에서 종종 고양이 이야기를 하면서, 고양이를 스승이라 했다. 나도 오래전부터 그런 생각을 했는데, 반가웠다. 지금은 내게 여섯 살 밍키와 두 달 전 새로 온 다섯 살 만복이가 영역과 존중에 대한 가르침을 주고 있다. 그렇게 날마다 내 삶도 더 풍요로워진다.

옮긴이 정연희

서울대학교 영어교육과를 졸업하고 미국 펜실베니아 대학교에서 석사 학위를 받았다. 전문 번역가로 활동하고 있으며, 옮긴 책으로 『한낮의 열기』, 『바닷가의 루시』, 『오, 윌리엄!』, 『다시, 올리브』, 『내 이름은 루시 바턴』, 『디어 라이프』, 『착한 여자의 사랑』, 『소녀와 여자들의 삶』, 『매트릭스』, 『운명과 분노』, 『엘리너 올리펀트는 완전 괜찮아』, 『그 겨울의 일주일』, 『헬프』, 『정육점 주인들의 노래클럽』 등이 있다.

씨앗에서 먼지로

1판 1쇄 2025년 6월 10일
1판 2쇄 2025년 7월 7일

지은이 마크 헤이머
옮긴이 정연희
펴낸이 신승엽
펴낸곳 1984BOOKS

편집   김시은
디자인 신승엽

주소 전북 익산시 창인동 1가 115-12
전자우편 1984books.on@gmail.com
전화 010.3099.5973 · 팩스 0303.3447.5973
인스타그램 @Livingin1984

ISBN 979-11-90533-65-2 03840

잘못된 책은 구입하신 서점에서 교환해 드립니다.

1984BOOKS

SEED TO DUST
A GARDENER'S STORY

by
Marc Hamer